AtV

Alexander Stephan wurde 1946 in Lüdenscheid geboren und lebt seit 1968 in den USA. Er lehrte an der Princeton University und der University of California, zur Zeit ist er Professor für moderne deutsche Literatur in Florida.

Wichtigste Buchpublikationen: »Die deutsche Exilliteratur« (1979); »Max Frisch« (1983); »Schreiben im Exil« (1985); »Exil. Literatur und die Künste nach 1933« (1990); »Peter Weiss. Die Ästhetik des Widerstands« (3. Aufl. 1990); »Christa Wolf« (4., erw. u. überarb. Aufl. 1991); »Anna Seghers im Exil« (1993); »Christa Wolf. The Author's Dimension« (New York 1993; London 1993; Chicago 1995); »Im Visier des FBI. Deutsche Exilschriftsteller in den Akten amerikanischer Geheimdienste« (1995); »GDR Short Stories« (New York, in Vorb. 1997).

ARD-Fernsehfilm: »Im Visier des FBI. Deutsche Autoren im US-Exil« (1995).

Herausgeber der Buchreihe »Exilforschung/Exile Studies«.

»Die bislang weitgehend unbekannte Geschichte der Entstehung und Rezeption des *Siebten Kreuzes* und die Analyse von Inhalt und Form des Romans machen zwei zentrale Komplexe des vorliegenden Buches aus. Ein anderer, mindestens ebenso wichtiger Schwerpunkt liegt in dem Versuch, dem Verhältnis von literarischer Fiktion und historischer Authentizität näherzukommen, indem Anna Seghers' Deutschlandbilder aus der Frühzeit des Dritten Reiches und ihre Darstellung des fiktiven KZ Westhofen mit dem authentischen Faschismus und Widerstand im Raum Mainz/Frankfurt bzw. dem tatsächlichen Lager Osthofen konfrontiert werden.

Als Materialgrundlage für den Vergleich zwischen den erfundenen Geschichten und den authentischen Begebenheiten dienen umfangreiche und bislang kaum ausgewertete Bestände in Regional-, Landes- und Bundesarchiven aus der NS-Zeit. Die für diesen Band benutzte Arbeitsmethode korrespondiert nicht nur mit Anna Seghers' eigenem Schaffensprozeß, sie deckt sich in vielem auch mit der des aus den USA kommenden New Historicism bzw. der sogenannten neuen Geschichtsbewegung.«

Alexander Stephan, aus der Einleitung

Alexander Stephan

Anna Seghers:
Das siebte Kreuz

Welt und Wirkung eines Romans

Aufbau Taschenbuch Verlag

Mit 24 Abbildungen

ISBN 3–7466–5199–9

1. Auflage 1997
Aufbau Taschenbuch Verlag GmbH, Berlin
© Aufbau Taschenbuch Verlag GmbH, Berlin
Umschlaggestaltung Torsten Lemme unter Verwendung
eines Ausschnitts aus dem Gemälde »Das arme Land Tirol«,
1913 von Franz Marc
Satz LVD GmbH, Berlin
Druck Elsnerdruck GmbH, Berlin
Printed in Germany

INHALT

I. Einleitung 7

II. Text: *Das siebte Kreuz* 15
   1. Entstehungs- und Manuskriptgeschichte 15
   2. Die Figuren: Querschnitt durch Nazideutschland 34
   3. Vom gewöhnlichen und vom gefährlichen Leben 62
   4. Form und Struktur: Moderierter Modernismus 79
   5. Querverbindungen: Erzählungen aus den dreißiger, vierziger und fünfziger Jahren 94

III. Kontext 1: Fiktion und Authentizität 110
   1. »Der Terror in Osthofen hat sein Ende erreicht.«
     Alltag in Nazideutschland 110
   2. Das KZ Osthofen: Fiktion und Wirklichkeit . . 149

IV. Kontext 2: Rezeption und Bearbeitungen 208
   1. *The Seventh Cross*: Bestseller in den USA 208
   2. Der Hollywood-Film 226
   3. *Das siebte Kreuz* und das FBI 244
   4. Theaterfassungen: Vom Broadway nach Schwerin 256
   5. Rezeption in Deutschland: West und Ost 281

Anmerkungen 297
Bibliographie 349
Bildnachweis 406

I. EINLEITUNG

> »In diesem Buch sind die ... Ereignisse in Romanform gestaltet ... man suche ... nicht nach den Namen der Personen und Straßen. Doch unverändert dargestellt sind die Handlungen der Menschen, in denen sich ihr Wesen und das Gesetz der Ereignisse gezeigt hat.« (2.48, S.5)

Anna Seghers zählt zu den bedeutendsten Autorinnen und Autoren der deutschsprachigen Literatur im 20. Jahrhundert. Ihr wichtigster Roman, *Das siebte Kreuz* (1942), ist zugleich die am weitesten verbreitete Darstellung von Widerstand und Alltag zu Beginn des zwölfjährigen Reiches.

Drei Eigenschaften des Romans liegen diesem Erfolg zugrunde: Die spannend erzählte und überschaubare Geschichte der Flucht von sieben Häftlingen aus einem Konzentrationslager der Nazis ist für ein breites Publikum zugänglich. Durch einen künstlerisch hochwertigen Erzählstil ist *Das siebte Kreuz* zwischen Realismus und Avantgarde der literarischen Moderne angesiedelt. Und schließlich versteht es Anna Seghers, ihren »Roman aus Hitlerdeutschland« in einer prekären Balance zwischen Fiktion und Authentizität zu halten, bis – wie Christa Wolf es beschreibt – »das mythische Element mit dem realen Grundstoff, das realistische Element mit dem mythischen Inhalt« »eine unlösbare Verbindung« (4.97, S. 363) eingeht.

Anfang und Höhepunkt der Erfolgsgeschichte von Anna Seghers' Querschnitt durch Hitlerdeutschland ist eine amerikanische Übersetzung aus dem Jahre 1942, die die Erzählung von der Flucht der sieben Ausbrecher durch Südwestdeutschland unter dem Titel *The Seventh Cross* weit mehr als einer halben Million US-Lesern ins Haus brachte – als Buchclubausgabe und Comic strip, in Fortsetzungsabdrucken und in einer »Armed Services Edition«, als Braille-Text für Blinde und in verschiedenen Billig- und Kurzversionen. Fred Zinnemann als Regisseur und Spencer Tracy in der Rolle des KZ-Flüchtlings Georg Heisler machten kurz vor Kriegsende bei Metro-Goldwyn-Mayer aus dem Roman einen ansehnlichen Film, der in die Debatten der Amerikaner über die Zukunft Deutschlands nach Ende des Zweiten Weltkriegs eingriff. Der Exilverlag El Libro Libre verbreitete *Das siebte Kreuz* seit 1942/43 von Mexiko aus unter deutschsprachigen Hitlerflüchtlingen. In der DDR stand Anna Seghers' Roman von Anfang an als zentraler Beitrag in der Auseinandersetzung mit dem Nationalsozialismus ganz oben auf den Lektürelisten von Schulen und Universitäten, während in der alten BRD erst in den sechziger und siebziger Jahren im Zuge der verspäteten Vergangenheitsbewältigung eine Auseinandersetzung mit Anna Seghers und ihrem *Siebten Kreuz* begann. Zahlreiche Übersetzungen sorgen für die weltweite Verbreitung des oft prämierten Romans. Immer neue Nachdrucke zeugen für das bis heute anhaltende Interesse an der aufregenden Fluchtgeschichte.

Leicht hatte es Anna Seghers trotz dieser Erfolge nicht mit dem *Siebten Kreuz*. Von den Nazis 1933 erst aus Deutschland und dann aus Frankreich bis in das ferne Mexiko vertrieben, recherchiert und schreibt sie in Paris unter schwierigen materiellen Bedingungen ein Manuskript, für das sich in den Wirren von Exil, Flucht und Krieg zunächst kein Verlag finden läßt. Aktiv nimmt sie an den schaffens-, ja lebensbedrohenden Debatten teil, die im linken Lager des Exils während der dreißiger Jahre über Formalismus und sozialistischen Realismus geführt werden. Aufgrund ihrer theoretischen Überlegungen und um bei ihren linientreuen Genossen nicht in Ungnade zu fallen, beschränkt sie sich bei der Niederschrift ihres Romans in formalen Fragen auf einen moderierten Modernismus, der die Experimente der zeitgenössischen Avantgarde durch den Einsatz von realistischen Erzählformen abmildert (vgl. 4.81, 4.69 u. 4.82) – ein Kompromiß, der mehr als vierzig

Jahre später in der DDR noch einmal akut wird, als eine Schweriner Theatertruppe den Seghers-Stoff in einer avantgardistischen Inszenierung auf die Bühne bringt. In der Sowjetunion werden nach 1939 ein Vorabdruck und eine Übersetzung ins Russische Opfer des Hitler-Stalin-Paktes, in den USA gerät der Anti-Hitler-Roman wenig später als subversive Literatur ins Visier des FBI. Nachdem Walter Ulbricht zunächst in der Frühzeit der DDR verlangt hatte, daß antifaschistische Bücher einer sozialistisch-realistischen Aufbauliteratur Platz zu machen haben, wird *Das siebte Kreuz* in den darauffolgenden Jahrzehnten Generationen von DDR-Bürgern als Pflichtlektüre in der Oberschule verleidet. Nachdrucke des Romans in der BRD kommen nach dem Mauerbau ins Sperrfeuer von Kalten Kriegern und werden dann im Zuge der problematischen Wiedervereinigung der deutschen Kultur nach 1990 noch einmal Neuinterpretationen unterzogen, die u. a. aus dem politischen ein religiöses Buch zu machen versuchen oder hinter der Fassade altbekannter Totalitarismustheorien Anna Seghers' Antifaschismus zur Kritik am Stalinismus und ihre »Vaterlandsliebe« (2.46, Bd. 1) zu einer verkappten Blut-und-Boden-Literatur verkehren.

Die bislang weitgehend unbekannte Geschichte der Entstehung und Rezeption des *Siebten Kreuzes* und die Analyse von Inhalt und Form des Romans machen zwei zentrale Komplexe des vorliegenden Buches aus. Ein anderer, mindestens ebenso wichtiger Schwerpunkt liegt in dem Versuch, dem Verhältnis von literarischer Fiktion und historischer Authentizität näherzukommen, indem Anna Seghers' Deutschlandbilder aus der Frühzeit des Dritten Reiches und ihre Darstellung des fiktiven KZ Westhofen mit dem authentischen Faschismus und Widerstand im Raum Mainz/Frankfurt bzw. dem tatsächlichen Lager Osthofen konfrontiert werden.

Als Materialgrundlage für den Vergleich zwischen den erfundenen Geschichten und den authentischen Begebenheiten dienen umfangreiche und bislang kaum ausgewertete Bestände in Regional-, Landes- und Bundesarchiven aus der NS-Zeit. Die für diesen Band benutzte Arbeitsmethode korrespondiert nicht nur mit Anna Seghers' eigenem Schaffensprozeß, sie deckt sich in vielem auch mit der des aus den USA kommenden New Historicism (5.213 u. 212) bzw. der sogenannten neuen Geschichtsbewegung (5.104). Ziel der von der neuen Geschichtsbewegung propagierten Weise, Geschichte ›von unten‹ zu schreiben, ist es, »eine Art von skeptischer ›Lokalvernunft‹« (5.124, S.13) zu fördern und über die Erschließung von neuen Quellen z.B. dem Alltag des Dritten Reiches mit seinen weitverzweigten Wegen auf die Spur zu kommen. Durch die Erforschung kleiner und kleinster Lebenszusammenhänge soll so unter anderem der von den Nazis diskreditierte Heimatbegriff rehabilitiert werden. Und über die Geschichte der Abhängigen, Opfer und Verlierer wird, so die Anhänger der neuen Geschichtsbewegung, mit Bezug auf das Dritte Reich ein offener Gebrauch des Begriffs Widerstand entwickelt, der die etablierten »Schwarz-Weiß-Bilder« (5.288, Bd.4, S.18) vermeidet, indem er Begriffe wie »Prozeß«, »graduelle Steigerung« und »zeitliche Differenzierung« (P. Steinbach, in 5.286, S.1123) erprobt. Würde sich dabei herausstellen, daß »Geschichte ... das Produkt einer kollektiven Erdichtung« (5.124, S.26) wäre und die Geschichtswissenschaften weniger gemein hätten mit den Objektivität vortäuschenden Modellen der Naturwissenschaften als mit einer zugleich subjektiven und kollektiven Herstellung von Fiktion, dann entspräche das durchaus dem angestrebten Demokratisierungsprozeß.

Heimat, gewöhnliches Leben, Alltag, Resistenz, vor allem aber die Verschmelzung von historisch-nachprüfbarer Authentizität und literarischer Fiktion in einem zugleich realistischen und privaten, von Brüchen und Übergängen gekennzeichneten Gewebe – die Parallelen zwischen der neuen Geschichtsbewegung und Inhalt wie Methode von Anna Seghers' Deutschlandroman *Das siebte Kreuz* sind in der Tat verblüffend. Konsequent zieht die Autorin da zum Beispiel nach dem Motto, daß realistische Literatur Geschichtsschreibung von unten ist, Bilder aus dem Alltag der kleinen Leute den weithin sichtbaren Staatsaktionen vor und greift so der Einsicht voraus, daß »die ›objektive‹ Produktions- und Herrschaftsweise immer auch zur ›subjektiven‹ Lebensweise« (5.189, S.16) wird. Widerstand definiert sich in ihrem Roman nicht als Tyrannenmord oder als zentral geleitete Aktion von politischen Vereinigungen wie der KPD, SPD oder den Gewerkschaften, sondern zunächst einmal als ein komplexes Geflecht von punktueller Unzufriedenheit, Selbstbewahrung, Nicht-Anpassung, Resistenz und mehr oder weniger offenem Protest im Alltag von Familie, Arbeitsplatz und Wohnmilieu. Anstatt um die Herrschenden und Sieger kümmert sich Anna Seghers – wie lange nach ihr die ›Barfußhistoriker‹ – lieber um die Opfer und die Verlierer, die in den Geschichtsbüchern namen- und gesichtslos bleiben. Dem Terror und der Verfolgung unter dem Faschismus stellt sie die Hoffnung auf eine andere, bessere Welt entgegen, die durch Widerspruch gegen die Unterdrückung in den Menschen mobilisiert wird (5.124, S.15). Weltanschauliche Bindungen treten in ihrem Deutschlandroman mit einer derartigen Konsequenz zugunsten von regionalen Zugehörigkeiten, sozialer Solidarität und simplen Formen der Menschlichkeit in den Hintergrund, daß man auf den gut 400 Seiten der Erzählung vergeblich nach Begriffen wie Kommunismus, Sozialismus oder dem damals geläufigen Wort »Volksfront« sucht.

Und noch etwas macht den Roman vom siebten Kreuz nach Maßgabe der neuen Geschichtsbewegung bis in unsere Tage ›modern‹: die Art und Weise, wie Anna Seghers bei der Materialsammlung vorgeht. In Ermangelung eigener Erfahrungen trägt die Exilantin in ihrem Pariser Asyl seit 1933 auf Wegen Information über die Lage in Deutschland zusammen, die wir heute mit dem Begriff »oral history« beschreiben würden: durch die Befragung von Augenzeugen aus dem Widerstand, ehemaligen Insassen von Lagern und einfachen, mehr oder weniger unpolitischen Besuchern wie ihrer Haushilfe Katharina (»Gaya«) Schulz aus dem fränkischen Lindelbach (1.46). Unmißverständlich besteht Anna Seghers bei einer Vorübung für *Das siebte Kreuz*, einem nie realisierten Sammelband mit Porträts von »etwa 40–50 Toten aus Hitler-Deutschland«, einerseits darauf, alle Berichte anhand von authentischem Material genau zu überprüfen; andererseits soll bei der Sache »kein bloßes Dokumentarbuch«[1] herauskommen, sondern hinter dem in Form von »politischen Notizen und Zeitungsausschnitten« vorliegenden dokumentarischen Rohmaterial »wirkliche Menschen«[2] sichtbar werden. Liebevoll und mit feinen Strichen zeichnet *Das siebte Kreuz* höchst private Bilder aus Anna Seghers' Heimatstadt Mainz nach – den Dom, dessen Schätze ihr Vater, der Kunsthändler Isidor Reiling, betreut haben soll; die Altstadt, wo die Familie ihr Antiquitätengeschäft hatte; das Rheinufer, in dessen Nähe Netty Reiling aufwuchs – und trägt dadurch bei, die Erinnerung an eine Stadt zu bewahren, die wenig später durch Bomben zerstört wurde. Und schließlich dürfte sich die gleichgeschaltete hessische Presse, so wie hier die *Mainzer Tageszeitung* vom 10. März 1933, mit ihren vielen Meldungen über den täglichen Faschismus im Rhein-Main-Gebiet Anna Seghers als Quelle angeboten haben:

Osthofen, 8. März. Der gestrige Tag war der Tag der erwachenden Nation in Osthofen. Gegen 8 Uhr abends ist alles auf den Beinen und strömt nach dem Bahnhotel. Formationen unserer SS., SA., HJ und Jungvolk, Bund deutscher Mädchen, die Hassia und die ins Leben gerufene SA.-Reserve in einer Stärke von 300 Mann, nehmen hier Aufstellung ... Die Straßen waren von tausenden von Menschen umsäumt, die fortwährend das ›Heil Hitler‹ den braunen Soldaten begeistert zuriefen ... Der Posaunenchor intonierte das Deutschlandlied ... Die alten Fahnen wurden ... öffentlich verbrannt ... Der Terror in Osthofen hat sein Ende erreicht.

Die Erzählerin Anna Seghers, die ausdrücklich davon spricht, daß *Das siebte Kreuz* »zugleich« »wahr« und »erfunden« sei und sich deshalb alles, »was in dem Buch geschieht ... in Wirklichkeit auch begeben haben ... kann«[3], hat den von der Geschichtswissenschaft erst in jüngster Zeit entdeckten »weniger organisch verfestigten Widerstandsformen«, die »selbst kaum schriftliche ›Spuren‹ hinterlassen« (5.195, S.36f.) haben, eine bleibende Sprache verliehen. Dabei ist es ihr zweifellos nicht leichtgefallen, aus der Distanz des Exils verläßliche Informationen über den Alltag in Nazideutschland zu erhalten. Ähnlich, wenn nicht noch schlechter, ergeht es dem Historiker unserer Tage, der dem authentischen Kontext der Romanhandlung nachzugehen versucht. Nur mit Mühe läßt sich nämlich heute noch in lokalen und regionalen Archiven zu dem zwischen Mainz und Worms gelegenen Konzentrationslager Osthofen Material finden, das Antwort auf die Frage bietet, wie weit die Wachleute und Insassen von Westhofen – Fahrenberg, Zillich, Heisler, Wallau und die anderen – der Wirklichkeit der sogenannten ›wilden Lager‹ der NS-Frühzeit entsprachen. Datenschutz- und Archivgesetze ermöglichen zwar Einsicht in Unterlagen zu sogenannten Personen der Zeitgeschichte, verhindern aber in vielen Fällen den Zugriff auf die bisweilen umfangreichen Bestände aus Bürgermeister- und Landratsämtern, Kreis- und Spruchkammergerichten und, im Falle eines Konzentrationslagers besonders hinderlich, Wiedergutmachungs- und Entschädigungsverfahren.[4] Und wer sich heute auf der Strecke Osthofen – Oppenheim – Mainz bei den Menschen danach erkundigt, wie denn zwischen 1933 und 1937 der tägliche Faschismus mit Gleichschaltung und Widerstand, Judenboykotten, Rückzug in den Alltag und einem Lager wie dem KZ Osthofen ausgesehen habe, stößt nicht nur auf Hilfsbereitschaft und einen aktiven »Förderverein Projekt Osthofen«, sondern auch auf Stadtarchive, in denen man aus alten Zeitungen hastig den einen oder anderen Artikel herausgetrennt hat, oder auf eine Dorfchronik aus dem Jahre 1984, die zur Darstellung der Machtübergabe an die Nazis nahezu wörtlich eine ganze Passage aus den 1937 zusammengestellten Jubelberichten der alten Kämpfer der lokalen NSDAP übernimmt (vgl. 5.172, S.324 u. V. Jost in 5.153).

Ungeachtet dieser Einschränkungen geht mein Dank an alle jene in der Bibliographie genannten Institutionen und Personen, die mir in fast allen Fällen großzügig bei der Bereitstellung von Material und der Beantwortung von Fragen behilflich waren. Besonders erwähnt seien dabei Renate Grasnick und Marianne Berger vom Anna Seghers Archiv bzw. der Anna Seghers Gedenkstätte der Stiftung Archiv der Akademie der Künste, Berlin, Angelika Arenz-Morch und Hans Berkessel vom Förderverein Projekt Osthofen, Harold von Hofe als Direktor des Feuchtwanger Institute for Exile Studies in Beverly Hills (USA), der inzwischen verstorbene Frederick Kohner, Minna Lieber und ihr Mann Maxim sowie Fred Zinnemann. Dr. Ruth Radvanyi und Dr. Pierre Radvanyi haben mir nicht nur Briefe und andere Materialien aus dem Nachlaß ihrer Mutter überlassen, sie waren auch hilfreiche und kritische Gesprächspartner.

Ein editorischer Hinweis zum Schluß: Seitenangaben in eckigen Klammern [ ] beziehen sich auf die Taschenbuchausgabe von *Das siebte Kreuz*, die seit 1993 im Aufbau Taschenbuch Verlag erscheint. Angaben in runden Klammern ( ) verweisen auf die Bibliographie am Ende des vorliegenden Buches. Zitate aus Briefen, dem MGM-Drehbuch und der amerikanischen Bühnenbearbeitung des Romans, aus den Akten des FBI, aus Archivmaterial von MGM und dem Verlag Little, Brown sowie aus anderen englischsprachigen Quellen sind von mir ins Deutsche übertragen worden. Übersetzungen aus dem Polnischen und Russischen stammen von Halina Stephan. Hervorhebungen in Zitaten sind kursiv wiedergegeben.

II. TEXT: DAS SIEBTE KREUZ

1. Entstehungs- und Manuskriptgeschichte

Anna Seghers gehört zu jenen Schriftstellern, die selten und ungern über sich selber sprechen. Autobiographische Texte sind bei ihr die Ausnahme. Ein Journal, in dem sie regelmäßig über Begegnungen mit Menschen, über Schreib- und Leseerfahrungen oder über ihr seelisches, physisches und gesellschaftliches Befinden berichtet, hat sie allem Anschein nach nicht geführt bzw. nicht veröffentlicht.[1] Und auch ihre Werke scheinen ihr auf Dauer nicht übermäßig wichtig gewesen zu sein. Weder in der DDR noch in der BRD liegt eine vollständige Ausgabe ihrer Arbeiten vor. Bis heute werden Erzählungen von Anna Seghers wiederentdeckt – etwa »Die Toten auf der Insel Djal« und »Der sogenannte Rendel« –, ohne daß klar wäre, ob die Verfasserin sie vorsätzlich oder aus Sorglosigkeit vergaß. Andere Texte erschienen in sowjetischen Verlagen oder kleinen Exilzeitschriften, so daß sie praktisch unzugänglich sind. Hier und da finden sich in einem Archiv bzw. im Nachlaß eines Schriftstellerkollegen Entwürfe für ein nie zu Ende geführtes Projekt (4.78, S. 56–124), Tatsachen, etwa die Veröffentlichungsgeschichte ihrer Texte betreffend, sind nicht selten, bewußt oder unbewußt, mit legendenhaften Elementen durchsetzt.

Sicherer gefühlt zu haben scheint sich Anna Seghers dagegen hinter dem Schutz fremder Namen und Identitäten. Eine erste Erzählung, von der sie behauptet, daß sie einer Sage aus dem Holländischen nacherzählt sei, erscheint 1924 unter dem Pseudonym Antje Seghers – ein Name, den sich die 24jährige Kunststudentin Netty Reiling aus ihren Heidelberger Vorlesungen über Rembrandt und seine

Zeit borgt (2.27, S. 150f.). Während des Exils schreibt sie als Peter Conrad (2.46, Bd. 3, S. 316 u. Bd. 4, S. 11) und Eve Brand. In Transitpapiere und Verlagsverträge trägt sie den Namen ihres ungarischen Mannes Laszlo Radvanyi ein, obwohl der sich schon Jahre zuvor den Decknamen Johann Lorenz Schmidt bzw. Johann Lorenz-Schmidt zugelegt hatte. Ihre Korrespondenz mit Freunden unterschreibt sie – nicht zuletzt, um sich vor der in Frankreich eingefallenen Gestapo zu schützen – mal mit Anna, mal mit Netty oder gar, wie Briefe an Bruno Frei (2.4, S. 27) und Lore Wolf[2] bezeugen, mit A. Netty bzw. Anna Netty – während ihr Name im Familienregister der Reilings mit »Netti« (4.75, S. 171) eingetragen ist. Über ihren Mann erwarb die gebürtige Mainzerin eine ungarische Staatsbürgerschaft, die sie nach 1933 vor dem üblichen, mit Bespitzelung durch Gestapo und das Auswärtige Amt verbundenen Ausbürgerungsverfahren bewahrte.[3] Nach Berlin, und zwar zunächst in den westlichen Teil der Stadt, kehrte sie 1947 als eingebürgerte Mexikanerin zurück.[4]

Doch nicht nur über das Leben und Schreiben von Anna Seghers ist relativ wenig bekannt. Auch die Entstehungs- und Veröffentlichungsgeschichte jenes Romans, der zu den größten Erfolgen der deutschsprachigen Exilliteratur der Jahre 1933 bis 1945 gehört, lag lange Zeit im dunkeln: *Das siebte Kreuz*. Dabei kann gerade dieses Buch zu einem Modellfall werden für die Schwierigkeiten, mit denen Exilautoren zu kämpfen hatten, um ihre Texte auf das Papier und an ein Publikum zu bringen. Verloren und vergessen waren bis vor kurzem Arbeiten der Autorin, die thematisch und formal zur Vorgeschichte des *Siebten Kreuzes* zählen. Legenden (4.36, S. 40), oft von Anna Seghers selbst in die Welt gesetzt (3.178, S. 190f.), kursieren über den Weg, den das Manuskript zwischen 1939 und 1941 aus dem umkämpften Europa in die Neue Welt genommen hat. Ein Typoskript des Romans wurde erst jüngst in den von der Gestapo in Paris beschlagnahmten Unterlagen der *Pariser Tageszeitung* gefunden (5.4, S. 519). Bis in unsere Tage geistern Fehler und Ungenauigkeiten über Daten und Druck der deutsch- und englischsprachigen Erstausgaben des Buches durch die Seghers-Literatur. Unzuverlässig waren jahrelang die Informationen zu den Ausgaben des Romans zwischen 1942 und 1944/45 in den USA beim Book-of-the-Month Club, als Fortsetzungsabdruck in Zeitungen, Comic Strip und Hollywoodfilm. Eine Bibliographie zum 60. Geburtstag der Autorin versäumt es, die Exilausgaben des Erfolgsromans aufzulisten (4.4, S. 15). In einer Einführung, die der Verlag Neues Leben 1975 dem *Siebten Kreuz* beigab, wird das Erscheinungsdatum der Erstausgabe von 1942 auf »Ende ... 1941« und der Erscheinungsort von Boston nach New York verlegt (3.135, S. 9 u. 5.279, S. VII u. 1). Eine westdeutsche Seghers-Monographie behauptet gar, daß der Roman im mexikanischen Exil noch »im Entstehen begriffen war« (4.72, S. 23).

Nun ist es nichts Neues, daß Literatur, die sich mit Themen des Tages beschäftigt, in Deutschland keinen besonders hohen Stellenwert besitzt. Romane über Nazideutschland blieben bis lange nach Ende der Hitlerei eine Seltenheit. Anstatt sich mit der Gegenwart auseinanderzusetzen, schrieben die selbst eben dem Naziterror Entkommenen eine Flut von historischen Romanen. Ausländische Beobachter wie der französische Schriftsteller Jean-Richard Bloch warfen einem Bericht von Anna Seghers zufolge ihren exilierten deutschen Kollegen vor: »Vielleicht seid ihr selbst daran schuld, daß wir nur schwer verstehen, was bei euch vorgeht. Es fehlt eurer deutschen Literatur an den großen gesellschaftlichen Romanen, die das Leben bei uns in Frankreich, in Rußland, in England, in Amerika erklären helfen.«[5]

Als Nachgeborene wissen wir, daß Blochs Kritik keineswegs unbegründet war, auf Anna Seghers freilich nicht zutraf. In rascher Folge hatte sie zwischen 1933 und 1939/1940 Romane geschrieben, die die Gesellschaft in Deutschland und Österreich vor und unmittelbar nach Anfang des zwölfjährigen Reiches durchleuchten: *Der Kopflohn*, *Der*

Weg durch den Februar, Die Rettung und, gleichsam als Höhepunkt dieser Reihe, *Das siebte Kreuz*. Mit überraschender Beharrlichkeit befaßte sie sich, wie weiter oben angedeutet, auf Kongressen und in Zeitschriften mit den Begriffen Vaterland und Heimat. Und auch über jene Themen, die zur Vorgeschichte des *Siebten Kreuzes* gehören, begann sie schon früh öffentlich nachzudenken: Verfolgung, Widerstand und Konzentrationslager.

So finden sich in einer Broschüre, die im Juni des Jahres 1933 unter der Überschrift *Mord im Lager Hohenstein. Berichte aus dem Dritten Reich* bei der Moskauer Verlagsgenossenschaft ausländischer Arbeiter in der UdSSR in Druck ging, zwei Texte von einem Peter Conrad, die mit hoher Wahrscheinlichkeit Anna Seghers zuzuschreiben sind: »Das Vaterunser«, eine kurze Geschichte, in der ein Ich-Erzähler über die brutale Behandlung einer Gruppe von Antifaschisten in einer SA-Kaserne Anfang April 1933 berichtet,[6] und die Titelgeschichte, »Mord im Lager Hohenstein«, die von den Leiden und dem Sterben des KZ-Häftlings Fritz Gumpert[7] handelt. Interessant ist vor allem die zweite Erzählung. Einmal, weil hier, ähnlich wie später in Passagen des *Siebten Kreuzes*, nicht nur aus der Perspektive der Opfer berichtet wird, sondern auch die Zweifel und Ängste der Mörder zur Sprache kommen; zum anderen, weil sie offensichtlich im Kontext jener Diskussion um dokumentarisches und gestaltendes Schreiben steht, die vor und nach 1933 Anna Seghers und ihre sozialistischen Autorenkollegen bewegte (5.168, S. 283). Folgerichtig meint der anonyme Verfasser der Vorbemerkung des Bandes denn auch zu wissen, daß »die grauenvolle, wahrhaft viehische Art, in der die ... aufgepeitschten Banden der SA und SS an den wehrlosen Gefangenen ihren Sadismus austobten, ... naturgemäß selbst in den objektivsten Berichten der redlichsten Berichterstatter bisher nur unzulänglich dargestellt«[8] wurde. Aufgabe der in *Mord im Lager Hohenstein* versammelten Erzählungen und Skizzen »sei es deshalb, all das zur Anschauung zu bringen«, was die damals in der Exilpresse in großer Zahl erscheinenden Augenzeugenberichte und Darlegungen »nur abstrakt andeuten konnten«.[9]

Ein Blick in das weit verbreitete *Braunbuch über Reichstagsbrand und Hitler-Terror* bestätigt die Überlegungen von Anna Seghers und dem Autor der Vorbemerkung zum Verhältnis von Dokument und Fiktion. Fritz Gumpert nämlich, so erfährt der Leser des *Braunbuches*, das im Frühjahr 1933 von Willi Münzenberg, Otto Katz, Alexander Abusch und anderen kommunistischen Bekannten der Autorin in Paris geschrieben wurde, ist eine authentische Person. Neben Bildern des Ermordeten und seiner Familie findet sich im *Braunbuch* das Faksimile eines Zeugenberichts, in dem, wie in der Erzählung, Gumperts Verletzungen detailliert beschrieben werden. Die Aussagen von Arbeitern, die aus Hohenstein und anderen Lagern geflohen waren, entsprechen der Darstellung der unmenschlichen Praktiken der Wachmannschaften in der Erzählung. Verändert hat Anna Seghers außer der Perspektive, aus der berichtet wird, nur, wie später im *Siebten Kreuz*, ein geographisches Detail: Gumpert wurde laut *Braunbuch* wohl nicht im Lager Hohenstein, sondern im nahegelegenen Lager Königstein ermordet (5.46, S. 360 f.).

Dokument und Fiktion (4.82) sind, neben politischem Terror und Widerstand, auch die Schlüsselworte für einen zweiten, lange Zeit vergessenen Seghers-Text, der ebenfalls zur Vorgeschichte des *Siebten Kreuzes* gehört: die für die »Agitationsschrift« (5.199, S. 306) *Ein Mann in Moabit* geschriebene Textcollage »Ein ›Führer‹ und ein Führer«.[10] Inhalt und Form dieser Montage werden von der Redaktion der *Deutschen Volkszeitung*, die im Juli 1934 Passagen aus dem ersten Teil der Schrift vorabdruckte, so beschrieben: »Mit dem einfachen Mittel der Gegenüberstellung wird hier eine außerordentliche Wirkung erzielt. Revolution und Konterrevolution begegnen sich hier in der Schilderung des Lebenslaufes von Ernst Thälmann und Adolf Hitler. Die strengste Objektivität ist dadurch gewahrt, daß

Anna Seghers sich in den Abschnitten über Hitler ausschließlich Zitate aus Hitlers Buch ›Mein Kampf‹ bedient. Die phraseologisch unerträgliche Selbstbeweihräucherung des typischen Emporkömmlings ... (Frakturschrift) wirkt so grotesk in der Gegenüberstellung des proletarischen Lebens Ernst Thälmanns (Antiquaschrift), und enthüllt drastisch die zwei Welten, zwischen denen es sich zu entscheiden gilt.«[11]

Doch nicht nur in »Ein ›Führer‹ und ein Führer« werden moderne Erzählmittel wie die Montage von Dokumenten eingesetzt. Auch die anderen Mitarbeiter der Broschüre, die Anna Seghers' Mitexilant Bruno Frei zu den »besten Schriften für Ernst Thälmann«[12] zählte, scheinen der Meinung gewesen zu sein, daß die Diskussion um eine sozialistisch-realistische Schreibweise 1933/34 noch Platz für Experimente ließ. Essay, Reportage und Kurzerzählung stehen da unvermittelt nebeneinander. Wie in Anna Seghers' Roman *Die Gefährten* (1932) wechseln die Schauplätze der Kurzszenen rasch und sprunghaft von Deutschland nach Frankreich, Spanien und in die USA. Eine kommentarlos abgedruckte Liste mit 26 Städtenamen aus aller Welt deutet an, daß der Kampf um die Befreiung des deutschen Kommunistenführers internationalen Maßstab angenommen hat.

Um dokumentarisches und fiktionales Schreiben geht es schließlich auch in einem dritten, nicht realisierten und deshalb in Vergessenheit geratenen Projekt, an dem Anna Seghers Mitte der dreißiger Jahre führend beteiligt war: einem Sammelband mit Porträts von »etwa 40–50 Toten aus Hitler-Deutschland.«[13] Als Herausgeber dieses Buches, für dessen Redaktionskomitee neben Anna Seghers auch Lion Feuchtwanger zeichnet, wird »eine Gruppe antifaschistischer Schriftsteller aus allen Ländern« genannt; das Ziel sei, wie später im *Siebten Kreuz*, die Setzung eines »Denksteins« für Opfer des Nationalsozialismus, deren »Gedächtnis sonst nur unvollkommen oder gar verunstaltet erhalten bliebe«.[14]

Nun haben sich seit 1933 im Zuge der Literaturdebatten innerhalb des kommunistischen Lagers auch bei Anna Seghers die Gewichte deutlich zugunsten einer fiktionalen Schreibweise verschoben. Zu erstellen seien die »Denksteine« nämlich nicht – und das ist im Zusammenhang mit der Vorgeschichte des *Siebten Kreuzes* von besonderer Bedeutung – in der damals häufig anzutreffenden Form des dokumentarischen Augenzeugenberichts,[15] sondern »durch die Mittel« der »Kunst«: »Wir stellen kein bloßes Dokumentenbuch zusammen«, schrieb Anna Seghers dazu an den sozialdemokratischen Gewerkschaftsfunktionär Franz Vogt, von dem sie sich im Februar 1936 Unterlagen erbittet, »sondern geben dem Material eine künstlerische Form ...« Dabei verstehe es sich, daß das Redaktionskomitee die literarischen Beiträge jeweils »ganz genau anhand des Materials«[16] kontrolliere. Von höchster Bedeutung sei es jedoch, das in Form von »politischen Notizen und Zeitungsausschnitten« vorliegende dokumentarische Rohmaterial durch »private Angaben«[17] zu ergänzen. Denn nur wo hinter dem »bloßen Greuelgehalt«, so Anna Seghers weiter an Vogt, das »beispielhafte Verhalten«[18] und hinter dem offiziellen Lebenslauf der »wirkliche Mensch«[19] sichtbar wird, sei ein Höchstmaß an »Wirkungsmöglichkeit«[20] zu erhoffen.[21]

Anna Seghers hatte ihren Beitrag zu *Ein Mann in Moabit* im Auftrag der KPD geschrieben, die sich seit der Gründung eines »Internationalen Befreiungskomitees« für Ernst Thälmann und andere eingekerkerte Antifaschisten im Januar 1934 in Paris mit neuer Intensität um die Freisetzung ihres Vorsitzenden bemühte. Aus KPD-Kreisen dürfte ihr auch das Material zugegangen sein, das den Erzählungen in *Mord im Lager Hohenstein* zugrunde liegt. Ebenso scheint, einem unveröffentlichten Brief an den Dreh- und Jugendbuchautor Friedrich Kohner zufolge, die im Sommer 1934 entstandene Romanreportage *Der Weg durch den Februar* als Auftragsarbeit für den von Willi Münzenberg für die KP geführten Verlag Editions du Carrefour geschrieben worden zu sein: »Ich selbst war längere Zeit in Österreich«, erklärte Anna Seghers ihrem Briefpartner am 27. Juni 1934 im Zusammenhang einer Kontroverse um das lange verschollene Filmmanuskript »Der sogenannte Rendel«, »weil ich einen Verlagsvertrag habe, ein Österreich-Buch zu schreiben ... Ich muß jetzt in diesen Wochen an meinem neuen Buch arbeiten. Sobald ich damit fertig bin, evtl. auch zwischendurch, hoffe ich, Ihnen gute Filmstoffe schicken zu können.«[22] Und von dem bereits in die Zeit der Volksfront fallenden Gedächtnisbuch für die in Hitlerdeutschland Ermordeten ist bekannt, daß das Redaktionskomitee auch »von der sozialdemokratischen Parteileitung Namenslisten und Material«[23] bekam.

Zur Entstehung des *Siebten Kreuzes* gibt es derartig handfeste Informationen nicht. Eher bescheiden vermerkt Alexander Abusch, damals in Paris zusammen mit Gerhart Eisler eines der führenden Mitglieder der Exil-KPD, im März 1939 in seinem Tagebuch: »Gerhart Eisler und ich, mit unseren Frauen, in Bellevue bei Anna Seghers. Unsere Anregungen, nach ihrer Erzählung ›Der Kopflohn‹ und ihrem Roman ›Die Rettung‹, die im Jahre 1933 enden, doch den heutigen Kampf im nazistischen Deutschland zu gestalten, haben sicher dazu beigetragen, daß sie den neuen Roman, aus dem sie uns vorliest, zu schreiben begonnen hat.«[24] Von anderer Seite wird berichtet, daß Lore Wolf, die 1933/34 Mitglied der illegalen Bezirksleitung der Roten Hilfe in Hessen war und danach für die Flüchtlingshilfe in Frankreich und in der Schweiz arbeitete, von Anna Seghers »nach ihrer Heimatstadt Frankfurt«, »nach Lage und Namen von Straßen und Wohnvierteln, nach Schicksalen der Bewohner, nach lokalen Ereignissen« (4.45, S. 38) ausgefragt wurde.[25] Auch die Bezüge auf die Firma Pokorny, in der Lore Wolf während des Ersten Weltkrieges gearbeitet hatte, dürften auf diesem Weg in den Roman gelangt sein – ganz zu schweigen von der Figur der Margarete Wolf, die Jahre später im Zentrum einer jener Erzählungen stand, die das *Siebte Kreuz* weitererzählen: »Vierzig

Jahre der Margarete Wolf« (5.290, S. 11 u. 34 u. 1.49). Die seit 1934 monatlich erscheinenden »Deutschland-Berichte« der Exil-SPD lieferten, ähnlich wie der Roman selbst, nach einem »Mosaikverfahren« bewußt objektiv und sachlich formulierte Berichte von »Insidern« (5.272, S. 333) aus dem Dritten Reich zu Themen wie Sozialpolitik, Landwirtschaft, Polizei, illegale Organisationen und Terror. Im *Braunbuch über Reichstagsbrand und Hitler-Terror* wird eine »amtliche Erklärung des Staatskommissars für das Polizeiwesen in Hessen« (5.46, S. 303) und Gründers des KZ Osthofen, Werner Best, zitiert. Und sicherlich wird sich Anna Seghers in Quellensammlungen wie der der Deutschen Freiheitsbibliothek in Paris und in der Exilpresse, die eine Fülle von Berichten zur Verfolgung von Andersdenkenden im Dritten Reich veröffentlichte, über die Ereignisse in ihrer von Nationalsozialisten besetzten Heimat informiert haben.

Wie weit Anna Seghers jenseits von diesen öffentlichen Quellen über ihre Kontakte in der Exil-KPD auch interne Nachrichten des kommunistischen Apparats zur Verfügung standen, ist nicht bekannt. Johannes R. Becher, in dessen Händen damals viele Fäden der kommunistischen Exilliteratur zusammenliefen, sprach in einem »A. S.« überschriebenen Sonett aus der Entstehungszeit des *Siebten Kreuzes* jedenfalls nur von dem »traumhaften Verwobensein« (4.14) der in Pariser Cafés über Deutschland Schreibenden. Bodo Uhse meinte sich dagegen anläßlich des 50. Geburtstags von Anna Seghers daran zu erinnern, daß der Roman als »Auftrag« entstanden sei, »wie die Erfüllung einer gewiß selbstverständlichen und schweren Pflicht, einer inneren und äußeren Notwendigkeit folgend«[26]. Und Alfred Kantorowicz deutet in seinen 1995 erschienenen »Nachtbüchern« aus dem französischen Exil an, daß der Roman nach der Trennung der KPD von Willi Münzenbergs Editions du Carrefour in dem nie realisierten Verlag 10. Mai erscheinen sollte.[27]

Anna Seghers selber hat zur Frage der Materialgrundlage für ihren Roman in späteren Jahren ebenso vage wie monoton wiederholt, daß man ihr häufig »von Vorkommnissen in Konzentrationslagern« erzählt habe: »...ich war oft im Schweizer Teil des Rheingebietes, und ich habe viele Flüchtlinge gesprochen, und irgend jemand hat mir diese sonderbare Begebenheit..., die am allerunwahrscheinlichsten klingt, berichtet, nämlich diese Sache mit dem Kreuz, an das ein Häftling gebunden wird, den man wieder gefunden hat.« (2.23, S. 1056) Ähnlich heißt es in einem Interview mit dem westdeutschen Gewerkschaftsblatt *Metall* im Jahre 1976: »Ich kam außerhalb Deutschlands auch mit Flüchtlingen aus Konzentrationslagern zusammen. Menschen kamen aus Deutschland und fuhren dorthin zurück. Da ich sehr viele Menschen in meiner Heimatstadt kannte, konnte ich mir vorstellen, wie die in einer gewissen Situation leben, wie sie unter gewissen Bedingungen reagieren würden. Was so unglaubhaft wirkt, nämlich die Sache mit dem siebten Kreuz: Es wurde mir von einem ehemaligen Häftling erzählt, daß sein Lagerkommandant auf diese Idee gekommen war.«[28] Und schließlich hat Anna Seghers mitgeteilt, daß ihre Kontake zu ihrer Heimatstadt Mainz, in der neben Freunden und Bekannten ja auch noch ihre Angehörigen wohnten, während der Zeit ihres Pariser Exils nicht völlig unterbrochen wurden: »In den dreißiger Jahren, als wir in Frankreich in der Emigration waren, hatten wir ein Landhaus mit einem großen Obstgarten. Mehrere Sommer lang kam da eine Frau aus der Mainzer Gegend, die früher bei uns beschäftigt gewesen war, auf Besuch, um uns beim Obsteinmachen zu helfen.«[29]

Soweit überliefert ist, wird *Das siebte Kreuz* von Anna Seghers zum erstenmal am 23. September 1938 in einem Brief an den Literaturwissenschaftler und Direktor des Gorki-Instituts für Weltliteratur Iwan I. Anissimow erwähnt: »Ich werde einen kleinen Roman beenden«, heißt es dort, »etwa 200 bis 300 Seiten, nach einer Begebenheit, die sich vor kurzem in Deutschland zutrug. Eine Fabel also, die Gelegenheit gibt, durch die Schicksale eines einzelnen Mannes sehr viele Schichten des faschistischen Deutschlands kennenzulernen. Dieses Buch darf und wird nicht allzu lang dauern, ich habe es schon begonnen und will es, wenn meine Lage es irgendwie zuläßt, in einigen Monaten beenden.«[30] Wenige Wochen später berichtet sie an Fritz Erpenbeck, den Redakteur der in Moskau erscheinenden Exilzeitschrift *Das Wort*: »Ich schreibe jetzt einen Roman kleineren Umfangs, 250 Seiten etwa bis 300. Dieser Roman heißt ›Das siebte Kreuz‹. Er wird in der neuen Serie herauskommen und Ende März etwa fertig sein ... Das Buch wird ... unter engster Mitarbeit unserer hiesigen Freunde entstehen, die den Inhalt schon kennen und das Buch rasch geschrieben sehen möchten.«[31] Und am 27. März 1939 meldet Anna Seghers merkwürdig lakonisch wiederum nach Moskau, diesmal in einem Brief an Johannes R. Becher, den Leiter des einflußreichen Exilantenblattes *Internationale Literatur*: »Meine Pläne: ich beende jetzt einen Roman, der in der IL abgedruckt werden wird.«[32] Beinahe zur gleichen Zeit, am 26. Mai 1939, stellt Becher den Lesern der *Literaturnaja gazeta* das *Siebte Kreuz* als ein Buch vor, das von der »künstlerischen Reife« und der Erweiterung des »politischen Gesichtskreises« und der »schöpferischen Methode«[33] von Anna Seghers zeugt.

Tatsächlich erscheint in der *Internationalen Literatur* im Sommer 1939 in drei Abschnitten der Anfang des Romans.[34] Doch bereits im September bricht der Fortsetzungsabdruck wieder ab. Eine Begründung durch die Redaktion der *Internationalen Literatur* bleibt aus. Dennoch gibt es kaum einen Zweifel: *Das siebte Kreuz* war, noch bevor es vollständig an die Öffentlichkeit gelangte, Opfer jenes deutsch-sowjetischen Nichtangriffspaktes geworden, den Stalin am 23. August 1939 in Moskau unterzeichnet hatte. Antifaschistische Aktivitäten waren damit in der Sowjetunion vorerst nicht mehr erwünscht. Über Nacht verschwanden aus den Kinos Streifen wie *Professor Mamlock* und *Familie Oppenheim*, die nach Büchern der deutschen Exilautoren Friedrich Wolf und Lion Feuchtwanger gedreht worden waren. Augenzeugen berichten, daß in den Bibliotheken an Stelle der Emigrantenzeitschriften Naziblätter ausgelegt wurden (5.186, S.64). Die *Internationale Literatur* brach neben dem *Siebten Kreuz* auch den Fortsetzungsabdruck von Alfred Kurellas Essay »Fragmente über die Intellektuellen« und von Feuchtwangers Roman *Exil* ab. Der Rechenschaftsbericht der Deutschen Sektion des sowjetischen Schriftstellerverbandes für das Jahr 1939 vermerkt, daß die »Arbeit im Monat August« »besonders intensiv« war, »als alle unsere Schriftstelleremigranten aus objektiven Gründen gezwungen waren, ihre Tätigkeit umzustellen ... [und] zur Bearbeitung einer neuen Thematik übergehen konnten. Das betraf auch diejenigen, die an größeren Werken arbeiteten.«[35]

Aus Briefen, Tagebüchern und Autobiographien der Zeitgenossen weiß man, daß der Hitler-Stalin-Pakt den Desillusionierungsprozeß, der die intellektuelle Linke seit den Moskauer Prozessen und dem negativen Ausgang des Spanischen Bürgerkriegs erfaßt hatte, auf die Spitze trieb. Eine Reaktion von Anna Seghers auf den Abbruch des Vorabdrucks ihres Romans in der *Internationalen Literatur* liegt freilich nicht vor. Einzig eine kurze Passage in einem vom 15. März 1940 datierten Brief an F.C. Weiskopf, der sich damals schon in New York aufhielt, scheint auf die Affäre mit der *Internationalen Literatur* anzuspielen: »Sie hatten nur einige Kapitel meines Romans. Glaubst Du, daß es Fortsetzungen geben wird in den Nummern Oktober, November usw.?«[36] Ebensowenig geht Anna Seghers auf die Tatsache ein, daß keiner der großen und relativ finanzkräftigen sowjetischen Verlage, die während der dreißiger Jahre regelmäßig ihre Romane im Original und in Übersetzungen herausgebracht hatten, ihr neuestes Buch druckte. So erschienen im zweiten Kriegsjahr bei Meshdunarodnaja Kniga zwar die Sagen vom Räuber Woynok und von Artemis, *Das siebte Kreuz* wurde für sowjetische Leser erst 1949 in voller Länge zugänglich.[37]

Doch Anna Seghers war keineswegs von den Veröffentlichungsmöglichkeiten in der Sowjetunion abhängig. *Der Kopflohn* war 1933 zugleich in Amsterdam bei Querido und in Prag und Basel in der Universum-Bücherei erschienen. Die Thälmann-Broschüre wurde 1934 vom Workers' Bookshop in London herausgebracht. Kurz darauf gab der Pariser Verlag Editions du Carrefour bei Anna Seghers jenes Buch über den Februaraufstand in Österreich in Auftrag, das 1935 unter dem Titel *Der Weg durch den Februar* gedruckt wurde. Zwei Jahre später erschien ein weiterer Roman von Anna Seghers, *Die Rettung*, bei Querido.

Dem Querido Verlag, bis 1940 einer der bedeutendsten Exilverlage in Westeuropa, bot Anna Seghers denn auch ihr neuestes Manuskript an: »Ich habe meinen Roman beendet«, berichtet sie am 19. Dezember 1939 an F.C. Weiskopf, »und ihn an meinen Verleger geschickt, der sich gerade in New York befindet.«[38] Fünf Monate später liegt der ungeduldig werdenden Autorin immer noch keine verbindliche Antwort vor: »Wie Du weißt«, schreibt sie am 9. Mai 1940 an Wieland Herzfelde in die USA, »hab ich mit dem ›Siebten Kreuz‹ kein Glück bis jetzt. Ich bin darüber bekümmert, aber nicht vermeckert. Das heißt, ich bin zu selbstsicher, um nicht zu wissen, daß das Glück schon so oder so kommen wird, wenn auch nicht so rasch wie ich möchte ... Nun hatte mir Querido beinah zugesagt, und selbst jetzt noch nicht abgesagt. Doch habe ich die Hoffnung ziemlich verloren.«[39] Fritz Landshoff, der Leiter des Amsterdamer Verlags, meinte sich zu erinnern, daß Querido *Das siebte Kreuz* schließlich doch noch akzeptierte (1.39 u. 5.76, S.373). Gedruckt werden konnte das Buch erst 1946, als die Nazis wieder aus Holland vertrieben worden waren.[40]

Nicht lange nach Kriegsausbruch begann Anna Seghers, sich auch um eine amerikanische und eine mexikanische Ausgabe des *Siebten Kreuzes* zu bemühen. Schon früh fallen in diesem Zusammenhang die Namen von Berthold Viertel, der später zusammen mit seiner Frau Salka zu dem Erfolg des Buches in Hollywood beitrug,[41] von Maxim Lieber,[42], der Anna Seghers als Agent bei den Verhandlungen mit verschiedenen US-Verlagen und den Metro-Goldwyn-Mayer-Studios vertrat, und von dem amerikanischen Verleger Benjamin Huebsch,[43] einem der bekanntesten Förderer der Exilliteratur in den USA. Auch Wieland Herzfelde, seit Mitte 1939 in New York mit der Gründung eines neuen Verlags beschäftigt, tritt erneut in Erscheinung: »Ich wollte nur ins Blaue hinein fragen«, schreibt Anna Seghers ihm in jenem bereits zitierten Brief vom 9. Mai 1940, »hältst Du es für völlig unmöglich, das Buch zu verlegen? Du wirst vielleicht denken, daß ich übergeschnappt bin oder daß ich mit dieser Frage vor einem Jahr hätte kommen sollen. Nun gut, ich bin übergeschnappt und der Zeitpunkt ist unsinnig. Ich weiß nicht, ob Du noch lebst. Ich weiß nicht, ob Du, falls lebend, zu Donquichotterien geneigt bist. Ob es so was gibt wie Subskription? Ob es was nützt, wenn ich auf Sous verzichte, die gar nicht existieren. Vielleicht mach ich Euch und Dich mit dieser Zähigkeit ganz nervös, jedoch bin ich wirklich zäh und manchmal damit durchgekommen.«[44]

Wichtigste Kontaktperson in den USA scheint jedoch vorerst der tschechoslowakische Schriftsteller F.C. Weiskopf gewesen zu sein, mit dem die Familie Radvanyi bereits in Berlin befreundet gewesen war: »Ich schicke Dir bald ein Exemplar des Manuskripts«, schreibt Anna Seghers im Dezember 1939 an Weiskopf. »Ich bin sicher, daß Du die ersten Kapitel schon gelesen hast. Ich bitte Dich sehr, alles zu tun, was Du kannst, damit der Roman in Englisch erscheinen kann. Vielleicht könntest Du einen Teil – oder den gesamten Roman – in einer amerikanischen Literaturzeitschrift veröffentlichen lassen.«[45] Acht Wochen später drängt sie erneut: »Ich wäre glücklich, wenn Du meinen Roman in Amerika unterbringen könntest. Das wäre für mich die größte Freude, die Du Dir vorstellen kannst. Ich bitte Dich, mir sofort zu schreiben, wenn Du die Kopie erhalten hast, die ich an Deine Adresse geschickt habe. Denn die Kopie, die ich an Deine Adresse geschickt habe, enthält wichtige Korrekturen und es ist diese und nicht die Kopie von Landshoff, die übersetzt werden soll ... Hast Du schon mit Huebsch gesprochen, der mich kennt? Kann man den Roman nicht in einem mexikanischen Verlag veröffentlichen?«[46] Und am 15. März 1940 mahnt sie Weiskopf: »Ein drittes Manuskript meines Romans ist unterwegs an Berthold Viertel, Hollywood ... Ich weiß sehr gut, daß es sehr schwierig ist, jetzt eine Übersetzung unterzubringen, aber dennoch bitte ich Dich inständig, Dein Bestes zu tun, weil mir dieses Buch besonders am Herzen liegt. Zu der Frage, wer von Euch beiden – Du oder Wieland [Herzfelde] – sich um das Manuskript kümmern soll, hat mir Landshoff (Querido) geschrieben, daß er *Dich* mit dem Verkauf meines Romans beauftragt hat ... Wie Du gesagt hast, geht es hier um eine Verfahrensfrage, nicht um eine Vertrauensfrage.«[47]

Weiskopfs Bemühungen um das Manuskript sind in den Protokollen des Exiled Writers Committee der League of American Writers dokumentiert: »Anna Seghers' Manuskript ist angekommen und Dr. Weiskopf wird es an Maxim Lieber weitergeben«, heißt es da auf Sitzungen des EWC vom Januar und Februar 1940: »A.B. hat nach einem Übersetzer für Anna Seghers' Roman gefragt. Mrs. Untermeyer und Mrs. Lowe Porter wurden genannt. Mr. Folsom erklärte sich bereit, ihnen zu schreiben. Es wurde vorgeschlagen, daß wir die Mitgliederliste der Leage nach Übersetzern durchsehen.« (1.19 u. 5.57, S. 1805)

Genau ein Jahr später, Anna Seghers befindet sich nach der Flucht aus Frankreich mit ihrer Familie auf einer karibischen Insel, gehen bei dem Verlag Little, Brown and Company in Boston, dem Maxim Lieber, der fortan die Belange der Exilantin in den USA vertritt, nach mehreren Absagen von anderen US-Verlagen das Manuskript vorgelegt hatte, die ersten ›reader's reports‹, Inhaltszusammenfassungen und Übersetzungsproben ein. Kurz darauf – Anna Seghers betreibt gerade vergeblich von Ellis Island aus ihre Einreise in die USA – kommen Little, Brown und Lieber zu einer Übereinkunft: *The Seventh Cross* erscheint, leicht gekürzt, im Herbst 1942 nahezu zeitgleich in Boston bei Little, Brown und in einer Massenauflage des Book-of-the-Month Clubs. Es folgen im Herbst desselben Jahres Nachdrucke in Zeitschriften sowie eine Comic-strip-Fassung, die vom King Features Syndicate an zahlreiche Zeitungen verkauft wird. Kurz darauf beginnen die großen Hollywood-Studios, sich um die Filmrechte von *The Seventh Cross* zu bewerben. Ein paar Monate später, nämlich im Januar 1943, legt in Mexico City der Exilverlag El Libro Libre die erste deutschsprachige Ausgabe des Romans vor: *Das siebte Kreuz. Roman aus Hitlerdeutschland*.

Anna Seghers hat von den finanziellen Schwierigkeiten berichtet, die der kleine, von ehrenamtlichen Mitarbeitern geleitete Verlag El Libro Libre bei der Herstellung seiner Bücher zu überwinden hatte: »Wir sind hier eine kleine Gruppe von Schriftstellern und machen zusammen mit verschiedenen Freunden gute anti-Hitler Arbeit«, meldet sie im Juli 1942 an Berthold Viertel. »Wir haben die Zeitschrift, die Sie wahrscheinlich gesehen haben ... und jetzt haben wir die Reihe ›Das freie Buch‹, von der der erste Band in dieser Woche erscheint ... Wir brauchen viel Zeit und Geduld und Arbeit um zu beginnen. Wir müssen das Geld Peso für Peso verdienen, da wir keine anderen Mittel haben als das gesammelte Geld und Subskriptionen. Mit diesen armseligen Geldern und mit sehr viel Enthusiasmus haben wir es geschafft.«[48] Bodo Uhse, Mitarbeiter des Verlags und erster Chefredakteur der Exilzeitschrift *Freies Deutschland*, liefert die Erklärung für die – überraschend geringen – technischen Mängel der ersten Buchausgaben: »Da unsere Maschinensetzer Mexikaner waren, konnten sie wohl den Text vom Manuskript absetzen, aber wie in aller Welt sollten sie wissen, wo diese seltsamen mit Konsonanten so überreich beladenen Worte zu trennen waren? Man mußte es ihnen mit leichten Bleistiftstrichen andeuten. Die Manuskripte bekamen dadurch ein seltsames Aussehen.«[49]

Schutzumschlag von Leopoldo Méndez und Einband der deutschsprachigen Erstausgabe von Das siebte Kreuz im Verlag El Libro Libre, Mexiko 1942

Probleme mit dem Absatz des Buches scheint es dennoch nicht gegeben zu haben. Einem Bericht des New Yorker *Aufbaus* zufolge wurden innerhalb von vierzehn Tagen 2 000 Exemplare verkauft (3.32). Walter Janka, damals Leiter von El Libro Libre, hat mitgeteilt, daß Vertrieb und Zahlungen trotz des U-Boot-Kriegs selbst mit überseeischen Ländern relativ problemlos abliefen (1.38). Ende 1943 schreibt Carlos E. Niebla, der Verbindungsmann von Metro-Goldwyn-Mayer in Mexico City, anläßlich der Vorbereitungen zur Verfilmung des Romans gar nach Los Angeles: »Das deutsche Exemplar, das ich Ihnen schicke, ist das letzte, das sich in ganz Mexico City finden ließ ... die Person, die sich um diese Angelegenheit kümmert, ... mußte in alle Buchhandlungen gehen, bevor sich dieses Exemplar in der ›Libreria Cosmos‹, 5 de Mayo No. 24 fand.«[50] Im selben Jahr brachte Editorial Nuevo Mondo eine spanische Übersetzung heraus, in London druckte Hamish Hamilton und in Toronto die kanadische Filiale von Little, Brown, McClelland Steward, den englischen Text nach, und bei Bonnier erschien *Det sjunde korset*[51] auf schwedisch.[52]

Soweit die vorliegenden Fakten zur Entstehungs- und Manuskriptgeschichte des *Siebten Kreuzes*. Anna Seghers hat diese Tatsachen, bedrängt durch Journalisten und Briefeschreiber, wiederholt auf die ihr eigene Art mit Fiktion durchsetzt. So erzählt sie einem Mitarbeiter von *New Masses* um die Jahreswende 1942/43 – wohl wissend, daß spätestens im Mai 1940 drei Abschriften des Manuskriptes in den USA lagen, »2 bei Franz [Weiskopf], 1 in Hollywood bei dem Viertel«[53] – eine erste Fassung jener seither mehrfach von ihr variierten Legende: »Es gab drei Exemplare des Manuskripts. Eins behielt ich. Ein anderes war in die Staaten geschickt worden. Ein drittes wurde von einem französischen Freund mitgenommen, der spurlos in der Maginot-Linie verschwand. Mein eigenes Exemplar des Buches mußte ich zerstören, als die Nazis sich Paris näherten. Sie können sich vorstellen, was passiert wäre, wenn sie es gefunden hätten. Da war ich also der Verfasser eines Romans und wußte nicht, ob noch eine einzige Seite von ihm existierte. Erst auf Ellis Island habe ich dann erfahren, daß das Manuskript in sicheren Händen in den Vereinigten Staaten war und bald veröffentlicht werden sollte.«[54] Vier Jahre später erinnert sie sich bei ihrer Rückkehr nach Berlin, daß der Text im Sommer 1940 auf der Flucht vor der Gestapo verlorengegangen sei und sie erst nach ihrer Ankunft im unbesetzten Teil von Frankreich die Nachricht erhielt, er sei von einem Pariser Lehrer gerettet worden (2.21). Ein anderes Mal lautet ihr Bericht so: »Als es fertig war, gingen mir ... mehrere Kopien verloren. Ich fürchtete sogar eine Zeitlang, die ganze Abschrift wäre verlorengegangen. Zum Glück aber ... ist ein Exemplar bei Franz Weiskopf, der damals in den Staaten war, angekommen. Ein französischer Freund, der es übersetzen wollte, lag als Soldat in der Maginotlinie mit dem Manuskript. Und ein anderes, das ich einer Freundin geliehen hatte, ging bei einem Luftangriff mit dem Haus zugrunde. Und schließlich mußte ich ein Manuskript, ganz kurz bevor die Deutschen in Paris einzogen, selbst verbrennen. So war das damals.« (2.24, S. 40)

Dem Philologen mögen derartig widersprüchliche Aussagen ungelegen kommen. Wer die Romane von Anna Seghers genau liest, wird hinter den Bemerkungen zur Odyssee des *Siebten Kreuzes* jedoch rasch die »von der dokumentarischen Treue ihrer Vorstellungskraft« (3.112, S. 266) geprägte Arbeitsweise der Erzählerin Anna Seghers wiedererkennen – einer Erzählerin, der, wie Christa Wolf beobachtet hat, das »Bedürfnis« abging, die Welt in Begriffe wie ›Wirklichkeit‹ und ›Phantasie‹ zu pressen (4.97, S. 363). Auf eben diese Arbeitsweise, auf das Mit- und Nebeneinander von Authentizität und Fiktion also, ist später in dem vorliegenden Buch noch zurückzukommen.

2. Die Figuren:
Querschnitt durch Nazideutschland

»Aus sieben gekuppten Platanen wurden im Konzentrationslager Westhofen Folterkreuze für sieben geflohene Häftlinge vorbereitet. Sechs der Männer müssen ihren Fluchtversuch mit dem Leben bezahlen. Das siebte Kreuz aber bleibt frei.«[1]

Mit diesen Sätzen wirbt der Aufbau Taschenbuch Verlag für *Das siebte Kreuz*. Der Roman hält zwar, was der Text verspricht: von Flucht und Folter, von Gefängnis und von einer unbändigen Sehnsucht nach Freiheit wird da berichtet. Die sieben Tage des Georg Heisler sind angefüllt mit dem Mut der Verzweiflung, mit glücklichen Zufällen und knappem Entkommen. Verrat und Opferbereitschaft, Einsamkeit, Liebe und Tod, heroische Standhaftigkeit und stille Menschlichkeit – alles, was ein Buch braucht, das ein breites Publikum erreichen will, ist im *Siebten Kreuz* enthalten. Selbst die Form der Erzählung scheint den Lesern spannender Unterhaltungsliteratur entgegenzukommen: der Stil ist zugänglich und frei von jenen langatmigen philosophischen und ästhetischen Exkursen, die deutsche Romane bisweilen erdrücken; die beinahe klassische Einheit von Zeit, Ort und Handlung und das relativ begrenzte Personal machen den umfangreichen Text überschaubar; der Einsatz eines allwissenden Erzählers scheint darauf hinzudeuten, daß Anna Seghers von der Krise des Romans, die viele Schriftsteller damals bewegte, nichts weiß oder wissen will. Schon früh erkennen Hollywood und der Book-of-the-Month Club, daß dieses Buch die richtigen Ingredienzien für einen Bestseller enthält. Der Erfolg der Nachkriegsausgaben und die Zahl der Übersetzungen, weit mehr als zwei Dutzend bis Mitte der siebziger Jahre,[2] bestätigen ihr Urteil.

Und doch ist *Das siebte Kreuz* nicht so sehr ein politischer Abenteuerroman wie ein Gesellschaftsroman, »ein Volksbuch«[3]. Liest man das Buch genau, dann stellt sich nämlich rasch heraus, daß die Flucht der sieben KZ-Häftlinge weniger Thema als Strukturmittel der Erzählung ist. Spannend sind also nicht nur die Erlebnisse der Geflohenen, sondern vor allem die Reaktionen jener Menschen, die die Flüchtlinge ängstlich, gleichgültig und helfend begleiten. Ein doppelter Rahmen verleiht den Ereignissen in Nazideutschland eine fast zeitlose Dimension. Verweise auf Märchen und Religion heben die Fluchtgeschichten in einen allgemeinmenschlichen, bisweilen ans Mythische rührenden Zusammenhang. Die Perspektive des Erzählers, der seinen Bericht Jahre nach den Ereignissen niederschreibt, erlaubt es Anna Seghers, das Ende des Romans vorwegzunehmen und damit, um mit Brecht zu sprechen, die Aufmerksamkeit des Lesers vom Ausgang auf den Gang der Handlung zu lenken.

In der Tat hat Anna Seghers selbst wiederholt darauf hingewiesen, daß *Das siebte Kreuz* als Querschnitt durch die Gesellschaft des nationalsozialistischen Deutschlands der mittleren dreißiger Jahre angelegt ist. Dabei rutscht, eine weitere Voraussetzung für den Erfolg des Buches in Ost und West, keiner der Personenkreise – Verfolgte, Nazis oder Widerständler – ins Klischee ab. Zweifel und Angst überkommen nicht nur die Flüchtlinge, sondern auch ihre stillen Helfer. Einsam und verloren fühlen sich die Mörder und Folterknechte ebenso wie altgediente und standhafte Antifaschisten. Schwache und Imstichlasser gibt es auf beiden Seiten der Front, bei den Guten wie bei den Bösen.

Die Analyse der verschiedenen Personengruppen im Roman bestätigt den ersten Eindruck: nicht die Verfolgten oder die Verfolger sind die Hauptfiguren im *Siebten Kreuz*, sondern jene Menschen, die durch die Fluchtgeschichte aus ihrem »gewöhnlichen Leben« gerissen werden. Oder anders gesagt: Nicht jene Figuren, die sich bereits mehr oder weniger deutlich für die eine oder andere Weltanschauung entschieden haben, interessieren Anna Seghers. Wichtiger sind ihr vielmehr alle die, die sich ihrer Sache noch nicht sicher sind oder durch den Gang der geschicht-

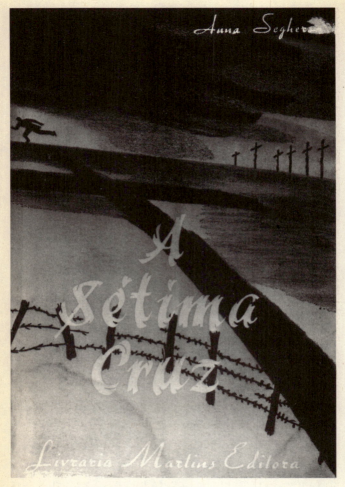

Einband, Brasilien (São Paulo), Martins, 1943

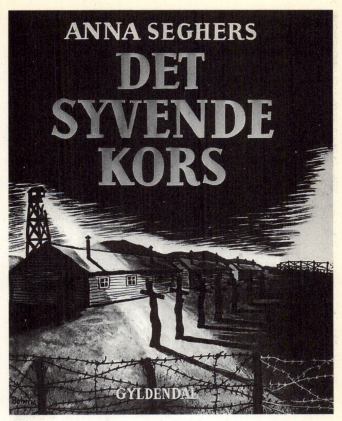

Schutzumschlag, Schweden (Stockholm), Gyldendal, 1943

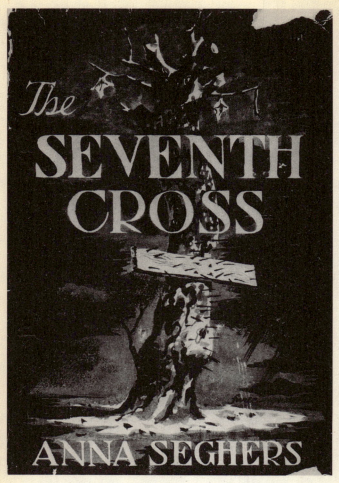

Schutzumschlag, Großbritannien (London), Hamilton, 1944

Einband, Aufbau-Verlag, Berlin, 1946

lichen Ereignisse vor bisweilen kleine, manchmal aber auch ein schier übermenschliches Maß an Mut und Kraft fordernde Entscheidungen gestellt werden.

Konsequent setzt Anna Seghers denn auch den Kreis der Akteure so zusammen, daß er einem nahezu kompletten Spektrum von Verhaltensmöglichkeiten im Dritten Reich entspricht. Neben Mitläufern, die sich, wie Georgs frühere Freundin Leni, aus Bequemlichkeit oder, wie die Bewohner von Aldingers Dorf Buchenbach, aus einem stetig wachsenden Opportunismus im Nazialltag einrichten (»Langsam begriffen manche, die dem Wurz sonst wegen dem Aldinger feind waren, daß dieser Wurz, als er damals seinen Söhnen erlaubt hatte, zur SA zu gehen, auf die richtige Karte gesetzt hatte.« [214]), steht ein verängstigter Lastwagenfahrer, der den Flüchtling zwar nach einer Polizeikontrolle aus seinem Wagen wirft, ihn aber nicht an die Polizei verrät. Allenthalben gibt es kleine Nazis, angefangen von den SS-Messers aus Butzbach über den SA-Bauern Alwin aus Buchenau, der, »von jeher roh gewesen«, jetzt zum »Tonangeber« [89] geworden ist, bis hin zu dem Buchenbacher Bürgermeister Peter Wurz, der seinen Rivalen Aldinger aus Neid und Machtgier bei den Nazibehörden anschwärzt. Durch und durch unpolitische Figuren wie die Fuhrunternehmerin Katharina Grabber, Sophia Mangold, Auguste Marnet, aber auch zentrale Fluchthelfer wie Paul und Liesel Röder sollen demonstrieren, daß selbst 1937 keineswegs alle Bereiche der Gesellschaft von den Nationalsozialisten besetzt worden sind. Unberührt von den Ereignissen steht der Schäfer Ernst über der Landschaft des Rhein-Main-Dreiecks: »Er nimmt seine unnachahmbar spöttisch-hochmütige Haltung wieder auf, aber jetzt mit dem Rücken zur Straße, mit dem Gesicht zur Ebene ... Jedes Jahr geschah etwas Neues in diesem Land und jedes Jahr dasselbe: daß die Äpfel reiften und der Wein bei einer sanften vernebelten Sonne und den Mühen und Sorgen der Menschen« [14]. Von den Stummen im Lande wird berichtet, die in einer Fabrik, in einer Tapeziererkolonne oder auf dem Dorf überwintern, und von jenen, die den Verfolgten mehr oder weniger bewußt zu Helfern werden: dem jüdischen Arzt Löwenstein, der Georg, wohl wissend um die Gefahr für sein eigenes Leben, die verletzte Hand verbindet; der Schneiderin Marelli, die »eine SA- oder SS-Uniform ebenso kalt[läßt], wie das Blinken der Ausweismarken der Geheimpolizisten« [216]; jenem Pfarrer im Dom von Mainz, der Georgs KZ-Kittel in seinem Öfchen verbrennt (»Schon wieder mal war was passiert, was sich ebenso leicht durch den Fensterspalt verflüchtigen wie zu einem furchtbaren Stunk verdichten konnte, an dem man womöglich noch hinterher erstickte« [113]). Ein »altes Fräulein«, seit fünfzig Jahren von ihrer Schwester gescholten, drückt dem in Bettlerpose auf dem Mainzer Markt sitzenden Flüchtling »mit Gewalt« [100] fünf verbotene Pfennige in die Hand. Der Gärtnerlehrling Helwig setzt die Gestapo fast ohne Absicht durch die Beschreibung seiner gestohlenen Jacke auf die falsche Spur; eine Kellnerin, bei der Georg seine letzte Nacht in Deutschland verbringt, ist voller Zweifel: »Was ist denn der da draußen für einer? Was hat denn der auf dem Kerbholz? ... Er ist kein Lügner, aber er lügt. Er hat Angst, aber er ist nicht ängstlich.« [419]. Andere, der Tapezierermeister Mettenheimer und dessen Tochter Elli, die Georg einmal zum Spaß seinem Freund Franz weggenommen hatte, um sie dann nach ein paar Wochen mit seinem ungeborenen Kind sitzenzulassen, sind weder durch die nationalsozialistische Terrormaschinerie mit Verhör, Haft und Beschattung noch durch ihre schlechten Erfahrungen von ihrer Loyalität gegenüber einem Menschen abzubringen, der ihnen einst nahestand: »Der Tapezierer schwieg; in seinem Gesicht drückte sich offen und unverwischt die ganze Not seines Gewissens aus ... ›Daß du das nicht begreifst. Stell dir doch vor, er kommt, ich mach ihm ein Zeichen, eine Warnung. Was passiert dann mit mir, mit uns? – Und stellt dir vor ... ich seh ihn kommen, aber ich mach ihm kein Zeichen ...‹ Elli wollte erwidern, was ihr erst bei der Frage klarwurde, daß sie ihm dann wohl helfen müsse, komme, was da wolle, aber um ihren Vater zu schonen, sagte sie bloß wieder: ›Er kommt nicht.‹« [183] Wieder andere finden angesichts der Gefahr, die den Flüchtlingen droht, nicht nur zu ihrer menschlichen und politischen Integrität, sondern auch zu einem längst verloren geglaubten politischen Engagement zurück.

Es ist vor allem diese letzte Gruppe von Figuren, auf die Anna Seghers besondere Sorgfalt verwendet. In ihr nämlich tritt jenes Bild von einem anderen, besseren Deutschland, das die Exilantin ihren ausländischen Lesern vermitteln wollte, besonders deutlich hervor – jenem Deutschland, in dem ein gewisses Maß an politischer Klarsicht oder zumindest der Mut zum Widerstand gegen die Gewalt noch nicht völlig verschüttet war. Über sie läßt sich auf Umwegen und vorsichtig Kritik an der Politik der eigenen Partei unmittelbar vor und nach dem Machtantritt der Nazis üben, die, schlecht organisiert und kaum auf die Illegalität vorbereitet, in fahrlässiger Unterschätzung der eigenen Stärke die besten Leute der Gestapo in die Arme laufen ließ. Von dieser Menschengruppe geht aber auch die Erneuerung jenes Führungsanspruchs beim Kampf gegen das Nazi-Regime aus, den die KPD Mitte der dreißiger Jahre auf dem taktischen Umweg über die Volksfront zu festigen sucht.

Simple politische Rezepte nach Art des sozialistischen Realismus werden mit den Wandlungsgeschichten freilich nicht angeboten. Ebensowenig entsteht der Verdacht, daß Anna Seghers, wie viele ihrer Mitexilanten, Dauer und Stabilität des nationalsozialistischen Staates unterschätzt. Wer sich entschließt, den Flüchtlingen zu helfen, wird Angst und Zweifel nicht mehr los. Niemandem im Roman fällt die Entscheidung zwischen der eigenen Sicherheit und dem Eintreten für einen Mann wie Heisler leicht. Kaum einer der Helfer vermag sich auf Vorbilder oder Lehrer zu verlassen. Keiner steht am Ende des Buches als makelloser positiver Held da.

Um so glaubwürdiger und überzeugender lesen sich die

zumeist in kurze, an die Gestentafeln von Brechts *Furcht und Elend des Dritten Reiches* erinnernde Szenen gefaßten Berichte von Wandel, Opferbereitschaft und Widerstand. Zwei Arbeiter treten da in einer Art von Kurzroman auf und finden angesichts der Möglichkeit, Heisler für ein erhebliches Lösegeld an die Gestapo zu verraten, ohne Pathos und Propaganda zu ihrer Freundschaft und zu ihren vor Jahren verschütt gegangenen Überzeugungen zurück: »Sie packten ihre Taschen zusammen, früher waren sie ganz gute Freunde gewesen, dann kamen die Jahre, in denen sie nichts Vernünftiges mehr miteinander sprachen aus Angst, sich einander auszuliefern, falls sich der andere verändert hatte. Jetzt hatte sich herausgestellt, daß sie beide die alten geblieben waren.« [223] Bei Mettenheimer, dem Tapezierer, schlagen Angst und Vorurteile gegen den unzuverlässigen Schwiegersohn bei einem Verhör vor der Gestapo in ein kaum mehr zu bändigendes Bedürfnis nach physischem Widerstand um: »Und wenn er nun mit der rechten Hand diesem jungen Menschen ins Gesicht schlug...? Zum erstenmal seit seiner Jugend entsprang seinem alten schweren Kopf so ein tollkühner, auf der Erde undurchführbarer Ablauf. Er dachte: Ja, wenn ich keine Familie hätte!« [97]. Der Gärtner Gültscher weckt in seinem Lehrling Fritz Helwig Zweifel an der Rechtmäßigkeit des Nazistaats, weil er den neuen Machthabern seine eigenen Kinder aus Feigheit und Bequemlichkeit überlassen hatte: »Er dachte an seine eigenen Söhne ... Daheim gehörten sie ihm ... Doch draußen zogen sie beide die Hemden an, die man ihnen vorschrieb, und schrien Heil, wenn sie sollten. Hatte er alles getan, was in seiner Macht stand, ihren Widerstand anzufachen? Keine Spur! Das hätte ja auch die Auflösung der Familie bedeutet – Zuchthaus – das Opfer seiner Söhne. Da hätte er wählen müssen – da war der Bruch. Nicht nur bei ihm, bei Gültscher, da war der Bruch bei vielen.« [273]

Ein eher zögernder, behutsamer Wandel von Passivität und Anpassung zum Widerstand kennzeichnet auch das

Verhalten jener Personen, denen neben Georg Heisler am meisten Platz im *Siebten Kreuz* eingeräumt wird: Franz Marnet und dem Ehepaar Paul und Liesel Röder.

Franz jedenfalls, vom Aussehen her ein eher »unansehnlicher Mensch ... mit einfachen Zügen ohne äußere Lebhaftigkeit, arm und schwerfällig« [126], sehnt sich von Anfang bis Ende des Romans nach nichts so sehr wie einem einfachen, ruhigen Leben mit einem »sauberen Zimmerchen« und weniger »Gehetz« [238] am Arbeitsplatz. Vor 1933 Georgs Freund und Lehrer, bis der ihm seine Elli wegnimmt, eignet er sich durch Lesen und Lernen, durch Versammlungen und Demonstrationen langsam und nicht ohne Mühe ein politisches Verständnis an. Als ihm kurz nach Machtantritt Hitlers »der Boden ... heiß« wird, weil er »zu bekannt« [74] ist in seiner Gegend, zieht er zu seinem Onkel auf einen abgelegenen Hof vor den Toren von Höchst. Nach Jahren der Arbeitslosigkeit findet er im September 1937, also unmittelbar vor Einsetzen der Romanhandlung, in einem Höchster Industriebetrieb eine Anstellung. Dabei drängt er, der auch im Betrieb »nie anders gekonnt [hätte] als genau arbeiten, mochte auch der Teufel sein Arbeitgeber sein« [20], angesichts des Kampfes um eine Zukunft, »zu der er, Franz, dann vielleicht nicht mehr gehört« [237], nur mit Mühe die Versuchung zurück, »dem Hitler« zu geben, »was des Hitlers ist« [238]. Und wie viele Menschen in Nazideutschland sieht er »dieses andere«, »diesen Wunsch nach Gerechtigkeit« [316], der vor vielen Jahren über sein Leben gekommen war, durch die »Gleichgültigkeit der Menschen« und »die Gleichgültigkeit der Sterne, die ... über ihm aufgehen« [140], bedroht: »Alle Bekannten, die ihm irgendein Zufall über den Weg führte, dachten bei sich: Der hat früher auch anders geredet. Oder: Wieder einer, der sich gedreht hat.« [174]

Doch die »starke einfache Lebensfreude« [11], die Franz die ersten Nazijahre relativ unbeschadet überdauern läßt, jenes überwältigende Gefühl, »zu diesem Stück Land«, »überhaupt zu den Lebenden« [12] zu gehören, wird durch die Nachricht von Georgs Flucht gründlich in Frage gestellt. Ungeachtet seiner schlechten Erfahrungen mit Georg, ungeachtet auch der relativen wirtschaftlichen Sicherheit, die er nach Jahren des Stempelns endlich erreicht hat, versucht Franz sofort, über seinen Arbeitskollegen und Verwandten Hermann, der ihn früher schon einmal mit einem Entlassenen aus dem KZ Westhofen zusammengebracht hatte, und über Elli Kontakt mit Georg aufzunehmen. Träume »für die Zukunft«, wie »manche von unseren Freunden, wenn sie sich ausmalen, wie ein anderes Deutschland aussehen wird« [316], hat er dabei nicht: »Siehst du, Hermann, ich bin ein ganz gewöhnlicher Mensch. Alles, was ich mir wünsche im Leben, das sind die allergewöhnlichsten Sachen ... Nachher möchte ich auch noch dort sein, wo ich jetzt bin, nur anders. In demselben Betrieb, nur als ein anderer. Hier arbeiten für uns. Und am Nachmittag noch so frisch aus der Arbeit kommen, daß ich lernen und lesen kann ...« [315f.] Statt nach Umsturz und gewaltsamen Veränderungen sehnt er sich nach den »einfachsten Sachen ... im Leben«: »... mit der Elli am Sonntag auszugehen, ... eine Wiese oder ein Boot, ein Buch, ... Ruhe um mich herum«. [316]

Und doch ist es Franz Marnet, den Anna Seghers am Ende des Romans die Staffette des Widerstands weitertragen läßt. Denn während Georg nach Art seiner Veranlagungen den Rhein hinunter in eine unbestimmte, vage Ferne entschwindet, geht Franz eine Beziehung mit jener Lotte ein, die nicht nur ihren Mann Herbert im Widerstand verloren hat, sondern Franz auch noch mit Sätzen gegenübertritt, die für Anna Seghers das Leitmotiv und der Anlaß zur Niederschrift des *Siebten Kreuzes* gewesen sein mögen: »Man kommt sich manchmal allein vor. Dann denkt man: Ihr andern habt alles vergessen ... Wenn du sogar vergißt. – Damit rechnen die ... Das ist schon schlimm, wenn man abstumpft, und man vergißt etwas von dem Schlechten, was sie uns angetan haben. Aber daß man das Beste vergißt, unter allem dem Furchtbaren, das ist noch schlechter.« [410]

Anna Seghers hat Jahre später in der Erzählung »Die Saboteure« bestätigt, was sich auf den letzten Seiten des *Siebten Kreuzes* noch ein wenig unmotiviert angedeutet hatte: Franz wird nicht nur Naziterror und Krieg überleben, er gehört auch zu denen, die den Kampf gegen die Gewalt weiterführen. Während Georg sich in eine unbekannte Zukunft rettet, hat ihn, Franz, die Sehnsucht nach einem gewöhnlichen Leben, gekoppelt mit seinem politischen Bewußtsein, Verfolgung und Tod entgehen lassen. Ihm, der bereits zu Anfang der Romanhandlung von dem »Gefühl überwältigt« gewesen war »dazuzugehören«, zu diesem Land, »zu seinen Menschen und zu der Frühschicht, die nach Höchst fuhr« [12], bleibt es vorbehalten, über das Ende des Buches hinauszublicken. Im Kreise seiner Verwandten vermag er, komme, was wolle, seiner Heimat und ihren Menschen nahe zu bleiben. Über Hermann erhält er den Kontakt zu seinen politischen Gesinnungsgenossen aufrecht. Seine Beziehung zu Lotte, zu der er wie ein »Abgesandter« (2.43, S. 346) der von den Nazis Erschlagenen aus russischer Gefangenschaft zurückkehrt, legt – ähnlich wie Anna Seghers mit ihrem Leben und Schreiben – Zeugnis davon ab, daß die »Besten« [410] im Lande trotz Mord und Verfolgung nicht vergessen werden.

Franz Marnet hatte trotz seines Engagements und seiner politischen Erfahrung aus der Zeit vor 1933 nur recht wenig zu Georgs Flucht beizutragen vermocht. Die zentrale Figur der Rettungsaktion ist vielmehr ein anderer Jugendfreund von Georg, den die Kommunisten schon vor der Machtübergabe an die Nazis mit ihrem »ganzen Wirbel« [252] abgeschreckt hatten: Paul Röder.

In der Tat hatte Röder, Franz darin durchaus ähnlich, bereits in der Weimarer Zeit die Suppe seiner Liesel dem »Krach« und den »Anschlägen« vorgezogen, die Georg und seine Freunde machten. »Nutzlose Sachen kann ich nicht ausstehen«, war schon damals sein Wahlspruch gewesen, »lieber Kartoffelsupp« [248]. Jetzt, 1937, lassen ihn das Kinderreichengeld des Staates und freie Windeln, NS-

Volkswohlfahrt, eine KdF-Sommerreise und 210 Mark Monatslohn (»das sind immer noch fünfzehn Mark mehr, als ich im besten Jahr nach dem Krieg bekam, 29, und nur zwei Monate lang« [247]) darüber hinwegsehen, daß in seinem Werk Zündkapseln für die Soldaten des spanischen Generals Franco hergestellt werden. Von Röders Frau Liesel wird berichtet, daß sie sich »auf nichts anderes als auf ihr eigenes rundes Leben« [394] verstehe. Weniger denn je halten die Röders in den Jahren der Moskauer Prozesse von den Experimenten in Georgs Rußland: »›In deinem Rußland haben sie's auch nicht geschafft. Erst hat's nach was ausgesehen, daß man doch manchmal bei sich gedacht hat: Vielleicht, wer weiß? Jetzt –‹ – ›Jetzt?‹ sagte Georg ... ›Jetzt, das weißt du doch.‹ – ›Was?‹ – ›Wie dort alles drunter und drüber geht!‹ – › Was ?‹ – › Was weiß ich, ich kann diese Namen doch nicht behalten‹«. Und ehe ›das Paulchen‹ darüber »spinnt«, was mit den Spaniern werden soll, die auch ohne ihn »erledigt« sind, versteckt es sich lieber hinter einem nichtssagenden Sprichwort: »An meinen paar Kapselchen wird es nicht mehr liegen ... dem einen sein Ul, ist dem andern sein Nachtigall.« [247 f.]

Dennoch zögert Röder, ganz Mann und Familienoberhaupt,[4] nur einen kurzen Augenblick, als es darum geht, Georg Asyl zu gewähren: »Ich hab's bestimmen müssen, nicht du. Denn ich bin ja der Mann hier und von unserer Familie der Vater.« [318 f.] Er, der Unpolitische, der sich selbst wohl eher zu den Stillen im Lande zählt, stellt durch zähe Arbeit den Kontakt zu Georgs ehemaligen Freunden her. Ihm, und nicht dem Funktionär Bachmann oder dem »braven Jungen« [388] Melzer[5], gelingt es, durch eine Mischung aus gespielter und echter Einfalt die Gestapo zu überlisten. Liesel, verängstigt und verwirrt, umreißt in dem Moment, als ihr durch den Eingriff des Staates in ihr alltägliches Leben »die Wirklichkeit in das Nichts« zu entgleiten droht, noch einmal in schwerwiegenden Sätzen jene letzte Alternative, die der Nationalsozialismus den Menschen läßt: »... in diesem Augenblick verstand auch die Liesel, was eine Scheinwelt sein kann, ein fälschlich zurückgekehrter Paul, der kein Paul mehr ist, ... ein gemeinsames Leben Jahre hindurch, das schon längst in einer Oktobernacht in dem Keller der Gestapo durch ein paar Worte Geständnis aufgehört hat, ein Leben zu sein.« [394]

Menschen wie Franz Marnet und die Röders vermögen Georg erste Hilfe zu gewähren – Geld und illegale Papiere, die zur endgültigen Rettung benötigt werden, besitzen sie nicht. Dazu bedarf es, folgt man dem Roman, weit verzweigter Verbindungen der Art, wie sie damals wohl vor allem die im Untergrund operierenden Kommunisten besaßen. Ihnen stehen Transportmittel und Unterkünfte, Geld und gefälschte Papiere zur Verfügung. Sie besitzen jene »alten Freundschaften und Verbindungen«, die schließlich die rettende Passage auf einem Rheinschiff nach Holland ermöglichen.

Propagandaliteratur ist *Das siebte Kreuz* deshalb nicht. Im Gegenteil. Klischees, wie sie in den Antifaromanen über jene Zeit häufig genug zu finden sind, werden mit Sorgfalt vermieden. Eher schon überrascht es, mit welcher Vorsicht Anna Seghers jene Helfer skizziert, denen Georg sein Leben verdankt. Da merkt Fiedler, ein Arbeitskollege von Paul Röder und einer der Drehpunkte bei der Weiterleitung der Fluchtpapiere von Hermann an Georg, erst als er um Hilfe angegangen wird, daß er »so lang und so gut« auf sich »achtgegeben« hat, »bis auf einmal das nicht mehr da war, was man ... [ihm] nicht anmerken sollte«: »Das ist mir damals ... auf die Nieren gegangen, wie die Leitung aufflog ... Wie ist das nur gekommen, daß ich plötzlich allein bin und abgehängt. Hab ich den Anschluß nicht mehr gefunden nach den vielen Verhaftungen ... oder hab ich den Anschluß gar nicht so ernst mehr gesucht ...?« [341 f.] Zusammen mit seiner Frau, die gespannt darauf wartet, »ob ihr Mann nun auf neue Möglichkeiten sinnt oder einfach abwartet« [369], geht ihm das Zeitgefühl verloren. »Undurchsichtig und halbgültig« werden »ihre äußeren Verhältnisse und Beziehungen«, bis sich die Eheleute – »wie es gar vielen Menschen erging, seit dem Anbruch des Dritten Reiches« – in einen Zustand der »Schwebe« [368] versetzt fühlen.

Nicht viel anders ergeht es dem Architekten Sauer, dem Ehepaar Kreß, das Georg zu dem rettenden Rheinkahn bringt, und Fiedlers Arbeitskollegen Reinhardt, über den Hermann die falschen Papiere weiterleitet. Sie alle haben nach 1933 ihr Engagement für jene Sache einschlafen lassen, die sie einst aktiv verbreiteten und die manchen von ihnen wichtiger als alles andere erschienen war. Sauer, der »durch einige hundert Bücher, durch einige hundert Versammlungen, durch einige hundert Parolen, Predigten, Reden ... Gespräche« dahin gekommen war, »wo er mit Georg zusammentraf« [276], weist aus übertriebener Vorsicht die Möglichkeit zurück, über Paul Röder mit Georg in Kontakt zu treten. Der Chemiker Dr. Kreß, wie Anna Seghers' Mann Laszlo Radvanyi ehemals Lehrer an einer Arbeiterabendschule, dann Fiedlers Schüler in Sachen politische Bildung, weist seinen alten Kampfgenossen 1933 mit der Bemerkung zurück: »Lieber Fiedler, komm mir nicht mehr mit Sammellisten, ... mit verbotenen Zeitungen... Wenn du was hast, was sich lohnt, dann komm wieder« [368]. Und auch bei Reinhardt, von dem Fiedler weiß, daß er ihn bei der Alternative »wegbleiben« oder »dazugehören« [389] zu einer endgültigen Entscheidung zwingen wird, hatte sich das, »worauf er alles gesetzt hat, wovon er ahnt, daß es immer besteht, doch oft ... bis zur Erschöpfung entfernt, bis zur Zweifelhaftigkeit ... versteckt.« [392]

Aufgebrochen wird die Erstarrung der Fiedler, Sauer, Kreß und Reinhardt erst durch Georgs Flucht. Jetzt, angesichts der Notwendigkeit, eine Position zu beziehen, werden Angst und Lethargie für einen Augenblick oder auf Dauer beiseitegeschoben. Frau Fiedler beginnt nach ihrem erfolglosen Botengang zu Liesel Röder, wieder die »alte Luft« zu spüren, in der »man Plakate geklebt« und »Parolen auf Bretterwände gemalt« hatte: »... auf einmal war alles möglich ..., Umschwung aller Verhältnisse, auch ihrer eigenen, rascher, als man gehofft hatte ...« [372] Sauer, »von Zweifeln gequält, ob er seinen Besucher so glatt hätte abweisen dürfen«, erinnert sich an jenen Treffpunkt, den er mit Hermann »für äußerste Notfälle ausgemacht« [346] hatte. Dr. Kreß und seine Frau, die sich unter dem lähmenden Druck der Passivität langsam voreinander zu entfremden begannen, betrachten sich, nachdem sie Georg am Rhein abgesetzt hatten, »verwundert in einem neuen, ihnen noch unbekannten Einverständnis« [416]. Und auch Reinhardt beginnt nach der Zusammenkunft mit Fiedler »endlich wieder leibhaftig vor sich« zu sehen, »was ihm im Leben das Wichtigste ist« [392].

Einzig Hermann, der durch seine Kontakte zu Franz, Reinhardt und Sauer eine Art Schlüsselstellung in der Gruppe von Georgs Fluchthelfern einnimmt, scheint auch nach 1933 frei von Depressionen und Anfechtungen geblieben zu sein. Doch auf ihn, der schon früh über genaue Informationen zum Ausbruch aus dem KZ Westhofen verfügt, verwendet Anna Seghers noch weniger Aufmerksamkeit als auf die anderen Fluchthelfer. Eher nebenher wird da mitgeteilt, daß Hermann in den Griesheimer Eisenbahnwerkstätten tätig ist und sich in zweiter Ehe mit einem jungen Mädchen aus dem Kreis der Marnets verbunden hat. Unvollendet bleibt die Geschichte von einem jungen Lehrburschen, den Hermann an seinem Arbeitsplatz vor seinem Nazikollegen Lersch retten will. Im dunkeln liegt schließlich auch, was manch einen Leser, dem politisch korrekte Fluchtberichte wichtiger als Wandlungsgeschichten sind, bei der Lektüre des Romans besonders interessiert haben mag: die Herkunft jener Papiere, die entscheidend dazu beitragen, daß Georg als einziger der sieben Flüchtlinge das rettende Ausland erreicht.

Mit den Biographien der Fluchthelfer hatte Anna Seghers versucht, ein möglichst exaktes Bild von Deutschland während der Frühzeit des zwölfjährigen Reiches zu entwerfen. Wie genau die Exilantin dabei von ihrem Pariser Asyl aus die politische und soziale Realität in ihrer Heimat trifft, wird später noch unter der Überschrift »Fiktion und Authentizität« zu untersuchen sein. Zuvor gilt es jedoch, einen Blick auf jene zwei Personenkreise zu werfen, die den fiktiven Querschnitt durch das Deutschland des Jahres 1937 komplettieren: die sieben aus dem KZ Westhofen geflüchteten Häftlinge und ihre Bewacher.

Typik an Stelle von Spannung und Vollständigkeit ist das Prinzip, nach dem Anna Seghers auch die Biographien der sieben Flüchtlinge beschreibt. Zwei der Ausbrecher werden dabei so knapp skizziert, daß der Leser wenig mehr als ihre Namen erfährt: Albert Beutler, der seit acht Monaten wegen eines geringfügigen Devisenvergehens in Westhofen einsitzt;[6] und Eugen Pelzer, ein ehemaliger Arbeitskollege von Franz Marnet. Kaum mehr wird über Belloni, einen Zirkusartisten mit dem schlichten bürgerlichen Namen Anton Meier, mitgeteilt. Verhaftet worden war dieser Belloni, weil man in seinem Gepäck ein paar Briefe von der Artistenloge aus Frankreich gefunden hatte; ein guter Kamerad soll er gewesen sein, aber dunkel, schweigsam und »sehr fremd« [82]; für Georg hinterlegt er, der, von der Polizei gestellt, am Savoy Hotel in Frankfurt durch einen spektakulären Sprung von einem Dach Selbstmord begeht, Kleidung und Geld bei Frau Marelli. Und auch der vierte Flüchtling, Füllgrabe, der früher, vor 1933, »aus seiner Ladenkasse oft eine Mark auf die Sammelliste« [83] von Georg gesetzt hatte und der sich jetzt, von Angst und Verzweiflung gejagt (»Diese Welt hat sich ein ganz klein bißchen verändert. Kein Hahn kräht mehr nach uns.« [231]), freiwillig der Polizei stellt, bleibt ein blasser Schemen.

Mehr Aufmerksamkeit widmet Anna Seghers dagegen den anderen drei Flüchtlingen: dem Bauern Aldinger, der wie sein SA-Peiniger Zillich aus einem Dorf bei Wertheim am Main kommt – einer Gegend und einem Milieu, die an den Roman *Der Kopflohn* anknüpfen und auf die später zurückzukommen ist, wenn es um die Authentizität von Anna Seghers' Deutschlandbild geht; Ernst Wallau, einem altgedienten Arbeiterführer, der durch seine Lehrer- und Märtyrerrollen dem Stereotyp des heroischen Widerständlers am nächsten kommt; und Georg Heisler, der aufgrund seiner politischen Verbindungen und, mehr noch, wegen seiner ›abenteuerlichen‹ Einstellung gegenüber seiner Umwelt und sich selbst als einziger dem Fangnetz der Gestapo entkommt.

Frei von Zweifeln und Ungewißheiten ist von allen Personen im *Siebten Kreuz* wohl nur einer: Ernst Wallau. Er, der dem Spartakusbund bereits 1918 im Monat seiner Gründung beigetreten war und der in den zwanziger Jahren an der Ruhr und in Mitteldeutschland gekämpft hatte, ist der Kopf der Ausbrecher. Seine Frau, die einer alten Arbeiterfamilie entstammt, seine Kinder und seine Schwester – auf sie wird Anna Seghers zwanzig Jahre später in der Erzählung »Die vierzig Jahre der Margarete Wolf« zurückkommen – lassen sich auch durch die Mordmaschinerie der Nazis nicht davon abbringen, auf seine Befreiung zu hoffen. Für Georg Heisler ist Wallau Lehrer und, während der Flucht, stummer Ratgeber – ein Motiv, das später gegen den Willen des Regisseurs Fred Zinnemann (3.261, S. 212) in der Hollywood-Version des Romans durch häufige »voice-over«-Einlagen bis zum Extrem strapaziert wird. Für seine Genossen draußen in der relativen Freiheit des Naizdeutschlands von 1937 bleibt Wallau auch nach Jahren der Haft ein Führer, dessen Ermordung am »Tage des Gerichts« nach Ende der Hitlerei »schwer zu Buche stehen« [356] wird. Der Gestapomann Overkamp empfindet, als er nach getaner Arbeit Westhofen verläßt, »vielleicht ... sogar ein Körnchen Hochachtung« [304] für diesen Gegner.

Es spricht für Anna Seghers' Erzählkunst, daß Wallau trotz allem relativ frei von jenen Klischees bleibt, die den positiven Helden etwa in den Romanen des Arbeiterschriftstellers und Exilanten Willi Bredel eigen sind. Von seiner Erscheinung her wird Wallau als ein eher »kleiner, erschöpfter Mensch« mit einem »häßlichen ... Gesicht« und »dreieckig aus der Stirn gewachsenem dunklen Haar« [190] beschrieben. Mehr Opfer als Sieger, ist er schon einmal von den Nazis verhaftet worden und wird auch jetzt wieder, freilich durch den Verrat eines Freundes, relativ rasch gefaßt. Anstatt ständig Bekenntnisse und Parolen zu verbreiten, tritt sein Mut darin zutage, daß er unter der Folter stumm bleibt. Sein Tod erhält seine Bedeutung nicht nur, weil er einem jüngeren Genossen wie Heisler oder seinen Kindern irgendwelche »Ideen« [193] weiterreicht, sondern weil es bis zuletzt den Glauben an sein Volk und an die Ordnung der Welt nicht verliert: »Heute antworten andere für mich: die Lieder meines Volkes, das Urteil der Nachlebenden ... Etwas Licht über Zillichs Schulter, dieses winzige, blaue Herbststeck, belehrte Wallau zum letztenmal, daß das Gefüge der Welt festhielt und festhalten würde, für welche Kämpfe auch immer.« [193, 356] Und selbst der dramatischen Szene von Wallaus letztem Verhör wird die Möglichkeit eines billigen emotionalen »Realismus« genommen, indem Anna Seghers zugleich auf Mittel des modernen, verfremdenden Schreibens und auf jene »zwei Linien« zurückgreift, die sie seit ihren frühesten Geschichten »erzählend vereinen wollte, die märchenhafte und die realistische« (4.97, S. 363): »Es gab einmal einen Mann, der Ernst Wallau hieß. Dieser Mann ist tot. Sie waren ja eben Zeuge seiner letzten Worte ... Als ich noch am Leben war, hatte ich Mutter und Schwester ... Solange ein Mann lebt, hat er allerlei Beziehungen ... Aber dieser Mann ist tot. Und was für merkwürdige Sachen auch nach meinem Tod mit all diesen Menschen dieser merkwürdigen Welt passiert sind, mich brauchen sie nicht mehr zu kümmern.« [191 f.]

Es sei dahingestellt, ob Wallau – wie bisweilen von der DDR-Forschung behauptet wurde – oder der siebte Flüchtling, Georg Heisler, die Hauptperson des *Siebten Kreuzes* ist,[7] denn nicht ein einzelner, sondern das gesamte Figurenensemble und damit das von den Nationalsozialisten besetzte Deutschland von 1937 steht im Zentrum des Romans: »Georg ... holte sich Rat bei Wallau. Daß er sich beruhigen möchte; die Sache, um die es hier ging, sei nur zufällig eine Woche lang auf den Namen Georg getauft« [380] – und, so ließe sich hinzufügen, auch auf den Namen Wallau. Nicht zu übersehen ist jedoch, daß Anna Seghers Heisler allein deshalb schon besondere Aufmerksamkeit schenkt, weil in ihm jene Sehnsucht nach einem gewöhnlichen Leben und das ungebundene, verantwortungslose Dasein des Abenteurers und Außenseiters aufeinanderprallen – ein elementarer, existentieller Vorgang, dem die behütete Bürgerstochter Netty Reiling aus Mainz seit ihren ersten Erzählungen eine zentrale Stellung in ihrem Schreiben einräumt.

In der Tat skizziert der Roman Heislers politischen Werdegang nur mit relativ knappen Worten: Franz Manet bringt den arbeitslosen Autoschlosser kurz vor dem Zusammenbruch des Weimarer Staates zur ›Bewegung‹. Wenig später, die Nazis sind bereits an der Macht, werden einige leitende Funktionäre verhaftet. Heisler erhält daraufhin – aus nicht ganz ersichtlichen und von Anna Seghers auch nicht näher erläuterten Gründen – eine Position, in der er »alle Verbindungen in der Hand« hat. Als die Gestapo kurz darauf auch ihn faßt, verrät er trotz Folter und Haft keinen der Genossen, deren »Sicherheit«, »Ehre« und »Ruhm« [74 f.] in seinen Händen liegt.[8]

Eher nebenher wird erwähnt, daß, »was bei dem Vater und bei den Brüdern ein einzelner Wesenszug war, ein hingeworfenes Wort, mal ein Streik – mal ein Flugblatt«, bei Georg »das Ausschlaggebende, das ganze Wesen« [269] war. Doch das, was in Heisler Kaderakte gehen würde, interessiert Anna Seghers offensichtlich nur in zweiter Linie. Wichtiger sind ihr jene Eigenschaften, die der Flüchtige mit Figuren aus älteren Erzählungen – dem sicherlich nicht zufällig von ihr als »Großvater« (4.96, S. 332) ausgegebenen Pfarrer Jan Seghers von der Insel Djal, dem Schiffer Grubetsch (»keine Frau, ... keine Familie, das ist also so einer, ohne Grund und Boden, ohne Dach und Fach«[9]), dem ältesten Ziegler-Sohn, Hull aus der Erzählung vom

»Aufstand der Fischer von St. Barbara«, dem Koloman Wallisch und dem Räuber Woynok –, aber auch mit ihren eigenen, privaten Sehnsüchten und Erfahrungen gemein hat: ein ans Anarchische grenzender, oft mit Bildern von Flüssen oder dem offenen Meer verbundener Zug zur Wurzel- und Bindungslosigkeit; der unbändige Drang nach einem vollen Leben; und die Unfähigkeit, diesen Drang mit einer tätigen, normalen Durchschnittsexistenz in Einklang zu bringen

Fußball, Jiu-Jitsu und Mädchen stehen Heisler denn auch näher als Karl Marx und Politik. Seinen Eltern und Brüdern machte er »viel Verdruß«; von Lehrern und Nachbarn gab es »immerzu Klagen«; einmal gar kommt er »wegen einem Felddiebstahl« [267f.] mit dem Gesetz in Konflikt. Gelangweilt von der kleinbürgerlichen Enge bei Paul und Liesel Röder, mit denen er zwanzig Jahre lang in einer Gasse Klicker und Fußball gespielt hat, freundet er sich mit Franz Marnet an und läßt sich von ihm politisch führen. Doch der »aufrichtige« Wunsch, »aller Wirrnis enthoben zu sein, auf ein einziges Ziel gerichtet, außerhalb seines verworrenen, unruhigen Lebens« [72], geht nicht in Erfüllung. Schon nach wenigen Monaten bringt ihn das »Durcheinander« seiner »unausgegorenen Gefühle« und »halbbewußten Gedanken« auch bei seinen neuen Freunden in den »Ruf eines unberechenbaren Burschen«, der sich unvermittelt und »mit einem Ruck von seinen jeweiligen Freundschaften« [243] losreißt: Seinem Freund Franz nimmt er das Mädchen weg. Ellis Vater, der ihn Ende 1932 sucht, um die Scheidung einzuleiten, muß feststellen, daß weder die Behörden noch die eigenen Eltern wissen, wo Georg steckt. Seine Freundinnen wechselt Heisler »ziemlich häufig ... und nach der seltsamsten Regel« [70].

Bindungs- und Orientierungslosigkeit kennzeichnen Georg aber auch nach 1933 noch, als sich die politische Lage für ihn und seine Genossen dramatisch verschlechtert. Daran ändert weder die Tatsache etwas, daß ihm in der entscheidenden, schwierigen Frühphase des Widerstands eine leitende Rolle übertragen wird, noch daß er im Lager Westhofen in die Obhut von Ernst Wallau gerät. So wie der namenlose, im Frankreich des chaotischen Kriegssommers 1940 umherirrende Exilant aus *Transit*, von dem es wohl nicht zufällig heißt, daß er 1937 aus einem am Rhein gelegenen KZ entwichen sei (3.198), bleibt Heisler selbst in der Haft und auf der Flucht ein Außenseiter, der sich zwar mit all seinen Fähigkeiten für eine politische Sache einsetzt, zugleich aber und vor allem auf der Suche nach sich selbst ist. Nach Art des Räubers Woynok wünscht er sich, in den ersten Minuten seiner Flucht auf der Suche nach Ruhe und Tod in der vertrauten Erde seiner Heimat zu verschwinden: »Ihm schien es, als sänke er rascher und tiefer, er hätte nach seinem Gefühl bereits verschluckt sein müssen ... Jetzt nur kein Mensch sein, jetzt Wurzel schlagen, ein Weidenstamm unter Weidenstämmen, jetzt Rinde bekommen und Zweige statt Arme.« [23, 26] Instinktiv spüren die Jungen einer Schulklasse, mit der Heisler den Rhein überquert, daß der »Fremde« [163] in ihrer Mitte etwas Besonderes vorhatte: »Er hatte nicht einmal wie der Rattenfänger zu flöten brauchen. Das ganze Rudel witterte schon mit ungebrochenem Spürsinn, daß diesem Mann etwas anhafte, ein Abenteuer oder ein sonderbares Unglück oder ein Schicksal.« [161] Flucht und Exil erscheinen ihm als durchaus positive Alternativen zu der Möglichkeit, für »immer« an Stelle von Paul Röders Schwager bei Frau Grabber Lastwagen zu reparieren: »Nachts auf der Bank in der Garage, tags hier auf dem Hof. Das ist dem Schwager zugedacht.« [333] Ein Blick aus dem Kreßschen Haus, das sicher nicht zufällig in der – fiktiven – Goethestraße der »allzu reinlichen« – authentischen – Riederwaldsiedlung in der Nähe des Hafens von Frankfurt steht, bestätigt ihm, daß er wohl nie zu jenen »Leuten, die da unten vorbeikamen«, »Kindern und alten Müttern«, »ein Motorradfahrer, die Braut im Beisitz, zwei Pimpfe, ein Mann mit einem Faltbootsack«, gehören wird: »Georg überwältigte ein Gefühl vollkommener Heimatlosigkeit und sofort, fast in einem, ein Gefühl von Stolz. Wer außer ihm könnte je mit denselben Augen den weiten stahlblauen Herbsthimmel ansehen, diese Straße, die nur für ihn in die vollkommene Wildnis führte?« [400]

Privat, existentialistisch, die Grenze zur Trivialliteratur bewußt streifend, wirkt denn auch das Ende des Romans. Unmittelbar bevor er in eine ungewisse Zukunft abfährt – denn der Leser kann nie sicher sein, ob Heisler das rettende Holland tatsächlich erreicht –, wirft Georg da, die Alp- und Wunschträume der Exilantin Anna Seghers widerspiegelnd, einen letzten Blick auf die unwirkliche, regenverhangene Silhouette von Mainz: »Sie schien bar aller Wirklichkeit vor dem unermeßlich trüben Himmel.« [423] Seine letzte Nacht in Nazideutschland verbringt Heisler mit einer Kellnerin, die er wenige Stunden zuvor kennengelernt hatte – eine Situation, die die Möglichkeit, mit dieser Frau ein ›normales‹ Leben anzufangen, von vornherein ausschließt und deshalb auch konsequent im Konjunktiv verbleibt. Denn soviel scheint festzustehen, weder im Ausland noch nach Ende des Hitlerregimes wird Heisler seine abenteuerliche Existenz für ein von Schichtarbeit, Windeln und Warten auf Wochenenden durchzogenes Alltagsleben eintauschen: »Sie kam ihm bekannt, fast vertraut vor. An welche Frau gemahnte sie ihn aus verflossenen Jahren? Oder nur an einen Wunsch? ... ›Jetzt mußt du gehen.‹ Sie half Georg beim Anziehen und reichte ihm Stück für Stück, wie die Soldatenfrauen, wenn die letzte Urlaubsnacht aus ist. Mit ihr hätte ich alles teilen können, dachte Georg, mein ganzes Leben, aber ich habe ja kein Leben zu teilen ... Aus dem Schrank kam ein leiser Kampfergeruch, als sie etwas herauszog, häßliches, dunkelwolliges Zeug. Was ich dir alles Schönes gekauft hätte, rot und blau und weiß.« [418, 422] Nicht nur, weil es die Regeln der Konspiration so verlangen, steht ein anderer Name auf den falschen Papieren, mit denen Georg in die Fremde geht, sondern auch, weil er fortan in einem Zustand des permanenten Transits leben wird. Ruhig und ohne Herzklopfen passiert der neue

Heisler auf dem Weg zu der Schiffsanlegestelle den scharf bewachten Kasteler Brückenkopf: »Man kann sich also auch daran gewöhnen. Er fühlte sein Herz jetzt gefeit gegen Furcht und Gefahren, aber vielleicht auch gegen das Glück.« [423]

Soweit die Biographien der Flüchtlinge und Helfer im *Siebten Kreuz*. Was noch fehlt, um das Bild von Deutschland während jener mittleren dreißiger Jahre zu vervollständigen, ist ein Blick auf jene Figuren, die den nationalsozialistischen Staat mehr oder weniger offen unterstützen. Ein Übermaß an Aufmerksamkeit, stellt sich dabei rasch heraus, verschwendet der Erzähler nicht auf seine Gegner, so daß bisweilen der Eindruck entsteht, als hätte die große Masse der Deutschen damals nicht auf der falschen Seite gestanden. Anna Seghers mag ihre Gründe für diese Verschiebung der Akzente gehabt haben: Sei es, daß sie in der Distanz ihres Pariser Exils der Gefahr aus dem Wege gehen wollte, in Ermanglung eigener Anschauung die Nazis nur mit Klischees und Versatzstücken zu belegen. Sei es, daß sie jener 1938/39 bereits weitgehend zusammengebrochenen Volksfrontpolitik ihrer Partei nicht in die Quere geraten wollte. Oder sei es auch, daß sie sich selbst, ihren Mitexilanten und den wenigen ausländischen Lesern, auf die sie damals hoffen konnte, ein positives Bild von Deutschland erhalten wollte – die Darstellung der Nationalsozialisten bleibt, so als ob die Mehrheit der Deutschen Hitler nicht unterstützt hätte, mit ein, zwei Ausnahmen auf wenige Kurzporträts beschränkt: auf ein Rudel Nazipimpfe, die, ohne genau zu wissen, was sie tun, in ihrem ärmlichen Dorf einen Flüchtling jagen; auf ein paar Hauswartsleute, die ihre Nachbarn bei der Gestapo anzeigen; auf Arbeiter, die nach Jahren des Stempelns um jeden Preis ihre neue Anstellung behalten wollen; auf einen Lehrer, der im Stil von Ernst Jünger vor seiner Klasse von »äußerstem Einsatz auf Leben und Tod« [165] schwärmt; auf SS- und SA-Männer, die in der Fabrik den Ton angeben und in der Familie Unfrieden stiften; auf einen Bauern, der seine

Söhne aus Neid und Habgier zu den Nazis schickt; auf zwei Kriminalbeamte, die als gute deutsche Polizisten auch für den neuen Staat ganze Arbeit leisten: »Solche Verhöre, bei denen es hart auf hart ging, waren für ihn [Overkamp] eine Arbeit wie jede andere. Sie bereitete ihm keine Spur von Belustigung, geschweige denn Lust. All die Menschen, nach denen er fahnden mußte, hatte er immer für Feinde der Ordnung gehalten, so wie er sich die Ordnung vorstellte ... Unklar wurden die Dinge erst, wenn er sich überlegte, für wen er da eigentlich arbeitete.« [304]

Und auch dann, wenn es sich nicht um Mitläufer und Jasager, sondern um echte Nazis handelt, hält sich Anna Seghers mit beachtlicher Sorgfalt von Vereinfachungen fern. Das wird besonders dort deutlich, wo es um die fanatischsten Nazis geht: Fahrenberg, den Kommandanten von Westhofen, und seine übelsten SA- und SS-Schläger, Zillich und Bunsen. So wird Fahrenberg zwar wiederholt als »Verrückter« [151] oder als »Narr ... mit furchtbaren, unvoraussehbaren Fällen von Grausamkeit« [9] beschrieben, zugleich aber vermerkt der Erzähler, daß der »Ausdruck unbestechlicher Härte« auf Fahrenbergs Gesicht, in dem »dazu Nase und Kinn etwas zu kurz waren«, eher »aufgezwungen« [30] wirkt. Haltlos rutscht dem »Eroberer von Seeligenstadt« [9] der Unterkiefer ab, als er die Nachricht von dem Massenausbruch erhält. Sein Haar beginnt während der sieben Tage zu ergrauen und »sein Gesicht ... einzuschrumpfen«. Aus Angst, das zu verlieren, was ihm am liebsten ist, nämlich die Macht über »Leib und Seele« anderer Menschen, findet er »so wenig Schlaf ... wie irgendeiner der Flüchtlinge« [150]. Mit einer »ganz menschlichen Bewegung« legt er »die Hand aufs Herz« und registriert, »das Gesicht ... schlaff vor Enttäuschung« [323], daß bei einer Gruppe neueingelieferter Häftlinge nicht der letzte, siebte Flüchtling dabei ist. Und sicherlich geht ihm, der einem Installationsgeschäft entstammt, jene Härte und Größe ab, die alle, die nicht an die Trivialität des Bösen glauben wollen, mit einem KZ-Kommandanten assoziieren mögen: Seine »eng zusammenliegenden Augen«, »keineswegs furchterregende Augen«, waren nicht »von der Natur bestimmt, in Abgründe zu blicken, sondern nur in verstopfte Röhren und Trichter ... Fahrenberg ..., wie er da vor [die auf dem »Tanzplatz« des Lagers angetretenen Häftlinge] gestellt war, schien zusammengeschrumpft und abgemagert und genauso gequält wie sie alle« [323f., 413].

Gleichsam »menschliche« Züge weist auch Fahrenbergs ›bester Mann‹, der SA-Scharführer Zillich, auf. Zillich nämlich, dessen Lebensweg Anna Seghers wie eine soziologisch-psychologische Fallstudie vom *Kopflohn* über *Das siebte Kreuz* bis in die Nachkriegserzählung »Das Ende« verfolgt,[10] ist nicht nur ein Mörder und Totschläger, sondern auch das Opfer der jüngsten deutschen Geschichte: Vom Kaiserreich 1914 in den Krieg geschickt, gelingt es ihm nach seiner Rückkehr trotz harter Arbeit nicht, seinen verwahrlosten Hof wieder in Gang zu bringen. Einsam und verbittert wälzt er zuerst seinen Haß auf jene ab, die seinen »sauberen, anständigen Krieg ... kaputtgemacht« [349] haben, und läßt sich dann von den Nazis anwerben. Aus dem Gefängnis, in das er wegen einem Mord an einem Arbeiter gerät, wird er 1933 befreit. Kurz darauf trifft er bei einem SA-Aufmarsch seinen alten Leutnant Fahrenberg, der ihn endgültig vor dem »stickigen Mausloch« [351] rettet, als das ihm sein Dorf und sein Hof erscheinen.

Die »dumpfe Angst«, die ihn früher schon »bis zum Platzen« angefüllt und »zu den furchtbarsten, scheinbar verwegensten Dingen angestiftet« [351f.] hatte, wird Zillich deshalb nicht los. Weder die ›Ordnung‹ des Lagers, in das er Fahrenberg folgt, noch ein in den Stahlgewittern des Ersten Weltkriegs erlernter Blutrausch vermögen ihm zu helfen. Aus seinen SA-Kameraden macht er sich nichts; mit dem gewöhnlichen Leben, das so vielen Menschen in diesem Roman Ruhe und Halt gibt, weiß er nichts anzufangen; Heisler nicht unähnlich, graut es ihm vor der Rolle des Bauern, des Ehemanns und des Vaters. Als Fahrenberg seine Position im Lager verliert, gerät Zillich über der Frage, ob ihn »sein Herr« [323] nun fallenlassen wird, endgültig in ein sinnloses Brüten. Menschen, denen er vertrauen könnte, kennt er neben Fahrenberg nicht. Zu jenen Kräften des Volkes, die dem Abenteurer Heisler alle Gefahren meistern helfen, hat der ähnlich unstete Zillich keinen Zugang: »Er hätte aufbrüllen mögen. Er kannte diese Angst von klein auf ... Sie war die allergewöhnlichste Menschenangst, wie tierisch sie sich gebärden mochte. Sein angeborener Verstand, seine Riesenkräfte waren von klein auf eingezwängt, unberaten, unerlöst, unverwendbar.« [352f.]

Beinahe nichts als Positives weiß der Erzähler schließlich gar über den SS-Führer Bunsen zu berichten, dem mit dem Abstieg von Fahrenberg und Zillich neue Macht in Westhofen zufällt. An »Gesicht und Wuchs« ein »auffällig schöner Mensch« [28], sitzt ihm die »vom Schneidermeister Herrgott« gemachte Haut »wie auf Maß« [30]. Ein momentaner Anfall von Schwäche und Einsamkeit treibt ihn, der »wie ein gewappneter Erzengel«, »wie ein Sankt Michael« [261] aussieht, dazu, sich bei Fischer und Overkamp anzubiedern. Und sein Wochenende verbringt er unangefochten von der Fluchtgeschichte mit seiner Braut beim Tanz: »Soviel echte Festlichkeit, ungetrübte lockere Heiterkeit hatte man lange nicht mehr an diesem Ort erlebt ... Heute abend gibt es hier keine Störenfriede, keine Spielverderber. Dafür ist gesorgt worden.« [415]

Zweifel daran, daß die Nazis Deutschland während der ersten vier Jahre ihrer Herrschaft bis in den letzten Winkel kontrollieren, läßt Anna Seghers trotz dieser differenzierten Porträts nicht aufkommen. Dabei mißt sie freilich nicht den großen Mördern und den offensichtlichen Tätern die meiste Bedeutung zu, sondern jenen feinen Kontroll- und Überwachungsmechanismen, die sich vom Arbeitsplatz über den Wohnblock bis in das Innerste jeder einzelnen Familie, jedes einzelnen Menschen ziehen. Im gewöhnlichen Leben also wird für sie mehr als in den Folterzellen der Konzentrationslager und bei den geheimen Treffs der Widerständler über die Zukunft Deutschlands entschieden. Denn so wichtig es in Zeiten der Unterdrückung ist, daß die Wallaus und Hermanns und Reinhardts offen Widerstand gegen die Gewalt leisten, mindestens ebenso wichtig ist es, dem Eindringen der Naziideologie in das gewöhnliche Leben zu wehren. Hier nämlich, wo über die Erziehung der Jugend und über den Erhalt der Familie, über den Frieden am Arbeitsplatz und über die Träume der Menschen, über die Integrität jedes einzelnen und über den Erhalt einer Heimat entschieden wird, die lebenswert ist und für die man sich vor sich selbst und vor anderen nicht zu schämen braucht – hier wird zugleich über die Zukunft des ganzen Landes und aller seiner Menschen entschieden.

3. Vom gewöhnlichen und vom gefährlichen Leben

Walter Benjamin hat in einer Rezension des Romans *Die Rettung* einen zentralen Aspekt der Segherschen Schreibkunst hervorgehoben: nämlich die Tatsache, daß Anna Seghers gerade dort, wo sie »der Niederlage, die die Revolution in Deutschland erlitten hat, in die Augen zu sehen« wagt, »der Sprachgeist des Volkes selber zur Seite tritt«. Mit »Elendsschilderungen« und »verlogener Schlichtheit« habe »diese Haltung« nichts zu tun. Eher erinnere ihn die Art, wie die Romaneschreiberin »mit geringfügigen Verrückungen des Geläufigen abgelegene Kammern im Alltag freigibt«, »an die echte Volkskunst – auf die sich einst der ›Blaue Reiter‹ berufen hat« (4.16, S. 535).

Benjamins Verweis auf Volkskunst und den »Blauen Reiter« steht zweifellos im Zusammenhang mit der sogenannten Expressionismusdebatte, in der zur Zeit der Niederschrift des *Siebten Kreuzes* Anhänger des sozialistischen Realismus wie Georg Lukács und Vertreter der Avantgarde wie Bertolt Brecht, Ernst Bloch, Hanns Eisler und Anna Seghers über Methoden und Zukunft der linken Literatur diskutierten (5.83). Wie genau dieser Verweis auch Anna Seghers' Verfassung in jenen Jahren trifft, verdeutlicht das Vorwort für die russische Ausgabe der *Rettung*, in dem die Autorin zwar nicht von Volkskunst, wohl aber von dem im Volk verankerten »gewöhnlichen Leben« spricht. *Die Rettung*, stellt Anna Seghers hier 1939 rückblickend fest, sei ein Buch über das gewöhnliche Leben, über »die gewöhnlichen Schicksale« von »Menschen mit mangelndem Bewußtsein«. »Spannung und Abenteuer« gebe es genug in diesem Leben, »das nicht weniger Mut verlangt als die Stratosphäre oder das Schlachtfeld«, denn gerade das gewöhnliche Leben »umfaßt große, einfache menschliche Beziehungen, uralte und ganz neue, Liebe und Freundschaft, das Verhältnis von Eltern zu Kindern, von Jüngeren zu Älteren ..., für jeden von uns selbstverständlich, weil auf ihnen das Leben der Völker sich gründet« (2.54, S. 314).

Und noch ein zweites Mal kommt die Exilantin 1939 auf das gewöhnliche – und das gefährliche – Leben zu sprechen, als sie in einem Brief an Johannes R. Becher ihre Pläne für die Zeit nach Abschluß des *Siebten Kreuzes* umreißt: »Bevor ich an einen anderen Roman gehe, möchte ich publizistische Sachen schreiben ... In diesem Zusammenhang will ich versuchen, etwas abzuhandeln, was bisher noch niemand versucht hat. Die einfache Darstellung unserer lebendigen Gefühle und Empfindungen im Verhältnis zum ›gefährlichen Leben‹. Von unserem Standpunkt aus würde das so ähnlich sein wie das, was man von ihrem Standpunkt aus schon in einigen Fällen gemacht hat ...«[1]

Was in dem Brief an Becher als Entwurf für ein nie realisiertes Projekt in die Zukunft gerichtet ist, trifft ebensogut auf den gerade abgeschlossenen Roman *Das siebte Kreuz* zu. Denn so wie bei der Komposition des Figurenensembles läßt Anna Seghers bei der Entfaltung der verschiedenen Themenkomplexe keinen Zweifel, daß für sie die gewöhnlichen, alltäglichen Begebenheiten mehr über eine Zeit aussagen als die Brutalitäten der Mörder und der heroische Widerstand der Verfolgten. Oder anders, konkreter, gesagt: Nicht das, was im KZ Westhofen oder in der Bezirksleitung der Widerständler vor sich geht, steht für sie im Zentrum, sondern das leise, von vielen unbemerkte Eindringen der nationalsozialistischen Denk- und Verhaltensmuster in den Arbeitsplatz, das Dorf, die Familie und die Jugend bzw. jene ebenso still arbeitenden Gegenkräfte, die im »gewöhnlichen Leben« stecken – in der Natur, im Heimat- und Zugehörigkeitsgefühl der Menschen, in derer existentiellen Befindlichkeiten, in Religion und Märchen.

Zwei dieser Komplexe sind wichtig genug, daß ihnen weiter unten im Kontext der Untersuchung von Fiktion und Authentizität des Romans eigene Kapitel gewidmet werden: der Alltag in Nazideutschland und das KZ West-/Osthofen. Andere Bereiche des Romans, für die das Konzept vom »gewöhnlichen Leben« von Bedeutung ist, werden im folgenden behandelt: ein über Sprache und Landschaftsbilder transportiertes Lokalkolorit, der Gebrauch religiöser Motive und der Einsatz von Märchen und Legenden.

Anna Seghers räumt dem »gewöhnlichen Leben« als der Quelle und Hauptkraft von Resistenz im *Siebten Kreuz* einen so breiten Raum ein, daß es wohl nicht verfehlt ist, diesen Begriff in den Mittelpunkt des Romans zu rücken. Wenigstens siebenmal läßt sich die Wendung »gewöhnliches Leben« allein im ersten Drittel des Textes nachweisen, Variationen wie »an gewöhnlichen Abenden« und »die allergewöhnlichsten Menschen« (3.141, S.6 u. 3.143) nicht mitgezählt. Mettenheimer zum Beispiel meint, sich bei den Verhören durch die Gestapo in das »gewöhnliche Leben« eines ordentlichen, »alt gewordenen Mannes« retten zu können, »der die alltäglichsten Freuden und Sorgen durchlebt hat« [91]. Elli, seine Tochter, sehnt sich auf dem Weg zum KZ danach, dem gewöhnlichen Leben in einem Dorf wie Westhofen zuzugehören – und wird nach ihrer Rückkehr aus dem Lager tatsächlich von zwei fremden Frauen durch stummes Auflegen der Hände getröstet. Neben Doktor Löwensteins Praxis, in der wenig später zwei Menschen, von Angst gelähmt, ein wortloses Zwiegespräch halten werden, beginnt, scheinbar unberührt von allem, »hinter den Wohnungstüren ... der gewöhnliche Tag mit Gähnen und Kinderwecken ...« [101]. Im Lager wird Fahrenberg der »gewöhnliche Tag«, der eben hätte beginnen sollen, durch die Flucht der sieben auf Dauer verdorben. Haß, wenn auch aus genau der entgegengesetzten Richtung wie bei Fahrenberg, macht sich bei Liesel Röder gegen alle breit, die es wagen, an ihrem mit Dampfnudeln, geblümten Tapeten, Kindergeschrei und Fußballwochenenden angefüllten gewöhnlichen Leben »zu rütteln« [393].

Höchster Wunsch eines dieser gewöhnlichen Menschen, dem die Nazis alles zerstört haben, was sein Leben einmal ausmachte, ist denn auch, »statt dieses furchtbaren unbarmherzigen Kampfes für das endgültige Glück irgendeiner Menschheit«, »ein bißchen gewöhnliches Glück, sofort« – mit »Liebe« und »Weihnachtsbaum«, »Sonntagsbraten« und »Werktagsstullen«, einem »Gärtchen« [237f.] und zwei Kindern. Andere, Handwerker und Proleten, ziehen sich angesichts des übermächtigen Gegners auf die gute Arbeit, die sie leisten, zurück – eine Reaktion, die, wie wir aus soziologischen Untersuchungen wissen, nach der Zerschlagung des Arbeiterwiderstandes Mitte der dreißiger Jahre in der Tat vielerorts anzutreffen war. (5.257, S.873) Und nicht zufällig läßt Anna Seghers ihren Erzähler, der selbst ehemals Häftling im KZ Westhofen gewesen war, am Ende des Romans rückblickend aus einer vagen Zukunft ohne Terror und Angst nicht von heroischen Taten schwärmen, sondern davon, daß es im Innersten der Menschen etwas gibt, was »unangreifbar« ist und »unverletzbar« [425].

Elemente des gewöhnlichen Lebens und einer echten Volkskunst, die nichts mit der von Benjamin angesprochenen »verlogenen Schlichtheit« und Deutschtümelei oder jenen »geheiligten Traditionen, Kunstformen, Sitten und Gebräuchen« (5.49, S.330) zu tun haben, vor denen der

Benjamin-Freund Bertolt Brecht im Zusammenhang mit der Expressionismusdebatte warnt, spiegeln sich auch in der Sprache des *Siebten Kreuzes* wider: in regional oder sozial gefärbten Worten wie »Suddelzuber« [236] und »Grutzen« [66], »tuttlig« [260], knickern [43] und rumbumbeln [349]. Der zuweilen recht aufdringlich wirkende Gebrauch von Verkleinerungsformen (Holzklötzchen, Schublädchen, Pfeffernüßchen, Hechtschwänzchen, Hakenkreuzelchen, Hitlerreichlein) erinnert an die Sprechweise des Volksmärchens ebenso wie an die Mundart im Rhein-Main-Gebiet. Syntaktische Wendungen wie »dem seine Hände« [178], »auf den Ernst ist kein Mensch nicht mal eifersüchtig« [328] und »heute für den Flüchtling zu fangen« [49] deuten an, daß Anna Seghers dem gemeinen Mann und seiner Frau in ihrer näheren Heimat ›aufs Maul‹ geschaut hat. Ortsnamen, authentische und fiktive, zeugen von der intimen Vertrautheit der Autorin mit dem Land zwischen Westhofen, Mainz und Frankfurt: Buchenau, Oberreichenbach und Unterreichenbach heißen die Flecken entlang Georgs Fluchtweg, der auch an einem Dorf mit dem Namen Wallau vorbeiführt; aus Schmiedheim und Botzenbach in den südlichen Taunushügeln pendeln die Arbeiter nach Höchst und Griesheim; liebevoll rekonstruiert die Exilantin in ihrem Gedächtnis ganze Stadtviertel von Mainz und Frankfurt, die wenig später vom Zweiten Weltkrieg in Schutt und Asche gelegt werden.

Doch nicht nur durch sprachliche Wendungen und Ortsnamen, sondern auch durch Natur- und Landschaftsbilder schimmert das gewöhnliche Leben. Wiederholt findet Georg während seiner Flucht in der Landschaft der Rhein-Main-Gegend Momente der Ruhe (»Goldnes kühles Herbstlicht lag über dem Land, das man hätte friedlich nennen können« [27]). Aldinger, der ohne »Überlegung« und »Berechnung« [294] direkt auf sein Dorf am oberen Mainlauf zuflüchtet, stirbt in einer Szene voller Anspielungen und Doppelgründigkeit in dem Augenblick einen friedlichen Tod, als er von einem Hügel aus seine Heimat unter sich wiedersieht: »Er warf einen Blick auf das Tal. Aber das Tal zeigte sich nicht in dem gewöhnlichen Mittagsglanz ... Eine kühle, gestrenge Helligkeit lag auf dem Dorf, Glanz und Wind in einem, daß es auf einmal so deutlich wie nie war und eben dadurch wieder entfremdet. Dann fiel ein tiefer Schatten über das Land« [298]. Im Anschluß an ein Verhör bei der Gestapo kommt Elli nicht von der Vorstellung los, sie sei »jahrelang aus ihrer Heimatstadt weggewesen« [181]. Und jener amerikanische Tourist, der Georg in seinem Wagen bis vor die Tore von Höchst mitnimmt, muß sich von seinem Beifahrer korrigieren lassen, daß nicht die typisch deutschen Touristenattraktionen Lorelei, Bingen und Rüdesheim die schönsten Landstriche seien, sondern immer die Gegend, in der man aufgewachsen ist und zu der man gehört (»Uns gefällt dieser Teil hier besser« [176]).

Lokal für die meisten Naturbilder sind die Hügel am südöstlichen Rand des Taunus bzw. genauer: das Dorf Schmiedtheim und die nebeneinander gelegenen Gehöfte der Marnets und Mangolds. Hier ist die bewahrende Kraft der Landschaft derart stark, daß ein detaillierter Rückblick auf die bewegte Geschichte des Rhein-Main-Dreiecks von den Kelten bis zur Gegenwart mühelos im ewigen Kreislauf der Natur aufgeht – freilich nur, um dann doch wieder mit einem der härtesten Schnitte in diesem an Sprüngen und Rissen wahrlich nicht armen Buch in die unausweichliche Gegenwart zurückzukehren: »Jetzt sind wir hier. Was jetzt geschieht, geschieht uns.« [16] Hier begrüßt der Schäfer Ernst, der im tatsächlichen und im übertragenen Sinne über den Dingen steht, die sich in der Ebene zu seinen Füßen abspielen, jeden Abend die von der Arbeit in den großen Städten Heimkehrenden – »um seinen Mund ... ein Lächeln von überlegenem Spott, das Gott und der Welt zu gelten scheint.« [62] Hier setzen sich seit Menschengedenken nach jeder Obsternte alt und jung, Mann und Frau und diesmal, im Oktober 1937, auch SS und Widerständler an einen Tisch – wobei dieser Sonntag zufällig auch noch auf den Tag von Georgs Rettung fällt. Und kämen »die vier Reiter der Apokalypse an diesem Apfelkuchen-Sonntag vorbeigestoben«, so würden auch sie ihre vier Pferde an den Gartenzaun binden und sich drin wie vernünftige Gäste benehmen« [415]. Denn »Apfelkuchen bleibt Apfelkuchen« [414], für Schwester Anastasia von den Königsteiner Ursulinerinnen ebenso wie für die SS-Messer, für Hermann mit seiner jungen Frau und für Franz und Lotte genauso wie für die Jüdin Katzenstein, mit der »vorige Woche« freilich der Kontakt abgerissen war, weil sie urplötzlich ins Ausland verzog: »Die Dora Katzenstein sitzt schon auf ihrem Auswandererschiff, da steigt noch einmal in Marnets Küche ihr zu Ehren das zarte Fähnlein auf, der Nachruf.« [404f.]

Und auch das gehört zum Komplex »gewöhnliches Leben« in diesem Buch: daß sich die Menschen – Täter, Opfer und Unbeteiligte gleichermaßen – bewußt oder unbewußt der seit Jahrhunderten in dieser Gegend üblichen religiösen Bilder und Vokabeln bedienen. Gekreuzigt werden da die eingefangenen Flüchtlinge, die von einem Ort hatten entkommen wollen, der von allen einmütig als Hölle bezeichnet wird bzw. als eine Art »Zwischenlandungsstation«, nicht »auf Erden« und nicht »im Jenseits« [413]. Von seiner »Allmacht« über »Leib und Seele« der Menschen träumt Fahrenberg und beschäftigt als seine Helfer Bunsen, der wie ein »Erzengel« [32] und ein »heiliger Michael« [261] aussieht, und Zillich, dem in seiner Angst vor der Trennung von seinem irdischen Dienstherrn gleich auch der Herr im Himmel in den Sinn kommt. Mettenheimer, der »nie einer von solchen Vätern« gewesen war, »die sich mit den Pfarrern zusammen auf Glaubenskämpfe eingelassen hatten« [93], und Georgs Mutter beten zu Gott, der eine, damit sein Schwiegersohn nicht bei ihm erscheint und ihn in Gewissensnot bringt, die andere, weil sie für die Rettung ihres zweimal verlorenen Sohnes nichts ungetan lassen möchte. Und als Paul Röder der Gestapo entkommt, die ihn mit dem »Jüngsten Gericht« und mit »höllischem Feuer« bedroht hatte, und von seiner Frau mit einem erlösten »Lieber Gott« begrüßt wird, antwortet er eher zweideutig: »Der hat damit gar nichts zu tun, oder nur so viel, wie er mit allem etwas zu tun hat. Mit der Gestapo hat er sicher nicht extra zu tun.« [401]

Derart fest gehören wenn schon nicht mehr die Inhalte, dann doch noch die Vokabeln und Bilder der christlichen Religion in diese Gegend, daß sogar Georg, bei dem »daheim ... es das alles nicht mehr gegeben« [84] hat und der der Kirche denkbar fern steht, sein Verständnis für die religiösen Zusammenhänge noch nicht verloren hat. Während seiner Flucht fühlt er sich wie mit »Engelsflügeln« [28] vorwärts getragen. Zweimal, am Anfang und am Ende des Romans, macht er am Mainzer Dom vor allen anderen Statuen die des heiligen Martin aus, »wie er den Mantel zerschnitt« [105] (5.155, Abb. 67). Und als er die erste Nacht nach seinem Ausbruch aus dem KZ im Dom verbringt, jenem Ort, mit dem Anna Seghers durch ihren Vater von klein auf intim vertraut war, läßt Georg sich mit den steinernen Kirchenfürsten auf eine Art stummes Gespräch ein – eine Szene, die zweifellos zu den Höhepunkten des Romans zählt. »Winzig« kommt er sich in dem riesigen Domgewölbe vor, von dem er »kein Ende sah, ... sondern nur Raum und wieder Raum«, winzig, wie »er sich nicht einmal unter dem weiten Himmel« [61] vorgekommen war. Gleichgültig blickt das Abbild des Erzbischofs Siegfried III. von Eppstein über ihn hinweg, »auf seinem vollen Gesicht das dreiste Lächeln der Macht« [78] (5.155, Abb. 52–53 u. 5.145, S.26). »Gib auf«, rät ihm eine andere Statue, »du bist schon am Anfang zu Ende.« [78] Wieder andere scheinen ihm ohne Erfolg das »letzte, ... äußerste Angebot« machen zu wollen, über das die Kirche verfügt, »Gnade statt Gerechtigkeit« [80]: »Aber wie das alles kalt war! Eine eisige Welt, als hätte sie nie eine menschliche Hand berührt, nie ein menschlicher Gedanke. Als sei er in einen Gletscher verschlagen ... Das ist eine Zuflucht, in der man erfrieren kann.« [81f.]

Mainzer Dom um 1930

Doch Macht und Gnade sind nicht alles, was der Dom Georg zu bieten hat. Er bietet auch, zumindest für eine Nacht, Zuflucht vor den Häschern. Und er spendet Trost und die Möglichkeit zur Identifikation, wenn seine Statuen und Bilder selbst von Verbannung, Verrat und Mord berichten: »Ja, das müssen die beiden sein, dachte Georg, die aus dem Paradies verjagt wurden ... Ja, das muß das Abendmahl sein, als er schon wußte, daß er verraten wurde, ja, das muß der Soldat sein, der mit dem Speer stieß, als er schon am Kreuz hing...« [84]

Wer deshalb Georg zu einer Jesus-Figur macht oder, wie jüngst Marcel Reich-Ranicki, den Roman zu einer Art religiösem Buch, schießt weit über das Ziel hinaus. Wohl aber sind die biblischen Geschichten dadurch, daß sie von den Menschen seit Jahrhunderten weitererzählt werden, Teil jenes gewöhnlichen Lebens geworden, ohne das Georg und seine Helfer nie der Gewalt der Nazis widerstanden hätten. Auf diese Weise, und nicht als einzige, verbindliche Norm, vermögen sie Menschen wie Georg zu helfen. Denn, so steht zu Ende des Domkapitels geschrieben, »alles, was das Alleinsein aufhebt, kann einen trösten. Nicht nur was von andern gleichzeitig durchlitten wird, ... sondern auch was von andern früher durchlitten wurde« [84].

Womöglich noch klarer als in den religiösen Anspielungen tritt die im gewöhnlichen Leben verborgene kollektive Kraft des Volkes freilich im Märchen- und Legendenmaterial zutage, das Anna Seghers immer wieder in die Romanhandlung einflicht. Dabei können die Verweise wie nebenbei als Stimmungsbilder in das Geschehen eingefügt sein; oder sie treten, wie bei Wallaus Verhör, an zentraler Stelle in Erscheinung.

Eher beiläufig taucht aus dem Fluß der Erzählung das Bild der Küstersfrau auf, die Georg in dem leeren, dunklen Dom von Mainz als Riesin [80] erscheint. Belloni schwebt in den Gesprächen der Menschen noch Stunden nach seinem Selbstmord, »halb Gespenst, halb Vogel« [111], über den Dächern von Frankfurt. Von Frau Marelli wird berichtet, daß sie selbst »den Teufel« [196] beruhigen könnte; Frau Grabber und die Mutter des Schäfers Ernst sind mit hexenhaften Eigenschaften ausgestattet [333, 382]; als »Gespenst« erscheint Fahrenberg sein Ebenbild im »blauen Installateurkittel« [221]; »kichernd« »trottet« Aldinger, »ein alter, zerlumpter Mann« [292], auf sein Dorf zu. Georg tritt einmal als »Rattenfänger« [161] in Erscheinung, ein andermal, als Heisler bei Kreß zu Abend ißt, fällt dem Erzähler das Märchen von Schneewittchen ein: »Ach, essen von sieben Tellerchen, trinken aus sieben Gläschen, keinem ist's ganz geheuer dabei ...« [377] Märchenhafte Züge nehmen bisweilen jene Landstriche zwischen Westhofen und Frankfurt an, durch die Georg Heisler flieht und die Anna Seghers Heimat nennt: »... knorpelige Geäste, kraftvoll hineingewunden in die bläuliche Luft«, hängen »dick voll Goldparmänen.« [11] Ernst, der Schäfer, durchzieht die Gegend mit seiner Schafherde, so als ob es Autobahnen, Großstädte und Industriebezirke noch nicht gäbe. Verheißungsvoll strömt der Rhein, der Georg ins rettende Ausland tragen soll.

Bedeutungsvoller als solche, bisweilen etwas oberflächlich anmutende Beigaben sind jene Passagen, in denen Märchen- und Legendenmaterial mit Flucht und Widerstand in Verbindung gebracht wird. Mit »der Behextheit von Frauen, die an undurchführbare Pläne herangehen«, bereitet Frau Wallau die Befreiung ihres Mannes vor, »zwei oder drei Legenden von gelungenen Fluchten« vor Augen, denn »in Legenden steckt ja auch eine gewisse Auskunft, eine gewisse Erfahrung« [141f.]. Die legendären Geschichten von einem Kuli in Schanghai oder einem Schutzbündler in Wien, der sich einen merkwürdigen Gegenstand auflädt und dadurch eine große Gefahr von sich ablenkt, weisen Georg den Weg aus dem Hof der Darré-Schule. »... quer durch die Dinge der Welt, die plötzlich gläsern geworden ist und durchsichtig, ... quer durch auf den Kern, der nicht mehr durchsichtig ist und den ... Sterbenden standhält«, ist der Blick von Wallau gerichtet, der bei seinem letzten Verhör aus einer klassischen Märchenformel die Kraft schöpft, um sich und die Seinen nicht zu verraten: »Es gab einmal einen Mann, der Ernst Wallau hieß«. [191]

Zweifellos am gewichtigsten sind jedoch jene zahlreichen Stellen im Roman, wo Märchensprache und Märchenkonventionen die Doppelbödigkeit des gewöhnlichen Lebens in Nazideutschland bloßlegen, indem sie übergangslos von der Idylle in eine Horrorszene umschlagen. Georgs Begegnung mit dem »Schublädchen« zum Beispiel, die im Hollywood-Film wie aus einer Heimatschnulze oder einer Grimm-Verfilmung geschnitten ist, erscheint im Buch förmlich mit dämonischen Märchenelementen überladen: »Jetzt fuchtelte ... das Schublädchen ... mit ihrem dünnen Arm über den Feldweg nach dem Zimthütchen hin, ... um ihren zahnlosen Mund, um ihre verschrumpelten Bäckchen entstand die schreckliche Lebhaftigkeit, mit der ganz alte Leute schäkern, als höre man gleich die Gerippelein beim Tanz klingeln. Sie brabbelte: ›Haben Sie den Spektakel gehört vorhin, ui, ui! Wie das getutet hat. Jetzt ist's ruhig. Sie haben ihn. Der hat nichts zu lachen. Ui, ui!‹ Sie kicherte und jammerte.« [37f.] Georgs Freundin Leni hat, einmal einem Nazi in die Hände gefallen, die Züge einer »Kröte« [187] angenommen, die auch durch einen Kuß nicht mehr in einen Menschen zurückzuverwandeln wäre: »›Leni‹, sagte er ruhig und fest, als wollte er seine eigene vergangene Leni beschwören, seinethalben das stramme, beschürzte hausbackene Weib zu verlassen, in das sie verhext worden war, doch die Beschwörung mißriet. Diese Person stierte ihn an in der schamlosen Angst, mit der Verhexte die anstieren mögen, die sich gleichgeblieben sind.« [186] Jene Szene gehört hierher, in der sich Mettenheimer angesichts eines Gestapobeamten, der seine Familie beschattet, an das »Märchen« erinnert, »in dem ein Vater dem Teufel verspricht, was ihm zuerst aus dem Haus entgegenkommt« [123]. Otto Bachmann erscheint seiner eigenen Frau nach dem Verrat an Wallau wie »ein ungebetener Gast, fremd und unheimlich« [145], während sich Paul, auf der Suche nach einem Komplizen in seinem Betrieb, plötzlich »auf das Geflüster der Menschen« versteht, »wie jener Mann im Märchen sich auf die Stimmen der Vögel verstand, nachdem er von einer bestimmten Speise gekostet hatte ...« [335 f.]. Und natürlich haben die Zahl sieben und das Kreuz im Titel des Romans nicht nur mit Religionsgeschichte, sondern auch mit Aberglauben und Märchen zu tun.

Idylle oder Terror – eines steht fest: Anna Seghers hat im *Siebten Kreuz* die Märchenform nie mißbraucht, um der Wirklichkeit auszuweichen. Eher schon trifft zu, was Franz Fühmann wohl nicht ohne Ironie gesagt hat, nämlich daß Anna Seghers eine »Mytherzählerin höchsten Ranges« sei, bei der man lernen könne, »wie ein solch eminent politisches Phänomen wie die Parteilinie literarisch erlebbar« (5.93, S.222) wird.

Freilich, sosehr sich Anna Seghers auch im *Siebten Kreuz* um die Idee des »gewöhnlichen Lebens« bemüht, ohne jenes andere, gefährliche, abenteuerliche und im doppelten Sinne des Wortes unerhörte Leben, von dem so viele ihrer frühen Texte handeln, vermag sie nicht auszukommen. Hier nun kommt Georg Heisler wieder ins Spiel, der – wie weiter oben bereits angedeutet – so beschaffen ist, daß ihn Anna Seghers' Schülerin und Vertraute Christa Wolf ohne weiteres in die Reihe jener Seghers-Figuren einzupassen vermag, deren »älteste ... Verkörperung« der »sagenhafte Jason aus dem ›Argonautenschiff‹« ist: »Gelassen, kühn, frei sind sie, ungerührt durch die Schicksale, die sie heraufbeschwören. Unbeschwert von irdischen Bindungen. Kühl. Nüchtern. Allein. Zum Abenteuer bereit. Gebrannt von der Gier nach Leben: ein Grundtyp, den die Seghers aus archaischen Zeitaltern in die Industriegesellschaft unseres Jahrhunderts herüberholt und der sich in dieser ihm merkwürdig fremden Umwelt auf diejenige Seite schlägt, die ihm Möglichkeit zu leben verspricht.« (4.97, S.364) In Georg, der, von Angstanfällen geschüttelt, am Anfang seiner Flucht mehrfach den »unbezähmbaren Wunsch« hat, »stärker als alle Furcht, stärker als Hunger und Durst«, einfach »liegenzubleiben«, legt Anna Seghers die Kraft, »plötzlich vom kommenden Tag alles mögliche« zu erwarten, »als ziehe einen die Zeit von selbst im Fließen mit« [55f.]. »Leicht« fühlt sich Georg in der Stadt, »das macht die Straße, die Menge, ... die keinen ganz allein läßt oder allein zu lassen scheint« [59f.]. Ungläubig starrt er auf das gewöhnliche Leben einer Dorfstraße, wo sich doch eigentlich auf »einem jeden Gesicht, einem jeden Pflasterstein« die Schande des Landes hätte spiegeln müssen: »... da übermannte Georg eine solche Traurigkeit, wie er nie im Leben eine gekannt hatte. Er hätte geweint, wenn ihn nicht jene Stimme beschwichtigt hätte, die einem im traurigsten Traum verrät, daß alles gleich nichts mehr gilt.« [57]

Anna Seghers hat sich zeit ihres Lebens nicht dazu geäußert, warum sie, das behütete, wohlerzogene Einzelkind aus gutbürgerlichem Haus, Figuren wie den Pfarrer von Djal und Grubetsch, Hull, den Zieglerjungen und die ›Gefährten‹, Woytschuk aus den »Bauern von Hruschowo«, den Räuber Woynok und Georg für sich erfunden hat. Das Bekenntnis, daß sie sich seit ihrer Kindheit, als sie oft krank und allein war, Märchen und Geschichten ausgedacht habe, reicht jedenfalls nicht aus (2.27, S. 148). Denkbar wäre schon eher, daß sie ähnlich wie vor ihr Johannes R. Becher und Bertolt Brecht und nach ihr Max Frisch mit seinen Mythen von Santorini und Öderland von einem ›gefährlichen‹, freien, abenteuerlichen Leben träumt, um so aus der Enge ihrer bürgerlichen Welt, aus »dem Nest Mainz« (2.27, S. 144), aus der »typischen bürgerlichen Wohnzimmeratmosphäre« der elterlichen Etagenwohnung, in der sie aufgewachsen war, »auszufliegen, wegzufliegen« (2.27, S. 153). Nicht zufällig wären dann die Elendsschilderungen in den frühen Erzählungen mit existentiellen Begriffen wie Langeweile, Einsamkeit und Stagnation (»cafard« heißt es später in *Transit*) durchsetzt. Die Ort- und Zeitlosigkeit von Texten wie »Grubetsch«, »Der Aufstand der

Fischer von St. Barbara« und »Die schönsten Sagen von Räuber Woynok« erhielten ihren Sinn darin, daß es in ihnen nicht um historisch fixierbare Ereignisse, sondern um die Analyse von autobiographisch und existentiell fundierten Grundmustern geht. Aufruhr und Rebellion, die später zunehmend konkretisiert und mit den Zielen der kommunistischen Bewegung identifiziert werden, wären weniger auf die politischen Gegebenheiten der Weimarer Republik und des Exils gerichtet, als auf eine Dostojewski und dem französischen Existentialismus[2] der Zeit nachempfundene Befreiung des Individuums von den Fesseln des gewöhnlichen Lebens, von den »eigenen bläßlich-kleinbürgerlichen Sippen, die zu keinem starken Gefühl, zu keinem Gefühlsausbruch fähig waren«[3] und denen die »Lust auf absonderliche, ausschweifende Unternehmungen« (nach 4.91, S. 8) abging: »... ich spreche von einem revolutionären Herauswühlen, in Bewegung gehen des menschlichen Schicksals, etwas durch und durch Unkleinbürgerliches.« (nach 4.91, S. 12)

Anna Seghers hat gewußt, daß sie mit ihrer Vorstellung vom »gefährlichen Leben« in die Nachbarschaft von Autoren wie Ernst Jünger und Edwin Erich Dwinger geriet, die auf der gegenüberliegenden Seite des politischen Spektrums standen. Doch anstatt deshalb von ihrer Konzeption abzulassen, konfrontiert sie die Naziideologie offen und direkt mit ihrer eigenen Auslegung des gefährlichen Lebens. Unmißverständlich brandmarkt sie 1935 in Paris die These der Nazis, daß »der Krieg ... zur Verwertung der Unverwertbaren, zum Ausweg der ausweglosen Welt« wird, als »betrügerische Verlockung«[4]. Ein Jahr später schlägt sie anläßlich eines Internationalen Kampftages gegen Faschismus und Krieg vor, den faschistischen Lügen »von der totalen Mobilmachung des Geistes und des Körpers«, von der »einzigen Bewährung im Sterben« und vom »tragischen Pathos von der Gleichheit vor dem Tod« die Wahrheiten der Antifaschisten gegenüberzustellen: die Wahrheit von der »Veränderung dieser Gesellschaftsordnung«, die Wahrheit »unseres tausendfachen Lebens« und die »von der Gleichheit vor dem Leben«[5]. Und im Juli 1938, mitten während der Arbeit am *Siebten Kreuz*, fordert sie auf einem weiteren Friedenskongreß im Klartext: »Einer Jugend, die der Faschismus daran gewöhnt hat, vom ›Gefährlichen Leben‹ zu träumen, müssen wir eine von Grund auf andre Konzeption des Lebens bieten: ... Statt dem ›Gefährlichen Leben‹, wie es von den Jünger und Dwinger besungen wurde, jenes andere, das gelebt wurde von Mühsam und Ossietzky.«[6]

Die Namen von Mühsam und Ossietzky, die hier stellvertretend für alle Opfer des KZ-Terrors im Dritten Reich stehen, schlagen den Bogen zurück zu dem KZ-Roman *Das siebte Kreuz*. Denn so wie in den Biographien der realen Widerständler ist in ihm jenes ›gefährliche Leben‹, das in Anna Seghers' Frühwerk noch mit gleichsam asozialen Qualitäten versehen gewesen war, fest in die politischen Tageskämpfe eingebunden. Abenteurer wie Georg Heisler nutzen ihre Fähigkeiten nicht mehr dazu, Menschen zu manipulieren, sondern um den Fängen der Gestapo zu entkommen. Außergewöhnliche Opfer erscheinen in der extremen Situation des Widerstands gegen den Faschismus als alltägliche Ereignisse. »Lebenshunger, Vitalität, Ungeduld« werden als »Qualitäten« verstanden, »deren auch die revolutionäre Bewegung bedarf« (3.128, S. 145).

Und doch gleitet der Erzähler – wie schon angedeutet – gerade im Umkreis von Georg immer wieder aus dem tagespolitischen Bereich hinüber in den Ton bester existentialistischer Prosa. Nebel, Dunst und Dunkelheit sorgen dann dafür, daß sich die vertraute Landschaft »irrlichtartig« auflöst und dem Flüchtling »das Gefühl für Zeit« [141] verlorengeht. Ein »feines, unstillbares Brennen« kündigt zwei Menschen an, daß »man sich nie mehr im Leben wiedersehen wird« [364]. »Völlig entfremdet« erscheint Georg sein Bild im Badezimmerspiegel bei Kreß, der sich seinerseits erstarrt fragt, »ob sein Gast jetzt begänne, sich aus einem Traum in etwas Greifbares zu verwandeln« [367f.]. Alle

Maßnahmen der in der Wohnung von Kreß zu einem »echten«, tödlichen Warten Verurteilten, »eine Art von Deich... gegen die Zeit« zu errichten, schlagen fehl: »Kreß ... stand auf und drehte am Radio, und der Bruchteil eines Morgenkonzerts stopfte ein paar Minuten Zeit.« Oder: »Ihr Geständnis war nutzlos, denn die paar Worte nahmen so gut wie nichts von der Zeit.« Und: »Georg schwieg, und die Zeit sauste herein.« [398f.] Und schließlich fließt am Ende von Heislers Fluchtweg vor der Silhouette von Anna Seghers' Vaterstadt Mainz noch einmal alles, Solidarität und Einsamkeit, Heimat und Exil, Gegenwart und Vergangenheit, Realität und Traum, zu einem Finale zusammen, das sich wie ein Stück existentialistische Literatur liest: »Der Regen hing in Strängen vor der Stadt auf dem anderen Ufer ... Eine von jenen Städten, die man im Schlaf erfindet, für die Dauer eines Traumes, und selbst so lange wird sie nicht halten. Aber sie hatte schon zweitausend Jahre ausgehalten.« [422]

Zusammengefaßt wird das Gegen- und Miteinander von gewöhnlichem und gefährlichem Leben in einem Bild, das Anna Seghers seit ihren ersten Prosastücken nicht losgelassen hat: dem Fluß. Nicht weit von einem Fluß, dem Rhein, liegt das KZ Westhofen. Auf dem Rhein spiegelt sich, visionäre Voraussicht der Exilantin auf die vernichtenden Bombennächte des Zweiten Weltkriegs, die »brennende, johlende Stadt hinter dem Fluß«, als 1936 zum erstenmal wieder ein deutsches Regiment in Mainz einzieht: »Tausend Hakenkreuzelchen, die sich im Wasser kringelten! Wie die Flämmchen darüberhexten! Als der Strom morgens hinter der Eisenbahnbrücke die Stadt zurückließ, war sein stilles bläuliches Grau doch unvermischt. Wie viele Feldzeichen hat er schon durchgespült, wie viele Fahnen.« [15f.] Versteckt auf einem Rheinkahn, mag Georg die Flucht ins rettende Ausland gelingen.

Anna Seghers hat einmal in knappen Worten zusammengefaßt, was sie von klein auf an Flüssen faszinierte: »Ich bin vom Rhein und sah jeden Tag den Rhein mit Neid an, weil er bald in Holland ins Meer fließen wird.« (nach 4.91, S. 9) Ein ähnliches Gemisch aus Fern- und Heimweh gibt sie auch Georg Heisler mit auf den Weg, in der »man«-Form verallgemeinert zu einer grundsätzlichen menschlichen Aussage, als er ein wenig nördlich von ihrer Heimatstadt Mainz auf das Fährboot wartet, das ihn auf das andere Rheinufer übersetzen soll – vor sich den Posten an der gegenüberliegenden Anlegestelle, darüber ein »wolkenlos graublauer« Himmel, »weit hinten der Taunus, wo er früher oft gewesen war« und wo auch jetzt wieder die Marnets ihre Äpfel ernten: »Wie man nun die paar steinernen Stufen zur Anlegestelle hinunterging ... da teilte sich etwas im Menschen, das immer nur weiter und weiter möchte, und immer nur fließen und nie stillbleiben, von dem, was immerfort bleiben möchte und nie vergehen, und trieb teils ab mit dem großen Fluß, teils schmiegte es sich an den Ufern fest und klammerte sich mit allen Fasern an diese Dörfer und Ufermauern und Weinberge.« [167]

4. Form und Struktur:
Moderierter Modernismus

Walter Benjamin hatte in der bereits erwähnten Rezension der *Rettung* neben der Volkstümlichkeit noch einen zweiten Aspekt der Seghersschen Romankunst hervorgehoben: die auf merkwürdige Art zwischen Realismus und Modernismus schwankende Form. Das Buch sei, so Benjamin, »weit entfernt von der Promptheit der Reportage, die nicht viel nachfragt, an wen sie sich eigentlich wendet. Es ist ebenso weit enfernt vom Roman, der im Grunde nur an den *Leser* denkt. Die Stimme der Erzählerin hat nicht abgedankt. Viele Geschichten sind in das Buch eingesprengt, welche darin auf den *Hörer* warten. Nicht die Gesetzlichkeit des Romans, in dem die episodischen Figuren im Medium einer Hauptfigur vorkommen, wirkt sich in der Gestaltenfülle des Buches aus. Dieses Medium – das

›Schicksal‹ – fehlt. Bentsch hat kein Schicksal: hätte er eines, so wäre es in dem Augenblick abgeschafft, wo er, am Schluß der Geschichte, unter den künftigen Illegalen als ein namenloser verschwunden ist. Der Bekanntschaften, die der Leser macht, wird er zuvörderst als Zeuge eingedenk sein. Es sind Märtyrer im genauen Wortsinn (martyr, griechisch: der Zeuge). Der Bericht von ihnen ist eine Chronik.« (4.16, S. 533)

Über Begriffe wie »Chronik« und »Lesebuch« bringt Benjamin *Die Rettung* mit »älteren epischen Formen« in Verbindung. Mit Flucht aus der Gegenwart hat das seiner Meinung nach freilich nichts zu tun. Im Gegenteil. Die den alten Chroniken abgesehene »Struktur des Werkes«, dem »die Gliederung in Episoden und Hauptverlauf«[1] fehlt, belegt für ihn vielmehr, daß sich dieses Buch auf der Höhe seiner Zeit, einer Krisenzeit, befindet: »Ratlosigkeit ist das Siegel der inkommensurablen Persönlichkeit, an der der bürgerliche Roman seinen Helden hat. Ihm geht es, wie man gesagt hat, um das Individuum in seiner Einsamkeit, das sich über seine wichtigsten Anliegen nicht mehr exemplarisch auszusprechen vermag, selbst unberaten ist und keinen Rat geben kann. Wenn das Buch, sei es auch unbewußt, dieses Geheimnis streift, so verrät es, wie fast alle bedeutenden Romanwerke aus den letzten Jahren, daß die Romanform selbst im Umbau begriffen ist.« (4.16, S. 536 f.)

Der »Schlüssel«, den Benjamin 1938 für die »Formprobleme« der *Rettung* gefunden hat, paßt in vielem auch auf den damals im Entstehen begriffenen Roman *Das siebte Kreuz*[2]. Märtyrer im doppelten Sinne des Wortes, Zeugen und Opfer nämlich, sind auch in diesem Buch anzutreffen, das in der Tat zwischen Reportage und Roman angesiedelt ist und mit gleichem Recht wie *Die Rettung* Chronik zu nennen wäre. Wie Bentsch hat Heisler kein Schicksal, denn so wie der eine am Schluß unter den ›künftigen Illegalen‹ verschwindet, geht der andere als ›Namenloser‹ in der Gemeinschaft der Exilanten auf. Und so wie viele Menschen in der *Rettung* vermag auch Heisler sich »über seine wichtigsten Anliegen nicht mehr exemplarisch auszusprechen«. Hier wie da stecken »kurze Geschichten ... in Fülle« (4.16, S. 536f.) in dem Text. Vor allem aber zeugt bei beiden Büchern die Struktur der Erzählung von jenem »Umbau«, den Benjamin als typisch für die Erzählkunst seiner Zeit ausgemacht hat.

Nun wäre es sicherlich zu weit gegriffen, wenn man *Das siebte Kreuz* zur Avantgarde des modernen Romans zählen würde. Mit Formen, wie sie John Dos Passos' New-York-Buch *Manhattan Transfer*, Alfred Döblins *Berlin Alexanderplatz* und James Joyce' *Ulysses*, aber auch *Die Gefährten* und *Der Weg durch den Februar* von Anna Seghers vorstellen, experimentieren die Erzählungen aus dem gefährlichen und gewöhnlichen Leben im fünften Jahr des tausendjährigen Reiches nicht. An keiner Stelle des Buches werden Realitätspartikel direkt in den Text montiert. Nirgends bleibt ein wichtiges Thema offen oder ein zentraler Handlungsstrang fragmentarisch. Der Gebrauch von Märchen, Traum, Bericht und Zitat hält sich in Grenzen. Der Erzähler ist, wie bis ins 19. Jahrhundert üblich, allwissend. Stil und Sprache bewegen sich auf einer eingängigen Mittellage, die im großen und ganzen den regionalen und sozialen Gegebenheiten entspricht. Zeit, Ort und Handlung sind von nahezu klassischer Einheit.

Dennoch gehört *Das siebte Kreuz* von der Form her offensichtlich eher in die Nachbarschaft des experimentellen Schreibens als in die des sozialistischen Realismus. In den USA, wo Verleger und Kritiker unbeschwerter als in Europa literarischen Innovationen aus Sorge um die Auflagenziffern mit einem gewissen Mißtrauen gegenüberstehen, ist das sofort ausgemacht worden: »... ein bedeutendes Hindernis ... für die Verbreitung dieses Buches«, warnt einer der Lektoren des Verlags Little, Brown, sei dessen offene Erzählweise: »... amerikanische Leser mögen Romane mit einer traditionellen Form, erzählt aus der Perspektive einer einzelnen Person.«[3] Werbend und vorbeugend zugleich wirkt es, wenn auf dem Schutzumschlag der amerikanischen Ausgabe von *The Seventh Cross* zwei zeitgenössische amerikanische Prosaautoren ins Gedächtnis gerufen werden, »Dos Passos for structure« und »Hemingway for style«[4]. Den einheimischen Kritikern und gebildeten Lesern fällt im Zusammenhang mit dem Roman immer wieder der Name von Dos Passos ein. So vergleicht *New Masses*, das Hausblatt der amerikanischen Linken, Anna Seghers mit »Dos Passos, Jules Romain, and ... other panel writers« (3.16, S. 22). Um den experimentell schreibenden Amerikaner geht es auch – jetzt, im Kontext der hermetischen Situation der marxistischen Exilantengruppe in Mittelamerika augenscheinlich eher zum Leidwesen der Autorin – in einem in Vergessenheit geratenen Interview, das John Stewart Anfang 1943 mit Anna Seghers in Mexiko führte: »Ich habe bemerkt, daß einige Rezensenten, wenn sie auf Strukturfragen zu sprechen kommen, in der Art, wie ich mit den kurzen Szenen in *The Seventh Cross* umgehe, einen Einfluß von John Dos Passos sahen. Ich bin mit dem Werk von Dos Passos vertraut, aber die Struktur meines Buches ist ziemlich anders. Wenn ich ein Modell benutzt habe, dann den Roman *Die Verlobten* von dem alten italienischen Autor Manzoni. Was ich in jeder der kurzen Passagen zu tun versuchte, war, mich mit einem besonderen Problem auseinanderzusetzen, dem sich eine der Personen gegenübersah und dadurch zugleich die Person zu entwickeln und die Handlung einen Schritt weiterzutreiben.« (2.18, S. 256)

Steffi Spira-Ruschin hat angedeutet, warum sich Anna Seghers damals von Dos Passos, dem seit Jahren neben Joyce bevorzugten Prügelknaben der Theoretiker des sozialistischen Realismus um Georg Lukács, distanzierte: »Auch in Mexiko führten wir ein aktives Parteileben. Es gab keine verschiedenen Parteigruppen mehr, sondern nur noch eine ... Es geschah aber auch ..., daß die Gruppe nicht mehr in allen Fragen einer Ansicht war ... Immer aber, in allen Emigrationen ist das leider so gewesen, herrschen dann die ›eisenharten Prinzipien‹, die nicht zulassen, daß es zwei Meinungen gibt.« (4.77, S. 35 f.)

Ein Blick auf die Makro- und Mikrostruktur des *Siebten Kreuzes* macht – ungeachtet der Dementis Seghers' – freilich deutlich, daß die Sorge der amerikanischen Lektoren um die Verkäuflichkeit des Buches keineswegs unbegründet war: Die äußere Struktur des Romans – sieben Kapitel mit 49 Unterteilen und über 100 Geschehnisfacetten – weist auf eine starke Tendenz zur Aufsplitterung der Handlung. Keines der Kapitel und eine Minderzahl der Unterteile ist ausschließlich einer Figur gewidmet. Immer wieder springt die Handlung, filmischem Erzählen vergleichbar, innerhalb eines der Unterkapitel, oft sogar mitten in einer der Facetten, von einem Ort und einem Personenkreis zum anderen, vermittelt durch knappe Wendungen wie »um diese Zeit« [162], »inzwischen« [194] und »währenddessen« [312] bzw. Sätze wie »diese Nacht war noch nicht ganz vorbeigegangen ... als« [215] oder »Franz betrat, während sein Pfannkuchen von seiner Kusine Auguste in zwei nach menschlichem Ermessen gleiche Hälften geteilt wurde, die Olympia-Lichtspiele ...« [198]. Eine ganze Reihe der Facetten enthält, Brechts Gestentafeln in *Furcht und Elend des Dritten Reiches* nicht unähnlich, den Kern zu umfangreichen Erzählungen: Etwa die Szene mit den zwei Ärzten, die beim Ausstellen von Bellonis Totenschein die Schußverletzung in den Beinen des Ermordeten übersehen. Oder jene Passage, in der zwei Arbeiter Georg wiedererkennen, aber nicht verraten. Teile des Romans ließen sich, wie es mit dem Bericht über das Aufstellen des Maschinengewehrs im Wohnzimmer der Frau Kamptschik in *Der Weg durch den Februar* geschehen ist, aus dem Kontext herauslösen – Beleg für das oft beschworene Talent von Anna Seghers für kleine Prosaformen. Umfangreiche Kürzungen, wie sie für verschiedene amerikanische Ausgaben vorgenommen wurden, vermögen das Skelett der Handlung nicht ins Wanken zu bringen, weil der Roman nicht als Bericht von der abenteuerlichen Flucht der sieben KZ-Häftlinge oder als Psychogramm Georg Heislers, sondern als Querschnitt durch das Hitlerdeutschland des Jahres 1937 angelegt ist.

Was die Makrostruktur andeutet, wird durch die Mikrostruktur bestätigt: die episodisch-assoziative Erzählform rückt *Das siebte Kreuz* in die Nähe eines moderierten Modernismus. An Stelle des oft zitierten Domkapitels oder der Wallau-Verhöre mag hier der Besuch von Georg Heisler bei Dr. Löwenstein als Beispiel dienen. Ausgangspunkt dieser Szene ist der Mainzer Dom, in dem Georg soeben die erste Nacht in Freiheit verbracht hatte. Doch schon die simple Beschreibung des Weges vom Dom zur Praxis von Dr. Löwenstein wird durch eine Kette von Assoziationen und Einschüben unterbrochen, in denen sich entscheidende Aspekte des Romans widerspiegeln. Da schwenkt, kaum daß die Handlung mit einer optimistischen Note eingesetzt hat (»Georg war es geglückt. Er hatte sich in einen frühen Kirchgänger verwandelt ...«), die Perspektive von dem Flüchtling zu den eher bedenklichen, umgangssprachlich wiedergegebenen Beobachtungen des Küsters Dornberger, der den Flüchtling beim Verlassen des Doms bemerkt: »Hui, auch einer, den's gepackt hat, dachte er befriedigt, drei Minuten vor Torschluß ... Der macht's keine zwei Tage mehr ... Sein Gesicht war grau von einer tödlichen Krankheit.« [99] Es folgt, assoziativ an Dornbergers Worte angeschlossen, ein knapper innerer Monolog von Georg über die Umstände seiner Verletzung. Aber auch dieser Gedankengang wird sofort wieder unterbrochen, als die Kirchgänger Georg aus dem Dom schieben und der Blick plötzlich, wie nach einem harten Schnitt im Film, frei wird auf den Mainzer Marktplatz und sein gewöhnliches Leben mit Menschen und Buden und Kaffee und Kuchen: »... mindestens mit den Blicken zog es alle, die jetzt aus der Messe kamen, nach den Apfel- und Streuselkuchen im Schaufenster.« Nach einem weiteren abrupten, wie in der Szene mit Dornberger von einer merkwürdig umgangssprachlich-intimen Tonlage begleiteten Schnitt – »als die kühle, feuchte Luft sein Gesicht schlug, da half dem Georg nichts mehr. Seine Beine rutschten ihm weg, da hockte er auf dem Pflaster« – gleitet die Szene über in einen jener oben erwähnten Miniromane, eine fünfzeilige Vignette von der seit fünfzig Jahren bestehenden Haßliebe zwischen zwei ältlichen Schwestern. Es folgt, bevor die Einstellung mit dem Kauf einer Tüte »voll Bröckelchen aus zerkrümelten Zwiebäcken und verbrannten Kuchenrändern« endet, eine längere, halb erzählte, halb erlebte Meditation Georgs über das gewöhnliche Leben: »Georg mußte doch lächeln. Wie war ihm das Leben lieb gewesen. Er hatte alles daran geliebt, die süßen Klümpchen auf dem Streuselkuchen und selbst die Spreu, die man im Krieg ins Brot buk.« [100f.]

Nicht mit Voraussicht, sondern mit Zufall hängt es denn auch zusammen, daß Georg schließlich in dem »Gewirr von Gassen, das sich wie Garn um den Markt spulte«, vor der Praxis von Dr. Löwenstein stehenbleibt: »Der wär der, der mir helfen muß ...« [101] Unvermittelt und knapp bricht hier mit dem Kaffeeduft im Treppenhaus vor der Arztpraxis noch einmal nach Art eines Leitmotivs das gewöhnliche Leben in die Erzählung ein; dann ergibt sich Georg in die belanglos anmutenden Gespräche, die im Wartezimmer des Arztes geführt werden und die nach einem im Roman oft wiederholten Muster dazu dienen, den von Angst und Vorurteilen durchsetzten Alltag in Hitlerdeutschland zu skizzieren. Als er schließlich in das Arztzimmer gelangt, befindet sich Georg in einem Zustand der Besinnungslosigkeit: »Die Wände schwankten schon, er glitt in einen Abgrund aus Weiß und Glas und Nickel, einen vollkommen reinlichen Abgrund.« [102]

Doch Mißtrauen und Angst lassen zwischen dem politisch und dem rassisch Verfolgten außer Wendungen wie »Setzten Sie sich« [102] und »Vielen Dank« [104] keine Unterhaltung aufkommen. Als Ersatz konstruiert Anna Seghers deshalb eine Art von stummem Gedankenaustausch mit erlebter Rede, inneren Monologen und Selbstgesprächen, in dessen Verlauf die Distanz zwischen Arzt und Patient im wahrsten Sinne des Wortes stillschweigend in Solidarität umschlägt: »Der Arzt wandte sich langsam ab ... Ich habe Frau und Kinder. Warum kommt der Mensch zu mir? Bei jedem Schellen zittern müssen. Und was man mir Tag für Tag alles antut. Georg sah auf den weißen Rücken des Arztes. Er dachte: Doch Ihnen nicht allein. Der Arzt hielt die Hände unter das Wasser, daß es spritzte ... Das gibt es doch gar nicht, daß man so leiden muß. Georg dachte mit zusammengezogenen Brauen ...: Aber doch Sie nicht allein. Da drehte der Arzt seinen Kran ab ... – warum ist der Mann gerade zu mir gekommen? ... Er drehte den Kran wieder an ... Das geht dich überhaupt nichts an ..., sagte er sich, mich geht die Hand an.«[5] [103 f.]

Passagen wie die eben beschriebene lassen sich oft in dem Roman finden. Atemlos wie die Verfolgungsjagd selbst wechselt innerhalb einer knappen halben Textseite die Perspektive nach der Aussage von Füllgrabe vor der Gestapo von Westhofen über die Verbreitung von Heislers Steckbrief und die Beobachtungen von Röders Hauswartsfrau bis zu Röder selbst [275]. Unvermittelt wird die Szene, in der Frau Merkler Elli das Zimmer kündigt, durch einen fünfzeiligen Bericht von Georgs Fahrt nach Höchst unterbrochen [181 f.]. Unruhig pendelt der Bericht zwischen Wurz und Aldinger, als dieser sich seinem Heimatdorf nähert. Nervös wie die Beteiligten springt die Erzählung zwischen den Gedanken von Paul Röder und Fiedler hin und her, als es darum geht, die Vertrauenswürdigkeit des Gegenüber einzuschätzen [338].

Aber *Das siebte Kreuz* ist, wie gesagt, keineswegs nur aus harten Schnitten und aus disparaten, assoziativen Passagen montiert. Vielmehr ordnet Anna Seghers der zentrifugalen Kraft ihres Textes bewußt und planmäßig eine Reihe von Erzählmitteln bei, denen die Aufgabe zufällt, die fragmentierten Berichte zu bündeln und zu strukturieren.

Ungewöhnlich eng ist zum Beispiel der Raum vermessen, in dem sich die Handlung des Romans abspielt. Westhofen und Butzbach, Oppenheim, Griesheim und Kostheim – sie alle liegen innerhalb eines kleinen Kreises um Mainz und Frankfurt (vgl. 5.121). In diesem Kreis befindet sich die – freilich von dem authentischen Osthofen in ein fiktives Westhofen verlegte – Folterhölle des KZs ebenso wie die Äpfelbäume der Marnets. In ihm ereignet sich Georgs Flucht und Rettung. Durch ihn zieht Anna Seghers stellvertretend jenen Schnitt, der das Innere des Dritten Reiches bloßlegt. Andere, ausgreifendere Bilder, wie das vom Leben, das Georg im Exil erwartet, werden nicht entworfen. Die Freiheit, die der Flüchtling am Ende des Romans in Holland zu finden hofft, erscheint märchenhaft vage und ohne konkrete Konturen. Ein handfestes Happyend bleibt zum Leidwesen des amerikanischen Übersetzers – wie später auch manchem DDR-Kritiker – aus: »Als Georg den holländischen Schleppdampfer betritt, verlöscht die Geschichte wie ein nasser Feuerwerkskörper. Wir werfen nur noch einen kurzen Blick auf das Gesicht des Kapitäns und der Vorhang kommt runter. Schwach! Schwach! Warum, frage ich mich, soll das Buch hier enden? Georg ist noch in Gefahr, er ist noch in Deutschland.«[6]

Begrenzt ist auch die Zeit, in der sich die Handlung des *Siebten Kreuzes* abspielt – nämlich nach Art von Märchen, Bibel oder Chronik auf sieben Tage und Nächte. In diesem Zeitraum erfüllt sich das Schicksal der sieben Flüchtlinge. In ihn komprimiert Anna Seghers den Bericht von den Verbrechen, den Ängsten und dem Mut eines Volkes, das seit Jahren mit und vom Terror der Gewaltherrschaft lebt. Andere Zeitebenen bleiben am Rande – sieht man einmal ab von der in eine unbestimmte Zukunft verlegten Erzählzeit, den zeitlos-mythologischen Passagen oder der an beste existentialistische Prosa erinnernden Szene des Wartens bei Dr. Kreß. Ein paar Rückblicke auf Georgs Vergangenheit dienen vor allem dazu, dessen Charakter genauer zu umreißen. Die recht großzügig gehandhabten Verweise auf die Zeitgeschichte, den Angriff von Franco-Truppen auf

Teruel im Spanischen Bürgerkrieg und den Einmarsch der Japaner in China, fixieren die Handlung des Romans auf den Herbst 1937.[7] Gelegentliche Andeutungen, daß sich bei einigen Personen nach 1933 das »Zeitgefühl ... aufgelöst« [368] habe, werden kaum entwickelt.

Ähnlich traditionell wirkt die Sprache des Romans. Volkstümlich-realistisch, mit sporadischen Dialekteinschüben, bleiben Vokabular und Syntax. Wo über Sprache Kritik am Naziregime transportiert wird (»wir brauchen jetzt wirklich keinen Führer mehr ..., wir haben ja schon einen, um den uns die ganze Welt beneidet« [115]; oder: »Heil Hitler! – Heil du ihn!« [62]), geht Anna Seghers nicht über den Rahmen des damals im Dritten Reich tolerierten politischen Witzes hinaus. Ein Amerikaner radebrecht im üblichen Touristendeutsch (»Ihr Land sehr schön ... Viel Wald, Straßen gut. Volk auch. Sehr sauber, sehr Ordnung« [177]), während Fahrenberg bei offiziellen Anlässen wie ein echter Nazi spricht: »In unserem Land gibt es kein Asyl mehr für flüchtige Verbrecher. Unser Volk ist gesund, Kranke schüttelt es ab, Wahnsinnige schlägt es tot.« [302] Ein Netz von Anspielungen und Parallelen entsteht durch die in einigen Passagen irritierend häufig auftretenden Diminutivformen und bei Spitznamen (Holzklötzchen [21], Schublädchen [37], Hechtschwänzchen [115], Katzenköpfchen [310]), durch Wendungen wie »weder besonders stark noch besonders rein« [64] und durch jene »spitzen ... Pünktchen«, die nicht nur in diesem Roman von Anna Seghers bei besonderen Anlässen in den Augen der Menschen »sprühen« [21]. Mehr als einmal überschreitet der Stil die Grenze zum Kitsch (»... ihr leuchtender Blick traf die alte Frau, die sich knurrend duckte. Sie sah ganz in Gedanken herunter mit einem ruhigen, stolzen Lächeln.« [423]), während relativierende Bemerkungen des Erzählers durch Einschübe wie »weit weniger als man denken sollte«, »wie man das nennt« [173 f.] und »wie man sagt« [87] eher selten vorkommen.

Geordnet werden die Bilder aus Nazideutschland, die

das *Siebte Kreuz* versammelt, aber vor allem dadurch, daß sie nach Art eines Novellenkranzes durch einen Rahmen zusammengebunden sind. Drei Aspekte erhalten dabei besondere Bedeutung: Erstens verwendet Anna Seghers den Rahmen, um den Erzähler des Romans einzuführen. Denn nicht sie selbst, sondern ein ehemaliger KZ-Häftling überliefert die Geschichte von Westhofen und den sieben Flüchtlingen. Einen Namen oder eine Biographie erhält dieser Erzähler freilich, ähnlich wie wenig später der »Held« von *Transit*, nicht. Als anonymer Chronist zieht er es vor, »wir« und »uns« anstatt »ich« zu sagen[8], wobei dieses »wir« mal die Gefangenen und Verfolgten (»Der neue Kommandant ... ließ uns nicht im Zweifel, daß man uns alle bei dem geringsten Zwischenfall zusammenknallen würde.« [424]), mal die damals notgedrungen recht vage bleibende Gemeinschaft der (deutschen) Leser des Romans meint (»Vielleicht sind in unsrem Land noch nie so merkwürdige Bäume gefällt worden ...« [9]).

Eine zweite Funktion des Rahmens ist es, das Ende der Fluchtgeschichte vorwegzunehmen und damit ähnlich wie in Brechts epischem Theater die Aufmerksamkeit vom Ausgang auf den Gang der Handlung zu leiten: »Was hätte es ausgemacht gegen das Gefühl, das uns übermannte, als die sechs Bäume gefällt wurden und dann auch noch der siebte! Ein kleiner Triumph, gewiß, gemessen an unserer Ohnmacht, an unseren Sträflingskleidern. Und doch ein Triumph, der einen die eigene Kraft plötzlich fühlen ließ ... Hans sagte leise ...: ›Das knackt.‹ Erwin sagte: ›Das siebte.‹« [9] Andere Vorausdeutungen im Hauptteil des Romans wirken in dieselbe Richtung: Etwa wenn das Hechtschwänzchen Georg fragt, ob er so renne, weil er heute noch nach Holland wolle [117]. Oder wenn Füllgrabe, als er Georg zum Aufgeben zu überreden versucht, mit einem Totenkopf verglichen wird: »Georg sah ihm in den Mund, aus dem die Worte herauskamen, zwischen einzelnen Zähnen, die durch die Lücken zu groß aussahen, die Zähne eines Schädels.« [232] Was nicht heißt, daß Anna

Seghers – wie auch Brecht – deshalb auf die traditionellen Mittel zur Erzeugung von Spannung verzichtet. So wird das Gerücht vom Massenausbruch aus Westhofen erst auf Seite 21 des Textes bestätigt. Overkamp und Fischer täuschen vor, daß Heisler gefaßt worden sei – eine Passage, die die Filmproduzenten in Hollywood in Versuchung gebracht haben mag, eine Traumszene einzuschalten, in der Georg festgenommen wird.[9] Die vielen Brüche und filmischen Schnitte im Handlungsablauf erhöhen auf der Ebene der Mikrostruktur des Romans die Spannung, weil sie den Leser auf die Fortsetzung der jeweiligen Szene warten lassen.

Und schließlich hat der Rahmen noch eine dritte Aufgabe: nämlich die, zwischen der Handlungs- und der Erzählzeit des Romans eine Distanz zu schaffen, die das Geschehen von der Ebene jener vor allem in der Frühphase des Dritten Reiches populären dokumentarischen KZ-Berichte auf eine zeitlos-mythische Stufe verlagert. Mehrere Passagen im ersten und zweiten Teil des Rahmens deuten an, daß diese Distanz durchaus beträchtlich ist. Sie reicht, wie der Hauptteil eher nebenher bestätigt, zumindest bis in das Jahr 1939 bzw. in eine nicht näher bestimmte Zukunft nach der Entlassung des Erzählers aus dem KZ, die womöglich sogar erst in die Zeit nach dem Zusammenbruch der Naziherrschaft fällt. Obwohl er sich »heute nicht mehr so sicher« ist, berichtet der Erzähler, daß er »damals« [10] davon überzeugt gewesen war, daß das Holz, mit dem an jenem Abend die Baracke geheizt wurde, von den gefällten Platanen auf dem ›Tanzplatz‹ des Lagers stammte. ›Damals‹ hatte man auch noch nicht wissen können, ob sich Fahrenberg nach seiner Ablösung als Lagerkommandant tatsächlich erschossen hatte oder ob er nicht womöglich, wie einige annahmen, »die Treppe heraufgefallen« war: »Das alles wußten wir damals noch nicht. Später waren so viele Dinge passiert, daß man nichts mehr genau erfahren konnte. Wir hatten zwar geglaubt, mehr könnte man nicht erleben, als wir erlebt hatten.

Draußen stellte es sich heraus, wieviel es noch zu erleben gab.« [424]

Andere Textstellen präzisieren diese Angaben: Einmal erinnert sich ein ehemaliger KZler »zwei Jahre später« [154], also im Herbst 1939, an Fahrenbergs Wut nach der Verwechslung von Georg und Ellis Freund Heinrich Kübler. Ein andermal vergleicht »einer« die Einlieferung Wallaus mit dem Sturz Barcelonas und dem Einzug Francos in Madrid – Ereignisse aus dem Bürgerkrieg in Spanien, die in die Zeit der Fertigstellung des Manuskripts Anfang 1939 fallen.

Falsche Hoffnungen über das Ende des Naziterrors, wie sie gerade von ihrer eigenen Partei lange Zeit verbreitet wurden, weckt Anna Seghers also nicht. Eher schon hört sich das, was sie über die Zukunft ihres Landes zu sagen hat, wie Durchhalteparolen für Verzweifelte an, oder es bleibt ähnlich konjunktivisch und ins Märchenhaft-Mythische entrückt wie der ungestaltet gebliebene Weg von Georg Heisler im Exil. Sauer spekuliert da vor seinem Freund Hermann, daß »diese Herrschaften ... ihre Stellen eher verlieren als wir die unseren« und er »noch quer durch die neue Republik ein paar ordentliche Straßen bauen« [284] werde. Die Präzision, mit der der Maler Schulz das Ende der »Banditenherrlichkeit« [397] in weniger als zehn Jahren voraussagt, ist offensichtlich von halluzinatorischer Art. Und Georg verabschiedet sich von der Kellnerin, bei der er seine letzte Nacht in Deutschland verbringt, mit jenem oben bereits zitierten und nicht nur für ihn, sondern auch für die Lage der deutschen Antifaschisten im Herbst 1937 treffend vagen Konjunktiv: »Was ich dir alles Schönes gekauft hätte ...« [422]

Doch nicht nur die Zukunft des Widerstands, auch die der Nazis bleibt im Bereich von Legende und Konjunktiv: »Fahrenberg soll schon am Montag nach Mainz gefahren sein ... Er soll sich dann eine Kugel in den Kopf geschossen haben. Das ist nur ein Gerücht. Vielleicht hat sich in jener Nacht im Fürstenberger Hof ein anderer eine Kugel in den Kopf geschossen, wegen Schulden oder wegen Liebeskummer. Vielleicht ... hat [Fahrenberg] noch mehr Macht bekommen.« [424] Zillich treibt die Angst um, daß der Abstieg seines Herrn auch das Ende seiner eigenen Karriere in der SA bedeutet: »Würde ihn Fahrenberg ganz vergessen? Für immer? Wenn es wahr war, was man erzählte, daß der Kommandant versetzt werden sollte, was geschah dann mit ihm – Zillich?« [324] Vage und mit der leicht überhöhten und schwerfälligen Sprache eines authentischen illegalen Aufrufs aus der Feder von Arbeitern heißt es in dem Flugblatt, das man am Morgen nach der Ermordung von Wallau »in den Opelner Werken bei Mannheim« verteilt: »Unser ehemaliger Betriebsrat, der Ernst Wallau, ist am Samstag sechs Uhr in Westhofen erschlagen worden. Dieser Mord wird am Tage des Gerichts schwer zu Buche stehen.« [356]

Dem *Siebten Kreuz* mythenschaffende Qualitäten antragen zu wollen wäre sicher zu hoch gegriffen. Dennoch gibt es, Walter Benjamin hatte für *Die Rettung* bereits darauf hingewiesen, in diesem Buch nicht wenige Beispiele, die zumindest in diese Richtung weisen: Die nahezu totale Anonymität des Erzählers und das Neben- und Miteinander von authentischem und fiktivem Material gehört hier ebenso hin wie die zeitlose Qualität von gewöhnlichem und gefährlichem Leben, die anonyme Kraft von Natur und Volk, die ›Wir gegen die‹-Stimmung, das offene Ende des Romans und Metaphern wie die vom Fluß, der die Menschen vor die Wahl zwischen Bleiben und Mitgerissenwerden stellt. Zu nennen wäre die Andeutung, daß Wallau in den Liedern seines Volkes weiterleben wird, daß Georg wie »ein allen gemeinsamer Traum ... in den Gerüchten der Menschen ... in der Stadt« [390] herumjagt und daß Franz, Lotte und deren Kind die Verbindung zur Zukunft offenhalten. Jener einleitende Satz über die Kraft der Verfolgten ließe sich anführen, die nicht »bloß eine der vielen gewöhnlichen Kräfte der Erde [ist], die man nach Maßen und Zahlen abtaxiert«, sondern »die einzige Kraft ...‚ die plötzlich ins Maßlose wachsen kann, ins Unberechenbare« [10]. Die oft zitierte Schlußpassage des Romans kommt in den Sinn: »Wir fühlten alle, wie tief und furchtbar die äußeren Mächte in den Menschen hineingreifen können, bis in sein Innerstes, aber wir fühlten auch, daß es im Innersten etwas gab, was unangreifbar war und unverletzbar.« [425] Wie die bereits an anderer Stelle besprochenen Märchenpassagen durchbricht eine Vielzahl von Träumen die an der Oberfläche realistisch angelegte Odyssee von Georg und seinen sechs Mitflüchtlingen: mal, vor allem am Anfang des Romans, in Verkehrung der Dinge, als Schutz vor einer Wirklichkeit, die zu schrecklich, zu unfaßbar geworden ist [24, 28, 38, 57, 119, 125 usw.]; mal im Schlaf als Wunsch- oder Alptraum [146, 155, 263f., 385ff.]; dann aber auch, etwa bei Georgs kopfloser Flucht aus dem Zimmer der Prostituierten, als Bild von einer an Kafka und an Anna Seghers nächsten Roman, *Transit*, erinnernden, sich in totaler Auflösung befindenden Welt: »... wie im Traum erkannte er ... die Tür in den Hof, durch den man in andere Höfe gelangte ... Wenn aber die Tür jetzt verschlossen ist, dachte er, dann ist alles fertig ... Doch was besagt eine verschlossene Tür, da das ihm stemmen half, was ihm im Rücken saß. Das war ja alles nach alten ungültigen Kräften gemessen.« [206f.] Und nicht zuletzt tut auch Anna Seghers selbst, die, wie wir wissen, zur Zeit der Entstehung des *Siebten Kreuzes* besonders intensiv mit Märchen- und Sagenformen experimentierte, das Ihre für die Schaffung eines Mythos, wenn sie über Jahrzehnte hinweg weiter an dem Geschichtenteppich des *Siebten Kreuzes* webt. Dem Bösen, in Gestalt von Zillich, widmet sie dabei – wie im folgenden Kapitel gezeigt werden wird – noch aus der Ferne des mexikanischen Exils die Erzählung »Das Ende«. Das Gute bleibt in den Prosastücken »Die Saboteure« von 1946 und »Die vierzig Jahre der Margarete Wolf« aus dem Jahre 1958 erhalten.

5. Querverbindungen:
Erzählungen aus den dreißiger, vierziger
und fünfziger Jahren

Die Erzählweise des Romans *Das siebte Kreuz* ließ sich durch die Verbindung der gegensätzlichen Begriffe episodisch-assoziativ und strukturierend ziemlich genau umschreiben. Ähnlichen Prinzipien unterliegt Anna Seghers' gesamte Œuvre. Denn sosehr sich auf der einen Seite ihre Romane, bisweilen bis zum Verlust einer kontinuierlichen, überschaubaren Geschichte, aus einer Fülle von Episoden und Skizzen zusammensetzen, so deutlich knüpfen die Wiederholungen von bestimmten Grundsituationen und -motiven, leicht wiedererkennbaren Menschentypen und konkreten stilistischen Wendungen ein mal eng-, mal weitmaschiges Netz, das sich von den frühen Prosastükken bis zu den Romanen und Erzählungen aus der DDR-Zeit spannt.

Angefangen, bewußt an diesem Teppich zu weben, hatte Anna Seghers Mitte der dreißiger Jahre, als ein Ende des Exils nicht mehr abzusehen war. Sei es, daß sie dabei nur jenem ohnehin bei ihr tief verankerten Drang nachgab, Chaos und Ordnung miteinander zu verbinden; sei es, daß ihr der Verlust von Heimat und Lebensgrundlage im Exil nach den Parabeln der Frühzeit und den um 1933 entstandenen Berichten vom weltweiten Kampf der Kommunisten eine epische Annäherung an das Thema Deutschland wichtig machte: mit dem *Siebten Kreuz* beginnt Anna Seghers mehr oder weniger planvoll – mal unübersehbar im Zentrum ihrer Texte, mal nur am Rande größerer, wichtigerer Ereignisse – das Leben von Menschen weiterzuschreiben, die ihre Leser aus anderen Büchern bereits kennen.

Eine der interessantesten Figuren, deren Biographie über mehrere Texte hinweg verfolgt wird, ist der SA-Mann Zillich aus Botzenbach.[1] Seinen ersten Auftritt hatte Zillich, wie schon erwähnt, 1933 in dem Bauernroman *Der Kopflohn*, wo er als vierschrötiger, von Armut und Hoffnungslosigkeit niedergedrückter, aber keineswegs dummer Kleinbauer erscheint: »Auf dem großen Klotz seines Rumpfes saß ein kleinerer Klotz von Kopf. Wenig Gesicht, aber kein törichtes, auch mehr als ein bloß schlaues.« (2.42, S. 94) Den Nazis, erklärte Zillich damals seinen erstaunten Nachbarn auf einer Wahlveranstaltung zum Thema »Wer hilft dem deutschen Bauern?« (2.42, S. 92), habe er sich angeschlossen, »weil es so nicht weitergeht«. »Juden und rotes Pack« müssen aus dem »deutschen Dorf« verjagt werden, obwohl es sie dort eigentlich so gut wie gar nicht gab. Nachdem die Schulden bisher immer »den Falschen« zugute gekommen seien, werde jetzt dafür gesorgt, »daß sie den Richtigen bezahlt werden: nicht, die die feinsten Zungen haben, sondern der Armut«. Und »... solchen, die mehr Land für sich haben, als wir hier alle zusammen, und all ihr Land doch bloß mit den Augen kennen, ... wird man es jetzt bald kennenlernen machen mit den Fäusten und mit Schwitzen und mit krummem Nacken ...« (2.42, S. 94 f.)

Brutal und besinnungslos wie ein Tier handelt Zillich dagegen dann, wenn er in Ermanglung von Argumenten auf seine physischen Kräfte zurückgreifen muß. Ibst, der »den roten Stützpunkt« in der Gegend seit vielen Jahren »ordentlich« (2.42, S. 96) gehalten hat, reißt er in voller Fahrt von einem kommunistischen Agitationswagen; einem anderen Kommunisten »stürzt« er bei einer Auseinandersetzung an der Spitze seines SA-Sturms »mit den kurzen, dumpfen Sätzen eines Stiers« (2.42, S. 114) nach und demoliert seine Wohnung; Johannes, auf den im *Kopflohn* der Preis ausgesetzt ist, zerschlägt er bei der Verhaftung das Gesicht, noch »bevor er es erblickt hatte«: »Er spürte das fremde Blut an seiner Hand mit ungeheurer Erleichterung wie einen eignen Aderlaß. Sein Unglück war draußen, für diesen Augenblick wenigstens.« (2.42, S. 177)

Ein Versuch, Zillich auf die eigene Seite zu ziehen, wird von den Kommunisten nicht unternommen, obwohl die Thesen des SA-Mannes genau besehen gar nicht so weit von denen der KP entfernt sind. Ibst, dessen Partei bis 1933 die Arbeit unter der pauperisierten Landbevölkerung vernachlässigt hatte, schätzt seinen Nachbarn falsch ein: »Mit Zillich hatte er ... all die Jahre wenig geredet ... Dann war Zillich Nazi geworden, über Nacht, wie es Ibst vorkam, jedenfalls war ihm die Folge von Zillichs Gedanken bis zum Entschluß unbekannt.« (2.42, S. 96) Und als Rendel, der zweite kommunistische Aktivist im *Kopflohn*, Zillich mit dessen eigenen Argumenten zu erreichen sucht, ist es bereits zu spät: »... Zillich, Zillich ... bist'n Sturmführer, aber du läßt dir ja Rotz ums Maul schmieren. Bist doch 'n Landprolet, bist, waste bleibst ... Zillich sprang zu, auf einmal kehrte alles zurück, dahin, woraus es gekommen war, ins Blut, und nichts galt mehr als Kraft ...« (2.42, S. 115f.)

Anna Seghers hatte im *Kopflohn*, der den Untertitel trägt »Roman aus einem deutschen Dorf im Spätsommer 1932«, vorgeführt, wie und warum die Nazis an die Macht kamen. Stellvertretend für seine Gesinnungsgenossen und – wie in einem späteren Kapitel gezeigt werden wird – typisch für die Frühzeit des Naziregimes, hat Zillich dann bei seinem Auftritt im *Siebten Kreuz* bereits Karriere gemacht. So wie es in der Umgebung von Lagern wie Osthofen nicht unüblich war, ist jetzt, 1937, aus dem kleinen SA-Mann einer jener KZ-Wächter geworden, die sich durch Gehorsam und gute Arbeit für den bevorstehenden Aufstieg aus den frühen wilden KZs in die großen Vernichtungslager in Polen und Rußland qualifizieren. Offen mußte damals, im fünften Jahr der Hitlerei, allerdings noch bleiben, was Anna Seghers dann 1944/45 im mexikanischen Exil konkreter zu gestalten vermag – auf welche Weise nämlich ein Mörder wie Zillich nach der Zerschlagung des zwölfjährigen Nazireiches zur Rechenschaft gezogen wird.

Der Titel jener Erzählung, in deren Zentrum Zillich sechs, sieben Jahre nach der Entstehung und drei Jahre nach Erscheinen des *Siebten Kreuzes* steht, räumt diese Zweifel aus: »Das Ende« (1945).[2] Jetzt nämlich, in den ersten Monaten nach dem Zusammenbruch der brauen Herrschaft, ist aus dem Jäger ein von ehemaligen KZ-Insassen, den Besatzungsbehörden und seiner eigenen Angst Gejagter geworden, der, ähnlich wie Jahre vor ihm Georg Heisler, quer durch seine Heimat flieht. Doch im Gegensatz zu Heisler wird Zillich vom Land und seinen Leuten nicht aufgenommen. Die »Volksgemeinschaft« (2.39, S. 262) der Nazis ist mit dem Tod ihrer Führer zerbröckelt. Zillichs Flucht verläuft ziellos im Kreis. Wiederholt verstellt ihm der Fluß, für Heisler ein Bild für die Freiheit, den Weg. In einem »zerfallenen Kirchenschiff« (2.39, S. 257), in dem er, wie einst Georg im Mainzer Dom, Zuflucht sucht, droht ein Pfarrer, daß Gott »ganz genau« wisse, »wo sich noch ein Schurke versteckt halte« (2.39, S. 258). Über eine Verbindung zum gewöhnlichen Leben, die Heisler trotz eines kräftigen Zugs zum Abenteurer und »Imstichlasser« (2.45, passim) nicht abbrechen ließ, hat der SA-Mann nie verfügt.

Menschliche Züge, die Anna Seghers im *Siebten Kreuz* selbst noch bei den schlimmsten Nazis gefunden hatte, besitzt der Zillich der Nachkriegszeit kaum mehr. So wie er in verschiedenen Lagern dafür bekannt gewesen war, seine Opfer mit den Füßen zu traktieren, tritt er jetzt gleich in der ersten Szene seinen eigenen Sohn »in den Hintern« (2.39, S. 234), der seinerseits am Ende der Erzählung bei der Nachricht vom Tode des Vaters einen »Freudenausbruch« hat, auf den selbst sein antifaschistischer Lehrer mit »Bestürzung« und »Widerwillen« (2.39, S. 293) reagiert. Seine Frau, die ihm im *Siebten Kreuz* trotz vielfältiger Mißhandlungen wegen seiner Arbeitswut noch eine gewisse »Bewunderung« [350] entgegengebracht hatte, behandelt Zillich mit »unablässigem Hohn« (»Sie sei ein gar widerwärtiges Weibsbild, gar schlampig und häßlich und blöd« [2.39, S. 240] bis sie ihn mit dem Satz »Laß dich ja nie mehr bei uns blicken« (2.39, S. 284) endgültig wegjagt. Ihm, von dem in den vorherigen Texten noch gesagt worden war, daß er sich nach seiner Rückkehr aus dem Ersten Weltkrieg beinahe »totschaffte«, seinen Hof aber trotzdem nicht hatte halten können, weil »die Krise ... schuldig und unschuldig« [350] traf, wird jetzt vorgehalten, daß er sich »immer vor jeder Arbeit gedrückt« (2.39, S.240) habe. Von seinen ehemaligen Volksgenossen, die ihn schon im *Siebten Kreuz* kaum als Freund anerkannten und von denen sich nach Kriegsende einige als Werwölfe versuchen, wird er unter Drohungen dazu benutzt, einen Sabotageakt gegen die Amerikaner vorzubereiten. Kurz: Zusammen mit dem tausendjährigen Reich, von dem er sich Kraft und Macht geborgt hatte, geht Zillich allein und verlassen zugrunde. Verfolgt von seinen Opfern aus den Konzentrationslagern, bedroht von dem grenzenlosen »Nichts« (2.39, S.292) in seinem Inneren, gehetzt von einem Männchen, das eher einem Alptraum als einem Volksmärchen entsprungen zu sein scheint, löscht er in irgendeinem Notasyl sein verpfuschtes Leben aus.

Nun liegen die Gründe, warum Zillich in »Das Ende« deutlich negativer gesehen wird als im *Siebten Kreuz*, auf der Hand. Einmal war, was Anna Seghers 1938/39 noch nicht hatte wissen können, aus dem kleinen SA-Mann in dem fiktiven und noch relativ harmlosen ›wilden‹ Lager Westhofen ein Massenmörder[3] in dem authentischen Ghetto Piaski geworden, aus dem Tausende von Menschen in nahe Vernichtungslager wie Belzec (5.97, S.176) ›umgesiedelt‹ wurden. Zum andern verbindet Anna Seghers Zillichs ›Karriere‹ mit einem seltenen, aber dafür um so bittereren autobiographischen Hinweis, der von vornherein eine distanzierte Beschreibung unmöglich macht. Piaski nämlich, zwischen Lublin und Zamość im östlichen Polen gelegen, war nach den Deportationslisten, die sich im Stadtarchiv Oppenheim erhalten haben, jener Ort, in den im Frühjahr 1942 Anna Seghers' 62jährige Mutter als »Nummer 856« (4.92, S.117) mit einem der letzten Rheinlandtransporte ›abwanderte‹, wie es im damaligen Amtsdeutsch hieß.[4]

Schwerer ist dagegen festzumachen, warum Anna Seghers

die eher undifferenzierte Art der Beschreibung von Zillich bis in die Sprache und die Form von »Das Ende« dringen läßt. Soviel nämlich steht fest: War *Das siebte Kreuz* eine Zurücknahme der extremen und letztendlich ineffektiven formalen Experimente von *Die Gefährten* und *Der Weg durch den Februar* auf die Position eines moderierten Modernismus, dann bewegt sich »Das Ende« noch vor der Rückkehr von Anna Seghers in die sowjetisch besetzte Zone nach Inhalt und Sprache deutlich in Richtung auf den sozialistischen Realismus hin.

Belege für diese These sind leicht zu erbringen, auch wenn man nicht gleich so weit geht wie F. C. Weiskopf, der meint, daß Anna Seghers' Sprache »schluderhaft« sei, die »Metaphern ... absolut nicht stimmen« und »die für S. so charakteristische Nebelhaftigkeit ... hier nur Negatives«[5] hat: »Rote Bonzen« und »Kommunistenvieh« (2.39, S. 267) hatten Zillich und seinesgleichen da im Lager zusammengeschlagen. »Büttel« (2.39, S. 235) wird der SA-Mann gleich mehrmals von seinen Opfern genannt. Ein paar unverbesserliche Nazis klagen darüber, daß sie jetzt für die Amerikaner auf eigenem Grund und Boden »fronen« (2.39, S. 271) müssen. Hatte die Sprache im *Siebten Kreuz* immer wieder versucht, Schichten von Wirklichkeit aufzureißen, werden jetzt durch den Einschub eines kleinen Wörtchens wie »ja« didaktisch anmutende Gewißheiten verkündet: »In diesen Henkern bestand ja der letzte Funken von Menschenähnlichkeit, das letzte Atom einer Ahnung von Gerechtigkeit in der panischen Angst vor den Russen.« (2.39, S. 236) Unmotiviert und ziellos wirken Märcheneinlagen, wie die mit dem »kleinen verwilderten« Köhlermädchen, das sich in irgendeinem Wald vor dem flüchtenden Zillich wie ein Vogel »von einem Geäst ins andere« (2.39, S. 282) schwingt. Sorglos geht die Erzählerin mit den Lebensdaten von Zillich um, von dem plötzlich behauptet wird, daß er erst »im Herbst 1937 zur Aufsicht in das Konzentrationslager Westhofen befohlen worden war« (2.39, S. 241).[6] Weit entfernt von der geballten Aussagekraft der Miniromane im *Siebten Kreuz* bleibt Zillichs Begegnung mit einem jungen Mann, der auf dem Rückmarsch in dem ukrainischen Dorf Sakoje dem Befehl gehorcht hatte, Frauen und Kinder zu erschießen. Viel zu häufig trifft der Flüchtling ehemalige KZ-Häftlinge aus dem Ghetto Piaski, in dem zwar Juden, aber kaum Widerständler aus Deutschland gewesen sein dürften.[7] Faschisten wie Antifaschisten gewinnen nie recht an Konturen. Ohne Spannung bleiben formale Kunstgriffe wie harte Schnitte und die Vorverlegung der Erzählzeit in das Jahr 1946. Aufgesetzt wirkt das positive Ende der Erzählung, obwohl zum Leidwesen manch eines DDR-Kritikers kein echter KP-Funktionär auf die neue Welt von SBZ und DDR hinweist: »Jetzt mußte ein anderer, ein fremder Vater, jetzt mußte er [der Dorfschullehrer Degreif] selbst für ihn [Zillichs Sohn Hans] sorgen.« (2.39, S. 293)

Mit »Das Ende« hatte Anna Seghers aus der Distanz des Exils heraus versucht, ein Bild von jenem Deutschland zu entwerfen, in das sie bald zurückkehren würde und über das sie kurz nach Kriegsende »privat« an den Mitexilanten Jürgen Kuczynski nach London schreibt: »... selbst die optimistischste Anschauung über das unverbrüchliche Vorhandensein freiheitlicher Kräfte gibt zu den schwersten und dunkelsten Fragen Anlaß ...« (2.10, S. 164) Zwei weitere Erzählungen, die an *Das siebte Kreuz* anknüpfen, sind dem Widerstand gegen die Nazis bzw. der Kontinuität der Arbeiterbewegung vom Ersten Weltkrieg bis in die Aufbauphase der DDR gewidmet: »Die Saboteure« und »Die vierzig Jahre der Margarete Wolf«.

»Die Saboteure« (seit Mitte 1943 geplant[8], 1945/46 entstanden, 1948 veröffentlicht) schreibt das Schicksal einer Reihe jener Menschen weiter, die 1937 auf die eine oder andere Weise zu Georg Heislers Rettung beigetragen hatten: Hermann Schulz, der im *Siebten Kreuz* Geld und Papiere für Georg besorgte, wird kurz »vor Toresschluß« (2.43, S. 295) wegen eines spontanen und angesichts der draußen wütenden Kriegsmaschinerie kaum ins Gewicht fallenden Sabotageaktes, den er zusammen mit Franz Marnet, Paul Bohland und anderen am Tage des Angriffs der deutschen Truppen auf die Sowjetunion begeht, verhaftet und hingerichtet. Marnet überlebt das Inferno von Stalingrad und bereitet sich in einem sowjetischen Antifalager auf die Rückkehr nach Deutschland vor. Oberingenieur Dr. Kreß, einst im Zuge der Volksfront als Bundesgenosse willkommen geheißen, ahnt von dem Sabotageakt, ohne seine Arbeitskollegen zu verraten, scheint sich aber nach 1945 mit den neuen Herren zu arrangieren.

Aufrechterhalten wird in diesen männerlosen Nachkriegsjahren das Gedächtnis an die Taten und die Toten des antifaschistischen Widerstands vor allem von Frauen: von Lotte, die noch in dem Augenblick, als sie erfährt, daß Franz den Krieg überlebt hat, jenen Herbert nicht vergessen kann, den ihr die Nazis 1933 erschlagen hatten; von Lottes und Herberts Tochter, über die der Bogen von einer inzwischen nur noch legendären Vergangenheit zu einer ähnlich vagen, unfaßbaren Zukunft geschlagen wird: »Dein Kind wird so schön, wie du warst, Lotte ... Für uns hast du damals genauso ausgesehen, wie wir uns vorstellten, daß unsere Jugend aussehen soll« (2.43, S. 323); und von Marie Schulz, die über Jahre hinweg ihr Wissen um die politischen Aktivitäten ihres Mannes verborgen hatte, um ihn nicht zu beunruhigen, und die sich jetzt, nach 1945, mit einem der Saboteure von 1941 verbindet, der bei ihr »einer Spur der Toten habhaft« (2.43, S. 351) zu werden meint.

Doch die Beziehungen zwischen dem *Siebten Kreuz* und den »Saboteuren« gehen über die Fortsetzung von ein paar Biographien hinaus. Noch einmal und jetzt, mitten im Zweiten Weltkrieg, mit noch mehr Grund als 1937 wird da selbst von den politisch Standfestesten nachgedacht darüber, ob nach Verhaftung, Flucht und Ermordung fast aller Mitkämpfer der Graben zur Vergangenheit nicht so breit geworden ist, daß man sich bestenfalls noch »still verhalten« kann, um »sich für das Wichtigste aufzusparen«: »War denn das unaufhaltsam weggleitende Leben überhaupt aufzusparen? Woran? Für was? Von Zeit zu Zeit überwältigte ihn das Gefühl, das Wichtigste sei längst eingetreten, er aber habe sich aufgespart.« (2.43, S. 300) Noch einmal wird, wenn auch nur am Rande, die Sorge formuliert, daß mit dem letzten »Rest von Erinnerung« (2.43, S. 309) an die vergangenen Kämpfe die Zukunft verlorengeht, noch bevor sie mit dem Ende der Hitlerei beginnen kann: »Er dachte: Was tun? Das Alte, an das man anknüpfen will, ist nicht mehr da; es ist brüchig und abgetrieben, und wenn es doch noch mal hier und da auftaucht und man es festhalten will, dann ist es gleich wieder weggespült oder untergegangen.« (2.43, S. 322) Und schließlich werden, in der Erzählung notwendigerweise knapper als im Roman, Gewalt und Widerstand in einen größeren, existentiellen Zusammenhang gestellt, der, ohne vor der Gegenwart zu fliehen, den Verfolgten einen gewissen Trost zu spenden vermag: »Der erste Tag [nach dem Sabotageakt] geht zu Ende. Die Zeit ging weiter, von der man geglaubt hatte, daß sie das Ende der Zeiten sei. Man wußte schon, daß auf den jüngsten Tag ein neuer folgte, der weniger jung und weniger außerordentlich war.« (2.43, S. 320f.)

Deutlich sind auch die formalen Parallelen zwischen dem *Siebten Kreuz* und den »Saboteuren«. Wieder wird durch die Vorwegnahme des Endes die Aufmerksamkeit des Lesers auf den Gang der Handlung gelenkt. Wieder werden Formen aus Märchen und Legende eingesetzt, um die Oberfläche der Realität zu durchstoßen: Etwa wenn ein alter Mann, der schon 1917 am Munitionsarbeiterstreik teilgenommen hatte, nach einer Propagandarede über seinen eigenen »Heil«-Schrei staunt, »wie ein verzauberter Mensch über den Tierlaut ..., der aus seiner Kehle bricht« (2.43, S. 320). Oder auch in dem »zittrigen Spiegelbild« jener Stadt Mainz, deren Zerstörung, im *Siebten Kreuz* noch Traumvision, inzwischen zur Realität geworden war: »... die höchste Domspitze reichte im Spiegelbild fast ... ans rechte Ufer. Die Glocken tönten, als läutete eine versunkene Stadt.« (2.43, S. 331)

Über den Begriff Legende mag zu erklären sein, warum Anna Seghers in den »Saboteuren« noch häufiger als in »Das Ende« mit Fakten und Daten in Konflikt gerät. So erscheint es mehr als unwahrscheinlich, daß die von Hermann und seinen Mitverschwörern im Juni 1941 hergestellten fehlerhaften Handgranaten erst zwei Jahre später auf dem Rückzug in jenem ukrainischen Dorf Sakoje zum Einsatz kommen, das auch in »Das Ende« eine Rolle spielt. Die Flucht von Georg Heisler wird mit vagen Zeitangaben wie »einmal, vor fünf, sechs Jahren« (2.43, S. 303; vgl. auch 334) in eine mehr oder weniger unscharfe Vergangenheit verlegt. Legendär wirken, im historischen wie im stilistischen Sinn, die Konjunktivsätze, mit denen Anna Seghers diesmal auf das authentische, freilich bereits seit beinahe einem Jahrzehnt aufgelöste Konzentrationslager Osthofen hinweist: »Es hieß, ein Mann namens Betz sei verhaftet worden. Er hatte sich eine unstatthafte Bemerkung entschlüpfen lassen. Er sei schon im Lager Osthofen.« (2.43, S. 314)

Wie eine Legende aus einem fernen Land oder einer längst vergangenen Zeit – und deshalb vielleicht glaubwürdiger als die scheinbar handfesten Bilder, die »Das Ende« von den Menschen und ihren Problemen unmittelbar nach 1945 zu liefern versucht – lesen sich schließlich auch die der Nachkriegszeit gewidmeten Schlußpassagen der Erzählung »Die Saboteure«. Eher nebenher wird der Mangel an antifaschistischem Engagement vor und nach Kriegsende und eine Erklärung für diesen Mangel in knappe Sätze ohne Pathos und Bitterkeit verpackt: »... als die Nazis vertrieben waren, da stellte sich [bei Marie] dieser und jener ein. ›Ach, liebe Frau Schulz, sie waren ja scharf hinter uns her. Und Ihren Hermann hätte es doch nicht lebendig gemacht.‹ Marie wußte wenig darauf zu sagen. Sie war nie unterhaltsam gewesen. Der Besuch flaute langsam ab. Es gab auf beiden Ufern so viele Witwen und Waisen, daß niemand mehr viel darüber sprach, wo wer gefallen war.« (2.43, S. 345) Lotte, Marie und jener junge Mann, der an

Hermanns Stelle für Marie und ihr Kind sorgen wird, reagieren auf die vage Nachricht, daß Franz Marnet in russische Kriegsgefangenschaft geraten war, mit den schlichten Sätzen: »›... er war gar nicht tot. Er war nur gefangen ...; weil Rußland so groß ist, ist das so gut wie am andren Ende der Welt. Da braucht er noch lange, aber er kommt‹ ... ›Da sind wir also dann doch wieder ein paar von früher zusammen.‹« (2.43, S. 346) Und während der Rhein »unversehrt durch die geborstenen Brücken« (2.43, S. 349) fließt, richten sich die Überlebenden, unter denen es »wahrscheinlich ein paar richtige Böse ... und manchmal auch einen richtig Guten« (2.43, S. 348) gab, fern von Pathos und Parolen der kommunistischen Partei mit ihrer neuen »Freiheit« ein: »Sie hatten sich vorgestellt, man könnte die Freiheit wie eine Fahne auf einer eroberten Stadt hissen; sie könnten dadurch schlechterdings von allem befreit sein, was sie quälte; nicht nur von dem Druck der letzten zwölf Jahre, auch von dem Druck ihrer dreißig Lebensjahre, von dem Druck von hundert, von tausend Jahren. Sie hatten nicht damit gerechnet, daß ihnen die Befreiung nur etwas Last abnahm, so daß sie einmal aufatmen konnten und ihre Arme recken, damit es weiterging auf dem unerläßlich schweren Weg.« (2.43, S. 349)

Mit »Die Saboteure« hatte Anna Seghers bei dem Versuch, einer Spur der toten Widerständler habhaft zu werden, ein Stück Trauerarbeit geleistet, das von der Exilliteratur zu den besten Beispielen jener Nachkriegsliteratur überleitet, die mit dem problematischen Begriff ›Vergangenheitsbewältigung‹ belegt wird. In den Text eingeschobene Kommentare zum politischen Geschehen, die viel handfester als noch im *Siebten Kreuz* auf die Vorbildstellung der Sowjetunion verweisen, vermögen diese Trauerarbeit nicht aus dem Gleichgewicht zu bringen. Und das nicht nur, weil neben Sätzen wie »Ich will lieber heute und hier verrecken, als gegen dieses Land auch nur einen Finger rühren« ziemlich konkrete Hinweise auf die stalinistischen Säuberungen (»Die haben erst kürzlich selbst ihre

Generäle abgemurkst« [2.43, S. 310]), die schädlichen Auswirkungen des Hitler-Stalin-Paktes auf die Moral der Arbeiter (»Da soll sich eins auskennen« [2.43, S. 314]) und die Passivität der KPD im Jahre 1933 stehen (»Habt ihr denn damals etwas getan?« [2.43, S. 321]). Wichtiger ist, daß viele der politischen Aussagen als Fragen (2.43, S. 303) oder in Konjunktivform (2.43, S. 309) formuliert sind und daß am Ende der Erzählung der Neuanfang nach 1945 nicht in politische Leerformeln, sondern in einfache, alltägliche Begriffe wie Trost, Wärme und Daheimsein gefaßt wird: Spengler fühlt, wie »sein verfinstertes, versteinertes Herz« »warm« wird für Marie und den Toten Hermann. Marie, »die Frau«, die zum erstenmal seit Jahren wieder zu singen vermag, fühlt sich »beim Klang ihrer eigenen schwachen, ein wenig rauhen Stimme« getröstet. Und Maries Kind akzeptiert mit einer knappen Geste den neuen, unbekannten Vater: »Der Junge stampfte draußen die Straße entlang, nach Hause. Weil es daheim kein Licht gab und weil es jetzt still war, stockte er vor der Tür. Dann schob er sich sachte herein.« (2.43, S. 352 f.)

Anna Seghers hatte in »Die Saboteure« zwar behutsam, aber doch häufiger und deutlicher als in jeder anderen Erzählung seit den *Gefährten* die Sprache auf die politische Alternative ›Sowjetunion‹ gebracht. In der DDR der fünfziger Jahre reichten knappe Hinweise dieser Art dann nicht mehr aus. Ähnlich wie in den USA, wo man sich für *The Seventh Cross* ein Happy-End gewünscht hatte, wird Anna Seghers jetzt in ihrer Heimat dafür kritisiert, daß sie in ihren »Werken über die Zeit des Faschismus« auf eine »konkrete, sichtbare Gestaltung der Perspektive« verzichtet habe. Zwar gebe es unter den Saboteuren »einzelne standhafte und treue Kommunisten«, die Partei und ihre Führer treten jedoch nicht klar genug »als geschlossene, den Widerstandskampf organisierende und führende Kraft« (4.22, S. 41) in Erscheinung. Falsch sei deshalb das historische Bild, das »Die Saboteure« »von der Lage und vom Kampf der Arbeiterklasse als Ganzes geben« (4.86,

S. 68). Nichts erfahre der Leser darüber, wie »das Bild des künftigen Deutschlands in den Gegnern des Faschismus« (4.22, S. 41) aussieht. Nirgends lasse sich der »Schimmer« »einer glücklichen Zukunft« (4.22, S. 40) ausmachen.[9]

Es ist denkbar, daß Anna Seghers versucht hat, mit einer weiteren Fortsetzung zum *Siebten Kreuz* auf diese Kritik aus den eigenen Reihen zu antworten: »Die vierzig Jahre der Margarete Wolf« (1958). Thema dieses kleinen Prosastücks, das eher an eine Arbeiterkorrespondenz oder einen Romanentwurf als an eine Erzählung erinnert, ist die Geschichte der kommunistischen Bewegung zwischen der Oktoberrevolution und der DDR des Jahres 1957. Kaum vermittelt durch eine Erzählerin, die konkret in Erscheinung tritt und mit Anna Seghers manches gemein hat, berichtet Margarete Wolf, eine geborene Wallau, über die Erfahrungen ihrer Familie seit dem Ende des Ersten Weltkriegs. Gleichsam im Zeitraffertempo werden dabei, rückblickend aus der DDR der Aufbauzeit, in einem nur wenige Seiten umfassenden epischen Gewaltmarsch zahllose Ereignisse aus der Geschichte des Sozialismus aufeinandergehäuft – von Verbrüderungsszenen zwischen »russischen und deutschen Soldaten« nach dem »Oktober« (2.47, S. 32), dem Erscheinen der »roten Matrosen« am Rhein im Jahre 1918 und der Gründung der KPD (»Wir feiern hier eine andere Hochzeit ...« [2.47, S. 35]) über die obligatorische Demo nach Lenins Tod bis zu der im *Siebten Kreuz* erzählten Verhaftung von Wallau und seiner Familie im Oktober 1937 und dem Weg der Wallau-Söhne Karl und Hans durch Erziehungsheime, Flucht und KZ bzw. Wehrmacht und Antifa-Lager in der Sowjetunion.

Zweifel an sich selbst oder an der Welt kommen angesichts solcher Gewißheiten weder bei den Beteiligten noch in der Sprache und der Form der Erzählung auf: »Nun, da die Sowjetunion ganz fest stand, war uns zumute, wir könnten auch nicht mehr zu Schaden kommen. Davon waren wir so überzeugt, als hätte sich alles Böse von uns zurückgezogen.« (2.47, S. 37) Mit einiger Mühe ahmt Anna

Seghers die Umgangssprache einer Proletarierfrau nach (»russische Mädchen werden in die Fabrik auf Arbeit getrieben« [2.47, S. 42]). Ohne Rücksicht auf die psychologische Glaubwürdigkeit drängt die Erzählerin Porträts von Menschen in wenige Worte zusammen, bis der Leser frustriert aufgibt, hinter den Namen nach Geschichten zu suchen: »Von dem Jungen hab ich bis zu dieser Minute geglaubt, er sei vollständig vernazit.« (2.47, S. 40) Verwundert erlebt man mit, in welche Emotionen sich da zwei ältere, einander fremde Frauen mitten in der Nacht in einer leeren Fabrikkantine zu steigern vermögen. Gnadenlos werden alle, die in der stufenlos in Braun und Rot aufgeteilten Welt der Margarete Wolf auf der falschen Seite stehen, durch Formulierungen wie »diese Dreckkerle«, »die Schufte«, »diese Biester«, »mit so 'ner scheußlichen, hämischen Fresse« (2.47, S. 31 f.), »die Hunde« (2.47, S. 39) usw. belegt. Nicht weniger kompromißlos lassen sich die anderen beim Abhören von Radio Moskau aus ihren »bösen Träumen« reißen, machen als Wanderredner »an allen Enden Deutschlands« »vielen Tausenden« (2.47, S. 39) Mut oder pinseln ohne Unterlaß Losungen wie »Hände weg von Sowjetrußland« (2.47, S. 35) an Häuserwände.

»Die Saboteure« und »Die vierzig Jahre der Margarete Wolf« stehen offensichtlich in einer engen thematischen Beziehung zu den ersten zwei Bänden der Deutschlandtrilogie, an der Anna Seghers seit Kriegsende arbeitete: *Die Toten bleiben jung* und *Die Entscheidung*. Jedenfalls ist in den »Saboteuren« mehrfach von Toten die Rede, die auferstehen bzw. in ihren Kindern ›jung‹ bleiben. Unverblümt weist Margarete Wolf darauf hin, daß die Kämpfe, an denen Ernst Wallau und dessen Freunde seit vier Jahrzehnten beteiligt waren, in den Auseinandersetzungen zwischen DDR und BRD ihre Fortsetzung finden: »Hans und Karl [Wallau] ... bleiben am Rhein. Man braucht sie dort. Manchmal sieht es dort aus, als ob alles wieder von vorn anfängt ... Gustav ... würde staunen, weil ein Grenzstrich gezogen wurde zwischen seinem eigenen Grab und diesem Teil unseres Landes ...« Ähnlich wie Robert Lohse und Ernst Riedl in *Die Entscheidung* bekennen sie und die Erzählerin sich ohne Zögern zu ihrem Arbeiter- und-Bauern-Staat: »Wenn ich hier um mich sehe, dann sehe ich soviel, wovon Gustav gesagt hat, so muß es bei uns werden. – Er ließ sich dafür totschlagen, damit es so wird. Wir haben es nicht allein fertiggebracht. Uns hilft die Sowjetunion.« (2.47, S. 44)

Die Tatsache, daß die Autorin des *Siebten Kreuzes* überhaupt einen Text wie »Die vierzig Jahre der Margarete Wolf« geschrieben und veröffentlicht hat, ist wohl nur aus der spezifischen Situation einer Literatur zu verstehen, der während der fünfziger Jahre ein eng begrenzter Katalog von Themen aus dem Umkreis der Gründerjahre der DDR verordnet wurde. So gesehen mag den Begriffen Widerstand und Verfolgung – ganz zu schweigen von der assoziativ-episodischen Erzählweise – damals sogar eine gewisse Kritik gegen die zeitgenössische Aufbauliteratur eigen gewesen sein. Andererseits ist nicht zu übersehen, daß dem Bericht von Margarete Wolf nicht nur eine historisch-politische Mehrdimensionalität, sondern auch jener offene, fragende Ton abgeht, der *Das siebte Kreuz* für nachgeborene Generationen interessant macht. Ernst Wallau, im Roman als Märtyrer und stummer Helfer von Georg porträtiert, wird jetzt, 1958, mit nichts als seiner politischen Musterbiographie präsentiert: 1917 Verbrüderung mit russischen Soldaten; 1919 in Berlin Mitglied des Arbeiter- und Soldatenrats; danach Gefängnis, Arbeitslosigkeit und Propagandatätigkeit; seit dem Reichstagsbrand in der Illegalität; »im zweiten Jahr des ›Dritten Reiches‹ verhaftet.« (2.47, S. 39) Aus Franz Marnets vagem Traum von einer anderen, besseren Welt ist der insistierende Hinweis auf das Vorbild Sowjetunion geworden: »Warum im Westen die zweite Front so lange hat auf sich warten lassen, verstanden wir nicht. Wie hätten wir es auch verstehen sollen, daß es Menschen gibt, die darauf warten, daß die Russen an den Deutschen verbluten? ... Gustav, mein Mann, und

Ernst, mein Bruder, waren nie in der Sowjetunion. Sie haben sich immer gewünscht, wenigstens einmal hinzufahren. Sie haben immer daran gedacht, sie haben immer über das Land gesprochen; alle möglichen Bilder haben sie ausgeschnitten und aufgehängt. Alles wußten sie, was dort vor sich ging ... Von dem Land war ihr Leben voll und auch ihr Tod.« (2.47, S. 43) Und an Stelle der ungewissen Zukunft, in die Georg Heisler und seine Helfer am Ende des *Siebten Kreuzes* entlassen werden, benutzt Anna Seghers Ende der fünfziger Jahre Motive des neuen, kalten Krieges (»Karl ist jetzt im Gefängnis wegen Arbeit für die verbotene Partei, so wie einmal sein Vater – nur, es geht anders weiter ... Alles mögliche kann man drüben verbieten, man verbietet die Partei, das haben wir schon ein paarmal erlebt. Aber man kann doch den jungen Wallaus nicht verbieten zu leben und nicht dem Gustav, totgeschlagen zu sein.«) und malt das stolze Bild von einem immer größere Kreise ziehenden Sozialismus: »So was Besonderes war's ja nicht, mit den Sachen verglichen, die jetzt auf der Welt passieren, hier in unserem Betrieb und in der Deutschen Demokratischen Republik und in der Sowjetunion und in China und mit dem kleinen russischen Mond, der um die Erde rumjagt.« (2.47, S. 44)

Es sei dahingestellt, ob und in welchem Maße Erzählungen wie »Das Ende«, »Die Saboteure« und »Die vierzig Jahre der Margarete Wolf« überhaupt mit dem gleichen literarischen und weltanschaulichen Maßstab wie *Das siebte Kreuz* gemessen werden sollten. Fest steht dennoch, daß Anna Seghers mit »Das Ende« und »Die Saboteure« bereits vor der Rückkehr aus dem Exil jene moderiert experimentelle, mehrschichtige und dadurch den Leser zur Mitarbeit anhaltende Schreibweise, die den dauerhaften Erfolg des *Siebten Kreuzes* in Ost und West ermöglicht hatte, aus welchen Gründen auch immer zugunsten einer Annäherung an den in SBZ und DDR geförderten sozialistischen Realismus zurückdrängte.

III. KONTEXT 1:
FIKTION UND AUTHENTIZITÄT

1. »Der Terror in Osthofen hat sein Ende erreicht.« Alltag in Nazideutschland

Verfolgung und Widerstand, Tortur und Opferbereitschaft waren die Pole, um die sich die weit überwiegende Mehrzahl der frühen Deutschlandbücher von Exilanten drehten – sofern man nicht ohnehin auf dem Umweg über historische Themen einer direkten Auseinandersetzung mit der nationalsozialistisch besetzten Heimat aus dem Wege ging. Doch diese Themen, so wichtig sie zur Aufklärung der Welt über das hinter dem Propagandagetön von einer neuen Volksgemeinschaft verborgene wahre Gesicht des Nationalsozialismus waren, konnten auf Dauer nur einen Aspekt der literarischen Berichterstattung über Deutschland abgeben. Ein anderer, kleiner, aber mit zunehmender Zeit an Bedeutung gewinnender Teil der Exilliteratur widmete sich der Darstellung des Alltags in Nazideutschland, dem täglichen Faschismus.

Anna Seghers gehörte zu den wenigen vertriebenen AutorInnen, die diese Gewichtsverlagerung früh erkannten. »Wenn im Bewußtsein der heutigen Menschen der Vaterlandsbegriff längst entlarvt schien«, erklärt sie in bewußter Konfrontation mit dem Weltbild der Nazis 1935 ihren Schriftstellerkollegen auf dem Pariser Kongreß zur Verteidigung der Kultur, »er regeneriert sich trotzdem täglich und minütlich aus dem Sein heraus. Jeder Zuruf in der Muttersprache, jeder Erdkrümel zwischen den Fingern, jeder Handgriff an der Maschine, jeder Waldgeruch bestätigt ihnen von neuem die Realität ihrer Gemeinschaft.« Denn, so lautet die Bilanz von Anna Seghers' Vortrag, »auf jeden Irrtum in der Einschätzung der nationalen Frage reagieren die Massen unerbittlich«[1].

Das Konstrukt, das Anna Seghers in ihrer Pariser Rede mit dem Namen ›Vaterland‹ belegt, verengt sich im *Siebten Kreuz* auf den Begriff ›Heimat‹. Wie begrenzt und überschaubar diese Heimat ist, wird deutlich, wenn man, ähnlich wie Fahrenberg im Roman, um West- bzw. Osthofen größer werdende Zirkelschläge legt. Im ersten dieser Kreise befänden sich dann, in den Proportionen eines Meßtischblattes, jene dumpfen rheinhessischen Dörfer, zwischen West- bzw. Osthofen und Oppenheim gelegen, in denen man noch aus eigener Anschauung ›sein‹ lokales KZ kennt. Der zweite, größere Zirkelschlag schließt Anna Seghers' Heimatstadt Mainz ein. Und drittens schließlich wäre mit Frankfurt, der Großstadt, der äußere Rand des vertrauten Bereiches erreicht.

Doch was auf den ersten Blick überaus eng erscheint, wird, wenn man zu der geographischen Horizontale soziologische und politische Vertikalen zieht, durchaus komplex und vielschichtig: Neben arme Gurkenbauern tritt da der jüdische Arzt; proletarische Industriearbeiter kooperieren mit einem wohlhabenden Architekten und einem promovierten Chemiker; ein Malermeister, ein Ingenieur und eine Fuhrunternehmerin vertreten die Mittelschicht, der Pfarrer im Dom zu Mainz die Kirche. Widerstandskämpfer stehen SS- und Gestapo-Leuten gegenüber; kleine Spitzel und Verräter treten in der Gestalt von Blockwarten und ›Vertrauensleuten‹ in den Betrieben auf; mit dem Schäfer Ernst kommt eine Figur ins Spiel, die meint, die Zeichen der Zeit zugunsten eines Rückzugs ins Private ignorieren zu können.

Darum soll es also im folgenden gehen: den im Roman breit ausgestellten Alltag im nationalsozialistischen Deutschland mit der Realität der Zeit, sofern die überhaupt noch zu rekonstruieren ist, zu vergleichen. Den Schwerpunkten des Romans gemäß wird dabei besonderes Augenmerk auf die fiktive und die authentische Situation in Dörfern wie West- bzw. Osthofen und in der Metropole Frankfurt gerichtet. Einen Blick gilt es zu werfen auf die Diskrepanz zwischen der für 1933 im Dreieck Worms – Mainz – Frankfurt nachweisbaren Verfolgung der Juden und den knappen Anspielungen auf dieses Thema im *Siebten Kreuz*. Dem Eindringen der Naziideologie in das Leben der Menschen sind Beispiele von Resistenz und Widerstand in Roman und Wirklichkeit gegenüberzustellen.

Material für die Darstellung der authentischen Lebenssituation liefern vor allem zeitgenössische Lokalzeitungen, amtliche Dokumente, Lageberichte des Sicherheitsdienstes (SD) der SS bzw. der Gestapo sowie die Deutschlandberichterstattung des Exils. Es wird ergänzt durch die in jüngster Zeit stark angewachsene Zahl von Studien zum Alltag in der NS-Zeit. Defizite des Romans an klarer Differenzierung zwischen der revolutionären Phase der Machtergreifung durch die Nationalsozialisten 1933/34 und dem etablierten NS-System zur Zeit der Flucht der sieben aus Westhofen im Herbst 1937 lassen sich dabei – ähnlich wie später bei der Untersuchung der KZ-Situation – dadurch verringern, daß zur Analyse des täglichen Faschismus bei bewußtem Mitdenken von entwicklungsbedingten Unterschieden Quellen aus der gesamten Frühzeit des Dritten Reiches herangezogen werden.

Beginnen wir mit dem kleinsten Zirkelschlag um das Lager, bei den Dörfern West- und Osthofen und ihrer unmittelbaren Umgebung. Sumpfig, so heißt es im Roman, sei diese Gegend, eine »Wildnis« voll von »dürrem Gestrüpp« [23], »welken Stauden« und »Gurkenfeldern« [34], durchzogen von Weidendämmen und den stinkenden Abflußgräben einer Essigfabrik, mit einer Sonne, in der die wenigen Baumgruppen »von selbst aufzuflammen« scheinen »in einem eignen jähen Feuer«. Entsprechend arm sind die Westhofener Bauern, von denen – kein Kompliment für einen Flecken im rheinischen »Wonnegau« (5.216, S. 13) – ausdrücklich gesagt wird, daß sie in einem »Gurkendorf« und nicht in einem »Weindorf« [33] wohnen. Ein alter Mann, Zimthütchen genannt, geht sich da bei einer Fabrik ein paar Eimer Hasenfutter holen. Schublädchen, eine zahnlose Alte, trottet kichernd und jammernd die Chaussee entlang. Aus dem Nachbardorf Buchenau, über das ein »glasiger Himmel« »gestülpt« ist, klingt das Mittagsläuten herüber, »ein helles, bittres Läuten, ein Armesünderglöckchen« [41]. Abweisend von einer scherbengespickten Mauer umgeben ist das Gelände einer landwirtschaftlichen Schule, die der Verbreitung der nationalsozialistischen Ideologie auf dem Lande dient und nach Richard Darré benannt ist, seines Zeichens NS-Minister für Ernährung und Landwirtschaft, Blut-und-Boden-Theoretiker und Autor von Schriften wie *Das Schwein als Kriterium für nordische Völker und Semiten* (1933).

Kein Wunder also, daß man in Westhofen dem vor einiger Zeit am Rand des Ortes errichteten Lager, das gerade jetzt wieder durch die von Sirenen begleitete Flucht von ein paar Insassen Unruhe in die Gegend bringt, eher mit gemischten Gefühlen begegnet: »Früher war hier solcher Unfug nie gewesen. Daß sie einem grade das KZ vor die Nase pflanzen mußten. Allerdings, jetzt wurde etwas verdient hier in der Gegend, wo sonst ein Herumgekrusche gewesen war.« Anstatt »jedes bißchen erst auf den Markt [zu] fahren«, kann man nun sein Gemüse direkt an das Lager verkaufen. In den Kneipen betäuben die Wachmänner ihre Langeweile oder ihr Gewissen. Die Möglichkeit freilich, »daß man später das Gelände in Pacht bekam, das all die armen Teufel da hinten ausbuddeln mußten«, und daß der Pachtpreis niedriger liegen wird »als drüben in Liebach« [36], wird eher als Gerücht denn als konkrete wirtschaftliche Maßnahme verstanden.

Als rabiate Nazis stellt Anna Seghers die Westhofener also sicher nicht hin. Eher schon »bekreuzigt« man sich angesichts der Stacheldrähte und Posten, des nächtlichen Gejohles und der Schreie und Schüsse und nennt die Sträflinge, die »unter Bewachung auf Außenarbeit« gehen, »arme Teufel«. »Offen« weint eine Frau, als eine Kolonne mit Häftlingen durch das Dorf getrieben wird, die »schon vor der Einlieferung so zugerichtet« waren, »daß es den Menschen graute« [88]. Als Elli und ihr Vater bei ihrem Besuch im Lager »in unerträglicher Beklommenheit« durch das vom gewöhnlichen Leben dominierte Dorf gehen, sehen ihnen »die Leute in einer Art allgemeinen und ungefähren Mitleids nach, etwa so, als gingen sie in ein Spital oder auf einen Friedhof« [131]. Mit stummen Gesten trösten zwei Frauen Elli, die ›besinnungslos‹ aus dem Lager zurückkehrt.

Frauen, denen ansonsten im Roman kaum eine aktive Rolle beim Widerstand gewährt wird, sind es denn auch, die dem Trubel mit SA, Lager und Jagd auf Ausbrecher besonders mißtrauisch gegenüberstehen. »Gestern der Erntedank und vorgestern für die Hundertvierundvierziger ... und morgen, weil der Gauleiter durchfährt«, schimpft Frau Alwin auf ihren Mann, »und die Rüben? Na, und der Wein? Na, und die Wäsche?« [49] Ihr, die aus Alwins »Saustall« durch »wahrhaft furchtbare Anstrengungen« einen Bauernhof gemacht hat, gleitet die Kontrolle über Kind und Mann erneut aus der Hand. Und auch der Rat der Schwiegermutter, daß man »solche Sachen« aushalten muß, »sie gehn dann nämlich vorüber«, vermag ihr nicht die Trauer darüber zu nehmen, daß ihrem Leben in der neuen Zeit mehr denn je »der Segen versagt« [50 f.] bleibt: »Eine Menge aus Pimpfen, alten Weibern und Bauern und SA-Leuten stürzten übereinander in den Hof, und sie schrien: ›Mutter, Mutter! Frau Alwin! ... wir haben ihn ...‹ Die jüngere Frau erwachte ... aus ihrer Betäubung ... Dann wandte sie sich ab, bekreuzigte sich und lief ins Haus. Die alte Frau folgte ihr, mit dem Kopf wackelnd, als sei sie plötzlich zur Greisin geworden. Der Wäschekorb blieb zurück. Der Hof war jetzt still und leer.« [52]

Doch es gibt auch noch andere in Westhofen. Den »neuen jungen Bürgermeister« [89] zum Beispiel, der jene Frau, die beim Anblick der Häftlingskolonne öffentlich geweint hatte, zu sich bestellt und ihr klarmacht, daß sie so sich und ihren Verwandten »für ihr Leben lang Schaden« zufügt. Oder jenen Sturmführer Alwin, der »von jeher roh« gewesen war und jetzt einem der gefaßten Flüchtlinge mit dem Absatz auf die Finger tritt, als er sich oben am Wagenrand festhält. Und »überhaupt hatten die jüngeren Leute im Dorf, Burschen und Mädchen, ihren Eltern genau erklären können, warum das Lager da sei und für wen, junge Leute, die immer alles besser wissen wollen – nur daß die Jungen in früheren Zeiten das Gute besser wissen wollten, jetzt aber wußten sie das Böse besser« [88f.].

Ergänzt werden die Westhofener Milieubilder vom Landleben durch die Beschreibung von Aldingers Dorf Unterbuchenbach, über das nach Denunziation und Intrige seit kurzem der Oberbuchenbacher Bürgermeister Wurz herrscht. Flurbereinigung nennen das die Nazis, obwohl jeder im Dorf genau weiß, daß Wurz seinen Nachbarn nur deshalb ins KZ gebracht hat, weil er dessen Posten haben wollte und weil Aldingers Tochter einen politisch aktiven Arbeiter aus der Stadt dem ältesten Wurz-Sohn vorgezogen hatte.[2] Entsprechend groß bleibt die Distanz zu dem neuen Herrn von Buchenbach, der zwar über seine Söhne Beziehungen zur SA besitzt, deshalb aber weder den Boden verändern noch die Weinberge näher zu schieben vermag und sicherlich niemandem sein Pferd zum Ziehen leihen wird. Und wenn Wurz jetzt bei der Nachricht von Aldingers Flucht, »grün im Gesicht«, »verhutzelt« und mit »Zipperlein« [210], das Dorf mit einer dichten Kette von SA-Posten umstellen läßt, macht man sich nicht nur über die Angst des Bürgermeisters lustig, sondern rechnet auch nach, wie teuer diese Leibgarde dem Dorf zu stehen kommt, da die SA-Burschen ja alle »Bauernsöhne sind, die man auf den Feldern braucht« [295].

Andererseits merken die Buchenbacher mit der Zeit aber auch, daß man sich mit den neuen Herren gut stellen muß, wenn man »in Ruhe arbeiten, heiraten und erben« will. Verwundert registriert man, daß sich der Stellvertreter des Reichsbauernführers ausgerechnet von der Tochter des Ärmsten im Ort einen Blumenstrauß überreichen läßt.

Die Jugend kehrt beeindruckt aus dem benachbarten Wertheim zurück, wo das Erntedankfest nicht nur mit dem üblichen Karussell, sondern vor dreitausend Bauern mit Feuerwerk und Musikkapellen gefeiert wurde. Geduldig hört sich ein Bräutigam das Sprüchlein des neuen Bürgermeisters vom »Bauerntum als Wurzel des Volkstums« an und ruft dann erst draußen dem SA-Posten zu: »Schönes Dreckhäufchen mußt du bewachen, Kamerad!« Widerstandslos läßt man sich auf den Dorfplatz ein »Hitlereichlein« pflanzen, das vorerst freilich »noch keine Kinder und Kindeskinder«, sondern »höchstens ein paar Schnecken und Spatzen« [296] zu beschatten vermag. Und als Aldinger schließlich tot in sein Haus getragen wird, kehrt zwar noch einmal für einen Moment die alte Ordnung ohne Heilgeschrei und Armschwenken wieder, zu mehr als der knappen Frage, »wieso gerade der Wurz gerade die Macht hatte« [299], reicht es bei den gleichgeschalteten Unterbuchenbachern aber nicht mehr.

Anna Seghers nimmt sich nicht die Zeit, in ihrem Roman ein umfangreiches Bild der sozio-politischen Struktur von Westhofen und Buchenbach zu malen. Dennoch gelingt es ihr, mit wenigen Strichen eine Skizze zu entwerfen, die der Realität eines authentischen Dorfes wie Osthofen in vielem entspricht. Belegt ist so zum Beispiel, daß man nicht nur im fiktiven West-, sondern auch im authentischen Osthofen von dem »nützlichen Verkehr« profitiert hat, den »die Ansammlung und Verpflegung vieler Menschen« [89] in einem KZ mit sich bringt. Ein Muster für den »Nachweis des Polizeiamtes Worms über Verpflegungskosten des Konzentrationslagers Osthofen« listet die Geschäfte nach Heller und Pfennig auf – RM 685,20 für den Metzgermeister Johann Winter in Osthofen, RM 184,50 für den Gärtner Wilhelm Schneider aus Worms und für einen Osthofener Bäckermeister weitere RM 370,80.[3] Häftlinge erinnern sich, daß sie damals durch den Lagerzaun Backwaren von Osthofenern gekauft haben (3.154). Aus den Personalakten der Wachleute dieses und anderer Lager geht hervor, daß bevorzugt arbeitslose SS- und SA-Männer aus der Region zum Dienst in der Hilfspolizei herangezogen wurden. Und natürlich ließ man es sich auch in Osthofen nicht entgehen, die KZ-Insassen bei der ›Säuberung‹ des Dorfes zu demütigen: »Auf die Feiertage reinigt jede Frau ihre Wohnung; die Gemeinde- und Stadtverwaltungen ihre Straßen. Um jedoch dem Passanten und dem [!] Ausflüglern die Erinnerungen an die 14jährige Marxistenherrschaft und dessen [!] vernichtenden [!] Folgen, Elend und Armut, diese schönen Reklamen auf Wänden und Häusern zu entfernen, sind heute mehrere Inhaftierte, dabei auch Juden aus dem hiesigen Konzentrationslager, mit Wasser, Bürsten und sonstigem Putzzeug an die Arbeit gegangen, die Erinnerungszeichen für immer zu beseitigen. Ein Hilfspolizist und viele Schaulustige waren Zeugen bei dieser ehrenamtlichen Arbeit.«[4]

Insassen des Lagers arbeiteten im Haus und Garten des KZ-Kommandanten Karl d'Angelo, der nicht nur Aufträge von Parteistellen für seine schlecht gehende Druckerei erhielt, sondern sich 1934 nach Schließung des Lagers auch Hoffnungen auf ein Anwesen auf dem ehemaligen KZ-Gelände machte.[5] Im Frühjahr 1934 fragte die Lagerverwaltung anscheinend in Absprache mit der Gemeinde beim hessischen Staatsministerium für Justiz wegen Verlegung von 100 Gefangenen in das Lager an, weil die Belegschaft von 30 Häftlingen nicht ausreiche, um die »benachbarte große Mühle«[6] abzureißen – eine Bitte, der die Justizverwaltung gerne stattgab, weil sie »eine willkommene Entlastung« der überbelegten Gefangenenanstalten mit sich brachte und die »Aufwendungen« für Transport, Verpflegung und Versicherung »gegenüber den durch die Abbrucharbeiten zu schaffenden Werten sehr gering«[7] seien. Anzunehmen ist schließlich auch, daß die Gemeinde Osthofen bzw. der Hessische Staat bei der Übernahme des Lagergeländes von dem Juden Ludwig Ebert und dem späteren Weiterverkauf an einen Osthofener Möbelfabrikanten, von dem die Gestapo berichtet, daß er im Gegensatz zu seinem

Vorgänger ein »sehr geschäftstüchtiger Kaufmann mit reellen soliden Grundsätzen« sei, »politisch zuverlässig« und ein »sozialer Arbeitgeber« (1.14, G 12 B, 9/11), keinen finanziellen Schaden genommen hat.

Stolz bildet die regionale Presse Fotos ab, auf denen – wie im Roman – Häftlingskolonnen mit ihren lachenden Bewachern auf dem Marsch nach Osthofen zu sehen sind.[8] Andererseits erinnern sich ehemalige Insassen aber auch an Solidaritätsbekundungen aus der Bevölkerung, etwa wenn ein Metzger einem Gefangenen bei Außenarbeiten ein Wurstpaket für die Insassen mitgab oder ein jüdischer Fabrikant Geld für Decken spendete (5.216, S. 42). Und sicherlich dürften die Einwohner von Osthofen ähnlich wie die Westhofener im *Siebten Kreuz* mit den ihrer jeweiligen politischen Einstellung entsprechenden Gefühlen dem Besucherstrom zugesehen haben, der sich Presseberichten zufolge an den Wochenenden zum Lager bewegte: »Am Samstag, ganz besonders am Sonntag nachmittag setzte die reinste Völkerwanderung nach dem Konzentrationslager ein«, meldete damals unter anderem die *Mainzer Tageszeitung* am 6. April 1933, »die Mutter, der Vater oder die Frau mit Kindern der Inhaftierten kamen aufgeregt an und brachten von Worms die Lügen mit, daß die Gefangenen hungern müßten, ja geschlagen, getreten und noch nicht einmal verbunden werden würden ... Aber welche Enttäuschung mußten alle Besucher in der Besuchszeit, die täglich von 2 bis 5 Uhr stattfindet, erleben!« Von Carlo Mierendorff wissen wir, daß er in Osthofen häufig von Freunden besucht wurde (5.6, S. 160f.). Ein katholischer Laie aus Gau-Algesheim erinnert sich, daß Mitglieder seiner Sturmschar bei einem Besuch im Lager angebrüllt und »in den Hintern« getreten wurden: »Ich wäre am liebsten abgehauen. Aber wir wurden jetzt in das Lager geführt und Martin wurde geholt. Wir mußten uns an einen langen Tisch setzen, hinter uns SS-Leute mit geschultertem Gewehr. Wir brachten vor Angst kaum ein Wort heraus.« (5.191, S. 37) Gelegentliche Protestkundgebungen durch Besucher,

Wormser Kommunisten und Sozialdemokraten werden zu Fuß unter Bewachung durch die Hilfspolizei in das KZ Osthofen gebracht

wie Rot-Front-Rufe, endeten damit, daß die Lagerwachen die Betreffenden sofort in Haft nahmen (1.17, H 79/373 u. 3.154, S. 14). Und schließlich verfügte der hessische Staatskommissar für das Polizeiwesen Werner Best im Juli 1933 zur Entlastung des Wachpersonals, daß wegen der großen Zahl von »Neugierigen« »Besichtigungen des Lagers« fortan nur noch mit seiner vorherigen Genehmigung möglich seien.[9]

Eike Hennig hat im Rahmen des »Projekts Osthofen« anhand von Wahlergebnissen das politische Profil der Gemeinde Osthofen skizziert. Er kommt dabei zu dem Ergebnis, daß der Ort »seit 1928 eine relative und seit 1931 eine absolute ›Hochburg‹ der NSDAP« gewesen sei, »insofern die NSDAP dort Wahlergebnisse erzielte, die ... durchschnittlich um 9 Prozent über den Reichswerten liegen« (5.216, S. 20). Wenn die Osthofener Altnazis dennoch in ihren »Kampfberichten« davon sprechen, daß ihr Dorf bis Anfang März 1933 »ein besonders schwer zu bearbeitender Platz« (5.152, S. 99) gewesen sei, dann mag das, abgesehen von einem gewissen Zug zur Heroisierung der Vergangenheit und der eigenen Taten, an dem außergewöhnlich guten und von Hennig ein wenig unterschätzten Abschneiden der SPD liegen. Fest steht dennoch, daß die früh und straff organisierte einheimische SS dafür sorgte, daß »die Osthofener Nazis« – ähnlich wie Zillich und seine Gruppe im *Kopflohn* – schon vor 1933 »im ganzen Hessenland als die gefürchtete Truppe der NSDAP« (V. Jost, 5.153) bekannt waren. Von 1932 bis zum 1. Mai 1933 wuchs die NSDAP-Ortsgruppe, der – wie im Roman der Pferdebauer Wurz (5.275) – zunächst besonders die bessergestellte Mittelschicht angehörte, von 100 auf 172 Mitglieder (5.216, S. 25), von denen beinahe die Hälfte auch noch der SA oder SS angehörte. Das kleine Osthofen vermochte mehr Träger des Goldenen Ehrenabzeichens der NSDAP vorzuweisen als das benachbarte Worms. Aufstellungen über die Hilfspolizei melden im März 1933 für Osthofen 194 Mann – bei 3960 berufstätigen Einwohnern –, wobei die Zahl der SS-Angehörigen mit 95 ungewöhnlich hoch liegt (5.216, S. 28).

Im Gemeinderat von Osthofen war die NSDAP seit 1929 mit drei Mitgliedern vertreten, dem Druckereibesitzer und späteren KZ-Kommandanten Karl d'Angelo, dem Landwirt Karl Beck[10] und dem Maschinenhändler Valentin Spangenmacher. Etwas mehr als drei Jahre später wählen 1522 oder 52,8 % (1932: 1266 oder 45,9 %) Osthofener die NSDAP bei 726 Stimmen oder 25,2 % (1932: 792 oder 28,7 %) für die SPD und 205 Stimmen oder 7,1 % (1932: 316 oder 11,5 %) für die KPD (5.216, S. 17).

Karl d'Angelos *Osthofener Zeitung* meldet folglich am 7. März 1933 nicht ohne Grund: »Osthofen ... bleibt faschistisch« (nach 5.216, S. 24), und die *Mainzer Tageszeitung* schließt drei Tage später ihren Bericht über die Jubelfeier zum »Tag der erwachenden Nation in Osthofen« mit dem bezeichnenden Satz: »Der Terror in Osthofen hat sein Ende erreicht.«[11] Die Gemeinderatssitzung vom 30. März zeigt ein »grundsätzlich verändertes Bild«, weil »die sonst von marxistischen Zuhörern besuchte Tribüne« »eine gähnende Leere« aufweist und »gewisse Schreihälse« es vorziehen, »in der Versenkung zu verschwinden, anstatt ihre ... politische Unklugheit durch blöde Zwischenrufe zu beweisen«[12]. Handfest heißt es in den Erinnerungen der Alten Kämpfer Osthofens, daß damals »schneller als es SPD und KPD. mit all dem Judengesindel sich träumte ... ein anderer Geist ... in allen Deutschen Gauen« einzog, während jene, »die auch da noch nicht erfassen konnten, daß es mit ihrer Herrlichkeit zu Ende ist, ... eine besondere Schulung in den ... Konzentrationslagern« (Dindorf, 5.153, S. 4) erhielten. Und die zum zwölfhundertjährigen Jubiläum von Osthofen erschienene Chronik schwärmt im selben Stil noch 1984: »Nach dem Wahlsieg der NSDAP wehten Hitlerfahnen über allen Straßen ... Mit Gewehren und Pistolen ausgerüstete SA- und SS-Leute belebten das Straßenbild ... SS-Sturmführer Rudi Bösel unterrichtete die Bevölkerung von der Aufgabe der braunen Kämpfer ... Die

Menge reckte den rechten Arm und unter den Klängen des Horst-Wessel-Liedes und des Deutschlandliedes wurden die Fahnen gehißt. Der Kirchenposaunenchor hatte sich freiwillig zur Verfügung gestellt. Ein Fackelzug bewegte sich durch fast alle Straßen und wurde überall bejubelt ... Die schwarz-rot-goldene Fahne verfiel dem Feuer, wie auch nun die Mißwirtschaft der letzten 14 Jahre.« (5.297, S.306f.)

Wie zu erwarten brachten die Wochen und Monate nach dem Wahlsieg der Nazis für Osthofen und Umgebung ähnliche Veränderungen, wie sie der Roman für die Dörfer Westhofen und Buchenbach andeutet. Der Osthofener Bürgermeister Brenner und sein Adjunkt Jakob Knierim werden ihrer Ämter enthoben oder scheiden aus ihren Positionen aus. Die beiden letzten Mitglieder der SPD-Fraktion erklären, daß sie fortan nicht mehr im Gemeinderat mitarbeiten werden. Vereine und Evangelische Kirche organisieren sich nach dem Führerprinzip um bzw. geben sich neue Verfassungen (5.297). Im August 1934 erhält das Dorf zwar nicht, wie im Roman, einen Traktor, aber eine neue Motorfeuerspritze. Für dasselbe Jahr verzeichnet die Stadtchronik 28 landwirtschaftliche Betriebe, die als Reichserbhöfe eingetragen sind und damit die Wirtschaftsfähigkeit – inklusive Rassennachweis und politischem Führungszeugnis – des Inhabers erbringen (5.142, S.32). Zugleich beginnt eine nicht mehr abreißende Kette von politischen Versammlungen, Appellen, organisierten Ausflügen, Spendenaktionen und Gedenkfeiern, bei denen mal ein Referent den Bauern über »Werden und Wesen der neugermanischen Gegenwart« (5.297, S.322) erzählt, mal ein Freundschaftsspiel der Osthofener Hilfspolizei gegen das Ulmer Infanterie-Regiment 13 zugunsten der »Küche der Hilfspolizisten« stattfindet, mal »mit einer Flaggenparade im Scheinwerferlicht« und »großem Zapfenstreich« (5.297, S.327) zwar kein Domänendorf, aber das lang erwartete Lager des Reichsarbeitsdienstes eingeweiht wird. Selbst einen Konflikt um den 1933 neu zu besetzenden Posten des

Bürgermeisters scheint es in Osthofen gegeben zu haben, wobei freilich im Gegensatz zu Aldinger und Wurz die verfeindeten Kandidaten beide aus dem Lager der Nationalsozialisten kamen.[13]

Ein Blick in die zeitgenössische rheinhessische Presse macht deutlich, daß es sich bei den Ereignissen im fiktiven Westhofen bzw. Buchenbach und im authentischen Osthofen nicht um isolierte Erscheinungen handelte. Im Gegenteil. Zeitungsberichte, die Anna Seghers über Freunde, Verwandte und die Nachrichtenapparate der exilierten Linksparteien so oder ähnlich in Auswahl erhalten haben dürfte, deuten eher an, daß der Roman die Brutalität und Radikalität der Gleichschaltung in den Dörfern zwischen Mainz und Worms nicht in ihrer vollen Schärfe wiedergibt. So veröffentlichte die *Mainzer Tageszeitung* seit März 1933 beinahe täglich Meldungen über die Gleichschaltung von Vereinen und Listen mit Namen von Bürgermeistern, die abgesetzt, Volksvertretern, denen ihre Mandate aberkannt wurden, Beamten, die entlassen oder in den Ruhestand geschickt, und Ärzten sowie Rechtsanwälten, denen Berufslizenzen entzogen wurden. In Oppenheim, wo nach einem Bericht der *Mainzer Tageszeitung* vom 7. April 1933 »der Ruhm und Glanz der alten Weinstadt in den letzten Jahren merklich getrübt und beschmutzt« worden war »durch die nachnovemberlichen ›Edelbeerauslesen‹, die in Gestalt der Steffan, Rüffler, Ritter, Bockmann und Hertz ihr erlauchtes Regime ... aufgerichtet hatten«, brachte die Hilfspolizei die »Hauptakteure des ... Rathaus-Terrors« »hinter Schloß und Riegel«, wobei einer der »marxistischen Gauner und Hochstapler« »buchstäblich vom Haftlokal aus bis zu seiner Wohnung ausgiebig und saftig verprügelt wurde« und nur das entschlossene Eintreten der Hilfspolizei gegen die »Volkswut« es verhinderte, daß »diese ›Auserwählten‹... in Abrahams Schoß« endeten.[14]

Etwas weiter südlich, im authentischen Westhofen, wo sich bereits am 8. März die Ortsgruppe der KPD »aufgelöst« hatte und »unter dem Jubel« von »6 bis 700 Menschen ... eine rote Fahne mit Sowjetstern und Hammer und Sichel ... in Schutt und Asche gelegt« wurde, steigt nach einem Bericht derselben Zeitung »die Fahne des Dritten Reiches ... unter dem Gesang des Horst-Wessel-Liedes am Mast empor«: »Ein Akt, vom Volkswillen erzwungen, ist vollzogen. Wir haben im wahrsten Sinne ›demokratisch‹ gehandelt. Wer will sich diesem Willen entgegenstellen?«[15] Am 27. April meldet die *Mainzer Tageszeitung* zwischen Berichten über die Gleichschaltung des Osthofener Gemeinderats, über die Verstaatlichung der Binger und Alzeyer Polizeiämter und über die erfreuliche »Wirkung ... der Osthofener Besserungsanstalt« auf gewisse Abenheimer »Randalierer aus der schwarzen Zeit« auch davon, daß in Herrnsheim »eine Hitler-Eiche feierlich geweiht« wurde – mit Standkonzert der SA-Kapelle der Standarte 118 (»Nibelungen«) (5.205) und anschließendem »deutschen Tanz im Lokal Schöpflin«. Ein Aufruf des Hessischen Polizeiamtes vom 6. April bittet die Bevölkerung um »Gaben in Geld oder Naturalien« für die »ehrenamtlich« dienende Hilfspolizei, denn es sei »dringend erforderlich, daß die körperlich ... stark beanspruchte Hilfspolizei ausreichende und kräftige Nahrung erhält«[16].

Soweit Fiktion und Authentizität in West- bzw. Osthofen und deren unmittelbarer Umgebung. Der zweite, größere Kreis, den der Roman um Osthofen schlägt, reicht über Oppenheim bis nach Mainz, also in Anna Seghers' ehemalige Heimat. Dabei fällt auf, daß der Erzähler jetzt nicht mehr, wie noch in der Umgebung von Westhofen, auf fiktive Ortsnamen zurückgreift[17], sondern bis in kleinste Detail dokumentarisch arbeitet: Oppenheim und Zahlbach, die Augustinerstraße und der Dom, Georgs Fluchtroute am linksrheinischen Ufer abwärts über Mombach und Budenheim bis zum rechtsrheinischen Eltville und der Landstraße nach Wiesbaden, die heute B 42 heißt, – jeden Stadtteil und jede Straße hat die Mainzer Exilantin liebevoll nachgezeichnet. Privateste, alltägliche Erinnerungen von Netty Reiling, der Tochter des Isidor Reiling, vormals

Kunsthändler am Mainzer Flachsmarkt und einigen Quellen zufolge Kustos (4.91, S.6) bzw. Restaurateur (2.57) der Kunstschätze des Doms, fließen in die berühmte Domszene des Romans ein, wenn Georg hinter dem Taufstein bzw. den Figuren der »sechs Erzkanzler des Heiligen Reiches« Schutz sucht, oder der Erzähler mit dem Auge eines promovierten Kunsthistorikers die Grabplatte des Erzbischofs Siegfried von Eppstein beschreibt: »... ein runder gesunder Mann ... In jeder Hand eine Krone ... krönt er unablässig zwei Zwerge, die Gegenkönige des Interregnums.«[18] [78]. Heimatliteratur und Analyse des täglichen Faschismus ergänzen einander, wenn Georg sich angesichts des Alltags in Oppenheim wundert, warum das gewöhnliche Leben in Deutschland trotz Konzentrationslagern, motorisierten SS-Streifen und Gestapo scheinbar ungestört seinen alten Gang geht.

Eher blaß und sicherlich ohne Anspruch, das komplexe, von den Sicherheitsorganen des Nationalsozialismus genau beobachtete (5.198, 5.180, 5.218 u. 5.106) Verhältnis zwischen Staat und Kirche auch nur andeutungsweise anzureißen, bleibt dagegen die Szene mit dem Dompfarrer, der in einem Akt von Resistenz die Spur von Georgs Anwesenheit in seiner Kirche durch das Verbrennen der Häftlingskleidung verwischt. Und auch die Begegnung zwischen Georg und dem jüdischen Arzt Dr. Löwenstein trifft nur bedingt die Realität des Alltags in Nazideutschland, weil die kommunistische Jüdin Anna Seghers allzu diskret mit dem Thema Antisemitismus umgeht, das seit den Boykotten vom Frühjahr 1933 die Weltöffentlichkeit mehr bewegt als die Einrichtung der wilden Konzentrationslager oder die politische Gleichschaltung Deutschlands: ein Halbsatz zu dem »Brand« genannten Mainzer Platz mittelalterlicher Judenverbrennung; die Tatsache, daß man Löwenstein nach seiner Vernehmung gleich im KZ Westhofen behält; die Bemerkung, daß der Vater von Eugenies Kind »kein Jud«, sondern »zum Glück bloß ein Franzos« [343] war; Dora Katzensteins Emigration und ein, zwei weitere Andeutungen – mehr wird zur Lage der Juden während der Frühzeit des NS-Regimes nicht mitgeteilt.

Die Zurückhaltung von Anna Seghers beim Thema Judenverfolgung korrespondiert mit der offiziellen Haltung der KPD. Dennoch überrascht das Taktieren der Autorin, denn für jeden, der Augen und Ohren auch nur halbwegs offenhielt, gab es keine Zweifel, daß so wie im gesamten Reich auch im Umkreis jener Stadt, in der Anna Seghers aufgewachsen war und in der ihre Familie weiterhin wohnte, mit dem Tag der Machtübergabe an die Nazis eine immer brutaler werdende Verfolgung der Juden einsetzte.[19] Juden zählen zu den ersten Insassen von Osthofen – »marxistische Weinjuden« aus Guntersblum[20] ebenso wie ein jüdischer Arzt aus Darmstadt (5.224, S. 198) und »eine größere Anzahl Juden« aus Worms und Umgebung, die einer Meldung der *Frankfurter Zeitung* zufolge »dem Konzentrationslager Osthofen zugeführt« wurden, »weil sich das Judentum in letzter Zeit in herausfordernder Weise gegen den Staat und seine Einrichtungen benahm« (nach 5.243, S. 29). Das »Projekt Osthofen« hat ermittelt, daß bereits in der Frühphase des Lagers wenigstens 35 Juden in Osthofen inhaftiert waren, (5.216, S. 45) die durchweg schlechter behandelt wurden als politische Insassen. Andere Quellen erwähnen, daß der populäre Mainzer Rabbiner Dr. Sali Levi bei den nationalsozialistischen Behörden eine »Zulassung zur Seelsorge für jüdische Häftlinge in Konzentrationslagern« (5.253, S. 19) wie dem KZ Osthofen durchsetzte.

Regelmäßig berichtet die Presse über regionale Boykottaktionen gegen »jüdische Geschäfte und Unternehmungen«. So etwa aus Alzey, wo »die hiesige SA. und SS.« den Auftrag erhält, »mit Unterstützung von auswärtiger Hilfspolizei sämtliche jüdischen Steuerzahler der Stadt festzunehmen und aufs Rathaus zu bringen«, wo sie »sofort« etwaige Steuerrückstände zu begleichen haben: »Bei denjenigen, die angaben, die Zahlungen aus Geldmangel jetzt nicht vornehmen zu können, wurden Haussuchungen nach Wertobjekten vorgenommen. Nach dieser Steuereintreibungsaktion erhielten sämtliche männlichen jüdischen Einwohner den Befehl, alle Häuserfronten, Mauern, Tore und dgl., die mit Plakaten aus den letzten Wahlkämpfen beklebt waren, von diesen zu reinigen. Die gesamte Alzeyer männliche Judenschaft, alte und junge Leute, darunter wohlbegüterte Geschäftsleute, zog daraufhin, mit Eimern, Bürsten, Schrubbern und Kratzgeräten versehen, in Begleitung von SA- und SS-Leuten, an die einzelnen Stellen, um den großen Reinigungsprozeß vorzunehmen.«[21] Als man, ebenfalls in Alzey, zahlreiche Verhaftungen unter Kommunisten, Sozialdemokraten und Separatisten durchführt, werden die Gefangenen mit Personenkraftwagen ins KZ Osthofen gebracht, »die man sich zu diesem Zwecke von der jüdischen Gemeinde requiriert hatte«[22]. Mehrfach berichtet die Presse davon, daß Max Tschornicki, ein bekannter jüdischer Anwalt aus Mainz, Berufsverbot erhält[23], daß Juden in Schutzhaft Selbstmord begehen[24] oder daß Marxisten als Provokateure in SA-Uniformen Juden ermordet haben sollen.[25] Relativ hemmungslos gibt man nach Art der großen NS-Führer auch zwischen Mainz und Worms in Rathäusern, Zeitungsredaktionen und Polizeirevieren das Adjektiv »jüdisch« bei, wenn von Marxisten und Andersdenkenden die Rede ist. Und natürlich tritt auch bei der Judenverfolgung jener später noch genauer zu beschreibende hessische Polizeikommissar Dr. Werner Best in Erscheinung – mal mit einer Warnung an jüdische Geschäftsleute, als Antwort auf die Boykotte keine deutschen Angestellten zu entlassen,[26] mal mit der Anweisung, keine Pässe mehr an Juden auszugeben.[27]

Was sich in den Passagen des Romans über Mainz andeutet, wird in Frankfurt, am äußersten Rand der Zirkelschläge um Osthofen, unübersehbar: Je weiter sich die sieben Flüchtlinge aus dem Schatten des KZ entfernen, um so breiter wird der Querschnitt durch den zeitgenössischen Alltag in NS-Deutschland gezogen – mit Anpassung und Gleichgültigkeit, Rückzug ins Private, Resistenz und offenem Widerstand.

Schlaglichter fallen da auf scheinbar nebensächliche Personen und Ereignisse auf dem ›Kriegsschauplatz Deutschland‹, um die sich auch Bertolt Brecht in seiner Szenenfolge *Furcht und Elend des Dritten Reiches* kümmerte und von denen wir heute wissen, wie typisch sie für ihre Zeit waren: ein Hausmeister, der genau aufpaßt, wer bei wem ein und aus geht; Nachbarn, die sich bespitzeln und denunzieren wegen des Abhörens verbotener Sender; eine Wirtin, die ihrer Mieterin fristlos kündigt, weil deren Bekannter von der Gestapo verhaftet wurde (»ihre Kündigung war ... das Endergebnis langen Grübelns, scharfer Drohungen, bitterer Selbstvorwürfe, quälender Rücksicht auf den einzigen Sohn ..., schließlich Dreinfinden« [181]); Spitzel und »Aufpasser« [173] am Arbeitsplatz; Passanten, die bei einer Aktion der Gestapo in die andere Richtung blicken (»wenn sie Mutmaßungen hatten, zogen sie sich damit ins Innere ihrer Familien zurück« [138]); ein junger Mann, der – wie in Osthofen der Sohn des Ortsbauernführers Müller[28] – der motorisierten SS beitritt, weil man ihm dort Stiefel, Uniform und Motorrad bietet, die er sich sonst sein Lebtag lang nicht leisten könnte; und eine Frau, die verzweifelt alle Gründe durchgeht, aus denen ihr Freund mit dem NS-System in Konflikt gekommen sein könnte: »Heinrich, das wußte sie, war ein braver Junge ... Ja, er hatte manchmal geschimpft über die Steuern, über die Sammelei, über die Flaggerei, über den Eintopf, aber er hatte nicht mehr geschimpft und nicht weniger, wie alle schimpften. Schimpfte ihr Vater doch, wenn ihm etwas mißfiel, was weg sollte, und ihr SS-Schwager schimpfte über genau dasselbe, weil es ihm sehr gefiel, aber noch nicht vollkommen war. Vielleicht hat Heinrich bei jemand einen verbotenen Sender abgehört, vielleicht hat jemand ein verbotenes Buch geliehen. Aber Heinrich war weder auf Radio erpicht noch auf Bücher.« [179f.]

Sachlich beschreibt Anna Seghers die Situation der Industriearbeiter um 1937, die von Vollbeschäftigung und neuen Sozialleistungen ebenso wie von Unzufriedenheit und Passivität geprägt ist. Anspielend auf den wirtschaftlichen Aufschwung und die weitgehende Beseitigung der Arbeitslosigkeit seit 1936/37, erwähnt sie so gleich zu Anfang des ersten Kapitels, daß Franz Marnet nach Jahren ohne Anstellung seit Herbst 1937 endlich wieder Arbeit hat. Marnets Kollege Hermann besitzt seit seiner Heirat im Frühjahr 1937 Anspruch auf eine neue Wohnung, »auf eine Menge Sachen Berechtigung ..., allerlei Vergünstigungen« und »ein Teufelkommraus an Darlehensmöglichkeiten« [64]. Und Paul Röder versucht gar, seinem Freund Georg eine Art von Schnellkurs in Sachen »NS-Wohlfahrt« zu geben: als kinderreiche Familie erhalten seine Frau und er verschiedene Auszeichnungen und Vergünstigungen, angefangen vom »staatlichen Glückwunsch« von der Firmendirektion und einem »Stoß bester Windeln« [246] bis hin zur Befreiung von Abzügen und einer Ferienfahrt nach Thüringen. Auf dem Rhein, so die letzte Einstellung des Romans mit dem SS-Mann Bunsen, schwimmt »eine ganze Flottille ›Kraft durch Freude‹-Schifflein«, denen die Firma Henkell, Arbeitgeber von Bunsens zukünftigem Schwiegervater, »einen Stapel Henkell Trocken« [415] gestiftet hat. Mit Kraft durch Freude fährt Reinhardts Tochter zu einem Winzerfest. Vom Winterhilfswerk ist die Rede und von einer neuen Dreschmaschine für Aldingers Dorf. Und auch jener US-Tourist, der Georg mit nach Frankfurt nimmt, schwärmt mit »Ah« und »Oh« [176] von deutscher Landschaft und Sauberkeit.

Anna Seghers mag die von der Nazipropaganda aufgelisteten Leistungen des Dritten Reiches breit herausgestellt haben, um bei ihrem ausländischen Publikum glaubwürdiger zu erscheinen. Mindestens ebenso wichtig dürfte es ihr jedoch gewesen sein, nicht in den Ton jener verzerrten, schönfärberischen Faschismusanalysen der KPD-Führung zu fallen, die auch in der zweiten Hälfte der dreißiger Jahre noch ohne Unterlaß von dem bevorstehenden wirtschaftlichen und politischen Zusammenbruch des Dritten Reiches, von einer zunehmend revolutionären Stimmung in der Bevölkerung und vom wachsenden Widerstandswillen im Lande redete. Dazu als Beispiel eine Passage aus Walter Ulbrichts 1938 erschienener Schrift ›Kriegsschauplatz Innerdeutschland‹, der ein Rezensent in *Die Internationale* attestiert, daß sie »einen Querschnitt durch das Denken, Hoffen und Sichwehren der Volksmassen darstellt«[29]: »Die ganze Wahrheit ist, daß *gleichzeitig die Kriegsfurcht, die Unzufriedenheit, die Opposition, der Widerstand in unserem Volke wachsen*. Die Feststellung einer so wichtigen Tatsache basiert nicht auf Wünschen, sondern auf der sorgfältigen Beobachtung des Lebens ... In unserem Lande spielt sich hinter dem scheinbaren äusseren Frieden ein erbitterter Kampf ab, an dem alle Volksschichten in dieser oder jener Weise beteiligt sind ...« (5.276, S. 3 u. 44)

Die Schriftstellerin Anna Seghers hat die Lage in Deutschland zweifellos nüchterner und wohl auch realistischer eingeschätzt als der Berufspolitiker und Spitzenfunktionär Walter Ulbricht. Jedenfalls besitzt der knappe Hinweis im Roman auf ein paar Opel-Arbeiter, die nach Osthofen eingeliefert werden, weil sie gegen die Erhöhung der Normen »gebockt« [323] haben, zwar eine reale Vorlage[30] in einer Arbeitsniederlegung bei Opel im Jahre 1936 – den Schluß, daß sich bei Opel – Rüsselsheim eine Unzufriedenheit Luft gemacht habe, die in Kürze zu einem Generalstreik führen könnte, zieht Anna Seghers deshalb nicht.[31] Und jene eindringliche Szene, in der Paul Röder in Gedanken jeden einzelnen seiner Arbeitskollegen auf dessen politische Verläßlichkeit und Hilfsbereitschaft durchleuchtet, korrespondiert sehr konkret mit Berichten von der illegalen Betriebsarbeit, wie sie von der Seghers-Vertrauten Lore Wolf[32] und anderen überliefert sind, vermeidet aber jeden falschen Optimismus über die Stärke des Widerstands: »... obwohl wir wußten, der ist gewerkschaftlich, der politisch organisiert gewesen, hatte man nicht zu jedem das volle Vertrauen. Wenn einer Familie und Kinder hatte, dann ist so manch einer nicht so in das Vertrauen einbezogen worden, was wir hatten, wenn keine familiären Bindungen da waren.«[33]

In den Geschichtsbüchern über jene Jahre belegt sind schließlich auch die Hinweise im Roman auf die damals anlaufende Hochrüstung und die damit aufsteigende Kriegsgefahr. Handfest spiegelt sich in der Tatsache, daß Paul Röder in seiner Firma ein »paar Kapselchen« [248] für den Spanischen Bürgerkrieg herstellt, die Tatsache wider, daß 1937 bereits ein gut Teil der deutschen Industrie auf die Produktion von Kriegsgütern umgestellt hatte. Ein Bruder und der Schulfreund von Frau Kreß, die wie viele in diesem Roman direkt oder indirekt durch den Ersten Weltkrieg geschädigt wurden, kämpfen in Spanien auf der Francoseite. Der ›andere‹ Georg schwärmt seinem Mädchen vor, daß er bald »richtig Soldat« [147] sein wird. Und in einer die Zukunft mit beklemmendem Realismus vorwegnehmenden Szene verbindet Anna Seghers das Jugend- und das Kriegsthema, wenn sie Georg Zeuge der Kriegsspiele einer Schulklasse werden läßt, deren Lehrer im Ton von Ernst Jünger und Werner Best weiß, daß seine Schüler »ihre Glieder nicht dadurch behalten, daß sie den Einsatz vermieden haben« [165].

Es wäre wohl nur über den Weg der sogenannten oral history möglich, zu den Romanszenen aus dem Nazialltag und zu Figuren wie Marnet, Mettenheimer und Röder authentisches Material aus der Realität des Dritten Reiches beizubringen. Da dieser Weg heute kaum mehr und im Rahmen dieser Arbeit ohnehin nicht zu begehen ist, mag ein Blick in die Lokalpresse aus jener ersten Oktoberwoche des Jahres 1937 und in die beim Sicherheitsdienst der SS und im Exil erstellten Lageberichte zur Stimmung der Bevölkerung als Ersatz dienen.

Wichtigstes Thema in der Nazipresse war Anfang Oktober, wie bei den Marnets, das jährliche Erntedankfest, das die Nationalsozialisten am 3. Oktober traditionsgemäß auf dem niedersächsischen Bückeberg mit einer Rede des Führers »zu seinen Bauern« feierten. Kernpunkte der Rede waren diesmal die Überwindung von Widerständen als »höchstem Triumpf des Lebens«, die Festschreibung des

Führerprinzips von der obersten Staatsführung bis zum kleinsten Bauernhof, der Mangel an Lebensraum und die Erklärung, daß der innere und äußere Friede nur erreicht werden konnte, weil Streiks ein für allemal ein Ende gemacht wurde und »die neue deutsche Waffe«[34] der Wehrmacht über das Reich wacht.

Zweite Nachricht der Woche war die ebenfalls von Hitler vollzogene Eröffnung des Winterhilfswerkes 1937/38 (5.240, S. 393), das vom »Führer« als »größtes Sozialwerk aller Zeiten« und Erziehung zur wahren sozialistischen »Volksgemeinschaft« gepriesen wird: »Fanatischer Beifall unterstrich seine Feststellung,«, heißt es dazu in der Presse, »daß ... höchster Sozialismus nichts anderes ist als reinster edelster Nationalismus und reinster Nationalismus nichts anderes als klarster Sozialismus.«[35] Detaillierte Berichte beschreiben die Sozialleistungen des Dritten Reiches. Andere Meldungen loben das Abnehmen der Arbeitslosigkeit, stabile Löhne und Kraft-durch-Freude-Aktionen.

Und so geht es weiter: Wie im *Siebten Kreuz* werden Zeitungleser im Rhein-Main-Gebiet in jenen Oktobertagen des Jahres 1937 über die Kämpfe in Spanien und China informiert.[36] Aus der Sowjetunion kommen, ebenfalls wie im Roman, Nachrichten von Schauprozessen und Säuberung, so als ob es ähnliche Ereignisse in Deutschland nie gegeben hätte. Wer bei der SS-Verfügungstruppe oder der Wehrmacht war, wird von Himmler für den Ausbau der motorisierten Truppe geworben, bei der die SS-Messer schon dienten.[37] Ein langer Aufsatz in der *Frankfurter Zeitung* zu der überdurchschnittlichen Apfelernte rät den Erzeugern zu tun, was bei den Marnets ohnehin getan wird – des Überschusses an Verarbeitungsobst durch »Haushaltungsverbrauch«[38] Herr zu werden. Und für Elli Mettenheimer-Heisler wäre womöglich ein Bericht mit der Überschrift »Staatsfeindliche Gesinnung als Scheidungsgrund« von Interesse gewesen, in dem ausführlich auf eine Entscheidung des Reichsgerichts hingewiesen wird, die ein »erkennbares Verharren in einer staatsfeindlichen Einstellung« und »die Unterbringung des Ehemanns in dem Konzentrationslager« als einen »selbstständigen Scheidungsgrund«[39] einstuft.

Gleichsam die Kehrseite der öffentlichen Berichterstattung der gleichgeschalteten Presse bilden die geheimen Lageberichte der Gestapo und des SD der SS, mit denen der NS-Staat eine Art von indirekter Meinungsforschung betrieb.[40] War nämlich in den Zeitungen von den Erfolgen an der Erntefront und bei der Spendensammlung die Rede, so steht hier die auch im Roman angedeutete Unzufriedenheit der Bevölkerung mit der Lebensmittelversorgung und den hohen Preisen für Grundnahrungsmittel obenan. Nicht besonders groß sei, so die Berichterstatter weiter, der Opferwille in der Bevölkerung in Sachen Winterhilfswerk und Eintopfsonntag, der vom 10. Oktober 1937 bis zum 13. März 1938 einmal im Monat stattfand (5.61, S. 392). Weite Teile der Bevölkerung reagieren auf die zunehmende Politisierung des Alltags durch Passivität und durch »eine gewisse Gleichgültigkeit gegenüber politischen Dingen« (5.180, S. T. 1, S. 506). Unübersehbar breite sich angesichts der auch von Anna Seghers erwähnten Remilitarisierung des Rheinlandes [240f.] und der forcierten Aufrüstung in Deutschland eine »gewisse Kriegspsychose« (5.180, T. 1, S. 580) aus. Kurz: Mitte der dreißiger Jahre hat sich nach Meinung der Gestapo »die Gesamtstimmung der Bevölkerung ... bis zu einem seit der Erhebung nicht erreichten Grad ... verschlechtert«[41].

Und schließlich lassen sich als letzte Informationsquelle noch die »Deutschland-Berichte« der Exil-SPD heranziehen, in denen, ähnlich wie in den Meldungen des SD der SS, als Reaktion auf »Lohnkürzungen, Verschlechterung der Arbeitsbedingungen, Spendenabzüge usw.« für die Zeit zwischen 1935 und 1937 von »erwachendem Widerstand« (5.272, S. 381, vgl. 5.171, S. 270) die Rede ist.

Erhärtet werden die Pressemeldungen, Gestapoobservationen, Exilberichte und auch die Angaben im Roman durch neuere Beiträge der Zeitgeschichtsforschung zu Alltag und Sozialpolitik im Dritten Reich. Martin Broszat etwa – um hier nur einige wenige Beispiele anzuführen – ist dem im Roman mehrfach angesprochenen Phänomen der »Politischen Denunziationen in der NS-Zeit« (5.52; vgl. 5.101, S. 130–158) nachgegangen und kommt dabei zu dem Schluß, daß die »freiwillig erfolgte Anzeige eines angeblichen oder wirklichen Verhaltens, das aus der Sicht des NS-Regimes zu mißbilligen war« (5.52, S. 221), nicht nur »Folge grundlegender Strafgesetze« wie des »gegen Verunglimpfung von Regierung und Partei gerichteten Heimtückegesetzes vom 21. März 1933« (5.52, S. 222) war, sondern »auch von der politischen und sozialen Kultur der deutschen Gesellschaft in dieser Zeit« (5.52, S. 225) bestimmt wurde. Andere Zeitgeschichtler haben darauf hingewiesen, daß die Jugend neue Organisationsformen wie die HJ erfolgreich gegen die überlieferte Autorität von Familie und Schule ausspielt (5.275, S. 93; 5.169; 5.219, S. 139; 5.288, Bd. 3, S. 52). Jazz und Swing, die im Roman beim Erscheinen von Bunsen im Rheinischen Hof durch »einen der alten gezogenen Walzer« [414] abgelöst werden, hatten, nach allem, was wir wissen, trotz Verboten auch nach 1933 kaum an Popularität verloren (5.169, S. 228 ff.; 5.242, S. 132–137; 5219, S. 197 ff.).

Kritischer als Anna Seghers und ihre Romanfigur Paul Röder sieht die Forschung dagegen die Lohnentwicklung in der Vorkriegszeit, die zwar optisch Verbesserungen für die Industriearbeiter gebracht hatte, nach Berechnung von Abgaben und Inflation aber nur in einigen Branchen den Einkommensdurchschnitt von 1929 erreichte (5.196, S. 153, 231 ff.; 5.219, S. 138). Übereinstimmend wird in vielen Untersuchungen aufgezeigt, in welchem Maße die Zerschlagung des politischen Milieus und der tägliche Terror der Nazis weite Kreise der Bevölkerung in Passivität und Rückzugsstellungen in der Familie und im Freundeskreis trieb (5.257, S. 868 ff.; 5.196, S. 173; 5.219, S. 132; 5.288, Bd. 3, S. 43). Und selbst jene knappe Begegnung im Roman zwischen Georg und dem kaugummikauenden amerikanischen Touristen erhält dadurch einen realen Hintergrund, daß die Nationalsozialisten vor 1939 versuchten, mit den »herrlichen Naturschönheiten«[42] Deutschlands ausländische Touristen anzulocken.

Soweit das Thema Alltag zu Anfang des Dritten Reiches im Raum Osthofen, Mainz, Frankfurt. Was noch aussteht, ist ein Blick auf Fiktion und Realität des Widerstandes in der Vorkriegszeit – ein Themenkomplex, dem Anna Seghers im *Siebten Kreuz* neben dem gewöhnlichen Leben besondere Aufmerksamkeit widmet. Kenntnisreich und realistisch wird da am Beispiel von Georg Heisler und Ernst Wallau beschrieben, daß es den Nazis 1933/34 gelang, immer neue Leitungen der in den Untergrund gegangenen illegalen KPD zu zerschlagen. Fern vom offiziellen Optimismus der Exil-KPD schildert der Roman, in welchem Maße sich ehemals aktive Genossen angesichts der Verhaftungswellen, der abgerissenen Verbindungen und der zunehmenden Isolierung in ihr Privatleben zurückzogen, bis es ihnen schließlich nur noch mit Mühe und Not gelingt, für einen Flüchtling wie Heisler Paß und Schiffspassage nach Holland zu organisieren. Angst und Mißtrauen, Verrat und Passivität treten allenthalben zutage, so daß alte Freunde und Ehepartner nicht mehr ohne weiteres offen miteinander umgehen. Die sehr eng gesteckten Möglichkeiten für einen Widerstand im Alltag werden nachgezeichnet. Immer mehr wird aber auch im Laufe der sieben Tage des Romans der Wille zu gemeinschaftlichem Handeln wiedergeboren, setzen sich Mut und Opferbereitschaft durch, ohne die Georg dem Gestapo-Netz nicht entkommen wäre.

Der Begriff Widerstand wird von Anna Seghers dabei, ähnlich wie bei der alternativen Widerstandsforschung, derart »gleitend« (5.272, S. 378) und breit gefaßt, daß er von »punktueller Unzufriedenheit« (5.110, S. 103) über die passive Verweigerung bis zu Resistenz, Streik und – im Text freilich nicht direkt gestaltet – öffentlichem Protest reicht. Zugleich fällt auf, daß der Roman jene gleichsam klassische Variante des Widerstands ausspart, die zumindest in der Bundesrepublik jahrzehntelang einen Alleinvertretungsanspruch besaß: den bewußten und zielstrebigen Versuch, durch tatsächliche oder geplante Attentate und Putsche einen Umsturz der bestehenden Ordnung herbeizuführen. Oder um es in den Worten der neuen Geschichtsbewegung zu fassen: »Ohne die grundlegende Bezugnahme auf das Totalitäre der Alltagswirklichkeit des Dritten Reiches läßt sich ... kein angemessener Widerstands-Begriff formulieren ... Das Grundkriterium des Widerstandsbegriffs hat daher in der Frage zu liegen, ob damals ein bestimmtes Verhalten von einzelnen oder von Gruppen Risikocharakter hatte oder nicht.« (5.110, S. 102)

Widerstand im weitesten Sinne leisten nach dieser Definition bereits der Lastwagenfahrer und die zwei Arbeiter, die Georg als KZ-Häftling erkennen, ihn aber nicht an die Gestapo ausliefern. Ein wenig aktiver greifen der Dompfarrer und Fritz Hellwig in das Geschehen ein, wenn sie Georgs Kleidung verbrennen bzw. eine gestohlene Jacke absichtlich falsch identifizieren. Paul, Franz, Hermann, Fiedler, Reinhardt, Dr. Kreß und die vielen anderen Fluchthelfer wären zweifellos von einem ›ordentlichen‹ Nazi-Gericht wegen Hochverrat und Unterstützung einer illegalen Vereinigung verurteilt worden, wenn die Gestapo sie, wie Frau Marelli und Dr. Löwenstein, gefaßt hätte. Und augenscheinlich sind Wallau und Heisler nach Osthofen gebracht worden, weil sie einer Partei angehören, die auf den Umsturz des nationalsozialistischen Regimes hinarbeitet.

Doch nicht die organisierten, offensiven Aktionen einer bestimmten Gruppe stehen im Vordergrund der Romanhandlung oder gar die Vorbereitung für einen Staatsstreich von oben. Im Gegenteil. Wichtiger ist es Anna Seghers, jene »Grautöne« (5.288, Bd. 4, S. 18) zu erkunden, in denen weitgehende Anpassung und gewöhnliches Meckern, beredtes Schweigen und Opportunismus, Taktieren und vorsichtig in einen Witz oder ein Sprachspiel verpackter Protest ineinander übergehen. Leni zieht sich deshalb beim

Auftauchen Georgs zwar hinter die Phrase zurück, daß sie nur direkt an die »Winterhilfe« [187] gebe – verrät ihren ehemaligen Freund aber weder an die Polizei noch an den Blockwart oder ihren SS-Ehemann. Ein ansonsten eher überzeugter nationalsozialistischer Fabrikbesitzer unterläuft die Ziele der Gestapo, wenn er ein ehemals »stramm organisiertes« Mitglied seiner Belegschaft nicht anzeigt, weil es »zu dem unentbehrlichen Stamm Facharbeiter« [335] gehört, auf den er angesichts der rüstungsbedingten Überbeschäftigung nicht verzichten kann (5.200, S.174 u. 5.249, S.167). Ruhig, wenn auch »ein wenig gequetscht«, wirft im Umkleideraum einer Fabrik »eine Stimme« die Frage hin: »Wenn's mal Krieg gibt, was macht man dann mit den Lagern?«, worauf der Erzähler mit vielsagendem Perspektivewechsel die Sätze nachschickt: »Wer hat das eigentlich eben gesagt? Man hat das Gesicht nicht gesehen, weil der Mann sich gerade gebückt hat. Die Stimme kennen wir doch. Was hat er eigentlich gesagt? Nichts Verbotenes. Ein kurzes Schweigen, und keiner, der nicht beim zweiten Sirenenzeichen zusammenfährt.« [158f.] Und natürlich läßt es sich die Romaneschreiberin nicht entgehen, den politischen Witz als Form der Resistenz einzusetzen: »›Heil Hitler!‹ rief das Hechtschwänzchen. ›Heil! Hechtschwänzchen!‹ rief der Holländer. ›Jetzt haben wir dich ertappt‹, sagte ein Bursche ..., ›du kaufst ja deine Backfische auf dem Markt‹« [115].

Die Fakten sprechen für sich. Daß Anna Seghers, die mit ihrer Arbeitsweise dem New Historicism und der Alltagsgeschichtsschreibung um vierzig Jahre voraus war, deshalb nicht wahl- und ziellos irgendwelche Milieu- oder Stimmungsbilder produziert hat oder sich gar einer bewußt spielerischen Orientierungs- und Perspektivelosigkeit überließ, sondern mit genauer Kenntnis von politischen Zusammenhängen und Hintergründen arbeitet, belegt ein Blick darauf, wie exakt sich der authentische Widerstand im Raum Frankfurt in den Erfahrungen der ›kleinen‹ Akteure im Roman widerspiegelt.

Georg Heisler zum Beispiel vermag, um bei ihm zu beginnen, »nur durch die vorhergehenden Verhaftungen« zu jener wichtigen »Funktion« [74] im Widerstand zu gelangen, die ihn zum bevorzugten Opfer der Nazi-Tortur macht – eine Angabe, die zweifellos mit der Tatsache korrespondiert, daß in Frankfurt zwischen 1933 und 1935 nacheinander sieben illegale Bezirksleitungen der KPD von der Gestapo ausgehoben wurden.[43] Aus demselben Grund glaubt Georg, als Elli im KZ Westhofen vor ihm sitzt, daß ihr Besuch nicht persönlicher Natur ist, sondern irgend etwas mit »dieser Umstellung« zu tun hat, »von der Hagenauer erzählt hatte, als er vor vier Monaten eingeliefert wurde, nachdem die letzte Leitung verhaftet worden war« [133 f.]. Von Franz Marnet heißt es, daß er wie viele Antifaschisten unmittelbar nach der Machtübergabe sein bisheriges Arbeitsgebiet verlassen mußte, weil er dort den Behörden »zu bekannt« [74] war.[44] Ernst Wallau, der vor 1933 vom Spartakusbund über den Betriebsrat bis zum Bezirksleiter die klassische Karriere eines mittleren Funktionärs durchlaufen hat, erhält unmittelbar nach seiner Ermordung von seinen ehemaligen Arbeitskollegen bei den Opelwerken in Mannheim einen Nachruf in Form eines Flugblattes – so wie im Juli 1936 nach dem Streik bei Opel-Rüsselsheim, in dessen Gefolge acht sogenannte Rädelsführer für 15 Monate nach Dachau geschickt und alle 262 Streikenden entlassen wurden, ein Flugblatt der KPD erschienen war (5.197, S. 108 u. 5.193, S. S. 181). Fiedler, Sauer, Kreß und andere verweisen mit ihrer Resignation und ihrem Rückzug in den privaten Alltag auf die prekäre Stimmung unter den Antifaschisten nach dem Zusammenbruch der ersten, offensiven Phase des Widerstands (»Georg sagte ...: ›Ich muß meine Leute finden!‹ Paul lachte: ›Deine Leute? Find mal erst all die Löcher, in die die sich verkrochen haben‹« [251]). Die über Parteienstreit und Ländergrenzen hinwegreichende Rettungsaktion für Heisler entspricht den Mitte der dreißiger Jahre neu gesetzten Prioritäten von Organisationen wie der Roten Hilfe und der in

Holland stationierten Internationalen Transportarbeiterföderation: nämlich der Rettung von Widerständlern für zukünftige Aufgaben Vorrang zu geben über offensive Aktionen wie Agitation und Verbreitung von illegalen Schriften.

Anna Seghers hat, wie bereits angedeutet, die namentliche Nennung der Hauptkräfte des Widerstandes, KPD und SPD, im Roman vermieden. Statt von Kommunistischer Partei ist von einer »Bewegung« [276] und vom »festen Band einer gemeinsamen Sache« [21] die Rede. Von Streiks, Genossen und Plakatekleben wird berichtet, aber nicht davon, wer die Streiks organisiert, in welche Kasse die Genossen ihre Beiträge bezahlen und was auf den Plakaten steht. Ernst Wallau richtet sich bei seinem letzten Verhör daran auf, daß er seine Kinder »in unserem gemeinsamen Glauben« [192] erzogen hat; der illegale Nachruf auf den in Westhofen Ermordeten begnügt sich damit, ihn als »unsern ehemaligen Betriebsrat« und »Abgeordneten« [356] zu beschreiben. »Genossen« [109] gab es nicht nur bei der KPD, und auf einen »Notbestand der Kasse der Bezirksleitung für besondere Fälle« [393] hätten die Verfolgten vieler Widerstandsgruppen zurückgreifen können.

Die Gründe für diese Zurückhaltung sind nicht leicht auszumachen, hängen aber wohl ebenso mit Anna Seghers' Versuch, das Geschehen auf eine allgemeinmenschlichexistentielle Ebene zu heben, wie mit der politischen Großwetterlage zusammen, die die KPD seit 1934/35 auf einen bei weiten Teilen der Parteiführung keineswegs beliebten Volksfrontkurs drängte. Dennoch bestehen keine Zweifel: die Lebensläufe von Wallau und Heisler, Namen wie Bebel, Liebknecht und Dimitroff [145], Wendungen wie »in deinem Rußland« [248] oder auch der historisch nicht ganz präzise Satz[45], daß man »gleich im ersten Monat der Hitlerherrschaft ... Hunderte unserer Führer ermordet« [170] habe, machen klar, daß im *Siebten Kreuz* der kommunistische und nicht der sozialdemokratische oder gewerkschaftliche Widerstand gemeint ist.

Man geht heute davon aus, daß im Dritten Reich von 300 000 KP-Mitgliedern »150 000 mehr oder weniger lange inhaftiert« (5.278, S. 78 ff.) und 2 000 ermordet wurden. Von mehr als 400 leitenden Funktionären der KPD waren im zweiten Jahr des tausendjährigen Reiches nur noch 13 in Deutschland einsetzbar. In ungleich größerem Maße als bei der SPD, die zunächst auf den Mitteln der Legalität beharrte und sich dann in eine passive Überwinterungsposition zurückzog, wurde das KPD-Milieu durch die Terrororganisationen der Nationalsozialisten gezielt und nachhaltig zerschlagen (5.257, S. 869). Opfer und Märtyrertum wurden von der KPD-Spitze ebenso wie von den kleinen Genossen vor Ort durch die unmittelbar bevorstehende Revolution legitimiert (5.221, S. 880 ff.).

Wenn diese ungewöhnliche Einsatz- und Leidensbereitschaft der KPD-Mitglieder zu keinem nennenswerten Ergebnis führte und zu keiner Zeit den NS-Staat ernsthaft gefährdete, dann lag das, auch darüber ist man sich heute einig, nicht nur an der Effizienz des Naziterrors, sondern auch, ja vielleicht sogar vor allem an den politischen Fehlentscheidungen der KP-Führung: ihrer Unterschätzung der Stabilität des Dritten Reiches und der damit zusammenhängenden unrealistischen Prognose von einer revolutionären Stimmung im deutschen Volk; der starr bleibenden Abgrenzung gegenüber der SPD als »Sozialfaschisten« und dem eigenen Anspruch auf Alleinvertretung der Arbeiterklasse; der Abhängigkeit der KPD von den oft ganz anders motivierten Interessen der KPdSU; und schließlich, direkt auf den Widerstand in Deutschland bezogen, dem fatalen Versuch, den Charakter einer Massenorganisation unter den konspirativen Bedingungen der Illegalität beizubehalten (vgl. 5.278).

Eine realistischere, der Entwicklung in Deutschland angepaßte Phase begann für den Widerstand der KPD erst 1935/36 – als es bereits zu spät war. Motiviert durch ein Gemisch aus innen- und außenpolitischen Gründen, instruierte Moskau damals u. a. auch die deutschen Kommunisten, von ihrer linksradikalen Position auf einen Volksfrontkurs umzuschwenken, der endlich eine Zusammenarbeit mit anderen antifaschistischen Widerstandsgruppen im Dritten Reich ermöglichte. Doch der neue Kurs war bei seiner Verkündigung bereits von den Ereignissen überholt worden. Eine Welle von Verhaftungen hatte 1935/36 die letzten zusammenhängenden Organisationsstrukturen der KPD, inklusive der illegalen Inlandsleitung in Berlin, zerschlagen, so daß es – wie es im *Siebten Kreuz* heißt – nur »noch einen Schatten von der Bewegung gab« [276]. Die zur gleichen Zeit anlaufende Rüstungskonjunktur der Nazis integrierte nahezu alle arbeitslosen Antifaschisten in den Produktionsprozeß, lockerte die Solidarität unter den Arbeitern und förderte, wie im Roman gezeigt, Passivität und Opportunismus. Mit der Vollbeschäftigung verlagerte sich der Widerstand zunehmend aus den noch ein gewisses Maß an Solidarität und Sicherheit bietenden proletarischen Wohngebieten in die Betriebe, die inzwischen fest in nationalsozialistischer Hand waren (5.225, S.226). Kurz: Mehr noch als in den Jahren zwischen 1933 und 1935 bestand »der Hauptinhalt der illegalen Arbeit« der KPD zur Zeit der Flucht von Georg Heisler nicht in offensiven Aktionen, sondern darin, »durch Organisieren« (5.221, S.879) die elementarsten Funktionen der Partei zu erhalten und »den öffentlichen Beweis dafür zu führen, daß die Partei noch ›lebe‹« (5.236, S.34). Oder um es in den Worten des Sicherheitsdienstes der SS auszudrücken: »Einheitliche Organisationsform und Richtlinien der KPD konnten nicht festgestellt werden. Die örtlichen Gruppen sind weit auseinandergefallen ... illegale Verbindungen im Reich nur unter erschwerten Umständen möglich.« (5.198, Bd.2, S.55)

Dazu im Vergleich die entsprechenden zeitgenössischen Statistiken: Für 1935 wurden im Reichsgebiet 14000 politisch motivierte Festnahmen gemeldet, für 1937 8068 und für 1938 nur noch 3800 (5.200, S.183). Die Mehrzahl der Verhafteten wurde rasch von ordentlichen Gerichten bzw.

dem auch in Frankfurt tagenden Volksgerichtshof zu hohen Zuchthausstrafen verurteilt, wobei sich die Richter im Gegensatz zu manchem Historiker unserer Tage in Ermangelung von klassischen Widerstandsaktionen wie Tyrannenmord bei den Urteilsbegründungen durchaus mit eher alltäglichen Gesetzesverstößen wie dem Verteilen politischer Flugschriften oder einfach auch dem Bezahlen von Mitgliedsbeiträgen an eine verbotene Organisation begnügten[46] – ganz zu schweigen davon, daß ein anderer Zweig der NS-Gerichtsbarkeit, die Sondergerichte, auch spontanes Meckern, Witzereißen, Schwarzschlachten und Unterlassung des Hitlergrußes als staatsgefährdend verfolgten.[47] Enge Kontakte zwischen den Gerichten, den Haftanstalten und der Gestapo sorgten dafür, daß viele der Verurteilten nach Verbüßung ihrer Strafe in ein Konzentrationslager oder, später, in das Strafbataillon 999 überwiesen wurden (vgl. 5.203, S.74ff.). Gelang es der Gestapo, an einem Ort eine Widerstandsgruppe auszuheben, wurden oft genug auch verdächtige Personen in deren Umfeld, darunter vor allem ehemalige KZ-Häftlinge, festgenommen. Andere, die an ihren Wohn- und Arbeitsort zurückkehren durften, mußten sich regelmäßig bei der Polizei melden bzw. sich – wie Mettenheimer und seine Tochter im *Siebten Kreuz* – für weitere Verhöre zur Verfügung halten und waren deshalb für den Widerstand nicht mehr zu gebrauchen. Wieder andere – wie Bachmann – wurden wissentlich oder unwissentlich von der Gestapo als Lockvögel[48], Spitzel und »zur Beobachtung des Verkehrs« [153] benutzt (vgl. 5.197, S.101, 126) bzw. durch Zwang und Folter zur Mitarbeit erpreßt (vgl. 5.291 u. 5.250).

Wie genau sich die Entwicklung im Reich auf die spezifische Situation im Raum Frankfurt übertragen läßt, wo im Herbst 1937 Georg Heisler auf die rettende Passage ins Ausland wartet, macht der kaum übertriebene Optimismus eines Berichts der Frankfurter Gestapo aus dem Jahr 1938 deutlich: »Es gibt«, heißt es da, »keine neuen Verbindungen der KPD« (5.197, S.125) – eine Einschätzung der

Lage des Widerstands, die nicht nur die Realität trifft, sondern im Roman beinahe wörtlich in dem zum Teil bereits zitierten inneren Monolog von Paul Röders Arbeitskollegen Fiedler aufgegriffen wird: »Hab den Anschluß nicht mehr gefunden nach den vielen Verhaftungen, als die Verbindungen nach und nach durchrissen.« [341] Deutlich nahm in Frankfurt, wo 1934 noch 1 000 KP-Mitglieder registriert gewesen sein sollen, nach 1935/36 die Zahl der Widerstandsaktionen ab. Nach der Flucht von Lore Wolf – Informantin und, später in Paris, Mitarbeiterin von Anna Seghers bei der Niederschrift des *Siebten Kreuzes* – und einer umfangreichen Verhaftungsaktion war im Sommer 1934 die Rote Hilfe in Frankfurt zerschlagen[49] und damit der Unterstützung für Untergetauchte und Flüchtlinge ein schwerer Schlag versetzt worden. Bereits im Frühjahr 1933 hatten Anton Döring und die ebenfalls auf die Flüchtlingsarbeit spezialisierte Johanna Kirchner (5.66, S. 125–150), die sich für Mierendorffs Freilassung aus dem KZ Osthofen einsetzten, Frankfurt verlassen müssen – hielten aber weiterhin enge Kontakte zu ihrem Heimatbezirk aufrecht, die über Johanna Kirchners gemeinsame Grenzarbeit mit Lore Wolf im Saarland und im französischen Forbach Anna Seghers bei der Materialsammlung für ihren Roman zugute gekommen sein dürften. Zur selben Zeit, als die siebte und letzte illegale Bezirksleitung der KPD in Frankfurt ausgehoben wurde, gelang es der Gestapo, die sogenannte Funken-Gruppe im Umfeld von Hans Jahn zu zerschlagen, die sich in den Adlerwerken und der Eisenbahnwerkstatt organisiert hatte – Betriebe, die auch im *Siebten Kreuz* eine Rolle spielen (5.288, Bd. 4, S. 55 f.).

Entsprechend einmütig erinnern sich viele Zeitzeugen später daran, wie schwierig die Bedingungen für eine wirkungsvolle Widerstandsarbeit nach 1933 waren. Immer wieder ist da – wie im Roman bei der Begegnung zwischen Georg und Boland – von abgerissenen Verbindungen (5.245, S. 197) und von der mühsamen, gefährlichen Suche nach Genossen die Rede, denen man noch zu trauen vermag:

»Georg wußte, daß ... sich das Leben der Menschen verändert hatte, ihr Äußeres, ihr Umgang, die Formen ihres Kampfes. Das wußte er, wie es Boland wußte, falls er wirklich der alte geblieben war. Georg wußte das alles, aber er fühlte es nicht ... Und Boland hatte auf seiner Stirn kein Zeichen, das ihn deutlich machte.« [202f.] Mit Vorsicht wird behandelt, wer, wie Paul Röder im *Siebten Kreuz*, »Familie und Kinder« (5.249, S. 167) besitzt. Über Fünfer-, dann Dreiergruppen, mit Hilfe von Decknamen und -adressen, geheimen Treffpunkten[50] und falschen Angaben zur Person oder auch durch das Ausklammern von polizeibekannten Aktivisten wird die »konspirative Arbeit strengstens abgesichert« (5.250, S. 105) – Grundregeln, die Anna Seghers in ihrem Buch merkwürdigerweise so lax behandelt, daß sich der Lektor der amerikanischen Übersetzung Sorgen um Kritik von seiten erfahrener Krimileser macht.[51] Tagelang irrt Lore Wolf, selbst schon steckbrieflich gesucht und – wie Füllgrabe im Roman – bedroht von der Versuchung, sich und den Kampf gegen die Nazis aufzugeben, in ihrer Heimatstadt herum, um einen untergetauchten Genossen zu finden, der, wie sie selbst, von einem gefolterten Mitglied ihrer Gruppe verraten worden war: »Nachts habe ich wachgelegen ... Morgen gehst du zur Gestapo. Morgen stellst du dich. Dein Mann ist eingesperrt, deine Eltern sitzen im Gefängnis, dein Kind ist verschwunden ... Doch als es Tag wurde, habe ich gedacht: Bist du verrückt! Du kannst dich nicht stellen. Du kannst die Kumpel, die Genossen nicht verraten.«[52] Wer, wie Paul Röder, einem Verhör der Gestapo unbehelligt entkommt, weil deren Mitarbeiter auch nicht »allwissend« sind, sondern nur »wissen, was man ihnen sagt« [401], feiert das Ereignis wie einen kleinen Sieg (z.B. 5.246, S. 195), stößt aber zugleich auf Mißtrauen bei seinen Genossen, die sich gegen potentielle Verräter schützen müssen. Vorsichtig vermeidet man es, am Arbeitsplatz einem »Petzer« [174] oder im Wohnblock dem spionierenden Hausmeister in die Arme zu laufen (z.B. 5.288. Bd. 4). Und sicherlich muß, wer wie Schenk einen »verbotenen Sender« [278] abhört – eine Tätigkeit übrigens, die laut Gestapo 1937 wieder zunahm –[53] oder einen alten Freund beherbergt, damit rechnen, von einem mißgünstigen Nachbarn angezeigt zu werden: »Georg hatte ... den Daumen auf dem Klingelknopf ... Er zog die Hand zurück ... Glaubte er wirklich, so einer wie er könnte so leicht seine Spitzel abschütteln?« [243]

Barbara Mausbach-Bromberger hat die Namen von 1426 Widerstandskämpfern im Raum Frankfurt ermittelt. Eine Durchsicht von deren Lebens- und Leidensgeschichten würde zweifellos weitere Parallelen zu Wallau, Heisler, Marnet, Röder, Reinhardt, Kreß, Hermann, Fiedler, Sauer und jenem mysteriösen Backer zutage fördern, der sich wie ein reisender Instrukteur oder Grenzgänger der KPD nur kurz in Mainz aufhält, aber über die entscheidenden Verbindungen zu verfügen scheint [317].

Doch es bedarf angesichts der Fülle der bestehenden handfesten Hinweise solcher allgemeinen Vergleiche gar nicht, um eine Verbindung zwischen der Romanhandlung und der authentischen Situation des Widerstands herzustellen. So läßt sich im Stadtplan von Frankfurt zwar nicht jede Straße nachweisen, die im *Siebten Kreuz* erwähnt ist,[54] wohl aber bestätigt die Regionalforschung, daß jener Main-Taunus-Kreis, aus dem Franz Marnet und viele andere zur Arbeit in die Betriebe von Höchst und Frankfurt pendelten, in der Tat politisch besonders aktiv war (5.250, S.105 u. 5.288, Bd.4, S.46). Das gleiche gilt für die in der Geschichte des Frankfurter Widerstands oft erwähnte Riederwaldsiedlung, in der Georg bei dem Ehepaar Kreß ein illegales Quartier bekommt (vgl. 5.133, S.9; 5.288, Bd.4, S.46; 5.197, S.94). Der Symbolwert, den die durch den Westen von Frankfurt fließende Nidda, auf der sich Franz Marnet und Lotte zu »Ruderpartien« und »Fichtelager« [408] trafen und Sauer Paddelboot fuhr [282], für den kommunistischen Widerstand hatte, wird durch die authentische illegale Stadtteilzeitung *Der Rote Nidda-Bote* bezeugt (vgl. 5.64, S.185). Historische Untersuchungen und

»oral history«-Berichte zur Frankfurter Regionalgeschichte listen eine Vielzahl von politischen Aktionen bei Firmen wie Pokorny & Wittekind, wo Röder, Reinhardt, Kreß und Fiedler arbeiten [317, 346, 368, 389], bei den Griesheimer Eisenbahnwerkstätten, wo Hermann angestellt ist [289], bei den Adlerwerken und bei Opel – Rüsselsheim auf. Lore Wolf erinnert sich, für die Rote Hilfe regelmäßig illegales Material in diesen und anderen Betrieben verteilt zu haben (5.105, S. 175 u. 5.290, S. 136). Bei den Adlerwerken wurden nach einem Bericht der *Roten Fahne* Anfang 1937 nahezu 100 Belegschaftsmitglieder nach einer illegalen Geldsammlung für Spanien entlassen (5.197, S. 126). Hans Schwert, ein Gewerkschafter aus Frankfurt, hat berichtet, wie auch nach den Verhaftungen von 1935 in den Adlerwerken und der Eisenbahnwerkstätte neue Gruppen entstanden, die sich »bis in die Taunusdörfer hinaus« ausdehnen, bevor sie 1937 endgültig von der Gestapo zerschlagen werden (5.250, S. 105).

Und schließlich gibt es konkrete Hinweise, die auch den Fluchtweg von Georg Heisler mit der authentischen Situation des Widerstands im Rhein-Main-Gebiet in Beziehung bringen. Bekannt ist, daß es Hans Jahn, der eine der wichtigsten Kontaktpersonen für Anton Döring, Johanna Kirchner und die Funken-Gruppe war, 1935 gelang, aus der Haft zu fliehen und ins Ausland zu entkommen (5.285, S. 327f. u. 5.122, S. 83–86). Hilfe erhielt er dabei – wie andere Naziverfolgte auch – über die in Holland stationierte Internationale Transportarbeiterföderation, in der unter anderem zahlreiche holländische Rheinschiffer organisiert waren (5.288, Bd. 4, S. 55 u. 5.192, S. 91 f.). Dazu zwei Meldungen von den Sicherheitsorganen der Nationalsozialisten und ein Zitat aus dem *Siebten Kreuz*: »Vor einigen Tagen«, heißt es im Lagebericht der Staatspolizeistelle Frankfurt vom November 1935, »wurden auf einem holländischen Schiff im Frankfurter Osthafen die kommunistische Hetzschrift ›Imprekorr‹ und die ›Prager A.I.Z.‹ vorgefunden.« (5.180, T. 1, S. 508) Wenig später, im Frühjahr 1937 findet eine interne Diskussion im SD-Unterabschnitt Koblenz über die Situation bei den Rheinschiffern statt, zu der der Bürgermeister des zwischen Bingen und Koblenz gelegenen Rheindorfes Oberwesel ein Schreiben beisteuert, in dem er nicht nur auf die schlechte soziale Lage der Rheinschiffer und deren schädliche Kontakte in ausländischen Häfen, sondern auch auf einen harten Kern von »geborenen Kommunisten« zu sprechen kommt: »Daß sich unter den Rheinschiffern in der Systemzeit eine große Anzahl Kommunisten befunden hat, ist bekannt ... Es ist sicher, daß viele von ihnen auch heute noch der kommunistischen Idee anhängen und sich nur nach außen hin politisch umgestellt haben.« (5.218, S.403) Ungefähr zur gleichen Zeit, im Oktober desselben Jahres, spielt sich im *Siebten Kreuz* folgende Szene zwischen Reinhardt und Fiedler ab: »Reinhardt ... legte einen Umschlag vor ihn hin. Der ... enthielt die Papiere auf den Namen des Neffen eines holländischen Schleppdampferkapitäns, der die Fahrt von und nach Mainz gewöhnlich mit seinem Onkel machte. Diesmal war er zur rechten Zeit in Bingen erreicht worden, um Papiere und Paß dem andern abzutreten ... In dem Umschlag steckte gefährliche, mühselige Kleinarbeit, steckten unzählige Wege, Erkundungen, Listen, die Arbeit vergangener Jahre, alte Freundschaften und Verbindungen, der Verband der Seeleute und Hafenarbeiter, dieses Netz über Meere und Flüsse.« [393]

Resümieren wir. Anna Seghers hat das *Siebte Kreuz* geschrieben – so steht gleich zweimal an entscheidender Stelle im Text zu lesen [171, 410] –, um jenes Niemandsland zu überbrücken, das die Nazis durch die Ausrottung von Menschen wie Ernst Wallau und Georg Heisler zwischen die Generationen zu legen versuchen. Wenn dabei die Rolle des Widerstands ein quantitatives Übergewicht erhält, das die reale Situation des täglichen Faschismus im Herbst 1937 so weit verzerrt, daß Menschen wie die Ehepaare Fiedler und Kreß durch ihr Engagement für Heisler geradezu ›verjüngt‹ [369] werden, so mag das eine Reihe von Gründen haben: angefangen vom taktisch bestimmten Optimismus der Exil-Kommunisten in Sachen Antifaschismus über Anna Seghers' Versuch, für das Ausland ein positives Bild von Deutschland zu entwerfen, bis hin zu dem im Schlußwort des Romans beschworenen Glauben der Autorin an das Gute im Menschen und der Einsicht, daß die Geschichte der Verlierer von 1933 allein deshalb geschrieben werden muß, damit die Sieger nicht »im historischen Gedächtnis unseres Volkes vorherrschen« (5.220, S. 181).

Zugleich läßt sich jedoch nicht übersehen, daß der Erfolg von Anna Seghers' Vorhaben, schreibend Gedächtnis zu schaffen, eben nicht einer simplen politischen Parteinahme, sondern einer Arbeitsmethode zuzuschreiben ist, die Ereignisse von historischer Tragweite und scheinbar triviale Alltagsbegebenheiten, dokumentarisch abgesicherte Fakten und fiktive Figuren und Handlungsabläufe zu einem gleichermaßen spannenden und wirklichkeitsgetreuen Gemisch verbindet. Hierin korrespondiert *Das siebte Kreuz* sowohl mit Grundpositionen einer alternativen Geschichtswissenschaft wie – von der Seite der Literatur aus gesehen – mit jenem Begriff der subjektiven Authentizität des Schreibens, den die Seghers-Schülerin und -Freundin Christa Wolf zur Methode für ihre eigene Arbeit gemacht hat. (5.289) So fordert etwa Siegfried Kracauer von den Historikern, was auch für jede kritisch-realistische Literatur im Zentrum steht – nämlich das »›Genuine‹, das in den Zwischenräumen der dogmatisierten Glaubensrichtungen der Welt verborgen liegt, in den Brennpunkt« zu stellen, »eine Tradition verlorener Prozesse« zu begründen und »dem bislang Namenlosen einen Namen« (5.174, S. 247) zu geben. Der 1933 von den Nazis ermordete Kulturphilosoph Theodor Lessing denkt darüber nach, daß, wenn Geschichtsschreiber nichts tun, »als natürliche Strömungen sicherer Erfahrungen festzustellen« (5.187, S. 227), Geschichte in der Tat als »das Produkt einer kollektiven Erdichtung« (5.124, S. 26) verstanden werden könne, als »ein Gewebe, bei dem wir gleich der Spinne in ihrem Netz immer selbst das Zentrum und den Ursprung aller Fäden bilden« (5.187, S. 23). Und Christa Wolf, die sich selbst literarisch mit dem Thema täglicher Faschismus auseinandergesetzt hat, formuliert in einem Essay über Lesen und Schreiben: »Prosa ... baut tödliche Vereinfachungen ab, indem sie die Möglichkeiten vorführt, auf menschliche Weise zu existieren ... Sie kann Zeit raffen und Zeit sparen, indem sie die Experimente, vor denen die Menschheit steht, auf dem Papier durchspielt ... Sie erhält die Erinnerung an eine Zukunft in uns wach, von der wir uns bei Strafe unseres Untergangs nicht lossagen dürfen.« (5.289, S. 502 f.)

Kurz: Wer etwas über die NS-Wirklichkeit der mittleren dreißiger Jahre erfahren möchte, wird durch Anna Seghers' Roman *Das siebte Kreuz* nicht nur umfassend und durchaus verläßlich informiert. Er erhält zugleich einen Anstoß, die mit allen Mitteln der Kunst auf eine zeitlos-allgemeinmenschliche Ebene gehobenen und doch zugleich quasi authentischen Bilder und Berichte vom Alltag und Widerstand im Dritten Reich über das Niemandsland der Jahre 1933 bis 1945 hinaus (selbst)kritisch bis in seine eigene Gegenwart weiterzudenken.

2. Das KZ Osthofen: Fiktion und Wirklichkeit

Die Lagergeschichte

Ende August 1946 stellte der *Neue Mainzer Anzeige*r, eben erst entnazifiziert und mit dem Zusatz »neu« im Namen versehen, den »Roman einer Mainzerin« vor, die, so »die letzte Kunde«, zur Zeit in Mexiko lebt im Kreise von Erich Maria Remarque [!], Ludwig Renn und Egon Erwin Kisch. Die Eltern der Autorin, so heißt es weiter, hätten vor dem Krieg am Flachsmarkt ein Antiquitätenhaus gehabt, »eine Schatzgrube für Kunstfreunde«, »angefüllt mit seltenen Teppichen und alten Möbeln, die voll der Melodie des goldenen Handwerks des Mittelalters waren«. Haus und Besitzer seien einem jeden Mainzer bekannt gewesen, und lange war die Familie »von dem schützenden Mantel ihrer großen Wohltätigkeit umgeben«. Doch dieser Schutz konnte ihnen nicht bleiben, denn »sie waren Juden«. So kam es, daß auch für diese Familie, als der Zeitpunkt versäumt war, »zu fliehen aus diesem Lande ... nur die Würfel des Todes fallen konnten«: »Die Brüder Reiling waren alt. Einer starb wie seine Frau, ehe sein unabwendbares Geschick, das er nicht vorausgesehen, sich erfüllen konnte. Der zweite Bruder kam nach Theresienstadt. Seine Spuren sind verweht wie die vieler stiller und guter Menschen, die nur den einen Fehler hatten, Juden zu sein.« (3.60)

Die kurze, leicht pathetisch wirkende Rezension läßt keine Zweifel: das kollektive Gedächtnis an die NS-Zeit funktionierte 1946 noch in Mainz und Umgebung. Mühelos erinnert sich der Rezensent angesichts der deutschen Erstausgabe des *Siebten Kreuzes* daran, daß es einst in Osthofen bei Worms ein Konzentrationslager gegeben hatte und daß dort »das Verbrechen, das in Buchenwald und Auschwitz in einem schaurigen Totentanze jagte, noch in Kinderschuhen« einherging. Ohne wie spätere Generationen in den zerbombten und zerstreuten Archiven nachsuchen zu müssen, weiß er, daß dieses Lager zu den ersten in Deutschland gehört hatte. Nahtlos scheint die im Anschluß an die Besprechung abgedruckte Passage aus dem Roman – das im Schatten des Mainzer Doms geführte stumme Zwiegespräch zwischen Georg und dem jüdischen Arzt Dr. Herbert Löwenstein – bei ihm und seinen Lesern an Erfahrungen anzuknüpfen, die man wenig später mit großem Erfolg verdrängen wird (3.60).

Und noch eine Zeitungsmeldung aus jenen Jahren gilt es mit Bezug auf die kollektive Erinnerung im Raum Mainz zu zitieren: diesmal über einen SS-Führer namens Dr. Werner Best, ehemals in Mainz bekannt als »aufgeweckter« (5.126; vgl. 5.229) Gymnasiast, politischer Aktivist, Gerichtsreferendar mit »ausgezeichnetem Ruf«[1], von 1931 bis 1933 Kreisleiter der NSDAP, dann ab 1933 Kommissar für das Polizeiwesen in Hessen und verantwortlich für die Verstaatlichung des wilden Lagers Osthofen. Auch hier geht nämlich der Schreiber, unter der Überschrift »Der Henker von Paris. Zur Auslieferung des Dr. Best« davon aus, daß sich »die ältere politische Generation von Mainz ... noch gut« an den »jungen ... Best (geb. 10. 7. 1903)« erinnert, »der hier die Schule besuchte«, »schon sehr früh für politische Dinge interessiert war« und »zuerst ... in der Deutschnationalen Volkspartei als Redner und unermüdlicher Organisator« wirkte. »Von reinem Idealismus« sei dieser Mann ursprünglich beseelt gewesen, dann aber in den Reihen der NSDAP »korrumpiert und verdorben« worden. Dabei führte ihn »die schiefe Bahn«, auf die er geriet, von den berüchtigten Boxheimer Dokumenten über das Amt des Landespolizeipräsidenten von Hessen bis ins eigentliche Zentrum des NS-Staates, an die Seite von Heinrich Himmler und Reinhard Heydrich in Gestapo und Reichssicherheitshauptamt, bis er schließlich als Chef der Militärverwaltung in Paris und Reichsbevollmächtigter in Dänemark seine NS-Karriere beendete (5.126).

Ein Grund, warum man sich unmittelbar nach 1945 in Mainz so lebhaft an das Schicksal der jüdischen Mitbürger und an Einrichtungen wie das KZ Osthofen erinnert, liegt auf der Hand: Niemand, der zwischen Worms, Mainz, Gießen, Frankfurt und Darmstadt 1933/34 Zeitung las oder der Kommunalpolitik ein wenig Aufmerksamkeit widmete, hatte die Existenz des Lagers Osthofen zu übersehen vermocht. Regelmäßig wiesen regionale Zeitungen auf Erlasse und Verordnungen der hessischen Landesregierung hin, die mit den neueingerichteten Konzentrationslagern zu tun haben. Vor allem im Frühjahr 1933 vergeht kaum eine Woche, in der die Medien nicht mehrfach von Einlieferungen und Gefangenentransporten in das heimische KZ berichten. Presseberichte, oft begleitet von ganzseitigen, reich bebilderten Reportagen über Osthofen, nehmen derart überhand, daß Best sich, wie erwähnt, per Verlautbarung vom 5. Juli 1933 die Genehmigung für weitere Besuche vorbehält, weil die Lagerwachen, »von Neugierigen überlaufen«, »deren Führung« nicht mehr zu bewältigen vermögen.² Abgelehnt wurde vom Polizeiamt Worms der Antrag eines Lokalredakteurs der *Rhein- und Nahe-Zeitung*, ein Wochenende im Lager wohnen zu dürfen und während dieser Zeit »von der Lagerleitung ... auch als Häftling behandelt« zu werden.³

»›Die Redaktion ist freundlich eingeladen, morgen an einer Besichtigung des Konzentrationslagers Osthofen teilzunehmen‹, beginnt einer dieser Berichte Mitte April 1933 in der *Wormser Zeitung*. ›Abfahrt 11 Uhr vom Polizeiamt aus!‹ So gelangte am Dienstag früh zu uns die Nachricht aus der Erenburgerstraße, die mit Genugtuung zur Kenntnis genommen wurde. Sollte sich doch die Gelegenheit bieten, einmal mit einer Einrichtung bekannt gemacht zu werden, über die in Worms z. Zt. viel geredet wird und über die auch – wie es in solchen Fällen immer ist und immer bleiben wird – allerlei Gerüchte in Umlauf gekommen sind ... Die Pressevertreter fanden sich also zum festgelegten Zeitpunkt ... ein. In dem von Herrn Polizeipräsident Jost selbst geführten schnittigen Benz-Mercedes gelangten sie dann in rascher Fahrt durch einen linden Frühlingsmorgen nach Osthofen und hin zum Konzentrationslager ... Über dem Gebäude weht die Hakenkreuzfahne, und vor den Eingängen ... stehen SA-Leute mit umgehängten Karabinern auf Posten.« In einer kleinen Begrüßungsansprache weist Polizeidirektor Jost darauf hin, daß ein »Zweck des Lagers« sei, »Personen aus dem öffentlichen Leben und Getriebe herauszunehmen ..., die Gefahr bedeutet hätten nach der Machtübernahme, besonders Kommunisten ..., die mehr oder minder Blut an den Fingern haben ...« Die andere, »stolzeste Aufgabe« des Lagers sei es, »den Inhaftierten zu beweisen, daß die Nationalsozialisten keine ausgebrochenen Wilden, Mörder und Arbeiterfresser sind, sondern ... anständige Menschen«, deren Bewegung »die Rettung des deutschen Volkes überhaupt bedeutet«. Entsprechend sauber und ordentlich gehe es, so

Bilder vom Pressebesuch im Konzentrationslager Osthofen

Von links nach rechts: Staatskommissar Pg. Dr. Beß. Polizeidirektor von Worms Pg. Jost. Sturmbannführer Lagerleiter d'Angelo.

Die zufrieden lachenden Häftlinge beim Mittagsmahl.

Bilder vom Pressebesuch im Konzentrationslager Osthofen, 1934

Schlafsaal im Konzentrationslager Osthofen

Häftlinge beim Essen

Schuhmacherei

die Darstellung durch den Lagerleiter Karl d'Angelo für die Presse, in dem KZ zu. »Unterkunft, Verpflegung und Behandlung seien über alle Erwartungen gut«, »das Essen sei sehr abwechslungsreich und nahrhaft«, »anständig und menschlich« verhalten »die SA und SS ... sich gegen jene Terroristen«, von denen sie vor kurzem noch mit »grundlosen Mißhandlungen« und »Drohungen«[4] verfolgt wurden.

Und noch ein zweiter Faktor dürfte dazu beigetragen haben, daß das KZ Osthofen unmittelbar nach der Zerschlagung des zwölfjährigen Reiches in Mainz und um Mainz herum nicht ohne weiteres aus dem Gedächtnis der Menschen verschwand: die Entnazifizierungskampagnen der Alliierten. Kleine und große Nazis, darunter auch Mitglieder der ehemaligen Wachmannschaft von Osthofen, saßen damals in den Internierungslagern der Region ein und bereiteten sich auf Spruchkammer- und Gerichtsverfahren vor.[5] Viele der Häftlinge von Osthofen bemühten sich bis in die fünfziger Jahre mit mehr oder weniger Erfolg um Entschädigung und Wiedergutmachung (1.2). Lokalblätter wie die *Neue Mainzer Zeitung* brachten in den ersten Jahren nach Kriegsende regelmäßig Meldungen von Kriegsverbrecher- und KZ-Prozessen.[6] Ja, selbst die Amerikaner, die Osthofen am 20. März 1945 ›befreiten‹, scheinen gewußt zu haben, was sich in der Frühphase des tausendjährigen Reiches in dem kleinen westrheinischen Weinstädtchen abgespielt hatte. Jedenfalls wurde in einem Flugblatt, das die US-Armee Ende April 1945 über Norditalien abwarf, neben Buchenwald auch Osthofen erwähnt: »Am 12. April 1945 entwaffneten Insassen des berüchtigten Konzentrationslagers Buchenwald ihre Wachen ... Bereits vorher waren die sog. Moor-Lager sowie Osthofen, Kislau usw. im Westen des Reiches durch alliierte Truppen besetzt worden.« (5.57, S. 8)

Drei, vier Jahrzehnte später steht es dann ganz anders um die Erinnerung an die frühen, regionalen Lager (3.148). Jetzt will niemand mehr in Osthofen, Mainz und anderswo in der Bundesrepublik etwas von ›seinem‹ lokalen KZ wissen. Ein »Osthofen – Schicksalsweg einer Dorfgemeinschaft« überschriebener Bericht in der Festschrift zur *Einweihung der Goldbergschule in Osthofen* weiß zwar noch genau, daß »die beiden letzten Kriege ... von Osthofen große Opfer ... forderten« (5.87, S. 16), das KZ wird ebensowenig erwähnt wie in einem Bildband über die Möbelfabrik Hildebrand & Bühner, »durch die der Name Osthofen in der Fachwelt einen guten Klang erhielt« (5.87, S. 56). »KZ? Hier in Osthofen?« (5.62), müssen sich die Barfußhistoriker in den siebziger und achziger Jahren bei Befragungen der Bevölkerung entgegenhalten lassen, »ich bin '38 geboren, dann kann ich's ja nicht wissen!« (3.148) Über Jahre hinweg blockieren regionale und überregionale Behörden die Einrichtung einer Gedenkstätte in Osthofen. Veranstaltungen der Lagergemeinschaft Osthofen werden als kommunistische Umtriebe verdächtigt. Archivarbeit, darunter Interviews mit überlebenden Insassen des Lagers, muß aus der DDR mitfinanziert werden. Ein erster Versuch, in Form einer Broschüre mit wissenschaftlichen Mitteln Material für eine Geschichte des KZ Osthofen zusammenzustellen, erscheint 1986 als Eigendruck der Verfasser (5.216). Und als sich Anfang der neunziger Jahre die Errichtung einer Gedenkstätte nicht mehr hinauszögern läßt, versucht der Bürgermeister von Osthofen, die »Ängste der Bevölkerung« durch den Hinweis einzudämmen, daß »bereits jetzt jährlich mehr als tausend Besucher« der Begegnungsstätte den »ausgezeichneten Wein« der Region nicht nur vor Ort genießen, sondern »auch in die eigene Heimat mitnehmen« (5.120, S. 1, 4).

Kein Wunder also, daß sich vor allem Politiker bis weit ins vierte Jahrzehnt nach Kriegsende wenn überhaupt, dann im Zusammenhang mit Anna Seghers' Roman an Osthofen erinnern. Dabei ergibt sich, gleichsam in Verkehrung der Beziehung zwischen Dokument und Fiktion, die merkwürdige Situation, daß dem authentischen Lager Osthofen vor allem deshalb Bedeutung zugemessen wird, weil es über das fiktive KZ Westhofen in Anna Seghers' Buch in aller Welt bekannt gemacht worden war. In einem Brief des DGB an den rheinland-pfälzischen Kulturminister Georg Gölter etwa taucht, neben allerlei anderen Argumenten für eine Unterstellung des ehemaligen Lagergeländes unter Denkmalschutz, ein Hinweis auf *Das siebte Kreuz* auf.[7] Und auch in einer Debatte des Osthofener Stadtparlaments zum selben Thema scheint der Roman eine besondere Rolle gespielt zu haben, denn eines der Ratsmitglieder meint, ausdrücklich darauf hinweisen zu müssen, daß »der wiederholt kontrovers zitierte Roman ... als Dichtung und nicht als Tatsachenroman zu sehen«[8] sei.

Die Stadtväter von Osthofen mögen die authentische Geschichte ihres Dorfes aus fragwürdigen Gründen hinter der fikiven Romanhandlung verborgen haben. Ganz falsch liegen sie mit ihrer Interpretation deshalb nicht, denn einen zwingenden Grund, das fiktive und das authentische Lager gleichzusetzen, gibt es – zumindest auf den ersten Blick – nicht. Ja, es existiert noch nicht einmal ein konkreter Beleg dafür, daß Anna Seghers mit Einzelheiten über das KZ Osthofen vertraut war. Historisch ›falsch‹ ist neben der Ortsangabe Westhofen, wo es in Wirklichkeit nie ein KZ gegeben hat, u.a. die Zeit der Romanhandlung, denn im Herbst 1937 waren die frühen Lager vom Typ Osthofen bereits seit mehreren Jahren aufgelöst. Nie hat es, wie im Roman, in Osthofen eine Massenflucht oder eine Strafablösung des Lagerkommandanten gegeben. Und nach allem, was wir wissen, läßt sich mit Sicherheit sagen, daß im KZ Osthofen weder durch Kreuzigung noch durch Folter oder andere Gewalteinwirkung Häftlinge eines unnatürlichen Todes gestorben sind.

Da hilft es auch nicht, daß Osthofen – nicht Westhofen, wie im Roman angedeutet wird [41] – tatsächlich an der Chaussee liegt, die über Oppenheim nach Mainz führt. Topographische Angaben, die über solche bekannten Orte hinausgehen, klingen für diesen Teil des Wonnegaus zwar durchaus authentisch (Botzenbach, Ober- und Unterreichenbach, Kalheim, Liebacher Au), sind aber auf keinem Meßtischblatt aufzufinden. Nie hätten die Ausbrecher, wie Fahrenbergs Zirkelschlag um das KZ vorgibt, in der ersten Phase ihrer Flucht von Westhofen aus das Rheinufer erreichen können.

Um es also noch einmal und mit aller Deutlichkeit zu sagen: das tatsächliche KZ Osthofen ist nicht mit dem fiktiven KZ Westhofen identisch. Wenn es sich dennoch lohnt, das Roman-KZ mit dem tatsächlichen Lager in Beziehung zu bringen, dann aus zwei Gründen. Einmal läßt sich nur anhand einer genauen Untersuchung eines frühen Lagers vom Typ Osthofen der Nachweis erbringen, ob der von Anna Seghers aus der Distanz des Exils geschriebene Roman den Verhältnissen in Deutschland entspricht. Denn nur, wenn das erfundene KZ Westhofen die tatsächliche Lagerwirklichkeit »korrekt« wiedergibt, wenn also die Fiktion gleichsam authentisch sein könnte, wäre es angebracht, daß *Das siebte Kreuz* über Jahrzehnte hinweg stellvertretend jene Erinnerungslücken füllt, die durch die kollektive Vedrängung bzw. fehlende zeitgeschichtliche Untersuchungen über wirkliche Lager entstanden sind. Oder um den Anlaß, der Anna Seghers zur Niederschrift der Erzählung vom Widerstand gegen die Nazis bewegt hat, noch einmal zu zitieren: »... wir sprachen es aus zum erstenmal, daß wir, in solchem Maß ausgerottet, in solchem Maß abrasiert, ohne Nachwuchs vergehen müßten.« [170]

Zum anderen vermag die Nebeneinanderstellung von Roman und Wirklichkeit Material bereitzustellen für einen Vergleich zwischen der Form des dokumentarischen Augenzeugenberichts über die Konzentrationslager, die im Exil unmittelbar nach 1933 besonders populär war, und einer fiktionalen Verarbeitung desselben Stoffes. Literatur wie *Das siebte Kreuz*, so könnte sich dabei herausstellen, mag ihre größere Langzeitwirkung gegenüber Augenzeugenberichten vor allem dadurch zu erzielen, daß sie nicht einfach Geschichten erfindet, sondern bei der Anwendung von Mitteln wie Überhöhung, Verallgemeinerung, Abstraktion usw. von einer historisch und soziologisch konkreten, »korrekt« verstandenen Wirklichkeit ausgeht. Denn, wie Anna Seghers während der Entstehung des Manuskripts im Rahmen jener berühmten Debatte über Realismus und Modernismus an Georg Lukács schreibt, »auf der ersten Stufe nimmt der Künstler die Realität scheinbar unbewußt und unmittelbar auf, er nimmt sie ganz neu auf, als ob noch niemand vor ihm dasselbe gesehen hätte ...; auf der zweiten Stufe aber handelt es sich darum, dieses Unbewußte wieder bewußt zu machen usw.« (2.46, Bd. 1, S. 175)

Um genau dieses Problem soll es also im folgenden gehen: um Wirklichkeit und Fiktion, um Anschauung und ihre literarische Verarbeitung, um dokumentarisches Material und seine künstlerische Umsetzung. Oder um es anders, konkreter zu sagen: Um die Frage, inwiefern das fiktive Lager Westhofen mit seinen Insassen, seiner Wachmannschaft und seinem soziopolitischen Umfeld der Situation eines authentischen frühen Lagers vom Typ Osthofen entspricht.

Das KZ Westhofen nimmt, rein äußerlich gesehen, im *Siebten Kreuz* keine überragende Rolle ein. Nur 17 von nahezu 100 Episoden sind dem Geschehen bzw. Personen im Lager gewidmet, wobei freilich nicht zu übersehen ist, daß der Erzähler immer an den entscheidenden Stellen seines Berichts auf Westhofen zu sprechen kommt: Beide Teile des Rahmens spielen im Lager. Westhofen steht durch die Flucht der sieben Häftlinge und die Errichtung der sieben Baumkreuze bei allen Ereignissen im Hintergrund; und schließlich wird über den Erzähler, der selbst in Westhofen Häftling war, eine zwar eher indirekte, aber nie abreißende Verbindung zur Lagerhandlung aufrechterhalten.

Nach handfesten Fakten über die Geschichte des KZ Westhofen und den Lageralltag wird man dagegen im Roman vergeblich suchen. So läßt sich nur mit Mühe rekonstruieren, daß das Lager seit 1933 bestanden hat.[9] Vom Lagergelände wird – wie in den authentischen Zeitungsmeldungen – berichtet, daß es am Rande des Dorfes Westhofen an einer Landstraße liegt, aus Baracken besteht und auf den ersten Blick einen ordentlichen Eindruck macht: »Keine fünf Minuten Autofahrt von der Darré-Schule nach Westhofen. Fritz hatte sich unter Westhofen etwas Höllisches vorgestellt. Aber da waren nur saubere Barakken, ein großer, sauber gekehrter Platz, ein paar Posten, ein paar gekuppte Platanen, stille Herbstmorgensonne.« [168] Wenn nötig, verwandelt sich der saubere Hof in den sogenannten »Tanzplatz« [29], auf dem die Häftlinge bis zur Bewußtlosigkeit strammstehen müssen und Neueingelieferte derart brutal geprügelt werden, daß Franz Marnet beim Anblick der Wundmale auf den Rücken seiner Arbeitskollegen neben Dachau auch Westhofen in den Sinn kommt. Knapp wird auf den Wechsel in der Lagerführung nach dem Ausbruch der sieben Häftlinge und den damit verbundenen neuen Führungsstil verwiesen. Die Wachmannschaft setzt sich aus Zillichs SA-Kolonne und Bunsens SS zusammen; ein Lagerarzt wird erwähnt. Zur Aufklärung der Flucht kommen zwei Gestapobeamte auf das Gelände, die auch Kriminalkommissare genannt werden und offensichtlich gegenüber dem Lagerkommandanten und den Führern von SA und SS weisungsberechtigt sind. Für die Häftlinge gibt es Arbeitseinsätze im Lager, etwa wenn ein Elektriker in der Kommandantur Leitungen verlegen muß, und Außenarbeit zum Trockenlegen von Sümpfen. Als Strafmaßnahmen, zum Beispiel bei Fluchtversuchen, stehen Bunker, Kürzung der Essensrationen und – wie im KZ Buchenwald[10] – Baumbinden zur Verfügung. Verhöre werden routinemäßig von Schlägen begleitet. Dazu kommt, gleichsam als spontane Aktion der Wachmannschaften, das nächtliche ›Durchgehen‹ der Baracken. Über die Haftdauer lassen sich nur indirekt Rückschlüsse ziehen: knapp vier Jahre war Heisler in Westhofen, ungefähr die Hälfte dieser Zeit Belloni, seit acht Monaten Beutler. Sicher ist, daß keiner der Häftlinge von einem ordentlichen Gericht eingewiesen wurde.

Kurz: Was Anna Seghers dem Leser über das Roman-KZ Westhofen an Informationen mitgibt, reicht nicht aus, um eine direkte Verbindung zu dem authentischen Lager Osthofen herzustellen. Und doch läßt selbst ein flüchtiger Blick auf die erst in jüngster Zeit besser erforschte Geschichte der frühen, wilden Konzentrationslager in Deutschland deutlich werden, wie genau sich die tatsächlichen Lager vom Typ Osthofen im Roman-KZ Westhofen widerspiegeln.

Wilde Konzentrationslager entstanden unmittelbar nach dem Reichstagsbrand zunächst in Preußen, dann auch in anderen Teilen Deutschlands. Offiziell erklärte man ihre Funktion damit, daß die ordentlichen Gefängnisse ihre Kapazität erschöpft hätten angesichts der großen Zahl von Regimegegnern, die aufgrund der berüchtigten Verordnung des Reichpräsidenten zum Schutz von Volk und Staat vom 28. Februar 1933 sowie verschiedener regionaler Erlasse verhaftet wurden. Inoffiziell waren viele der Lager, die anfangs durchweg unter Kontrolle der regionalen SA standen, freilich Orte, wo alte Rechnungen mit lokalen politischen Opponenten aus der sogenannten Systemzeit beglichen wurden. Da für eine Festnahme weder ein Haftbefehl noch eine nach dem geltenden Gesetzbuch strafbare Handlung vorliegen mußte und die bestehende Exekutive dem Treiben der nationalsozialistischen Revolution eher wohlwollend gegenüberstand – wenn sie sich nicht ohnehin schon freiwillig in die braune Bewegung eingereiht hatte –, reichte es oft aus, wenn der Verhaftende irgendeine Funktion in der NS-Bewegung besaß. Die überwiegende Zahl der KZ-Insassen der ersten Stunde stammte aus den Reihen der bei den Nazis besonders verhaßten KPD und ihren Organisationen, schloß aber auch Gewerkschafter, Linksintellektuelle, Juden und in zunehmendem Maße Sozialdemokraten mit ein.

Zeitgenössischen Statistiken zufolge gab es Anfang Juli 1933 in Deutschland mindestens 45 wilde Lager vom Typ Ost- bzw. Westhofen mit einer Gesamtzahl von 35000 bis

40 000 Häftlingen (5.46, S. 274). Eingerichtet wurden diese Lager auf regionaler Ebene, rasch und ohne logistische Vorplanung in leerstehenden Gebäuden, Kasernen, Kasematten und Kellern von Braunen Häusern, also in Mainz im Dalberger Hof, in Worms im Braunen Haus und in Darmstadt im alten Militärgefängnis in der Riedeselstraße (5.170, S. 742). Entsprechend schlecht waren Unterbringung und Verpflegung. Mißhandlungen gehörten zur Tagesordnung, wobei die Häftlinge auf Gedeih und Verderben der Willkür ihrer jeweiligen Bewacher ausgeliefert waren. Die Zahl der Todesfälle ging, wie auch im Roman erwähnt wird, gleich zu Anfang der »Hitlerherrschaft« [170] in die Hunderte. Da die Festgenommenen keinem Richter oder ordentlichem Gericht vorgeführt wurden, hing die Haftdauer davon ab, ob der ›Erziehungsprozeß‹ der Inhaftierten nach Meinung ihrer Peiniger genügend Fortschritte gemacht hatte. Umerziehung nämlich war, mehr als Bestrafung oder gar Sühne, das eine, in oft seitenlangen Presseberichten beschriebene Ziel der als »Erziehungs- und Besserungsanstalten« (5.116, S. 502) deklarierten frühen Konzentrationslager. Der andere, kaum weniger offen publik gemachte Zweck war die Abschreckung und Einschüchterung aller jener, die sich offen oder passiv gegen eine Gleichschaltung zur Wehr setzten.

Wann genau das Lager Osthofen eröffnet wurde, läßt sich bei der gegenwärtigen Quellenlage nicht mehr exakt rekonstruieren. Wiedergutmachungsakten aus der Nachkriegszeit nennen den 6. März, also den Tag der sogenannten Machtergreifung in Hessen.[11] Andere Quellen beruhen auf Augenzeugenberichten und Polizeiakten und erwähnen den 8. März 1933, (5.216, S. 36), wieder andere sprechen allgemein von Mitte März (5.160, S. 35). Die NS-nahe *Mainzer Tageszeitung* berichtet am 2. April, daß »seit dem gestrigen Tage ... in der Papierfabrik ein Konzentrationslager für politische Gefangene eingerichtet«[12] sei – ein Datum, das allein deshalb nicht korrekt gewesen sein konnte, weil dieselbe Zeitung einen Tag später in einem umfangreichen Bericht von der »reinsten Völkerwanderung nach dem Konzentrationslager« am vergangenen Samstag und Sonntag sowie von dem Besuch einer hohen NS-Delegation aus Kärnten berichtet, in deren Verlauf u. a. »die schöne reinliche Küche bewundert«[13] wurde. So oder so – fest steht, daß dem KZ Osthofen der fragwürdige Ruhm zukommt, noch vor Dachau (22. März 1933) und den Emslandlagern (ab April 1933) zu den allerersten Konzentrationslagern in Deutschland zu zählen.

Wie der Zeitpunkt der Eröffnung des KZ Osthofen ist auch die Frage des Standorts für das zentrale Lager für Hessen nicht voll geklärt. Anzunehmen ist jedoch, daß eine Reihe von ›glücklichen‹ Umständen bei der Wahl von Osthofen zusammengewirkt haben. So existierten in Osthofen seit mehreren Jahren besonders aktive SS- und SA-Stürme, die bis weit über die Grenzen der Provinz Rheinhessen hinaus bei vielen Wahlkundgebungen und Straßenschlachten dabei waren. Der führende Osthofener Vertreter der NS-Bewegung und – nicht zufällig – erste und einzige Kommandant des Konzentrationslagers, Karl d'Angelo, besaß über sein Landtagsmandat persönliche Kontakte zur neuen hessischen Regierung und deren Kommissar für das Polizeiwesen, Dr. Werner Best. Und schließlich gab es am Rande von Osthofen zwei mit Blick auf Gefangenentransporte günstig zum Bahnhof und zur Straße Mainz – Worms gelegene leerstehende Fabriken, von denen die eine, die sogenannte Knierimsche Mühle, dem Staat gehörte (1.17, H 53/304), die andere, eine ehemalige Papierfabrik, stillgelegt war.

Mitglieder des Projekts Osthofen haben vor einigen Jahren mit Hilfe von ehemaligen Lagerinsassen einen Plan des Geländes rekonstruiert, der verdeutlicht, daß das KZ Osthofen in etwa so aussah wie das Roman-KZ Westhofen: Unmittelbar gegenüber dem Eingang befanden sich Kommandantur und Wache; dahinter lagen, auf zwei Gebäude verteilt, Zellen für ca. 300 Häftlinge. Der ehemalige Fabrikhof diente als Appellplatz; an seinem Rand standen die

Außenansichten des Konzentrationslagers Osthofen

Latrine und ein ›Arena‹ genannter Stacheldrahtkäfig. In dem anderen, auf der gegenüberliegenden Straßenseite gelegenen Fabrikgelände, der ehemaligen Knierimschen Mühle, war das sogenannte Lager II untergebracht, das in den Erinnerungen ehemaliger Häftlinge mit verschärftem Arrest und Isolierhaft in Verbindung gebracht wird.[14]

Bewacht wurde das KZ anfangs von oft arbeitslosen[15] SA- und SS-Männern aus Osthofen und den umliegenden Dörfern, später von einem jener Sonderkommandos der SS, die Werner Best Anfang April ins Leben rief (1.14, G 12 A, 21/5). Außergewöhnlich brutale Übergriffe gegen die Lagerinsassen, die ebenfalls zum überwiegenden Teil aus dem Raum Worms – Alzey – Oppenheim – Mainz kamen und mit denen die Bewacher manche persönliche Rechnung aus der Zeit vor der sogenannten nationalen Erhebung zu begleichen hatten, kamen wohl nur selten vor, obwohl die drohende Sprache in der nationalsozialistischen und gleichgeschalteten Regionalpresse keine Zweifel an den Methoden des Umerziehungsprozesses ließ:

Zur Erziehung nach Osthofen
Guntersblum, 12. April [1933]. Dieser Tage fand eine Generalreinigung von marxistischem Ungeziefer in hiesiger Gemeinde und in Gimbsheim statt. Allen nationalen Kreisen wird der Ueberfall auf das Parteilokal Kleemann in Gimbsheim im Juli des vergangenen Jahres noch in bester Erinnerung sein. Jahrelang konnte die marxistische und kommunistische Meute ... wüten ... so blieb es nicht aus, daß die Hilfspolizei in Verbindung mit Kriminalbeamten im Laufe des heutigen Vormittags eine gründliche Durchsuchung in den Gehöften verdächtiger Kommunisten und Marxisten vornahm. Eine große Anzahl roter Subjekte wurde in Haft genommen. In Guntersblum waren es in erster Linie marxistische Weinjuden, die hinter den Kulissen schürten ... Zwölf Personen kamen nach Osthofen ins Konzentrationslager. Es sind dies: Karl Wittlinger, Peter Schniering, Ruppert, Philipp

Midinet, Otto Schätzel, Heinrich Göttelmann, Heinrich Simon, E. Trumpler, Lorenz Schmidt, H. Burkhardt und Andreas Marquardt. Ferner der Kaufmann Leo Fränkel. Nun können sie mit ihren Genossen, die bereits zur Erziehung in Osthofen weilen, nachdenken, weshalb man sie für einige Zeit in Sicherheit bringt.[16]

Wer Berichte dieser Art nicht ernst nahm, wurde rasch eines besseren belehrt – so wie Franz Marnet [239] und jener junge Fischer im Roman, der »offen auf das Lager fluchte« und daraufhin selbst »auf einige Wochen eingesperrt« wurde, »damit der sehen könnte, was drinnen los sei« [88]:

> Gimbsheim. Er hat sich nicht gebessert! Durch das Sonderkommando Oppenheim wurde Franz Adam Guthier erneut verhaftet, da er sich wieder über die nationale Regierung abfällig geäußert hat. Guthier, der der KPD nahestand, war erst vor 8 Tagen aus dem Konzentrationslager Osthofen entlassen worden.[17]

Ja, noch nicht einmal die Narrenfreiheit der Büttenrede schützte vor Verfolgung. Jedenfalls nahm der nationalsozialistische Gauleiter von Hessen, Jakob Sprenger, Verse wie die folgenden ernst und ließ am Aschermittwoch den gesamten Vorstand des Mainzer Carneval-Vereins verhaften:

> Jetzt mach ich schun, nur zum Pläsier
> Im neunten Jahr mein' Vers'cher hier,
> Doch hat mei' Herz vor Angstlichkeit
> Noch nie gebobbert so wie heut.
> Zu reden hier heut braucht man Mut,
> Weil, eh mer sich vergucke tut,
> Als Opfer seiner närr'schen Kunst
> Kann einquartiert wer'n ganz umsunst.
>
> Drum hab ich vorhin aach ganz nah
> Verabschied mich vun meiner Fraa,

Und rief beim Auseinandergehn:
Wer weiß, ob wir uns wiedersehn?

Wenn ich morje früh um vier
Im Bett nit lei, brav newe dir,
Die Nachtsitzung find, sei nit platt,
Dann in de Wormser Gegend statt.
(5.156, S. 192)[18]

Pünktlich zum Tag der Arbeit am 1. Mai 1933 begann für das KZ Osthofen dann eine neue Phase, die nicht nur die von Heinrich Himmler forcierte Verstaatlichung, Zentralisierung und Legalisierung der frühen, wilden Lager vorwegnahm, sondern auch der im Roman für einen viel späteren Zeitpunkt angesetzten Ablösung von Fahrenberg durch Sommerfeld entspricht. Per ordentlich-bürokratischem Rundschreiben teilt der Staatskommissar für das Polizeiwesen Dr. Werner Best den Kreisämtern, staatlichen Polizeiämtern und Zentralpolizeistellen in Hessen die Gründung des hessischen Konzentrationslagers »auf dem Gelände der Papierfabrik in Osthofen Kreis Worms« mit – nahezu zwei Monate nach der eigentliche Eröffnung des Lagers. Als Rechtsgrundlage dient §1 der Verordnung des Reichspräsidenten zum Schutz von Volk und Staat vom 28. Februar 1933. Einzuliefern seien in Osthofen »alle aus politischen Gründen in Polizeihaft genommenen Personen..., deren Haft bereits länger als eine Woche dauert oder über eine Woche ausgedehnt werden soll«. Jeder »abweichende Haftvollzug«[19], also kürzere Haft im KZ oder längere Haft an einem anderen Ort, bedürfe Bests persönlicher Genehmigung. Die Verwaltung und Dienstaufsicht des Lagers sowie die Ausarbeitung einer Lagerordnung werden dem Polizeiamt Worms übertragen. Als ehrenamtlichen Leiter ernennt Best den Osthofener SS-Sturmbannführer und Landtagsabgeordneten Karl d'Angelo. »Der Lagerdienst wird durch Hilfspolizeibeamte ausgeübt, die vom Polizeiamt Worms einberufen« werden und ihm, Best, ebenso wie die Zahl der Häftlinge und die anfallenden Verpflegungskosten regelmäßig zu melden seien.[20]

Aber Best ist nicht nur als zielstrebiger Manager der hessischen Polizei und des staatlichen hessischen Konzentrationslagers Osthofen interessant. Er bewegt sich als politisch aktiver Bürger von Mainz und Mitdenker des Schriftstellers Ernst Jünger auch auf Anna Seghers' Terrain. Wie die drei Jahre ältere Anna Seghers besucht Best bis zum Abitur ein Mainzer Gymnasium, promoviert ein paar Jahre nach seiner Kommilitonin in Heidelberg im Fach Jura und wird Referendar am Mainzer Amtsgericht.

Es ist nicht überliefert, ob Anna Seghers Best persönlich kannte. Anzunehmen ist jedoch, daß man in der damals noch relativ überschaubaren Stadt Mainz davon Kenntnis nahm, daß der Unterprimaner Best brüsk die Annahme einer Auszeichnung für gute Leistungen im Französischen durch einen Oberst der Pénétration Pacifique zurückwies, als Mitbegründer des Deutschnationalen Jugendbundes (1919), der Ortsgruppe Mainz des Deutschen völkischen Schutz- und Trutzbundes und der Deutschnationalen Volkspartei (beides 1920) hervortrat und 1923 und 1924 mehrfach wegen antifranzösischer Aktivitäten von einem Gericht zu Haft- und Geldstrafen verurteilt wurde – davon einmal, Ironie der Zeitgeschichte, »wegen Einschmuggelung von zwölf Gummiknüppeln«[21]. Ohne Zweifel hat Anna Seghers von den kurz vor Ende der Weimarer Republik viel diskutierten »Boxheimer Dokumenten« gehört, in denen Best Gedanken aus seinen späteren halb administrativen, halb juristisch-philosophischen Schriften über öffentliche Sicherheit und Schutzhaft vorwegnimmt.[22] So wie sein Bruder Dr. Walter Best, der seit 1933 in Mainz als »Dramaturg, Spielleiter und Darsteller« (5.33, S.6) tätig ist, bei der SS-Zeitschrift *Schwarzes Korps* mitarbeitet und Essays schreibt über den »Wert des Schöpferischen in der Gemeinschaft« (5.32) und das »Theater als ›völkische Anstalt‹« (5.32, S.5), die »die Ausschaltung eines kranken Elementes ... nicht als tragischen Vorgang«, sondern als »eine

Lebensnotwendigkeit« (5.32, S. 47) darzustellen habe, veröffentlicht Werner Best gelegentlich in der weitverbreiteten *Mainzer Tageszeitung*. Und schließlich kommen Werner und Walter Best der Exilantin Anna Seghers noch einmal Anfang der vierziger Jahre in Frankreich gefährlich nahe: Werner nämlich ist seit August 1940 als Kriegsverwaltungschef für Polizeifragen in Frankreich nicht nur für die Zensur deutscher Bücher verantwortlich, die in französischen Verlagen erscheinen (5.229, S. 77), er beteiligt sich auch an der Jagd auf Exilanten und hätte Anna Seghers im Falle ihrer Festnahme in den sicheren Tod in einem deutschen KZ geschickt. Und Walter meldet als »SS-Kriegsberichter« in seinem Buch *Mit der Leibstandarte im Westen* unter der Überschrift »Dichter unter Waffen« aus der besetzten französischen Hauptstadt in die Heimat: »Wir sind in Paris durch die Schlupfwinkel der emigrierten Eisenfresser und Theaterdonnerer gegangen, die vor wenigen Jahren noch Deutschlands ›geistige Elite‹ darzustellen vorgaben, und haben uns vor ihrer verlogenen Erbärmlichkeit geekelt. Ihr Haß gegen uns war wie ihr ganzes Leben ohne Fundament, blutlos, substanzlos. Ihre letzte Weisheit war Flucht oder Selbstmord.« (5.34, S. 10)

Vielleicht am nächsten kam Best der Schriftstellerin Anna Seghers jedoch an einer anderen Stelle: durch seine Zusammenarbeit und eine bis zu seinem Tode im Sommer 1989 während Freundschaft mit dem Autor der konservativen Revolution Ernst Jünger. Ein früher Beleg für diese Beziehung ist ein Aufsatz zum Thema »Der Krieg und das Recht«, den der Jurist 1930 für Jüngers Sammelband *Krieg und Krieger* schrieb, der von dem berüchtigten Jünger-Essay »Die totale Mobilmachung« eröffnet wird. Wie eng Bests Denken hier mit dem von Jünger korrespondiert – übrigens ohne daß diese Beziehung in der Jünger-Forschung eine Rolle spielt (5.202, 5.228) –, vermögen zwei Zitate anzudeuten: »Deutschland aber mußte den Krieg verlieren, ... weil es ... große Gebiete seiner Kraft der totalen Mobilmachung entzog ...« (Jünger, 5.151, S. 18) Und:

»Die innere Haltung, die hier als Nationalismus bezeichnet wird, bejaht die friedlose, von Kampf und Spannung erfüllte Wirklichkeit unserer Umwelt ... Der Kampf ist das Notwendige, Ewige, ... es kommt für einen guten Kampf nicht auf Recht oder Unrecht ... an.« (Best, 5.37, S. 150–153)

Best, der sich rückblickend gern als »theoretisch suchender und systematisch konstruierender Mensch« und »Fachbeamter« sah, »der Grundsätze zu finden und anzuwenden suchte«, seinen Kollegen Heydrich dagegen als »Instinktmenschen« und »militanten Politiker«[24] einstufte, mag schon vor der sogenannten Machtergreifung auf der anderen Seite jener Schwelle gestanden haben, wo die »freischwebende Ethik«[24] des Jünger-Kreises in die dienstbare Zweckmäßigkeit des SS-Geistes umschlägt. Spätestens der im Frühjahr und Sommer 1933 bei der Einrichtung des Lagers Osthofen und der Umorganisierung der hessischen Polizei gewonnene Geschmack einer, wie Anna Seghers es am Beispiel des Westhofen-Kommandanten Fahrenberg nennt, vom Führer gegebenen »Allmacht ... über Leben und Tod« [150] von Menschen dürfte ihn dann endgültig dazu verführt haben, seine Fähigkeit für modernes Management und seinen fanatischen Glauben an Effizienz bedingungslos dem Aufbau der nahezu perfekten Mordmaschinerie des NS-Regimes zur Verfügung zu stellen.

In welchem Maße im Laufe der dreißiger Jahre der Pragmatiker Best über den Theoretiker Best zu dominieren begann, würde am besten ein Vergleich von Bests Tätigkeit bei der hessischen Polizei, der Gestapo und dem Reichssicherheitshauptamt mit seinen theoretisch-philosophischen Schriften aus derselben Zeit erbringen. Dazu ist hier nicht der Raum. Wohl aber soll ein kurzer Blick auf zwei Arbeiten von Best geworfen werden, die direkt an seine Tätigkeit als Organisator von Osthofen anknüpfen und zugleich viel über jenen wirren, aus völkisch-nationalen Ideen, Effizienzdenken und blindem Glauben an Macht zusammengemischten Zeitgeist aussagen, mit dem sich neben einem gut Teil der Exilliteratur auch Anna Seghers seit

1933 immer wieder mehr oder weniger direkt auseinandergesetzt hat: ein »Die Geheime Staatspolizei« überschriebener Essay aus dem Jahre 1936 und das seinerzeit weit verbreitete Buch *Die deutsche Polizei* (1941).

Drei Grundsätze liegen nach Best der Arbeit der Gestapo zugrunde. Erstens sei es gemäß dem »politischen Totalitätsgrundsatz des Nationalsozialismus« die Aufgabe der Geheimen Staatspolizei, »den politischen Gesundheitszustand des deutschen Volkskörpers sorgfältig« zu überwachen. Zweitens ist eine »gesetzliche Normierung« der Gestapo nicht möglich, weil die Gestapo mit dem neuen Staat identisch ist. Und drittens sei für die neue Polizei »eine gesonderte organisatorische Zusammenfassung« (5.38, S.126) außerhalb der bestehenden Behördenstruktur vonnöten.

Ideologisch legitimiert und ›theoretisch‹ unterfüttert werden diese Gedankengänge einige Jahre später in Bests umfangreicher Studie *Die deutsche Polizei*. Ausgangspunkt ist hier die Gegenüberstellung der alten, »ichhaft-menschlichen (individualistisch-humanistischen Auffassung)« von Leben, Staat und Polizei und einer neuen, »völkischen Auffassung«. War für die eine, überholte Sicht die »Einzelseele« »die Wirklichkeit des Lebens« und der »durch den übereinstimmenden Willen der beteiligten Einzelmenschen« geschaffene Staat mit seinen Gesetzen ausschlaggebend, so stehen jetzt das Volk »als eine überpersönliche Gesamtwesenheit einheitlicher Bluts- und Geistesprägung«, die Partei und ein von einem Führer oder einer Führerschaft vertretener Führungswille im Zentrum. Ihnen muß der Einzelmensch, »wenn notwendig, geopfert werden«. Denn der »Inhalt der Führungsaufgabe ... ist der freien Willkür der Träger der Führungsaufgaben nicht anheimgestellt«, sondern »im Wesen der Völker und in der Eigenart des einzelnen Volkes vorgezeichnet« (5.36, S.14–19).

Recht ist nach dieser Auffassung deshalb auch nicht mehr, was von der Weimarer Republik oder früheren Staaten als Gesetz formuliert wurde, auch wenn diese Gesetze formal weiterbestehen, sondern allein der »Wille der Führung« (5.36, S. 26). Oder anders gesagt: Richtiges und falsches Verhalten wird nicht von einem Staatsgerichtshof, der Polizei oder gar einer gewählten Volksvertretung definiert, sondern allein »vom Schicksal selbst nach den verletzten ›Lebensgesetzen‹ mit Unglück und Umsturz und Scheitern vor der Geschichte bestraft« (5.36, S. 27).

Best ist wegen seiner von Jünger, Heidegger und anderen abgesehenen schwülstig-verschwommenen Sprache im nachhinein gelegentlich als so etwas wie ein »romantischer Idealist« (5.58, S. 240) oder philosophischer Vordenker des SS-Staates eingestuft worden. Eine solche Einschätzung überhöht seine Fähigkeit zu abstraktem Denken jedoch beträchtlich. Eher schon dürfte Best der Prototyp jenes NS-Karrieristen gewesen sein, der meinte, geradliniges Machtdenken und einen handfesten Mangel an Moral und Menschlichkeit hinter den wabernden Schleiern eines halb juristischen, halb (pseudo-) philosophischen Nebels verbergen zu können. Zynisch erinnert er sich an die Anfänge seiner Karriere im hessischen Innenministerium: »Ich erzählte Himmler ... im Sommer 1933, daß es mir gelungen sei, in Hessen während des ›Umbruchs‹ die öffentliche Ordnung voll aufrechtzuerhalten und sowohl Verluste an Menschenleben wie auch Zerstörungen und Sachbeschädigungen zu verhüten.« (5.63, S. 148) Kaltblütig legitimiert er, wenn nötig, Mord und Folter in den Konzentrationslagern (vgl. 5.21, S. 235 u. 243). Als engagierter Vorkämpfer der nationalsozialistischen Version von ›Law and Order‹ schafft er in Osthofen ›Ordnung‹, noch bevor Himmler und Göring zum Jahreswechsel 1933/34 die Überführung der wilden Lager in den geordneten Terror der staatlichen KZs anordnen – ein Prozeß, den Anna Seghers im *Siebten Kreuz* im Wechsel von Fahrenbergs gleichsam privatem, emotionalem, chaotisch-sadistischem Führungsstil zu Sommerfelds methodisch-geordneter Brutalität und der Ablösung des SA-Manns Zillich durch die SS-Leute Bunsen und Uhlenhaut mitreflektiert: »War der erste Kommandant ein Narr gewesen ... imstande ..., uns plötzlich zusammenschlagen zu lassen, ... so war der neue ein nüchterner Mann, bei dem sich alles voraussehen ließ ... Er brüllte nicht, sondern sprach mit gewöhnlicher Stimme. Aber er ließ uns nicht im Zweifel, daß man uns alle bei dem geringsten Zwischenfall zusammenknallen würde. Die Kreuze hat er gleich abschlagen lassen, denn sie waren sein Stil nicht.« [9, 424]

Es ist anzunehmen, daß im Zuge dieser Verstaatlichung der KZs das Lager Osthofen seit Ende 1933 an Bedeutung verlor und wenig später geschlossen wurde. Jedenfalls war das Wachkommando des Lagers im Juni 1934 in die Landespolizeikaserne in Darmstadt bzw. in das dortige Polizeiamt verlegt worden.[25] Und auch ein Disziplinarverfahren gegen den Verwaltungsleiter des Lagers, SS-Sturmführer Heinz Ritzheimer, deutet darauf hin, daß man das KZ Osthofen spätestens im Juli 1934 auflöste, nachdem vorher bereits die Häftlingszahlen von durchschnittlich 200 bis 250 auf 30 heruntergegangen waren (5.216, S. 46).

Die Wachmannschaften

Die Gegenüberstellung des fiktiven KZ Westhofen mit dem authentischen Lager Osthofen hat die Vermutung bestätigt, daß Anna Seghers zu keinem Zeitpunkt den Anschein erwecken wollte, daß die beiden Lager identisch miteinander sind. Andererseits dürfte der Vergleich aber auch alle Zweifel darüber ausgeräumt haben, daß der Roman tief in der Wirklichkeit verankert ist und sich in ihm ohne weiteres die Geschichte und die Eigenarten eines frühen Lagers vom Typ des KZ Osthofen wiedererkennen lassen.

Noch interessanter wird die Beziehung zwischen Fiktion und Authentizität, wenn man das Objektiv von der historischen Totalen zur Nahaufnahme einzelner Details im Lagerbereich heranfährt – etwa mit Blick auf den Lagerkommandanten und die SS- bzw. SA-Führer der Wachtruppe. Was nämlich aus der historischen Vogelperspektive als grob gerasterte Anspielung auf die allgemeine Geschichte der Konzentrationslager erscheint, konkretisiert sich im kleinen, menschlichen und nicht so menschlichen Milieu in und um West- und Osthofen zu einer spannenden Momentaufnahme vom täglichen Faschismus in einem rheinhessischen Dorf, das in handfester und genau nachmeßbarer Weise seinen Beitrag zum großen Terror des NS-Systems leistet.

Fünf Personen stehen dabei im Zentrum: Fahrenberg als Kommandant von Westhofen; Zillich und Bunsen als Führer der SA- bzw. SS-Wachtruppe; und die beiden im Zuge der Fahndung vorübergehend nach Westhofen beorderten Gestapobeamten Overkamp und Fischer.

Das siebte Kreuz enthält keine Anzeichen dafür, daß Anna Seghers über Leben und Karriere des authentischen Lagerkommandanten von Osthofen, Karl d'Angelo, informiert war. Zumindest taucht der Name d'Angelo weder in der Exilpresse noch in einer Publikation wie dem *Braunbuch* auf, das den frühen KZs ein umfangreiches Kapitel widmet. Um so überraschender ist es, wie ähnlich der fiktive und der reale Kommandant einander sind.

Fahrenberg, heißt es im Roman, soll irgendwann kurz vor der Jahrhundertwende in einem kleinen Ort namens Seeligenstadt geboren sein, der – dort Seligenstadt geschrieben – südöstlich von Frankfurt liegen mag, aber genauso auch anderswohin passen würde. Sein Vater besaß ein Installationsgeschäft, der ältere Bruder, der das Geschäft übernehmen sollte, fiel im Ersten Weltkrieg. »Er, Fahrenberg, hätte Juristerei ausstudieren sollen.« Doch »Kriegsgewöhnung« und die nachfolgende »unruhige Zeit« verhindern, »daß er durch Fleiß ausfüllt, was sein Verstand nicht gerade spielend machte«. Und da er als Ex-Leutnant ohnehin lieber »Deutschland erneuern« als »seinem alten Vater in Seeligenstadt Röhren legen« will, beginnt er, »mit seinem SA-Sturm kleine Städtchen« wie seinen Heimatort zu erobern, in »Arbeitervierteln herum[zu]knallen« und »Juden [zu] verprügeln« [220].

Fast genauso ist, nach allem, was wir wissen, das Leben des authentischen Karl d'Angelo bis 1933 verlaufen. Nur wenig älter als Fahrenberg, wurde d'Angelo 1890 in dem kleinen Marktflecken Osthofen geboren – nicht in ein Installationsgeschäft am Markt, sondern in eine Druckerei am Ortsrand. Wie bei Fahrenberg reicht es offensichtlich auch bei ihm nicht zu einem Vollstudium. Als ›Einjähriger‹ voluntiert er »in der Druckerei von Adelmann in Frankfurt a. Main«[26], besucht ein Technikum für Buchdrucker in Leipzig und eine Journalistik-Hochschule in Berlin. Am Weltkrieg nimmt er von Anfang bis Ende teil, zuerst bei der Fußbatterie 294, später als Vizefeldwebel bei einer Fliegertruppe, wird zweimal verwundet und mit dem EK II ausgezeichnet. Nach dem Krieg tritt er in das väterliche Geschäft ein, schließt sich – wie sein späterer Vorgesetzter Best – dem Jungnationalen Bund bzw. der Deutschnationalen Volkspartei an und engagiert sich während der Besatzungszeit gegen die Franzosen, die ihn – wie er in seinen SS-Personal-Berichten ausführlich meldet[27] – mehrfach zu Geld- und Haftstrafen verurteilen. Ende 1924 bewirbt sich Karl d'Angelo unmittelbar nach seiner Entlassung aus dem Gefängnis bei der NSDAP, wird am 2. November 1925 mit der Mitgliedsnummer 21 616 aufgenommen und beginnt – wie Fahrenberg in Seeligenstadt – Osthofen für seinen Führer zu erobern.

Wie es dabei zuging, ist am anschaulichsten in den Erinnerungsberichten zusammengefaßt, die Mitglieder der »alten Garde« aus Osthofen und Umgebung Mitte der dreißiger Jahre für eine Publikation niederschrieben, die im Jahre 1941 stark gekürzt und sprachlich überarbeitet unter dem Titel *So kämpften wir! Erinnerungen aus der Kampfzeit der NSDAP. im Gau Hessen-Nassau* von »Pg. A. Gimbel« in der NS-Verlagsgesellschaft Frankfurt herausgegeben wurde – Berichte, die nicht nur dem Lebenslauf von Fahrenberg, sondern bis ins Detail auch den Aktionen des SA-Mannes Zillich gleichen, wie sie Anna Seghers 1932 im *Kopflohn* beschrieben hatte. Mit viel Enthusiasmus, aber nicht immer in ganz einwandfreiem Deutsch erinnert sich da der Osthofener Altgardist und SS-Oberscharführer Valentin Jost an die Anfänge der NS-Bewegung: »Schon im Jahre 1925 gab es in Osthofen Männer, die nicht nur von der NSDAP gehört, sondern schon den Glauben hatten, daß Adolf Hitler der Mann ist, der die Geschicke unseres Vaterlandes zum Wohl des ganzen Volkes führe. Die erste Zusammenkunft im Jahre 1925 fand im Hause Ziegelhüttenweg 2 bei Pg. Karl d'Angelo statt. Gegen Ende des Jahres 1925 hatten diese Getreuen mit dem damaligen Gauleiter Haselmayer eine Versammlung in Guntersblum angesetzt, an der auch die Pg. d'Angelo, Valentin Jost und Dr. Wolf teilnahmen ... Die kleine Schar blickte stolz auf ihre Hakenkreuzfahne ... Pg. Haselmayer referierte an diesem Abend und seine Worte traffen die Judenknechte derart, daß sie versuchten mit Gewalt die Versammlung zu sprengen ... Doch in der kleinen Kampftruppe fanden sie hatten Wiederstand, sie verteidigten ihr Simbol und konnten es aus den Händen der Marxisten in Sicherheit bringen. Hier sahen sie nur zu deutlich wie der Jude seine Zöldnertruppe mit Alkohol gefügig machte.«[28]

Es folgt – wie in Zillichs Lebenslauf – eine lange Liste von Saalschlachten und Straßenkämpfen, in die d'Angelo und seine Getreuen verwickelt waren:
- 1926, Schlägerei mit »Osthofener Reichsbannerhorden« unter Anstiftung des Juden Jöhlinger«[29], bei der mehrere Mitglieder der Gruppe d'Angelo durch Messerstiche verletzt werden;
- Anfang 1930, nach einer Gemeinderatssitzung in Osthofen mit den neu gewählten NSDAP-Räten d'Angelo, Valentin Spangenmacher und Karl Beck findet mitten in Osthofen »ein regelrechter wohl von der SPD vorbereiteter Überfall«[30] statt;
- September 1930, unmittelbar vor der Reichstagswahl, Zusammenstoß mit KPD-Leute, bei dem u. a. d'Angelo ernsthaft verletzt wird; ein Schöffengericht in Worms verurteilt die Osthofener Aktivisten mit Aus-

nahme von d'Angelo, der freigesprochen wird, zu mehrmonatigen Gefängnisstrafen;
- Drohungen gegen d'Angelo und seine Druckerei, so ein Bericht von Jakob Buscher, 1936 SS-Obersturmführer und Propaganda- und Schulungsleiter, führen dazu, daß sich die Osthofener Kämpfer nachts »mit geladenen Pistolen« in der Wohnung ihres Ortsgruppenleiters auf die Lauer legen, »doch die rote Meute wagte keinen Angriff«[31] usw.

Doch d'Angelo war offensichtlich nicht mit den spontanen Aktionen der SA zufrieden. Als Himmler mit dem planmäßigen Ausbau einer Elitetruppe der Partei beginnt, tritt er am 28. Januar 1930 mit der Nummer 2058 in die SS ein. Sein »Stammrollen-Auszug« und sein »Führer-Fragebogen« verzeichnen noch für dasselbe Jahre Beförderungen zum SS-Truppführer und Sturmführer, 1931 zum Sturmbannführer und Ende 1933, jetzt schon als Kommandant von Osthofen, zum Obersturmbannführer der SS. Im selben Zeitraum trat eine größere Gruppe von SA-Männern aus der Region geschlossen zur SS über.[32] Kurz: Osthofen war schon vor 1933 eine Hochburg der SS und damit für den SS-Mann Dr. Best noch vor dem systematischen Ausbau der Konzentrationslager durch den Reichsführer SS ein besonders geeigneter Ort für die Errichtung eines ›ordentlichen‹ Konzentrationslagers.

Ehemalige Häftlinge des KZ Osthofen haben sich erinnert, daß der SS-Karrierist d'Angelo als Kommandant des Lagers die bei der SA üblichen spontanen »Grausamkeiten« (5.216, S. 32; vgl. 5.95, S. 124 und 3.154, S. 3 u. 11) verhinderte. Doch was auf den ersten Blick als »Menschlichkeit« (3.154, S. 11) gegenüber seinen wehrlosen Gegnern erscheinen könnte, mag seinen Ursprung durchaus in »charakterlicher Schwäche«, »mangelnder Dienstaufsicht«[33] und fehlendem Ehrgeiz gehabt haben – Züge, die Anna Seghers auch dem viel brutaleren Fahrenberg im Roman mitgibt. »Aufgezwungen« habe Fahrenberg seinem Gesicht »den Ausdruck unbestechlicher Härte« [30]. »Einzuschrumpfen« begann sein Gesicht, ergraut sei sein Haar seit dem Unglück, das mit der Flucht der sieben aus Westhofen »über sein Leben gekommen war« [150]. Die Angst vor »dem Entzug von Macht« [221] und der Rückkehr in das väterliche Installationsgeschäft bringen ihn um den Schlaf, »als sei er selbst der Verfolgte« [357].

Und noch näher kommen sich der fiktive und der authentische KZ-Kommandant. So wie das chaotische Regime von Fahrenberg im Herbst 1937 in Westhofen durch die »Ordnung« [424] von Sommerfeld abgelöst wird, verliert d'Angelo im Frühjahr 1936 seinen nach der Schließung des KZ Osthofen angetretenen Posten als Führer der Schutzhaftstaffel im KZ Dachau, weil er – so die schriftliche Begründung des berüchtigten Inspekteurs der Konzentrationslager, Theodor Eicke – »als Schutzhaftlagerführer nicht nur butterweich, sondern auch völlig ohne Interesse für diesen Dienstzweig«[34] war.

Es lohnt hier nicht, den recht trivialen Gründen für d'Angelos Entlassung im einzelnen nachzugehen. Aufschlußreich ist es dagegen, einen kurzen Blick auf die Geschichte des Lagers Dachau in jenen Jahren zu werfen, weil hier deutlich wird, wie genau Anna Seghers bei dem Wachwechsel von Fahrenberg zu Sommerfeld die Entwicklung im System der Konzentrationslager mitreflektiert.

Das KZ Dachau war 1933 unter den Augen und der Mitwirkung von Heinrich Himmler aufgebaut worden. Es befand sich, wie Osthofen, beinahe von Anfang an unter der Kontrolle der SS und besaß bald den Ruf eines Modelllagers. Verantwortlich für diesen Ruf war vor allem der zweite Lagerkommandant, SS-Oberführer Theodor Eicke, dem Dachau von Juni 1933 bis Ende 1934 unterstand. Wie sein Kollege Best, dem er später den Zugriff auf die zentrale Verwaltung der Konzentrationslager verwehrte, war Eicke ein »hervorragender Organisator« (5.166, S. 361) und loyaler SS-Mann, der nicht nur die innerparteilichen Gegner seines Führers um Ernst Röhm liquidierte, sondern auch eine berühmte, von der Exilpresse oft zitierte Disziplinar- und Strafordnung entwarf und dafür sorgte, daß Dachau zu einer Ausbildungsstätte für KZ-Kommandanten wurde.

Es ist anzunehmen, daß Karl d'Angelo, dem es nach der Schließung von Osthofen trotz einer Reihe gezielter Parteiaufträge wirtschaftlich nicht besonders gut ging, gleichsam zur Weiterbildung nach Dachau kam. Ob ihm dabei einmal mehr sein alter Bekannter aus Hessen, Werner Best, der inzwischen zum engeren Kreis um Himmler zählte, den Weg ebnete, ist nicht überliefert. Wohl aber wissen wir, daß d'Angelo als Schutzhaftlagerführer neben dem Nachfolger von Eicke, Heinrich Deubel, einer der eigentlichen Herren des Lagers war.

Doch so wie für Fahrenberg in Westhofen standen für d'Angelo in Dachau die Zeichen der Zeit falsch. Als Deubel Anfang April 1936 wegen seiner ›liberalen‹ Haltung den Gefangenen gegenüber von seinem Posten in Dachau abgelöst und wenig später als unfähig aus dem KZ-Dienst entfernt wurde, ließ der inzwischen von Himmler zum Inspekteur aller Konzentrationslager ernannte Eicke – wie erwähnt – auch d'Angelos Kopf rollen. Einen Grund, sich deshalb eine Kugel in den Kopf zu schießen, wie Anna Seghers' Erzähler es bei Fahrenberg für möglich hält, gab es für d'Angelo vorerst noch nicht – Selbstmord scheint er, ähnlich wie Zillich in »Das Ende«, erst in den letzten Tagen des Dritten Reiches auf der Flucht vor den anrückenden Amerikanern im Rhein begangen zu haben. Vorerst stand d'Angelo noch jener zweite Weg offen, den der Roman für Fahrenberg vorschlägt – er fällt die Treppe hinauf und erhält »noch mehr Macht« [424], erst als Kommandeur der Grenzpolizeischule in Pretzsch an der Elbe,[35] dann als Polizeidirektor von Cuxhaven bzw. Heilbronn.

Der Vergleich zwischen dem fiktiven Lagerkommandanten Fahrenberg und seinem authentischen Osthofener Gegenstück Karl d'Angelo macht deutlich, wie genau Anna Seghers im *Siebten Kreuz* das soziologische und psychologische Profil des Kommandanten eines Konzentrationslagers vom Typ Osthofen traf. Ähnliches läßt sich über die Unterführer von Westhofen sagen: Zillich und Bunsen.

Mit Zillich, der weiter oben in diesem Buch bereits vorgestellt wurde, hat Anna Seghers den typischen SA-Mann des Dritten Reiches gestaltet. Aufgewachsen in einem kleinen rheinhessischen Dorf, das Osthofen zum Verwechseln ähnlich sieht, läßt er sich schon im Ersten Weltkrieg von »seinem« Leutnant Fahrenberg als Kanonenfutter herumkommandieren und bekommt »noch im November 1918 diesen ekelhaften Schuß« [31] verpaßt. Doch anstatt daraus eine Lehre zu ziehen, drückt Zillich lieber dem »Gesindel« die »Kehlchen« zu, das sich bei Kriegsende gegen seine Oberen zur Wehr setzt. Wieder zu Hause auf seinem verwahrlosten Hof – »Fliegen und Schimmel, so viel Urlaube, so viele Kinder ... und die Frau so trocken und hart wie altbackenes Brot« –, gerät er sofort in eine Schlägerei mit einem, der sich – »auch noch in Feldgrau ..., aber schon ohne Achselstücke« – darüber lustig macht, daß der Krieg verlorenging, obwohl Zillich dabeigewesen war. Mit seinen Nachbarn (»das Aas von Wirt« [349]) will er nichts zu tun haben, bis ihm schließlich ein ehemaliger Kriegskamerad eine Alternative zu seinem teils selbstverschuldeten, teils durch die Umstände aufgezwungenen Elend anbietet: »›Zillich! ... Komm mit, Zillich, komm mit uns. Das ist das Rechte für dich ..., du bist ein nationaler Mann, du bist gegen das Gesindel, du bist gegen das System, du bist gegen die Juden.‹ – ›Ja, ja, ja‹, hatte Zillich gesagt, ›ich bin dagegen.‹« [350]

Der Rest, vor allem im *Kopflohn* beschrieben, liest sich exakt wie die Berichte der Osthofener Altgardisten über ihre Kampfzeit vor 1933: Schlägereien auf Wahlversammlungen, Überfälle auf »Rote« in den Nachbardörfern, Fahrten mit dem SA-Sturm auf offenen Lastwagen quer durch das umliegende Land; ein Totschlag mit Gefängnisstrafe und endlich, nach Hitlers Wahlsieg, der Einsatz im Konzentrationslager Westhofen. Dazu als Originalton Auszüge aus den autobiographischen Erinnerungsberichten der Osthofener SA-Männer Heinrich Gerst und Gustav Dick:

1926 im Spätjahr Eintritt in die S.A. ... 1927 Teilnahme an dem großen S.A. Aufmarsch in Osthofen – Die Osthofener SA. baut 1928 den Sturm 58 über die umliegenden Ortschaften aus. Westhofen, Bechtheim, Framersheim, Blödesheim... 1929 Reichsbannerhorden versuchen die Versammlung in Dittelsheim zu sprengen. Die Osthofener u. Wormser SA. kann noch zur rechten Zeit eingreifen u. schlächt das Reichsbanner in die Flucht ... 10.9.30 Schlägerei mit S.P.D. u. K.P.D. in der Wormser u. Hauptstraße (von Osthofen), verletzt wurden Pg. Knopp und Spangenmacher ... 1932 Führerversammlung in Worms. Schlägerei in Osthofen mit der Eisernen Front. 1933. Bei der Machtübernahme durch unseren Führer wurden wir in Osthofen zusammen gezogen und mussten dann auf Ortschaften wo man noch Schlägerein vermuteten. Gleich nach Einrichtung der Konzentrationslager und Bildung der Hilfspolizei trat ich in dieselbe ein und machte dann Dienst als Wachhabender im Lager Osthofen bis Ende November (5.153).

So wie für Dick und Gerst ist offensichtlich auch für die Romanfigur Zillich der Dienst im KZ eine logische Fortsetzung der politischen Tätigkeit vor 1933. Und auch die in den wilden Lagern spontan-brutalen Handgreiflichkeiten knüpfen, oft bei gleicher Besetzung, an die Tradition der Systemzeit an – nur daß jetzt die anderen nicht mehr zurückschlagen dürfen.

Doch was als lokale Rangeleien zwischen Dorfbauern mit unterschiedlichen politischen Meinungen anfing, sollte schon bald eine breitere Dimension erhalten: wie das Roman-KZ Westhofen für Zillich war auch das authentische Lager Osthofen für manch einen der ehrenamtlichen bzw.

gegen eine kleine Aufwandsentschädigung tätigen Wächter nur eine Vorschule der Gewalt.

Auf die Laufbahn von Zillich, die durch verschiedene KZs bis nach Piaski führte, ist bereits im Zusammenhang der Erzählung »Das Ende« hingewiesen worden. Sie entspricht nicht nur dem im einen Fall mehr, im anderen weniger erfolgreichen Weg von Werner Best und Karl d'Angelo durch die Zentralen des SS-Terrors: Gestapo und Reichssicherheitshauptamt bzw. Dachau und Pretzsch. Sie deckt sich auch zu einem hohen Grad mit dem Lebenslauf von untergeordneten Mitgliedern der Wachmannschaft von Osthofen. Karl Ritzheimer zum Beispiel, geboren 1900 in Worms, Volksschulbildung, in der SS seit November 1930 und in der NSDAP seit April 1931, Vater von drei Kindern und 1933 Führer des 4. Sturmes im Sturmbann II der 33. Standarte (Rheinhessen-Bergstraße), begann am 31. März 1933[36] im KZ Osthofen als Lagerverwalter. Bis zum Kriegsausbruch taucht sein Name in ähnlichen Funktionen im Zusammenhang mit den KZ Lichtenburg, Dachau, Ettersberg (Buchenwald) und Flossenbürg auf. Mitte 1941 läßt sich Ritzheimer vom KZ Auschwitz, wo er als Kompaniechef des »SS-T.Stuba« tätig war, zu einer Kur in Wiesbaden beurlauben. Im Dezember 1944 wird er, der 1939 – wie vor ihm Karl d'Angelo – als »weicher und leicht zu beeinflussender Mensch«[37] von Theodor Eicke persönlich aus der SS-Totenkopfstandarte entlassen worden war[38] und es nie weiter als bis zum Hauptsturmführer brachte, ein letztes Mal auf dem Stellenbesetzungsplan des SS-Hauptamtes als Mitglied der Ersatzinspektion Ostland erwähnt. Danach verliert sich seine Spur (1.5).

Friedrich Giess und Adam Reuter waren 1933/34 als Wachleute in Osthofen tätig und wurden später von der Gestapo Darmstadt übernommen. Giess, geboren 1907 in Offstein, saß nach Kriegsende im Internierungslager Darmstadt ein; Reuter, geboren 1903 in Dienheim, wurde an Polen ausgeliefert, so daß anzunehmen ist, daß er, wie Zillich, auch im sogenannten Generalgouvernement zum Einsatz gekommen war.³⁹ Gegen einen anderen Osthofener KZ-Wächter, der Mitte der dreißiger Jahre wegen Unterschlagung selbst zu drei Jahren Zuchthaus verurteilt worden war, soll nach Kriegsende »noch eine Sache als Bewacher von Auschwitz und anderen Lagern«⁴⁰ anhängig gewesen sein. Dr. Reinhold Daum, Lagerarzt des KZ Osthofen, war als SS-Mediziner bei Kriegsausbruch zum Obersturmbannführer avanciert (1.5). Er scheint 1945 mit seiner Frau und drei seiner Kinder Selbstmord begangen zu haben.⁴¹ Von Hans Bösel, Jahrgang 1910, seit 1930 in der SS und vom 1. November 1933 bis 15. März 1934 Führer des »Wachkommandos des hessischen Konzentrationslagers Osthofen«⁴², wissen wir, daß er um 1940 in Dachau war und 1943 bei Stalino als SS-Unterscharführer beim SS-Infanterieregiment Nordland fiel. Anderen Lageraufsehern, die den Krieg überlebten, mag es ergangen sein wie den Osthofener Nazi-›Größen‹ Karl Beck, Jakob Buscher, Jakob Ritzheimer, Alfred Spangenmacher, Heinrich Gerst und Alfred Müller: Sie alle kamen bis 1950 in sogenannten Spruchkammerverfahren mit Freisprüchen, kleinen Geldstrafen, Bewährung und einem »Persilschein« als Minderbelastete davon – auch wenn feststand, daß sie, wie Gerst, vom 1. April bis 30. November 1933 im KZ Osthofen oder, wie Buscher, in Dachau ihren »Dienst ordnungsgemäß versehen«⁴³ hatten.

Karriere im NS-Staat hat schließlich – dies als letztes Beispiel – auch Heinz Jost gemacht, dem Werner Best im Mai 1933 die Oberaufsicht über das KZ Osthofen übertragen hatte. Fast derselbe Jahrgang wie Best und Anna Seghers und wie sein Vorgesetzter Volljurist, gehörte Jost zu jenen SA-Männern, die nach dem sogannnten Röhm-Putsch zur SS überwechselten (5.21, S.74 f.) und dort rasch im Sicherheitsdienst aufstiegen – wobei anzunehmen ist, daß auch Jost von seiner alten Beziehung zu Werner Best profitiert hat.⁴⁴ Jedenfalls brachte es der gelernte Rechtsanwalt und SS-Brigadeführer Anfang 1942 immerhin zum kommissarischen »Befehlshaber der Sicherheitspolizei und des SD im Reichskommissariat Ostland« und zum Chef der berüchtigten Einsatzgruppe A[45], bevor er gegen Kriegsende wegen einer Rückenerkrankung bei seinen Vorgesetzten in den Ruf eines Simulanten und Drückebergers geriet.[46]

Anna Seghers hat sich im *Siebten Kreuz* einige Mühe gegeben, um am Beispiel von Bunsen die Mentalität jener neuen Herren über Deutschland, die die SA-Typen Zillich und Fahrenberg seit 1933/34 verdrängten, zu skizzieren. Wenn sie dabei deutlich anders als bei der Charakterisierung der SA-Männer in die Nähe von Klischees gerät, so mag das daran liegen, daß ihr hier mehr als bei den schon vor 1933 aktiven Zillichs und Fahrenbergs die eigene Anschauung fehlte. So soll Bunsens äußere Gestalt – 185 cm groß, »Züge eines Drachentöters« [32], »Cherubsgesicht« [301] – offensichtlich auf das rassische Auswahlprinzip der SS deuten, auch wenn seine Eltern, »Genius der Rasse«, ganz »gewöhnliche«, »brave«, »langweilige« »kleine Beamte in der Pfalz« sind. Mit der Aufgabe der SS, eine neue Führergeneration zu züchten, korrespondiert die Tatsache, daß Bunsens Verlobte vor der Hochzeit einen »Sechswochenkurs auf der SS-Bräuteschule« [415] absolviert. Ein wenig von dem elitären Korpsgeist der SS schimmert durch, wenn erwähnt wird, daß der Schwiegervater von Bunsen Reisender für Henkell ist, »Champagnerkonsul, wie er sich nannte, und wie er hinzufügte, ein Kollege von Botschafter Ribbentrop«[47]. Mit beträchtlicher Arroganz, obwohl bisweilen selbst weinerlich und unsicher, betrachtet SS-Bunsen das chaotische Treiben seiner Kollegen von der SA bei der Verfolgung der Ausbrecher. Außerhalb des Lagers läßt er sich, wie der dem muffigen Milieu einer kleinbürgerlichen Postbeamtenfamilie entsprossene Best, in seiner schwarzen Uniform »von aller Welt bestaunen« [414].[48]

Blieben noch die Vertreter jener Institution zu untersuchen, die im *Siebten Kreuz* und in der Wirklichkeit nach der SA und der SS die dritte Säule des NS-Terrorstaates bildete: die Gestapobeamten Overkamp und Fischer. »Overkamp ... kannte Fischer schon lange. Sie waren nationale Männer mit allen Kriegsauszeichnungen. Beide hatten sie schon unter dem System dann und wann zusammengearbeitet«. Als effektive Beamte waren sie es gewöhnt, in ihrem Beruf »die Methoden anzuwenden, die polizeiüblich sind«. Pflichtbewußt und gedankenlos hatten sie alle Menschen, nach denen sie fahndeten, »immer für Feinde der Ordnung gehalten«, so wie sie sich die Ordnung vorstellten. »Lust«, wie einem Zillich, oder gar »Belustigung«, wie dem Typ Bunsen, bereiten ihnen harte Verhöre nicht. Und wenn ihnen, wie bei dem Einsatz im Lager, die Dinge ein wenig unklar werden angesichts der Frage, für wen sie denn da eigentlich arbeiten, reißen sie rasch ihre »Gedanken von Westhofen ab« [304 f.].

Anna Seghers beweist mit den Kurzporträts von Overkamp und Fahrenberg erneut, wie tief ihr Einblick in die Struktur des NS-Staates und die Organisation der Konzentrationslager war. Den Grundstock der seit 1934/35 im Auftrag von Himmler durch Heydrich und Best aufgebauten Gestapo bildeten nämlich in der Tat – wie sollte es vor allem in der Frühphase des Dritten Reiches auch anders sein – Kriminal- und Polizeibeamte aus der Weimarer Zeit. So stellte Best zwar in Ansprachen und in einer groß aufgemachten Ankündigung unmittelbar nach seiner Ernennung zum Staatskommissar für das Polizeiwesen in Hessen fest, daß »gerade die Polizei ... am schwersten unter dem marxistischen System gelitten« habe und deshalb einer strengen »Säuberungsaktion« unterworfen werden müsse. Andererseits werde er, Best, »mit unbeirrbarer Gerechtigkeit verfahren« und allen jenen »Mannschaften«, die sich »als gute Deutsche« in die Reihen »der soldatisch-nationalen Erneuerung« stellen und »die alten Beamtentugenden Sauberkeit, Pflichttreue und Gerechtigkeit« sowie »die Soldatentugenden Disziplin, Kameradschaft und Hingabe für die Sache« mitbringen, ohne »kleinliche Rachegefühle« »in kameradschaftlicher Gesinnung die Hand«[49] reichen (vgl. 5.21 u. 5.58).

Historisch korrekt schildert *Das siebte Kreuz* schließlich auch die offensichtlich von der Gestapo dominierte Zusammenarbeit zwischen Polizei und Verwaltung des KZ Westhofen bei der Fahndung nach den sieben Ausbrechern.

Martin Broszat hat in seinem Gutachten für den Auschwitz-Prozeß berichtet, daß es im Musterlager Dachau »bereits 1933 ... neben der Kommandantur die politische Abteilung des Lagers als Außenposten der politischen Polizei« (5.51, S. 57) gegeben habe. Rudolf Höß, der seit 1934 in Dachau war, u. a. wie d'Angelo als Schutzhaftlagerführer, und später als Kommandant von Auschwitz traurige Berühmtheit erlangte, fügt dem hinzu, daß »der Leiter der politischen Abteilung ... stets ein Beamter der Geheimen Staatspolizei oder der Kriminalpolizei«[50] gewesen sei. Zu dessen Pflichten gehörte, so Höß weiter, neben erkennungsdienstlichen Aufgaben die Vernehmung von Insassen und die Koordination der Fahndung bei Häftlingsflucht. Daß es auch im KZ Osthofen einen solchen Gestapovertreter gegeben hat, deutet der schon mehrfach herangezogene Bericht des Darmstädter Polizeipräsidiums über die Mitarbeiter der Gestapo Darmstadt an. Unter der laufenden Nummer 34 ist dort ein Kriminalobersekretär namens Gottfried Lebherz aufgeführt, von dem es heißt: »Angehöriger der Gestapo Darmstadt von 1933 bis 1945, war vor allem in Referat IV A (Marxismus, Kommunismus), IV B 2 (Juden) und IV D (ausländische Arbeiter, Arbeitsverweigerer pp.) tätig ... Während Bestehens des KZ. Osthofen 1933/34 war er als Organ der Gestapo Darmstadt hin beordert.«[51] Angaben darüber, ob Lebherz' Verhörmethoden mehr denen von Overkamp oder denen von Zillich entsprachen, liegen nicht vor. Wohl aber erwähnt die Aufstellung aus dem Jahre 1946, daß sich der Repräsentant der Gestapo im KZ Osthofen in seiner späteren Karriere als Spezialist für »die sogenannten Sonderbehandlungen der Angehörigen der Ostvölker (Hinrichtungen durch den Strang)« und für Mißhandlungen von verhafteten »Gegnern des Dritten Reiches«[52] hervortat.

Die Insassen

Soweit zu den Tätern in den Konzentrationslagern Ost- bzw. Westhofen. Neben ihnen spielen die KZ-Häftlinge die andere zentrale Rolle im *Siebten Kreuz* und in der Wirklichkeit. Dabei muß, wie in den vorhergehenden Abschnitten, auch diesmal die Suche nach konkreten Vorlagen für die sieben Fluchtgeschichten zugunsten der Frage in den Hintergrund treten, welche allgemeinen Parallelen es zwischen den Insassen des Roman-KZ Westhofen und dem im KZ Osthofen inhaftierten Häftlingstyp gab.

Mehr oder weniger individuelle Züge erhalten von den KZlern im Roman eigentlich nur die sieben Ausbrecher – und auch von denen genaugenommen nur Heisler, Wallau und Aldinger. Die anderen Insassen von Westhofen bleiben durchweg eine anonyme, mal solidarisch »wir«, mal distanziert »die Häftlinge« genannte Masse. Das gilt selbst für den Erzähler, von dem der Leser nur erfährt, daß er schon vor Heisler und Wallau im Lager war und erst geraume Zeit nach dem Ausbruch auf unbekannte Weise wieder freikommt. Ein paar anderen Häftlingen – Hans, Erwin, Erich – gibt der Erzähler zwar Namen, läßt sie dann aber nicht wieder auftreten. Von einem neu Eingelieferten, dem »das Maul nicht zugeklappt« war, wird knapp berichtet, daß man ihn gleich in den »Bunker« [325] gebracht habe. Und nur an ganz wenigen, freilich entscheidenden Stellen wie der Rahmenhandlung und dem Mord an Wallau deutet sich bei den Inhaftierten so etwas wie eine kollektive Haltung an: »Durch die Kolonne der Häftlinge lief ein sichtbares Zittern, als sie am Samstagabend merkten, daß Wallaus Baum leer war ... Ein paar brachen in der Kolonne zusammen, dieser und jener trat falsch in der Reihe, winzige Unregelmäßigkeiten, die alle zusammen die starre Ordnung brachen. Die unaufhörlichen Drohungen, die immer schärferen Strafen, das Getobe der SA, die jetzt jeden Abend in die Sträflingsbaracken einbrach, konnten niemand mehr einschüchtern, weil sich ja jeder bereits verloren gab.« [356]

Wenn das *Siebte Kreuz* dennoch eine relativ komplette Zusammenstellung der Charakteristika von Insassen früher NS-Lager bietet, so liegt das einmal mehr an der Fähigkeit von Anna Seghers, selbst auf kleinstem Raum bedeutsame Informationen zu vermitteln, die sich schließlich wie bei einem Puzzle zu einem stimmigen Gesamteindruck verbinden. Eine heterogene Gruppe zum Beispiel, das merkt jeder, der genau liest, bilden die Insassen des KZ Westhofen nicht. Neben aktiven Widerständlern und Funktionären einer nie beim Namen genannten Partei gibt es da einen alten, unpolitischen Dorfbürgermeister, einen kleinen Krämer, einen Zirkusartisten, ein paar unzufriedene Arbeiter und einen Schiffer. Anlaß für die Überweisung in das Lager kann die Zugehörigkeit zu einer verbotenen Vereinigung ebenso wie Devisenschmuggel, die Verbreitung von sogenannten Greuelmeldungen über Westhofen oder auch das Abhören eines ausländischen Senders, Denunziation durch einen Nachbarn wegen eines »alten Familienzwists« [82][53], ein abgefangener Brief aus dem Ausland oder eine einfache Verwechslung von Personen sein. Als Heimatort der Roman-Häftlinge werden Frankfurt und Mannheim, Fulda, Rüsselsheim und ein erfundenes Dorf namens Buchenbach bei Wertheim am Main genannt – ein Gemisch von Orten innerhalb und außerhalb des Volksstaates Hessen, aus dem die Insassen des authentischen Lagers Osthofen fast ausschließlich kamen. In wenigen Sätzen stellt Anna Seghers einen Häftling namens Dietrich vor, der von Beruf Elektriker ist, aus Fulda stammt, im Lager für die Kommandantur die Telefone verlegt und zwei Wochen vor dem Ausbruch entlassen wird. Ähnlich knapp heißt es über »acht Neueinlieferungen« von Opel – Rüsselsheim, daß sie »gegen irgend etwas gebockt« hätten und »zu einer kurzen Kur« nach Westhofen kämen, »die ihnen nachher ihre neuen Akkordsätze besser bekömmlich machte« [323] – zweifellos ein konkreter Hinweis auf den im In- und Ausland mit großer Aufmerksamkeit verfolgten Streik bei Opel im Jahre 1936 (5.203, S. 30 ff.).

So wie im *Siebten Kreuz* die Angaben über die Insassen von Westhofen über den gesamten Roman verstreut sind, so müssen auch im Fall der authentischen Osthofener Häftlinge Informationen in mühsamer Kleinarbeit aus Zeitungsberichten, Akten der Kreisverwaltungen, Sondergerichtsverfahren und Wiedergutmachungsunterlagen zusammengestellt werden. Eine Häftlingskartei nämlich, die Auskunft über die geographische und soziale Herkunft, über Parteizugehörigkeit oder Religion, den Anlaß für die Verhaftung bzw. die Haftdauer geben würde, ist für das KZ Osthofen wohl nicht erhalten geblieben.[54]

Erste Vorarbeiten in diese Richtung haben die Lagergemeinschaft Osthofen und die Mitarbeiter des Projekts Osthofen geleistet: Mehrere hundert der schätzungsweise 2500 bis 3000 Männer, die 1933/34 im KZ Osthofen inhaftiert gewesen waren, sind inzwischen namentlich und nach ihren durchweg in den Provinzen Rheinhessen, Starkenburg und Oberhessen gelegenen Herkunftsorten erfaßt worden. Die Haftdauer variierte von wenigen Tagen bis zu neun Monaten (5.216, S. 43 ff.) und war, trotz verschiedener Versuche von Werner Best, auch hier Ordnung in den Terror zu bringen, von der Willkür der zuständigen Heimatbehörde und der Lagerleitung abhängig. Neben KPD- und SPD-Mitgliedern, die den bei weitem größten Anteil der Insassen stellten,[55] wurden Zentrumsangehörige, Mitglieder der Kirchen, Separatisten und Juden in Osthofen festgehalten. Besonders gefährdet war, wer eine exponierte Stellung in seinem Heimatort einnahm – Bürgermeister, Mitglieder des Stadtrates, Ortsvorsitzende und Kassierer von SPD und KPD, Journalisten, Geschäftsleute, Juden oder auch einfache Bürger, die laut ihre Meinung sagten, ganz zu schweigen von Prominenten wie dem Reichstagsabgeordneten und ehemaligen Pressesprecher der hessischen Regierung Carlo Mierendorff, dem Mainzer Rechtsanwalt Max Tschornicki – auf sie ist noch zurückzukommen –, dem sozialdemokratischen Landtagsabgeordneten Johann Bekkenbach und dem Binger Zentrums-Redakteur Dr. Peter

Paul Nahm.[56] »1933 ... vorübergehend im Konzentrationslager Osthofen inhaftiert« war nach einer Erhebung des Unterabschnitts Hessen beim Sicherheitsdienst des Reichsführers SS auch Ludwig Ebert, der ehemalige Besitzer des Lagergeländes. Ebert, seit 1891 in Osthofen ansässig, habe es nämlich verstanden, »sich durch geldliche Unterstützung ärmerer Leute Sympathien zu verschaffen«. Zudem soll er, obwohl Angehöriger der Deutschen Volkspartei, »auch die Linksparteien unterstützt«[57] haben.[58]

Dazu ein paar Zeitungsmeldungen aus der Oppenheimer und Mainzer Presse:

> Alzey. Am Nachmittag wurden unter Mithilfe von Schupo Aktionen gegen Kommunisten, Sozialdemokraten und Separatisten durchgeführt und zahlreiche Verhaftungen vorgenommen. Ein großer Teil der Verhafteten wurde in Personenkraftwagen, die man sich zu diesem Zwecke von der jüdischen Einwohnerschaft requiriert hatte, nach Osthofen ins Konzentrationslager transportiert.[59]

> Oppenheim. Er wollte nach Osthofen. Vom Arbeitsnachweis in Mainz wurde gestern morgen ein etwa 19jähriger Mann nach Oppenheim zum Arbeitsdienstlager geschickt. Unterwegs im Eisenbahnwagen schimpfte er auf die SA and SS bzw. wollte diese lächerlich machen. Einer der Mitreisenden meldete dies dem Eisenbahnpersonal, das telephonisch Bericht nach Oppenheim weitergab. Hier wurde er in »liebenswürdiger« Weise von der Polizei in Empfang genommen, die ihn, statt ins Arbeitsdienstlager, nach – Osthofen ins Konzentrationslager weiterleitete.[60]

> Nackenheim. Wieder nach Osthofen. Die Gebrüder Rösinger, die schon einmal wegen Bedrohung hiesiger Personen nach Osthofen gebracht worden waren, mußten abermals nach dort überführt werden, weil sie den Bürgermeister bedroht haben. Hoffentlich lernen sie jetzt in

Osthofen, was manche von ihnen dort gelernt haben. Der neue Staat ist ein Staat der Ordnung und nicht der Willkür![61]

Osthofen. Ins Konzentrationslager übergeführt. Ein in Osthofen wohnhafter Arzt wurde dem Konzentrationslager zugeführt, weil er durch sein unsoziales Verhalten seinen Dienstpersonen gegenüber in der Öffentlichkeit Ärgernis erregte.[62]

Am 26. August wurde durch die Staatspolizeistelle in Worms und Umgebung eine größere Anzahl Juden in Polizeihaft genommen und dem Konzentrationslager Osthofen zugeführt. Diese Maßnahme war zur Abwehr notwendig, weil sich das Judentum in letzter Zeit in herausfordernder Weise gegen den Staat und seine Einrichtungen benahm.[63]

Nierstein, 4. April. Gestern abend wurden verschiedene Angehörige der KPD. und SPD. durch die SS. in die Wachstube des Rathauses verbracht ... Nachdem alle Mann zusammengebracht waren, fuhr ein Lastwagen am Rathaus vor. Die acht »Auserwählten des Volkes« ... mußten auf dem Lastauto Platz nehmen. Eine Abteilung der SS. bestieg ebenfalls den Lastwagen, um die acht Schutzbefohlenen nach Osthofen in das Konzentrationslager zu verbringen. Eine riesige Menschenmenge hatte sich auf dem Marktplatz versammelt ... Als sich der Lastwagen in Bewegung zu setzen begann, ergriff die Menge eine starke Erregung, so daß die SS.-Männer ihre ganze Kraft aufzuwenden hatten, um die wütende Volksmenge zurückzuhalten, denn am liebsten hätten die meisten Zuschauer auf diese Volksverhetzer eingeschlagen ... Mit welchen Gefühlen werden wohl die einzelnen Herrschaften ihrem neuen Aufenthaltsort entgegen gefahren sein.[64]

Oppenheim, 12. April. Dieser Tage glaubte die Jüdin Karola Löw von Oppenheim (Marktplatz), sie bekäme vom Kreisamt, wunschgemäß und anstandslos, einen Paß für nach Mailand. Wir glauben, daß sie sich in der Auswahl ihres Erholungsstädtchens geirrt hat. Es wäre vielleicht besser gewesen, sie hätte einen Paß für das Konzentrationslager in Osthofen beantragt. Sicherlich wäre dieser Wunsch in Erfüllung gegangen. Was nicht ist, kann noch werden.[65]

Oppenheim. 14. Mai. Dem Konzentrationslager wiederholt zugeführt wurden Philipp Zell, Anton Darmstadt und Friedr. Wagner jr. von hier, weil sie als Inhaber von Parteiämtern der hiesigen SPD-Gruppe über die Kassenlage keine Auskunft geben konnten oder wollten.[66]

Pressemeldungen dieser Art deuten nur indirekt an, mit welcher Brutalität die hessische Hilfspolizei des Dr. Werner Best bei den Verhaftungen vorging. Sie sollen deshalb ergänzt werden durch Erinnerungen von zwei ehemaligen Lagerinsassen und einen Brief von Werner Best.

»Ich habe mich zu einigen Äußerungen hinreissen lassen«, berichtet da ein verfolgter Sozialdemokrat rückblickend im Kontext eines Wiedergutmachungsverfahrens, »und unter anderem zum Ausdruck gebracht, daß meines Erachtens das ›Dritte Reich‹ keine allzulange Lebensdauer haben dürfte ... Meine Äußerungen hat ein neugebackenes ›Märzveilchen‹ gehört und hatte dies weitergemeldet, es erschien darauf ein Polizeiwagen mit cirka 8 Mann SS bei mir, prügelten mich windelweich und transportierten mich in ihr Haftlokal ... dann wurden wir später in das Polizeiauto gesetzt, mussten uns bei der Fahrt durch die Stadt stellen ... und unter dem Gejohle des fanatischen Pöbels wurden wir dann in das Kzlager Osthofen verbracht.«[67] »Gegen 1 Uhr nachts [am 26. April 1933] wurden wir aus dem Bett geholt und auf dem Weg bis zum damaligen Ortsgruppenleiter brutal verprügelt ...«, erinnert sich ein anderes SPD-Mitglied, »am Ortsausgang wurden wir in bestialischer Weise mit dem Gummiknüppel traktiert, bis wir in Oppenheim waren. Dort sperrte man uns in einen Keller des Kreistagsgebäudes. Von dort wurden wir in das Lager Osthofen gebracht. Der Lagerarzt sagte, das wäre nicht schlimm und gehe wieder vorbei. Mit Blutergüssen und dem Verlust von 9 Zähnen wurde ich am 15. März entlassen. Nach meiner Rückkehr nahm ich ärztliche Hilfe in Anspruch und der behandelnde Arzt schrieb mich für 3 Wochen arbeitsunfähig.«[68] Bei dem Brief von Best schließlich geht es um eine vom Auswärtigen Amt und dem Reichsinnenministerium weitergeleitete offizielle Beschwerde des polnischen Gesandten gegen die Mißhandlung eines polnischen Staatsangehörigen in Osthofen. Mißhandlungen, schreibt Best in der für ihn typischen Mischung aus Halbwahrheiten, Verschleierungsversuchen und pseudolegalen Argumenten, seien seines Wissens nach keine vorgekommen; nicht auszuschließen ist dagegen, daß der Kläger, »der sich stets frech und herausfordernd benimmt«, »bei der Verhaftung Widerstand geleistet« hat und dieser gebrochen werden mußte. Zudem habe sich die betreffende Person nach ihrer Entlassung aus dem Lager Osthofen »freiwillig 3 Tage länger dort aufgehalten, um eine ... begonnene Arbeit fertig zu stellen«. »Hieraus geht einwandfrei hervor«, so das Ergebnis von Bests Untersuchung, »dass die in dem Schreiben des Polnischen Gesandten enthaltenen Beschuldigungen nicht zutreffen.«[69]

Ergänzt wurden »Gutachten«, wie das von Best, durch positive Erlebnisberichte, die man – wie im *Siebten Kreuz* – verängstigten Lagerinsassen abpreßte. So druckte die *Mainzer Tageszeitung* am 14. April 1933 als Reaktion auf die rapide anwachsenden »Greuelmärchen« einen offenen Brief des ehemaligen Kommunistenführers Heinrich Habermehl an die Wormser Arbeiterschaft »wider die Lügen von schlechter Behandlung und Mißhandlung in Osthofen«: »Nach den uns, den politisch Inhaftierten, gewordenen Informationen werden in Worms von gewissenlosen Elementen Gerüchte verbreitet, wonach die politisch Inhaftierten im Konzentrationslager Osthofen schlecht behandelt würden. All diese Gerüchte sind unwahr und entbehren jeder Grundlage, da die Behandlung und Verpflegung eine Gute ist und uns keine Fälle von Mißhandlung bekanntgeworden sind.« »Die Wormser Arbeiterschaft«, so Habermehl weiter, »möge sich darüber klar sein, daß sie durch Kolportieren und Verbreiten derartiger Lügen das Los der Inhaftierten nicht verbessert. Wir ersuchen die Wormser Arbeiterschaft, Gerüchte über Mißhandlungen und schlechte Behandlung der politisch Inhaftierten mit größter Vorsicht aufzunehmen und denselben nach Prüfung mit aller Schärfe entgegenzutreten. Um keinerlei Zweifel an der Echtheit dieser unserer Erklärung aufkommen zu lassen, betonen wir, daß wir diese Erklärung ohne jeden Zwang und aus freiem Entschluß im Interesse der Wahrheit abgegeben haben. Konzentrationslager Osthofen, den 5. April 1933. gez. Heinrich Habermehl.«

Berichte über Mißhandlungen während der Festnahme blieben in der NS-Presse aus verständlichen Gründen relativ selten. Ohne jegliche Hemmungen griff man dagegen – ähnlich wie in Anna Seghers' Roman – in der Öffentlichkeit zu einem anderen Mittel, um tatsächliche und vermeintliche Gegner einzuschüchtern: Verbalinjurien und unverhohlene Drohungen. Auch hier sprechen die zeitgenössischen Dokumente am besten für sich selber. So droht die *Mainzer Tageszeitung* am 8. März 1933 unter der Überschrift »Traurig, jämmerlich und minderwertig ... verlassen die Systemlinge ihre Plätze« in einem groß aufgemachten Bildbericht, der u.a. Dr. Best vor einer angetretenen SA-Abteilung zeigt, offen: »Für wie manchen der roten Mordbanditen wäre der Laternenpfahl wohl verdient gewesen.« Eine Notiz in der *Landskrone* zu Hausdurchsuchungen »bei verdächtigen Kommunisten« durch das berüchtigte Oppenheimer Sonderkommando endet mit dem Satz: »Die Herrschaften seien gewarnt.«[70] Nicht ohne Stolz lassen sich Kultur und Bildung für sich in Anspruch nehmende Mitglieder der NS-Führungsschicht wie Dr. Best mit Greuelmeldungen in Verbindung bringen, wie ein Bericht der *Mainzer Tageszeitung* belegt, der einen Aufsatz der *Volkszeitung* in Innsbruck vom 27. März 1933 zitiert, in dem wiederum über die »unter dem Befehl des berüchtigten Assessors Best« begangenen Verbrechen gegen Juden und andere berichtet wird.[71] Und – um ein letztes aus Hunderten von Beispielen anzuführen – die Meldung der *Mainzer Tageszeitung* von Anfang April 1933 über »eine Generalmitgliederversammlung sämtlicher Gliederungen der NSDAP« endet mit den bezeichnenden Sätzen: »Nach den Richtlinien wurde sofort ein Aktionsausschuß gebildet mit der Aufgabe der Boykottierung aller jüdischen Geschäfte ... Zum Leidwesen vieler tatenlustiger SA.- und SS.-Männer haben wir hier aber kein rechtes Arbeitsfeld. Westhofen ist von Juden sehr spärlich besiedelt, und nachdem der Hauptschreier vor kurzem das Hasenpanier ergriffen hat, bleibt höchstens noch übrig, ein wachsames Auge auf auswärtige Handelsjuden zu richten.«[72]

Wie genau Anna Seghers mit dem physischen und psychischen Terror des neuen Staates gegen Andersdenkende vertraut war, hatte sie bereits 1933 in den Prosatexten »Mord im Lager Hohenstein« und »Das Vaterunser« demonstriert. Ähnlich brutal geht es im *Siebten Kreuz* bei der Festnahme von Albert Beutler und der Verhaftung von Heinrich Kübler zu, wenn bei dem einen von zerschlagenen »Nieren und Hoden und Ohren« [33] und bei dem anderen von einer bis zur Unkenntlichkeit zugerichteten »Fresse« die Rede ist, die er »für sein Lebtag weg hat« [151]. Und offensichtlich vermag die Exilantin im fernen Paris auch jenen authentischen Nazijargon zu reproduzieren, der für den Aufenthalt im KZ Worte wie »Kur« [323] und ›Umerziehung‹ bereithält: »Der nationalsozialistische Staat«, läßt sie Fahrenberg in einer an Werner Bests waberndes Vokabular erinnernden Ansprache an die Häftlinge im zeittypischen Ton formulieren, »verfolgt unerbittlich jeden, der sich gegen die Volksgemeinschaft vergangen hat, er schützt, was des Schutzes wert ist, er bestraft, was

Strafe verdient, er vertilgt, was wert ist, vertilgt zu werden.« [302]

Anna Seghers hat im *Siebten Kreuz* die schlimmsten Brutalitäten in das KZ Westhofen verlegt: die Verhöre von Heisler, den Mord an Wallau und, als Titel- und Leitmotiv, die Kreuzigung der eingebrachten Flüchtlinge. Das entspricht zwar nicht den ›humaneren‹ Verhältnissen in Osthofen, trifft dafür aber um so genauer auf die Situation in anderen Lagern zu. In Dachau zum Beispiel lagen die Sterbeziffern 1933 bei 24, 1934 bei 35 und 1935, also während der ›liberalen‹ Zeit von Deubler und d'Angelo, immerhin noch bei 13 Fällen.[73] Unmißverständlich stand in der Dachauer Lagerordnung vom 1. August 1934 geschrieben, daß »kraft revolutionären Rechts« »als Aufwiegler gehängt« wird, wer »andere zur Flucht ... verleitet, hierzu Ratschläge erteilt, oder durch andere Mittel unterstützt«[74]. Und schließlich findet sich in der später von allen Konzentrationslagern übernommenen Eickschen Strafordnung eine handfeste Parallele zu dem zentralen Motiv von Anna Seghers' Buch: das sogenannte Pfahl- bzw. Baumbinden, bei dem der Delinquent zwar nicht gekreuzigt, aber über einen längeren Zeitraum hinweg an den hinter seinem Rücken zusammengebundenen Händen aufgehängt wird.[75]

Osthofen war, wie gesagt, kein Lager, in dem Mord und Totschlag auf der Tagesordnung standen. Ein Zwischenfall gewann jedoch, neben den vielen kleineren und größeren Schikanen, die auch dort gang und gäbe waren, besondere Bedeutung: die Mißhandlung des weit über die Grenzen von Hessen hinaus bekannten und populären SPD-Reichstagsabgeordneten Carlo Mierendorff. Dafür gibt es zwei Gründe: Einmal hatte die Osthofener Lagerleitung nach Bekanntwerden des Ereignisses durch einen Versuch, den Überfall als politischen Racheakt von KPD-Häftlingen hinzustellen, für einige Aufregung unter den verfeindeten Arbeiterparteien gesorgt.[76] Zum anderen setzte unmittelbar nach Mierendorffs Verhaftung in Frankfurt am 13. Juni 1933 eine umfangreiche internationale Kampagne ein, durch die zunächst ein als Fluchtversuch kaschierter Mord an dem Gefangenen verhindert,[77] später seine Freilassung aus der Haft bewirkt werden sollte. Wie weit in diesem Zusammenhang die Kreise gezogen wurden und welche Wirkung demnach auch ein KZ-Buch wie *Das siebte Kreuz* haben konnte, belegt der erhalten gebliebene Schriftverkehr zwischen der deutschen Botschaft in London und dem Auswärtigen Amt in Berlin zum Fall Mierendorff. In ihm geht es, ausgelöst durch Anfragen und Proteste britischer Hochschullehrer und Politiker, nämlich nicht nur um Mierendorff selber, sondern darum, wie sich das Auswärtige Amt zu der im Ausland dramatisch anwachsenden Zahl von, wie die Nazis es nannten, ›Greuelmeldungen‹ aus den deutschen Konzentrationslagern stellen sollte. Dabei deutet sich einerseits an, daß man in dem damals noch relativ wenig gleichgeschalteten diplomatischen Dienst den Methoden der Nazis mit einiger Distanz gegenüberstand. Andererseits verdeutlicht der vorsichtig taktierende Ton der Korrespondenz aber auch, daß es dem Auswärtigen Amt zunächst um eine außenpolitische Schadensbegrenzung (»Es wäre gut, wenn diese Nachrichten unrichtig wären und wir sie dementieren könnten.«[78]) und dann erst – wenn überhaupt – um eine Rettung von bedrohten Menschenleben oder gar einen verkappten Widerstand gegen das Dritte Reich ging.

Werner Best, bei dem damals alle Fäden im Fall Mierendorff zusammenliefen, wollte sich – wie zu erwarten – Jahre später im Zusammenhang des Ermittlungsverfahrens gegen ihn nicht mehr an Mierendorffs Zeit in ›seinem‹ KZ Osthofen erinnern. Und schon gar nicht sei er von »Rachsucht« gegen seinen ehemaligen Kollegen im hessischen Landtag geleitet gewesen, obwohl eine im Juni 1933 von seinem Amt herausgegebene Pressemeldung zur Verhaftung »dieses Herrn« eine andere Sprache spricht.[79] »... ich staunte«, schwärmt Best dagegen noch 1968, vom vernehmenden Staatsanwalt zu seiner Abhandlung »Wie schützt sich das Dritte Reich vor Verbrechern und asozialen Elementen?« befragt, von einem Besuch mit Himmler und dem Vertreter des Internationalen Komitees vom Roten Kreuz, Carl Burckhardt, im KZ Sachsenhausen (5.86), »über die großzügige Anlage mit Gartenflächen zwischen den Baracken, über die großartige Küche und über die Qualität der Verpflegung; die Häftlinge machten einen ausgesprochen gesunden Eindruck. Auch Dr. Mierendorff hatte mir – und er sprach auf Grund des zwischen uns entstandenen Vertrauens- oder Freundschaftsverhältnisses sehr offen mit mir – die Verhältnisse im Konzentrationslager Buchenwald als erträglich dargestellt, was er damit belegte, daß er dort historische Dramen schrieb, wozu er in schlechteren Verhältnissen weder äußerlich noch innerlich im Stande gewesen wäre.«[80]

Anna Seghers dürfte, wie weiter oben bereits dargelegt, über Lore Wolf und Johanna Kirchner (5.66, S. 85 ff.) mit dem Fall Mierendorff vertraut gewesen sein. Es ist deshalb möglich – zumal darüber in der Exilpresse berichtet wurde[81] –, daß sie auch von dem Plan wußte, Mierendorff aus dem KZ in Osthofen – wo es heute übrigens eine Mierendorff-Straße gibt – zu befreien. Wie weit die Vorbereitungen für eine solche Aktion im Sommer 1933 gediehen waren, läßt sich nicht mehr ermitteln. Wohl aber scheint festzustehen, daß Mierendorff selbst »dringend von einer Befreiungsaktion« abriet, weil sie im Falle eines Scheiterns seine Lage weiter »verschlechtert«[82] hätte. Bekannt ist ferner, daß Emil Henk, der den Widerstand im Raum Mannheim aufzog, Mierendorff in Osthofen besuchte und mit Informationen versah. Und schließlich spielt die Mierendorff-Aktion 1935 noch einmal in einer Urteilsbegründung des Oberlandesgerichts Karlsruhe eine Rolle, das Henk und Mitglieder seiner Gruppe wegen Verstoßes gegen §2 des Gesetzes gegen die Neubildung von Parteien zu mehrmonatigen Gefängnisstrafen verurteilte.[83]

Mierendorff hatte in seinem bereits zitierten Lebenslauf erklärt, daß er sich 1933 »der Emigration ins Ausland nicht angeschlossen« habe, weil ihm »die schicksalhafte Verbundenheit« mit seinem »Volk und ... Vaterland« nicht erlaubt hätte, sich »der Verantwortung für [seine] frühere politische Tätigkeit zu entziehen«[84]. Eine solche Haltung vermochte sich Max Tschornicki, ein populärer Mainzer Rechtsanwalt und Mithäftling von Mierendorff im KZ Osthofen, nicht zu leisten. Doppelt gefährdet als Jude und als Verteidiger politisch aktiver Arbeiter, entschloß er sich deshalb Anfang Juli 1933, aus dem Lager zu fliehen. Spektakulär, wie der Ausbruch der sieben in Anna Seghers' Roman, verlief diese Aktion – die von verschiedenen Osthofener Bürgern unterstützt wurde (5.20, S. 1) – allerdings nicht. In einem unbewachten Augenblick, so erinnert sich der Mithäftling Christoph Weitz, sei Tschornicki durch eine Lücke in dem löchrigen Lagerzaun geschlüpft, in ein wartendes Auto gestiegen und über die Grenze nach Frankreich entkommen.[85] Dennoch fand die Lokalpresse, die bereits über Tschornickis erste Schutzhaft und das gegen ihn ausgesprochene Berufsverbot berichtet hatte,[86] das Ereignis interessant genug für kurze Mitteilungen: »Bekanntlich wurde der jüdische Rechtsanwalt Tschornicki in Schutzhaft genommen und nach Osthofen ins Konzentrationslager verbracht. T. ging gestern flüchtig. Daraufhin wurden seine Eltern und seine Braut im Laufe des gestrigen Tages in Haft genommen.«[87] Und auch im Lager selbst hatte die Flucht ihre Folgen: Carlo Mierendorff, der sich gerade erst von den Verletzungen, die ihm bei der Verhaftung beigebracht worden waren, erholt hatte, wurde »für vierzehn Tage in das Lager II verlegt« (5.19, S. 190), die anderen Häftlinge erhielten Besuchssperre.

Anna Seghers mag über Verwandte oder Bekannte aus Mainz von Tschornickis Flucht Kenntnis erhalten haben. Anzunehmen ist ferner, daß sie den Namen ihres populären Mainzer Mitbürgers noch von den zwanziger Jahren her kannte, als Tschornicki, der wie sein späterer Gegenspieler Werner Best dem Jahrgang 1903 angehört, in der jüdischen Jugendbewegung aktiv war (1.17, H 53/2557, S. 22), als Schüler auf Veranstaltungen der KPD redete und schließlich wegen seiner politischen Aktivitäten von seinem Mainzer Gymnasium relegiert wurde.[88]

Eher unwahrscheinlich erscheint dagegen, daß Tschornicki im französischen Exil mit Anna Seghers zusammentraf oder ihr Material für ihren Roman geliefert hat. Zumindest meint Anna Seghers, kurz vor ihrem Tode befragt, sich nicht mehr an Tschornicki erinnern zu können (3.154, S. 25). Wie klein dennoch die Welt für die Anhänger und Gegner der Nazis in Mainz war, belegt die Tatsache, daß ausgerechnet Werner Best, der inzwischen in die Gestapozentrale in Berlin avanciert war, sich 1935 noch einmal mit dem Fall des Ausbrechers und Exilanten befassen mußte. Tschornicki nämlich hatte sich von Toulouse aus, wo er nach eigener Aussage »seit Jahren in völliger politischer Zurückgezogenheit«[89] lebte, mehrfach über die deutsche Botschaft in Paris um die Freilassung seiner Braut und deren Mutter bemüht, die im Lager Moringen in Sippenhaft gehalten wurden. Best, vom Auswärtigen Amt um Auskunft gebeten, stellte daraufhin mit Datum vom 1. Juni 1935 folgende Informationen über seinen ehemaligen Mitbürger und Osthofen-Flüchtling zusammen: »Es handelt sich um den früheren jüdischen Rechtsanwalt Tschornicki, 9. 8. 03 zu Mainz geboren. Tschornicki war bis zum März 1933 als Rechtsanwalt in Mainz tätig. Als solcher war er Mitglied der SPD, des Reichsbanners, des Verbandes der sozialistischen Arbeiterjugend (Jung-Sozialisten), des jungzionistischen Kreises Mainz und der jüdischen Pfadfinder. Als Rechtsanwalt hat er sich besonders durch die Vertretung von Reichsbannerangehörigen in Strafsachen übel bemerkbar gemacht ... Auf Grund dieser Tatsache wurde er nach der Machtübernahme in Schutzhaft genommen; aus dieser ist er am 3. 7. 33 aus dem Konzentrationslager Osthofen nach dem Saargebiet entflohen.« Tschornickis Braut Eleonore Schönberg, so Best weiter, sei mit ihrer Mutter im Februar 1935 nach Deutschland zurückgekehrt und auf Grund eines Erlasses des Innenministeriums »betr. Massnahmen gegen zurückkehrende Emigranten ... in das

Schulungslager Moringen überführt worden«. Eine Veranlassung, »die Maßnahmen der Staatspolizeistelle Frankfurt/Main aufzuheben«, sehe er, Best, nicht. »Das Geheime Staatspolizeiamt stellt des weiteren ergebenst anheim, dem Tschornicki auf seine Eingaben keine Antwort zu erteilen, da er in Eingaben nach hier mit der Veröffentlichung des Falles Schönberg in der deutschfeindlichen Presse drohte, und das Geheime Staatspolizeiamt nicht gewillt ist, sich von einem jüdischen Emigranten unter Druck setzen zu lassen.«[90]

Als die deutschen Truppen wenige Jahre später Frankreich besetzen und Best Kriegsverwaltungschef und Leiter der Abteilung Verwaltung im Stab des Militärbefehlshabers in Paris wird, sucht Tschornicki – wie Anna Seghers und wie der ebenfalls aus einem deutschen KZ entwichene Erzähler ihres Romans *Transit* – in Südfrankreich Zuflucht. Dort wird er – ob mit oder ohne Zutun bzw. Wissen von Best, ist nicht bekannt – erneut von der Gestapo gefaßt und nach Dachau gebracht, wo man ihn am 20. April 1945 ermordet (5.97).

Dokument und Fiktion

Georg Heisler und Max Tschornicki, Fahrenberg und Karl d'Angelo, Zillich und Heinz Ritzheimer, Westhofen und Osthofen – die Parallelen zwischen dem fiktiven Konzentrationslager im Roman und dem authentischen KZ Osthofen sind ohne Zweifel verblüffend. Dabei kann es, das sei hier ein weiteres Mal betont, nicht darum gehen, dem Lager Osthofen die Rolle einer Vorlage für den Roman zuzuweisen. Oder um es in den Worten von Anna Seghers zu sagen: »Als ich das Buch vor Jahren schrieb, kam es mir darauf an, eine solche Flucht so zu erzählen, dass man sich auch noch später vorstellen kann, wie sich im Dritten Reich die Menschen verhalten haben, wenn sie plötzlich vor das Wagnis gestellt wurden, einem Flüchtling zu helfen.«[91] Wohl aber darf das, was Anna Seghers über die Situation der frühen Lager in Deutschland schreibt, an der Geschichte eines tatsächlichen Lagers wie Osthofen gemessen werden, weil so am besten der nicht nur damals und nicht nur unter sozialistischen Exilschriftstellern debattierten Frage näher zu kommen ist, wo die Stärken und Schwächen einer fiktiven gegenüber einer dokumentarischen Auseinandersetzung mit den Themen KZ und Verfolgung im Dritten Reich liegen.

Eine kurze, wie nebenbei hingeworfene und doch überaus aussagekräftige Passage im Roman macht deutlich, wie genau auch Anna Seghers bei der Niederschrift des *Siebten Kreuzes* über dieses Problem nachgedacht hat: »Wallaus Frau hielt sich nicht an Erfahrungen, nicht an Auskünfte ringsherum, sondern an zwei oder drei Legenden von gelungenen Fluchten. Beimler aus Dachau, Seeger [!] aus Oranienburg.« [141 f.]

Es lohnt sich, diese Sätze näher anzusehen. Legenden werden da nämlich überraschenderweise die authentischen Fluchtgeschichten des Kommunisten Beimler und des Sozialdemokraten Gerhard Seger genannt, obwohl gerade sie damals bestens durch umfangreiche und weit verbreitete Berichte der Betroffenen dokumentiert waren. Und mehr noch. Nicht den dokumentarischen, nachprüfbaren Aufzeichnungen dieser Augenzeugen, sondern den legendären Berichten über ihre Flucht mißt der Erzähler und mit ihm Wallaus Frau Bedeutung zu, wobei diese Bedeutung freilich sofort wieder durch Worte wie »gewisse«, »auch« und »ja« eingeschränkt wird. Ähnlich wie bei dem Nebeneinander von West- und Osthofen bringt die falsche Wiedergabe eines authentischen Namens, Seeger anstatt Seger, bewußt einen Hauch von Verfremdung ins Spiel. Ungewiß bleibt, wer außer Beimler und Seger mit der stilistisch ungeschickten Pluralform »zwei oder drei ... Fluchten« gemeint sein könnte.[92] Und schließlich erinnert Anna Seghers ihre Leser durch einen kaum merklichen Wechsel der Perspektive von der ›behexten‹ Frau Wallaus auf den sachlichen Bericht des anonymen Erzähler-Häftlings, daß alles, was hier über Legende und Authentizität gesagt wird, selbst nur in einem Roman steht, der zwischen Fiktion und Dokument angesiedelt ist.

Deutlicher hätte Anna Seghers ihr Buch kaum mehr von jenen dokumentarisch angelegten KZ- und Fluchtberichten absetzen können, die vor allem während der ersten drei Jahre nach der Machtübergabe an die Nazis deutsch- und fremdsprachige Zeitungen und Verlage überfluteten. Eigenschaften und Zielsetzungen dieser Berichte sind inzwischen oft umrissen worden: Autobiographisch ist ihr Ausgangspunkt, das heißt der Verfasser hat das, was er berichtet, durchweg am eigenen Leib erfahren oder miterlebt. Großer Wert wird in ihnen darauf gelegt, daß alle Ereignisse, Namen und Daten korrekt und wahrhaftig sind im Sinne einer dokumentarischen Nachprüfbarkeit. Wenn die Erzähler dennoch keine konkreten Persönlichkeiten werden, dann deshalb, weil sie ihr Schicksal als typisch vorstellen und es vorziehen, sich als Teil der anonymen Masse von KZ-Häftlingen zu sehen. Entsprechend einfach und linear sind Sprache und Struktur der frühen KZ-Berichte angelegt, deren Autoren oft keine oder nur journalistische Schreiberfahrung besaßen. Und schließlich wurden viele der Manuskripte rasch und bisweilen unter großer Gefahr unmittelbar nach der Flucht oder Entlassung des Betroffenen niedergeschrieben. Adressat der Texte, die oft als Broschüren oder in Fortsetzung bei Zeitungen erschienen, waren zunächst einmal Mitexilanten und – sofern Tarnausgaben hergestellt wurden – in Deutschland verbliebene Leser, bald aber auch in wachsendem Maße durch Übersetzungen ein ausländisches Publikum, dem ein Bild vom innerdeutschen Kriegsschauplatz und den durch die Nazis verübten Greueltaten vermittelt werden sollte.

Ein Blick auf jene beiden Fluchtgeschichten, auf die Anna Seghers in ihrem Roman anspielt, Hans Beimlers *Im Mörderlager Dachau* und Gerhart Segers *Oranienburg*, bestätigt diese Thesen und verdeutlicht die Distanz zum *Siebten Kreuz*. Beide Autoren beschreiben, im Gegensatz zu Anna Seghers, Erlebnisse, die sie selbst unmittelbar zuvor in einem Konzentrationslager vom Typ Osthofen gemacht hatten. Dabei betont Beimler, der mit der Niederschrift seines Berichts sofort nach seiner Flucht in München begonnen haben soll[93], in einer »Keine ›erfundene Greuelpropaganda‹« überschriebenen Vorbemerkung, daß »die Wahrheit über das ›Dritte Reich‹ ... stärker als jede ›erfundene Greuelpropaganda‹« sei und er deshalb nur Tatsachen berichte, die er »mit eigenen Augen gesehen, mit eigenen Ohren gehört und am eigenen Leibe gespürt habe« (5.29, S. 12). Seger stellt seinem Bericht gar eine handschriftliche Eidesformel voran, von der er nur abweicht, wo es um Ereignisse in Oranienburg *nach* seiner Flucht geht (5.252, S. 11 u. 72). Untermauert wird dieser Wahrheitsanspruch durch authentische Dokumente: bei Beimler eine Reihe von Meldungen aus der gleichgeschalteten Presse; bei Seger durch ein Schreiben an den Reichsminister der Justiz, in dem der Oranienburg-Bericht als Beweismaterial für eine Strafanzeige gegen die Wachmannschaft des Lagers genannt wird.[94] Wenig oder nichts erfährt der Leser dagegen über die Vorgeschichte und die Lebensverhältnisse der beiden Autoren. Mit Ausnahme der Eröffnung und des Fluchtberichts bei Seger bleiben beide Texte sprachlich anspruchslos und formal deskriptiv-linear: Beimler beschränkt sich auf eine bisweilen schon übergenaue Wiedergabe seiner Verhaftung und Folter (»nach etwa vier bis fünf Minuten« [5.29, S. 14]); Seger, der weniger Torturen ausgesetzt war, konzentriert sich auf eine systematische Beschreibung des Aufbaus des Lagers Oranienburg und stellt dabei über lange Strecken das kollektive »wir« über seine eigene Person. Und schließlich sind beide Berichterstatter dem Ton der Zeit entsprechend noch so stark auf die Konfrontation innerhalb der Arbeiterbewegung fixiert, daß sie bzw. ihre Vorwortschreiber sich selbst vor ihrem ausländischen Publikum nicht denunziatorischer Seitenhiebe gegen Mithäftlinge aus der KPD bzw. SPD zu enthalten vermögen.[95]

Als Anna Seghers 1937/38 mit der Arbeit am *Siebten Kreuz* begann, war die Welle der Augenzeugenberichte über Konzentrationslager nach Art von Beimler und Seger fast völlig abgeebbt.[96] Das internationale Publikum fing an, sich mit den Ereignissen in Nazideutschland abzufinden, der Sensationseffekt hatte sich abgenutzt, Neues gab es aus Dachau und Oranienburg nicht mehr zu berichten. Zudem hatte sich die Lage in Deutschland, oberflächlich gesehen, beruhigt: die wilden Lager vom Typ Osthofen aus der ›revolutionären‹ Phase nach der NS-Machtübernahme waren geschlossen worden; die Häftlingszahlen erreichten 1936/37 einen zeitweiligen Tiefstand; aus dem Straßenterror der SA wurde der geordnete Terror von Himmlers, Eickes und Bests SS und Gestapo.

Doch die Widerspiegelung dieses Mitte der dreißiger Jahre einsetzenden Wandels im System der Konzentrationslager, der u. a. durch neue Häftlingstypen, die Ausbeutung der Arbeitskraft von Insassen und schließlich den organisierten Massenmord gekennzeichnet war, stand ohnehin nicht im Mittelpunkt von Anna Seghers' Interesse. Wichtiger war es ihr, die Erfahrungen der Augenzeugenberichte auf eine höhere, zeitlose Ebene zu bringen, auf der alle Personen und Gegebenheiten zwar bis ins kleinste Detail der Wirklichkeit entsprachen, nicht aber an eine spezifische Zeit und einen konkreten Ort gebunden waren.

Die Person des Erzählers im Roman mag dabei als besonders typisches Beispiel dienen. Als ehemaliger Häftling und anonymer, zwischen ich und wir schwankender Augenzeuge steht dieser Erzähler einerseits in der Tradition der emotionalen Fluchtberichte von Beimler und Seger. Als »Chronist« in Walter Benjamins Sinn, der von der Autorin aus Zeit und Raum entlassen ist, wird er andererseits zu einer Romanfigur, die das ›realistische‹ Geschehen jederzeit durch sprachliche Wendungen und strukturelle Kunstgriffe auf jene allgemeinere, abstrakte Ebene zu heben vermag, auf der sich der Bestseller des dokumentarischen KZ-Berichts in den Longseller einer literarischen

Verarbeitung der Phänomene KZ und Verfolgung verwandelte.

Der zugleich unmittelbare und langfristige Erfolg des *Siebten Kreuzes* bei Publikum und Kritik scheint Anna Seghers' Methode zu rechtfertigen, gäbe es nicht jene über die Grenzen aller Literatur – Dokument wie Roman – hinausgehenden Überlegungen des schreibenden Augenzeugen und ehemaligen Insassen von Auschwitz und Bergen-Belsen, Jean Améry.

Jenseits von Schuld und Sühne überschreibt Améry seine eigenen, autobiographischen »Bewältigungsversuche eines Überwältigten«, in denen er der Frage nachgeht, warum er »als alter, abgebrühter Kenner des Systems«, »Leser der ›Neuen Weltbühne‹ und des ›Neuen Tagebuchs‹« und »bewandert in der KZ-Literatur der deutschen Emigration von 1933 an«, angesicht der am eigenen Leib erlittenen Tortur des ›Armhängens‹ sprachlos bleibt. Zwei mögliche Antworten fallen Améry dazu ein: Einmal sei es nutzlos, »das Eingebildete und das Wirkliche gegeneinanderzuhalten«, nicht weil »das Geschehnis ›die Vorstellungskraft überstiege‹ (es ist keine quantitative Frage), sondern weil es Wirklichkeit ist und nicht Imagination« (5.15, S.47). Oder wie es, nach Améry, bei Proust heißt: »Rien n'arrive ni comme on l'espère, ni comme on le craint.« Zum anderen markiert der Schmerz während der Tortur, »so unvergleichbar wie unbeschreibbar«, schlichtweg »die Grenze sprachlichen Mitteilungsvermögens«, denn »ein Vergleichsbild würde nur für das andere stehen, und am Ende wären wir reihum genasführt im hoffnungslosen Karussell der Gleichnisrede«. »Der Schmerz«, so lautet deshalb Amérys Fazit, »war, der er war. Darüber hinaus ist nichts zu sagen ... Wer seinen Körperschmerz mit-teilen wollte, wäre darauf gestellt, ihn zuzufügen und damit selbst zum Folterknecht zu werden.« (5.15, S.59)

IV. KONTEXT 2:
REZEPTION UND BEARBEITUNGEN

1. *The Seventh Cross:* Bestseller in den USA

Am 24. März 1941 legte vom Kai in Marseille ein notdürftig für den Passagierverkehr hergerichteter Frachter mit dem Namen »Paul Lemerle«[1] in Richtung Martinique ab. An Bord befand sich neben anderen Exilanten die Familie Radvanyi – Laszlo Radvanyi alias Johann Lorenz Schmidt, Netty Radvanyi alias Anna Seghers sowie deren Kinder Peter und Ruth. Zwei Gedanken mögen Anna Seghers in diesem Augenblick durch den Kopf gegangen sein: Erleichterung darüber, daß sie aus dem Inferno von Krieg, Internierung und Verfolgung entkommen war; und die Sorge, wo und wann sie in der fremden überseeischen Welt Leser für ihre Bücher und einen Verlag für jenes Manuskript finden würde, das ihr damals am meisten am Herzen lag: *Das siebte Kreuz*.

In der Tat war die Abreise aus Europa für fast alle Exilanten mehr als ein einfacher Länderwechsel. Diesmal verließ man einen Kontinent, auf dem man sich bei allen politischen und kulturellen Unterschieden noch relativ heimisch fühlen konnte. Wer, wie Anna Seghers, aus dem südwestdeutschen Rheingebiet kam, war meist schon vor 1933 mit Frankreich und seiner Kultur vertraut gewesen. Die Ereignisse in Deutschland interessierten und bewegten auch die Menschen in den benachbarten Asylländern. Verlage und Zeitschriften der Exilanten konnten auf einen kleinen, aber nicht unbedeutenden Käuferstamm bauen, der in der Lage war, die Bücher der Vertriebenen in der Originalsprache zu lesen.

Wohl kaum einer der Exilanten vermochte sich dagegen von den USA oder von Mexiko, ganz zu schweigen von

Anna Seghers um 1942

Martinique oder Santo Domingo, eine Vorstellung zu machen (5.23 u. 5.154, S. 236–241). Der Geschmack des Publikums und die Gesetze des überseeischen Buchmarkts waren so verschieden, daß selbst erfahrene Exilverleger wie Wieland Herzfelde und Gottfried Bermann Fischer nur bescheidene Erfolge zu verzeichnen vermochten. Heinrich Mann, noch im französischen Exil einer der angesehensten deutschen Schriftsteller, Bertolt Brecht, Alfred Döblin und viele der weniger bekannten Exilanten sahen sich gezwungen, für die Schublade zu schreiben oder ihre Texte in Eigenverlagen zu drucken. Linksliberale Exilanten, ganz zu schweigen von Kommunisten, hatten es in den USA noch schwerer als in den bürgerlichen Demokratien Westeuropas. Fluchtmüdigkeit, eine grassierende Resignation angesichts der militärischen Erfolge der Nazis und die in der Neuen Welt besonders starke Verlockung der Akkulturation ließen viele der Autoren endgültig vom Thema Deutschland Abstand nehmen.

Dennoch erscheint der Erfolg, den *The Seventh Cross* in den USA hatte, im Rückblick nicht als überraschend. Bücher mit einer einfachen, klaren, in der Gegenwart angesiedelten Handlung finden in den USA immer leicht Käufer, besonders wenn sie zudem noch in Nazideutschland spielen. Das positive Ende der Geschichte von Georg Heisler, die sexuelle Prüderie und die Einstellung auf einen zentralen Helden taten ein übriges. Und schließlich schien dem Roman auch jene abstrakte, philosophische Diktion abzugehen, die bis heute von amerikanischen Kritikern an der deutschen Literatur gern als »teutonische« Schwerfälligkeit bemäkelt wird. »Es gibt keinerlei Theorie in diesem Buch«, vermerkte einer der Verlagsgutachter lobend. »Da alle Gedanken in sichtbare Handlungen umgesetzt sind, ... gibt es nichts fremdartiges für amerikanische Leser in diesem Roman ... Er hat eine Chance, vom Book-Club ausgewählt zu werden.«[2]

Der Gutachter behielt recht. *The Seventh Cross* wurde in den USA nach Maßgabe das einheimischen Buchmarktes zwar kein Longseller, aber einer jener typisch amerikanischen Bestseller, die nach einem kurzen, hektischen Erfolg mit Nachdrucken, Buchclubausgaben, Comic strip und Filmfassung rasch wieder vergessen werden. Um die Geschichte dieses Erfolgs, über den lange Zeit so gut wie nichts bekannt war (vgl. 3.172), soll es im folgenden gehen.

Das Datum des Vertragsabschlusses zwischen dem Bostoner Verlag Little, Brown and Company, bei dem *The Seventh Cross* zuerst erschien, und Anna Seghers' in New York ansässigem Agenten Maxim Lieber[3] fällt auf den 16. Juni 1941 – den Tag, an dem Anna Seghers auf der Einwandererinsel Ellis Island in den USA ankommt.[4] Fünf Monate später liefert James A. Galston, der auch *Transit* (1944) und F. C. Weiskopfs *Himmelfahrtskommando* (*The Firing Squad*, 1945) ins Englische übertrug, das Manuskript der Übersetzung ab. Am 6. April 1942 erreichen die ersten Druckfahnen den Verlag. Sofort gehen drei Exemplare mit einer Empfehlung von Erich Maria Remarque an den Book-of-the-Month Club weiter: »Wir sind sehr beeindruckt von diesem Roman ..., und wir hören mit Interesse von Remarque, dem Autor von *Im Westen nichts Neues*, daß die Autorin im Ausland als ›Spitze‹ angesehen wird.«[5] Mitte Juni beschließt das Auswahlkomitee des Buchclubs, *The Seventh Cross* als Buch des Monats Oktober zu akzeptieren.[6] »Ich bekam gerade einen Brief von Ed Seaver vom ›Book-of-the-Month‹-Club, in dem er mir die prächtige Neuigkeit mitteilte, daß Dein Roman vom Club ausgewählt worden sei«, schreibt F. C. Weiskopf dazu am 24. Juni 1942 nach Mexiko. »Jetzt ist Dein Weg geebnet, und Deine finanziellen Sorgen sind für lange Zeit verjagt. Freue Dich, mein Volk, Manna ist herniedergeströmt ... Und keine Sorgen mehr um die nächsten Bücher. Und sicherlich mehr als 100000 Leser. Herz, was begehrst du mehr? Und war es nicht eine gute Idee, Dir zu raten, Max das Manuskript ganz in seiner Art behandeln zu lassen, und ihn nicht zu ermahnen?«[7] Weitere Exemplare der Übersetzung sind inzwischen trotz des Seekriegs auf dem Atlantik in

Großbritannien eingetroffen. Nach einer Absage durch Sir Newman Flower, der das Buch für viel zu düster für jene Tage hielt,[8] greift Hamisch Hamilton zu und übernimmt den Roman für England.

Am 23. September 1942 liefert Little, Brown *The Seventh Cross* aus.[9] Noch bevor das Buch auf dem Markt ist, beginnen verschiedene Broadway-Produzenten und Hollywood-Studios, sich um ein Vorkaufsrecht zu bemühen. Kurz darauf fragt die linksorientierte Zeitschrift *New Masses* nach, ob sie eine Passage aus der Begegnung zwischen Paul Röder und dem Architekten Sauer abdrucken darf. Am 18. September macht die Vorbereitung einer kanadischen Ausgabe eine Änderung des Vertrags mit Anna Seghers nötig. Aus Toronto meldet das jugoslawische Emigrantenblatt *Novosti* Interesse an einer Übersetzung an. Es folgen Teilabdrucke, Nachdrucke und »condensations« u.a. im *Coronet Magazine* (Chicago), durch das Braille Institute of America in Los Angeles und das Jewish Braille Institute of America, in der $1.00-Reihe der Garden City Publishing Company, im *Daily Worker* (Fortsetzungsabdruck vom 12.9. bis 11.11.1943) und in der Triangle-Reihe der New Home Library. Unterdessen schreibt Anna Seghers aus Mexico City: »Bitte schicken Sie ... mehr Exemplare an die Buchhandlungen hier, denn es besteht eine beachtliche Nachfrage nach meinem Buch ...«[10] Und auch Behörden der US-Regierung interessieren sich für den Seghers-Stoff: Am 30. Oktober 1942 ruft der Council for Books in Wartime, »eine private Organisation, die die Verlagsindustrie vertrat«,[11] bei Little, Brown an und bittet um Erlaubnis, eine Episode aus dem Roman für das Treasury Star Parade Program dramatisieren zu dürfen.[12] Zwei Jahre später gibt der Verlag das Buch für eine Armed Services Edition frei.

Doch nicht genug damit. Ende September 1942 beteiligt sich auf dem Weg über den Book-of-the-Month Club das King Features Syndicate mit einer Comic-strip-Fassung von *The Seventh Cross* am Geschäft. Absicht von King Features sei es, so ein Brief an Little, Brown vom 30. September 1942, eine Bildfassung des jeweiligen Book-of-the-Month-Club-Buches in Form von Comic strips so vielen Tageszeitungen wie möglich anzubieten. Das Syndikat, das ca. 20 Millionen Leser erreicht, wolle sofort eine Reklamekampagne starten, um diese Form der Buchwerbung bei den Zeitungen des Landes bekannt zu machen. King Features würde die ›künstlerische‹ Arbeit überwachen und darauf achten, daß die Textbeigaben die ›Würde‹ des jeweiligen Buches nicht verletzen. Als ersten Titel schlage man *The Seventh Cross* von Anna Seghers vor.[13]

Keine zwei Monate darauf kündigt die New Yorker Tageszeitung *Daily Mirror* in einer großformatigen Annonce, in der ein schwarzuniformierter SS-Soldat über einem gefesselten Häftling Wache steht, ihren Lesern den neuen Bilderstreifen an: »*Erscheint morgen*. Eine ungewöhnliche Darstellung des Bestsellers aus dem Book-of-the-Month-Club in Bildform ... Das Buch, das über 300 000 Mitglieder des Book-of-the-Month-Club und viele andere gekauft und gern gelesen haben, wird Ihnen vom ›Mirror‹ in einer spannenden und einmaligen Form vorgestellt. Seine spannende Handlung zusammengefaßt von dem bekannten Künstler William Sharp; seine bewegende Geschichte als Kurztext, der alle wichtigen Passagen enthält. Das ist eine neue Idee, die nie vorher ausprobiert wurde, damit Sie sich an den besten Romanen erfreuen können, obwohl diese geschäftige Zeit Ihnen dazu sehr wenige Möglichkeiten läßt.«[14]

Die Bilderstreifen, die dann seit dem 30. November über mehrere Wochen hinweg den Lesern des *Daily Mirror* und anderer Zeitungen ins Haus geliefert wurden, dürften den Geschmack des amerikanischen Publikums getroffen haben: »... eine tägliche Bildreihe, sechs Spalten breit und mit etwas mehr Tiefe als der durchschnittliche Comic strip ...« (3.27) Nicht bekannt ist dagegen, ob Anna Seghers ihr Plazet für die Comic-strip-Fassung ihres Buches gegeben hat. Fest steht nur, daß Maxim Lieber – mit oder ohne Rück-

Anzeige für die 1942–1943 in den USA im Daily Mirror publizierten Comic-strip-Fassung

frage bei der Autorin – im Frühjahr 1944 ein recht lukratives Angebot der David McKay Company, die Bilderreihe in deren »10c edition« nachzudrucken, nur unter der Bedingung akzeptieren wollte, daß die US-Armee die Abnahme von wenigstens einer Viertelmillion dieser Heftchen garantiert.[15]

Der Erfolg von *The Seventh Cross* bestätigte das Urteil von Verlagsgutachtern wie dem österreichischen Exilanten und Journalisten Franz Hoellering, der das Manuskript mit Worten wie »echtes Kunstwerk«, »allgemeingültige Handlung« und »unvergeßliche, poetische Prosa« gepriesen und positiv mit Ernest Hemingways *For Whom the Bell Tolls* (»eine Oper voller schiefer Töne«)[16] und Erich Maria Remarques 1941 ebenfalls bei Little, Brown gedrucktem Exilantenroman *Flotsam* (dt. *Liebe deinen Nächsten*) verglichen hatte. Nicht erfüllt hat sich dagegen eine Marktanalyse, die den Verlag Simon and Shuster dazu bewegt zu haben scheint, das Manuskript abzulehnen. Entgegen den Erwartungen von Fachleuten war das amerikanische Publikum nämlich durchaus gewillt, eine weitere Fluchtgeschichte aus einem NS-Lager zu kaufen. Und auch jene wiederholt bei Little, Brown von verlagsinternen Gutachtern wie dem Cheflektor C. Raymond Everitt vorgebrachten Bedenken, daß die nicht immer orthodoxe Form (»dauernde Blickwechsel«)[17] des Buches den Durchschnittsleser abschrecken könnte, war unbegründet. Andere ›Schwachstellen‹ meinten die Lektoren dadurch eliminieren zu können, daß sie eine Reihe von Szenen kürzten oder strichen.[18] Zum Leidwesen von Anna Seghers fiel so die Mehrzahl der Auftritte des Schäfers Ernst sowie die für die politische Substanz des Romans wichtige Begegnung zwischen Franz und Lotte (Kapitel 7, IV) dem Rotstift zum Opfer.[19] Abgelehnt wurden dagegen – glücklicherweise – vom Verlag (oder von Maxim Lieber?) eine Reihe von detaillierten Änderungsvorschlägen des ansonsten durchaus kompetenten Übersetzers James A. Galston,[20] die den Roman noch weiter auf den Geschmack des amerikanischen

Bildfolge aus dem Comic strip

Publikums getrimmt hätten: »Das Ende ... ist schrecklich schwach ... Warum kann man nicht einen kurzen, aber spannenden Bericht dazuschreiben von ... Heislers ... Fahrt den Rhein hinunter bis an die holländische Grenze – eine scharfe Charakterstudie des Kapitäns als ›comic relief‹, eine aufregende Szene mit dem letzten Versuch der Gestapo, ihre Beute zu fangen und schließlich der herrliche Schritt in die endgültige Freiheit, ein Ereignis, das in entsprechend glühenden Farben geschildert werden sollte und in einem erhabenen Ton, der ein Funkeln in die Augen des Lesers bringt? ... Die wenigen Sexszenen in dem Buch bleiben sehr diskret – ja zu diskret. Ich würde vorschlagen, ein paar Sätze zu der Passage hinzuzuschreiben, in der Georg zufällig Zeuge einer rustikalen Liebesnacht wird, eine intimere Beschreibung von Georgs Freuden während der Nacht, die er mit der Kellnerin verbringt (vor allem das Ende dieser Szene bleibt viel zu unverbindlich) und vielleicht sogar ein paar Details zu Georgs Erlebnis im Zimmer der Frankfurter Prostituierten hinzuzufügen.«[21]

Zu überzeugen vermochte Galston die Lektoren nur dort, wo er Ungereimtheiten aufzudecken meinte, die geübte »mystery fans« hätten stören können: so tauscht der Heisler der amerikanischen Übersetzung in der Darré-Schule nicht nur seine Häftlingsjacke, sondern auch seine Häftlingshose um; und von Frau Marelli erhält er keinen gelblichen Mantel (»Warum gibt man ihm nicht gleich eine Kuhglocke und ein Reklameschild?«[22]), sondern einen bräunlichen.[23] Und natürlich wurde, wie oft bei amerikanischen Übersetzungen, auch manches von jenem Lokalkolorit zurückgenommen, das dem US-Leser unverständlich geblieben wäre. Aus einem holländischen Schiffer wird so »an upright man«[24]; Overkamp und Fischer brauchen nicht mehr Most trinken zu gehen; und aus Fiedlers Laube wird ein »bungalow«[25].

Was Galston am *Siebten Kreuz* auszusetzen hat, mag eine Frage des Geschmacks sein. Wichtiger, ja zentral für die Rezeption des Romans in den USA sind jedoch zwei andere Aspekte: zum einen die Tatsache, daß in der Übersetzung einige, aber keineswegs alle Anspielungen auf die Zugehörigkeit von Heisler und seinen Freunden zur kommunistischen Partei gestrichen wurden; zum anderen die Abwesenheit von Hinweisen darauf, daß diese Streichungen das Resultat einer Diskussion waren, die in dem zwar liberalen, aber sicherlich nicht als ›links‹ zu verdächtigenden Verlag Little, Brown über die politische Überzeugung der Autorin und ihrer Romanfiguren stattgefunden hatte. Anzunehmen ist eher, daß Passagen wie die Begegnung zwischen Franz und Lotte,[26] Worte wie »rotes«[27] Hamburg und der Wunschtraum von Franz über ein »anderes Deutschland«[28] nur deshalb wegfielen, weil die Lektoren die Geschichte Georg Heislers von langatmigen, für den amerikanischen Leser schwerverständlichen Nebenhandlungen und, wie sie meinten, deutschen Lokalangelegenheiten befreien wollten. Anders gesagt: nicht verkappte politische Zensur, sondern eine allzu pragmatische Orientierung an den Marktverhältnissen und dem Leserverhalten lag den editorischen Eingriffen in die amerikanische Ausgabe des *Siebten Kreuzes* zugrunde. Oder wie D. A. Cameron, der wenig später »editor in chief« (5.215, S. 98) bei Little, Brown wird, lobend anmerkte: »... es kommt kein bißchen Politik in dem Buch vor.«[29]

Bestätigt wurde Cameron in seiner Analyse durch die Ergebnisse von Meinungsumfragen aus jenen Jahren. So sahen Ende 1942 74 % der Amerikaner in der deutschen Regierung und nur 6 % im deutschen Volk ihren Hauptfeind (5.94, S. 356). Und noch zwei Jahre später, also 1944, schätzt ein Viertel aller Amerikaner die Zahl der in Konzentrationslagern Ermordeten auf weniger als 200 000, während 24 % auf die Frage, ob sie an die Morde in den KZ überhaupt glauben, gar mit »no« oder »no opinion« antworten (5.94, S. 472).

Wenig oder gar kein Verständnis für den politischen Kontext von Heislers Flucht brachte auch der überwiegende Teil der recht umfangreichen Schar von Rezensenten auf, die seit September 1942 in den führenden amerikanischen Zeitungen und Zeitschriften das Erscheinen von *The Seventh Cross* kommentierten. Von »underground« (3.12 u. 3.13) und »political prisoners« (3.9, S. 77) ist da die Rede, von einer Organisation, »die sich die Aufgabe gestellt hat, Männer wie ihn zu befreien« (3.11), oder, wie im *Time Magazine*, von »George's old political party«. (3.15) Der *Saturday Review of Literature* spekuliert, daß »die meisten der Personen im Roman, wie wir annehmen müssen, einst einer der Linksparteien angehörten« (3.10). Ein anderes Blatt vergleicht den Seghers-Roman mit Arthur Koestlers *Darkness at Noon*.[30] *Commonweal* tut die politische Überzeugung Heislers gar als »Nebenthema« und als »nicht ... besonders überzeugend« (3.23) ab. Ansonsten beschränken sich die einheimischen Kritiker darauf, hervorzuheben, daß Anna Seghers Gut über Böse gewinnen läßt, oder sie beschreiben – zumeist nur mit leichten Vorbehalten – die Form des Buches durch Begriffe wie »Bewußtseinsstrom« (3.37), »Kinotechnik« (3.30, S. 502), »komplizierte Struktur mit Rückblicken, Vorausschauen, Seitenschritten und Einkreisungen«[31] oder einfach »Dos Passosish« (3.17).[32]

Besser informiert zeigten sich mit Bezug auf den politischen Hintergrund des Romans dagegen eine Reihe von sogenannten »liberalen« Kommentatoren. Der ex-fellow traveller Malcolm Cowley zum Beispiel, der Anna Seghers 1937 auf dem Schriftstellertreffen in Madrid hatte sprechen hören, meldet in *The New Republic*, daß für Seghers, anders als für den ehemaligen Kommunisten Ignazio Silone, mit dessen Roman *Der Samen unterm Schnee* (1942) er *The Seventh Cross* vergleicht, Veränderungen nur durch »political revolution« (3.13, S. 385) möglich seien. In den linken *New Masses* leitet Samuel Sillen die Standhaftigkeit Ernst Wallaus aus dessen »langen und schwierigen Erfahrungen in der kommunistischen Bewegung« (3.16, S. 23) ab. Und Clement Greenberg schießt in *The Nation*, einem Blatt, für das neben Hoellering auch Exilanten wie Weiskopf, Thomas Mann, Alfred Kantorowicz, Hermann Kesten und Gerhart Seger schrieben, gar über das Ziel hinaus: »Anna Seghers ist vielleicht die talentierteste deutsche Romanautorin seit Thomas Mann and Hermann Broch. Ihr zentrales Thema ist die sozialistische Revolution – oder genauer, die Anstrengungen, die die kommunistische Partei in diese Richtung in Deutschland und Zentraleuropa macht ... Ihre Romane sind ›aktiviert‹, sind voll von politischen Aktivitäten ...« Ein politischer Roman, der sich in Kategorien wie »proletarische Literatur oder ›sozialistischer Realismus‹« pressen läßt, sei *The Seventh Cross* freilich nicht, obwohl Greenberg sich nicht scheut, Georg und Anna Seghers Stalinisten zu nennen. Denn selbst dort, wo sie Figuren schafft wie Wallau, die »ohne Schwächen sind, fehlerlos in ihren Prinzipien und eine absolute Quelle moralischer Kraft«[33], verfügt die Autorin nach Greenbergs Meinung einfach über »too much art« (3.21, S. 388).

Eher unspektakulär, auch auf dem politischen Feld, fallen dagegen angesichts des Erfolges der amerikanischen Übersetzung und der Filmfassung des *Siebten Kreuzes* in den USA die Besprechungen der ersten deutschen Ausgabe des Romans in der Exilpresse aus. Zwar stimmt es nicht, daß – wie noch 1981 in *Kritik in der Zeit* behauptet wird – die Stellungnahmen zur Ausgabe von El Libro Libre »zahlenmäßig gering« (5.178, S. 641) waren. Auch zählen zu den Kritikern bekannte Exilanten wie Berthold Viertel, Paul Mayer, Oskar Maria Graf, Hilde Spiel, Albert Fuchs, Roha (d.i. Heinz Willmann), Ernst Loewy, Johannes R. Becher und Alexander Abusch. Wohl aber vermögen die zeitgenössischen Aussagen in den Exilantenblättern die schon 1934 von dem holländischen Essayisten Menno ter Braak formulierte These zu bestärken, daß es »den Referaten der Emigrations-Zeitschriften« (5.43, S. 61) an selbstkritischer Wachsamkeit mangele.

Begraben scheint so in den Exilkritiken zum *Siebten Kreuz* der nur wenige Monate später in den Besatzungszonen mit neuer Heftigkeit aufflammende Streit zwischen bürgerlicher und sozialistischer Literatur. Ignoriert oder mit dem Begriff »filmisches« (3.42) Erzählen knapp abgetan wird die Kontroverse zwischen realistischem und experimentellem Schreiben, die während der dreißiger Jahre die Gemüter besonders der linken Exilanten bewegt hatte. Und nur am Rande kommt Anna Seghers' Bild von einem »anderen Deutschland« zur Sprache – ein Thema, das angesichts der Kollektivschuldthesen von Lord Vansittart, Hans J. Morgenthau und Emil Ludwig während der letzten Kriegsjahre rasch an Aktualität gewann und zum Beispiel in der in Brooklyn erscheinenden *Solidarity* mehrfach erwähnt wird. »Anna Seghers«, heißt es dort in einem »Gruß« an die Autorin vom Dezember 1942, »zeigt das andere Deutschland, das sich nie restlos ergeben hat ... Sie zeigt die Konzentrationslager, die ja wohl der beste Beweis gegen die Unsinnigkeit sind, die man immer wieder hört: dass Deutschland hundertprozentig mit den Nazis identisch sei.« (3.29)

Desinteressiert an ihrem eigenen Schicksal, beläßt es die Mehrzahl der exilierten Rezensenten dabei, Heisler vage als »sozialen Kämpfer« (3.25) zu präsentieren, der von seinen ›treuesten‹ (3.49) »Kameraden« (3.28) durch ein »Netz von organisierter Hilfeleistung« (3.50) gerettet wird. Wiederholt wird *Das siebte Kreuz* als »Sprachkunstwerk« (3.44) gerühmt, das das »Ewigversöhnliche großer Dichtung« (3.25) ausströmt. Und in der *Internationalen Literatur* kommentiert ein anonymer Rezensent, hinter dem sich aller Wahrscheinlichkeit nach Johannes R. Becher verbirgt, die jüngste Wende der sowjetischen Kulturpolitik zu Nationalismus und Religion widerspiegelnd, den Roman gar folgendermaßen: »›Das siebte Kreuz‹ ist das Buch einer deutschen Passion, geschrieben wie eine Märtyrerlegende, durchwirkt von dem unverblichenen Glanz echten deutschen Wesens, und, als wäre sie ein Wesen von diesem Wesen, ersteht vor uns, im Zauberklang einer heimatlichen Sage, süddeutsche Landschaft.« (3.47, S. 2)

Offen politisch argumentiert dagegen allein eine nach

1952 in der DDR mehrfach nachgedruckte Rezension von Alexander Abusch, die noch in Mexiko entstanden war. In ihr wird, neben Verweisen auf das »kindlich Märchenhafte« des Romans und die »fast filmmäßige Technik der Montierung von Szenen« (3.93, S. 229), »der Parteifunktionär Wallau« als der »eigentlich große Held« herausgehoben, »ein Funktionär aus Thälmanns Partei«, der »der Kommunistischen Partei treu sein will bis zum Ende« (3.93, S. 228) – ein Bild, an dem der KPD-Funktionär Abusch mit Nachdruck auch in seinen 1981 gedruckten autobiographischen Aufzeichnungen *Der Deckname* festhält: »Anna Seghers' ... ureigene Leistung war es, im ›Siebten Kreuz‹ in eherner Kontinuität, weil die kämpfende Partei um diese Zeit für sie, ihr Leben, ihr Werk eine ganz unmittelbar erfaßbare Realität war, in der Gestalt des unter der Folter schweigenden Kommunisten Wallau, wohl mehr noch als in der Figur des den Titel des Buches bestimmenden Flüchtlings Heiseler [!], ein wahres Heldenbuch der Kommunistischen Partei zu schreiben.« (5.2, S. 471)

Exakte Angaben über die Gesamtauflage der verschiedenen Ausgaben von *The Seventh Cross* sind nicht mehr zu ermitteln. *Publishers' Weekly*, das Branchenblatt der US-Verleger, berichtet, daß in den USA innerhalb von zwölf Tagen 319000 Exemplare verkauft wurden.[34] Drei Wochen später stand *The Seventh Cross* hinter Franz Werfels Lourdes-Roman *The Song of Bernadette* (1942; dt. *Das Lied von Bernadette*), der 432000mal gedruckt worden war, mit 339200 Exemplaren bereits an zweiter Stelle auf der Bestsellerliste.[35] Eine Umfrage des Book-of-the-Month Clubs bei über 200 Kritikern nach den zehn besten Romanen des Jahres 1942 ergab folgende Reihenfolge: »(1) ›The Moon is Down‹, by John Steinbeck (Viking); (2) ›The Song of Bernadette‹, by Frantz [!] Werfel (Viking); (3) ›The Seventh Cross‹, by Anna Seghers (Little, Brown) ...«[36] Im Februar 1943 geht MGM (Metro-Goldwyn-Mayer) bei der Entscheidung, das Buch zu verfilmen, bereits von 421000 verkauften Exemplaren aus[37] – eine Angabe, die dadurch bestätigt wird, daß *The Seventh Cross* im November und Dezember 1942 weitere 36 800 Käufer fand.

So wie über die Auflagen des Romans gibt es über die finanziellen Bedingungen der einzelnen Verträge keine verläßlichen Informationen.[38] Mit Sicherheit läßt sich jedoch sagen, daß Weiskopf mit seinem Bild von niederregnendem Manna richtig lag: die Zeiten finanzieller Sorgen waren für Anna Seghers und ihre Familie ab Herbst 1942 in der Tat zu Ende.[39] Am 1. September 1942 gab das United States Treasury Department unter der Lizenznummer 1111 $ 2000 (netto nach Steuern $ 1812) von jenen Geldern für den Transfer ins Ausland frei, die auf Anna Seghers' Konto bei der Chemical Bank and Trust Co. in New York eingegangen waren. Wenige Wochen darauf bestätigt Maxim Lieber den Erhalt einer weiteren Vorauszahlung von $ 5000. Gleichzeitig bemüht sich ein New Yorker Rechtsanwaltsbüro im Namen von Anna Seghers bei den Bundesbehörden in Washington um eine Erhöhung der auf $ 500 limitierten Devisenausfuhrgenehmigung. Und natürlich interessierte sich, wie wir noch sehen werden, das FBI für die transferierten Beträge, weil man den Verdacht hatte, daß mit ihnen illegale Aktionen der KP finanziert wurden.

Wie wichtig der Familie Radvanyi die Überweisungen waren, die für mexikanische Verhältnisse sicherlich nicht unerheblich gewesen sind, bestätigen mehrere Briefe und Telegramme, die im Laufe des Jahres 1942 bei Maxim Lieber und bei Little, Brown eingehen: Da bittet Anna Seghers am 30. Juli 1942 telegraphisch um $ 1000 (»needed urgently«). Drei Wochen später kabelt sie erneut: »No money received.«[40] Und am 5. Oktober 1942 schreibt sie noch einmal ausführlich an den Verlag: »Ich bin froh, daß jetzt die Schritte eingeleitet werden, die es möglich machen, daß ich monatlich eine Minimumsumme erhalte, muß Sie aber gleichzeitig stark darum bitten, alles Mögliche zu tun, damit diese monatlichen Zahlungen auf ein *Maximum* erhöht werden. Die Minimumsumme reicht nämlich in keiner Weise aus, um von ihr zu leben und die vielen

Anna Seghers um 1942

Schulden zurückzuzahlen, die ich gemacht habe, als ich überhaupt kein Geld bekam. Es gibt zahlreiche Emigranten in meiner Umgebung, die jeden Monat viel mehr erhalten ($ 500) und das nur, weil sie erklären, daß sie alles verloren haben, was sie in Europa besaßen und daß sie diese Summe nicht nur für ihren täglichen Lebensunterhalt brauchen, sondern um all das wiederzukaufen, was sie ... verloren haben. Ich habe das Gefühl, daß meine Grundbedürfnisse und die meiner Kinder noch klarer formuliert werden könnten – wie ich hier ankam, nach monatelangem Leben im Krieg, Verfolgung, Konzentrationslager, materiell und körperlich erschöpft. Ich habe gerade jetzt mein neues Buch fertiggestellt und würde es Ihnen gern so bald wie möglich schicken. Aber bevor ich die letzten Korrekturen mache, brauche ich einige Wochen völliger Ruhe. Die kann ich aber nur haben, wenn meine Geldangelegenheiten auf großzügigere Weise geregelt werden. Aus diesem Grund möchte ich Sie bitten, alle Kontakte zu den Behörden zu nutzen und den entsprechenden Personen alle jene Argumente vorzutragen, die ich genannt habe, damit die mir zustehende monatliche Summe erhöht wird. Ich kann kaum ausdrücken, wie leid es mir tut, Sie mit den Details meiner Geschäfte zu bedrängen, aber ich bin sicher, daß Sie verstehen, daß diese Angelegenheit für mich von größter und dringendster Wichtigkeit ist.«[41]

Andere Hilfegesuche der Autorin scheinen weniger höflich ausgefallen zu sein. Jedenfalls schreibt F. C. Weiskopf am 27. September desselben Jahres aus New York, daß ihn der letzte Brief von Anna Seghers »dizzy« gemacht habe: »... ich habe die Nase voll von der Korrespondenz, die Du, Egon [Erwin Kisch] und ein paar andere führen. Ich habe wirklich genug davon und habe endgültig meine letzten Illusionen begraben ... Natürlich müssen Steuern abgezogen werden. Der Buchclub zahlt erst im Dezember. Regierungserlasse verlangen, daß man komplizierte und umständliche Anträge stellt für Zahlungen ins Ausland an Nicht-Amerikaner wie dich. Deshalb wirst Du das Geld nur in kleinen Teilen und mit etwas Verzögerung bekommen. Aber es ist dumm, milde gesagt, auf die Weise zu schreiben, wie Du das tust.«[42] Einige Wochen später hatten sich die Wogen dann schon wieder geglättet. Anfang Dezember meint Weiskopf, daß »all die Emotionen und Gedanken, die Deine Korrespondenz vom September hervorgerufen haben«, »antiquiert«[43] seien, und am 11. Januar 1943 berichtet er nicht ohne Genugtuung: »Ich hatte Erfolg damit, Deine Angelegenheiten ein wenig zu beschleunigen. Lieber hat mir gerade mitgeteilt, daß Du regelmäßig Geld von den Tantiemen für Dein Buch erhalten wirst. Erhebliche neue Zahlungen sind angekündigt. Du wirst, wie man hier sagt, ›in the money‹ sein. Ich bin froh, daß alles so gut ausgeht.«[44]

Die Zahl der Lizenzausgaben und Nachdrucke, die Auflagenhöhe und die Aufmerksamkeit, die Presse und Zeitschriften der US-Ausgabe des Romans schenkten, hatten *The Seventh Cross* zu einem der bedeutendsten Bucherfolge der Exilliteratur gemacht – ein Erfolg freilich, der nach Maßgabe des amerikanischen Kulturbetriebs und der politischen Lage recht kurzlebig blieb. Little, Brown ließ denn auch die Druckplatten für den Roman 1951 einschmelzen.[45] Eine Neuauflage der englischen Übersetzung, die im Jahre 1987, mit einem nichtssagenden Vorwort von Kurt Vonnegut versehen, bei der New Yorker Monthly Review Press erschien, blieb weitgehend unbeachtet.

2. Der Hollywood-Film

Ein Blick auf die Entstehungs- und Rezeptionsgeschichte des *Siebten Kreuzes* hatte bestätigt, wie lückenhaft unser Wissen selbst bei zentralen Werken der Exilliteratur ist. Noch tiefer im dunkeln lag lange Zeit die Geschichte jenes Films, der 1943/44 bei Metro-Goldwyn-Mayer gedreht und später als »bester aller in Hollywood hergestellten Antinazi-Filme« (5.111, S. 411) gerühmt wurde.

Verwunderlich ist diese Tatsache zumindest aus zwei Gründen: einmal, weil hier eine kommunistische Exilantin, die es ins ferne Mexiko verschlagen hatte, an jenem Ort zu Ruhm und Geld gelangte, der selbst so prominenten US-Exilanten wie Heinrich Mann und Bertolt Brecht ganz oder weitgehend verschlossen blieb; zum anderen, weil die Entstehung und Rezeption des Films *The Seventh Cross* als Modell für die Möglichkeiten und Grenzen der Exilliteratur in ihrem Gastland dienen kann.

Das Interesse von Hollywood an Anna Seghers' Roman reicht, wie schon gesagt, zurück bis in den Sommer 1942, als *Das siebte Kreuz* noch nicht einmal als Buch vorlag. »Wie ich Ihnen vor ein paar Tagen am Telephon gesagt hatte,« schreibt Maxim Lieber Ende Juni jenes Jahres an die Drehbuchschreiberin Viola Brothers Shore, »hat die Entscheidung des Book-Of-The-Month Club Anna Seghers' SEVENTH CROSS als Auswahlband herauszugeben bei den Filmstudios beachtliches Interesse an dem Roman geweckt.«[1] Kurz darauf berichtet *Variety*, das Branchenblatt der amerikanischen Filmindustrie, daß ›celebrities‹ der großen Studios auf die Geschichte von Georg Heislers Flucht aus einem Konzentrationslager aufmerksam geworden seien – wobei freilich nicht klar ist, ob dabei die später noch genauer zu beschreibende Bühnen- oder eine Filmbearbeitung gemeint war: »Mr. (Oscar) Serlin ... ist an THE SEVENTH CROSS interessiert, einem Buch von Anna Seghers, das im nächsten Monat an die Buchhandlungen ausgeliefert wird; als die vorliegende Notiz verfaßt wurde, hatte er sich freilich noch nicht endgültig die Rechte auf eine Dramatisierung gesichert. Viola Brothers Shore wurde als Autorin der Dramatisierung genannt.«[2] Es folgen Wochen und Monate mit intensiven, ja hektischen Verhandlungen, auf die ich an anderer Stelle eingegangen bin (3.255), bis sich die MGM-Studios in Kalifornien mit Anna Seghers' Agenten Maxim Lieber auf die gewünschte Verkaufssumme von $ 100 000 einigen.[3] Anna Seghers' Anteil wird mit $ 67 500 festgesetzt, wobei die vier jeweils am 1. Juni der Jahre 1943 bis 1946 auszuzahlenden Raten des Honorars, von dem nach amerikanischer Steuergesetzgebung ohnehin mehr als 30% einbehalten wurden, zunächst einmal auf ein Sperrkonto bei der Chemical Bank & Trust Co. in New York gehen. Maxim Lieber erhält $10 000. Von Viola Brothers Shore erkauft sich MGM für $22 500 das Recht, eine neue »dramatization« schreiben zu lassen.[4]

An den Beginn der Dreharbeiten für *The Seventh Cross* ist freilich vorerst noch nicht zu denken, obwohl Metro sofort auf Empfehlung von Berman die damals noch recht unbekannte, erst kurz zuvor als »screen writer« bei MGM angestellte New Yorker Autorin Helen Deutsch damit beauftragt, ein neues Drehbuch zu schreiben.[5] Denn während die ersten der weit über 50 erhalten gebliebenen »synopses«, »plot outlines«, »notes« und »drafts« eingehen und diskutiert werden, ist die Rechtsabteilung von MGM noch damit beschäftigt, Probleme auszuräumen, die aus Anna Seghers' Status als Exilantin resultieren.

So gilt es zunächst, einen Weg vorbei an General Order No. 13 des Alien Property Custodian der Vereinigten Staaten zu finden, ohne dessen Genehmigung selbst die Aufnahme von Verhandlungen mit einer potentiellen »enemy alien«, einer feindlichen Ausländerin, verboten waren. Dann ist, mitten im Kriegswinter 1943, in zum Teil seitenlangen Telegrammen an einen Kontaktmann in London die für den kommerziellen Erfolg des Films unerläßliche Frage des Copyrights für Großbritannien zu klären – wobei den Telegrammen zur Beruhigung der Zensoren routinemäßig die Bemerkung hinzugefügt wird: »Dies ist die Mitteilung eines Filmstudios.« Versuche, von El Libro Libre und Editorial Nuevo Mundo eine Freigabe der Rechte zu erhalten, scheitern wochenlang daran, daß der MGM-Mann in Mexico City für den Exilverlag zwar ein Postfach, aber keine Straßenadresse ausfindig zu machen vermag. Exemplare der deutschen und spanischen Ausgabe des *Siebten Kreuzes* können wegen der nach Kriegsausbruch in Kraft getretenen Zensurbestimmungen nur durch Privatpersonen bzw. mit monatelangen Verzögerungen auf dem Postweg von Mexiko nach Los Angeles transportiert werden. Eine Reise des Seghers-Agenten Maxim Lieber nach Mexiko macht es nötig, daß MGM in einer Petition an den Innenminister in Washington ein politisches Argument anführt, das sich sonst im Archivmaterial des Studios im Zusammenhang mit *The Seventh Cross* nicht wiederfindet: »Der Film, den wir aus diesem Buch machen wollen, besitzt erheblichen Propagandawert im Rahmen unserer Kriegsanstrengungen ...«[6] Und schließlich ist die alles entscheidende Frage zu klären, ob Anna Seghers in den USA überhaupt Tantiemen beziehen darf oder ob sie als Deutsche bzw. Ungarin, die sich in einem Drittland aufhält, auf der »black-list« des Alien Property Custodian zu führen ist.[7]

Von Behörden und Studiomanagern unbeachtet bleibt dagegen einmal mehr jenes Thema, das schon der Verlag Little, Brown ignoriert hatte: die Beziehung von Roman und Autorin zur Kommunistischen Partei. Sei es, daß die Filmbosse nur die entpolitisierten Zusammenfassungen des Buches in die Hand nahmen, sei es, daß sie die auch für nicht-deutsche Leser kaum übersehbaren Verbindungen zwischen Widerstand und KPD im Roman nicht erkannt hatten – die Frage nach den weltanschaulichen Überzeugungen und der Parteizugehörigkeit von Figuren wie Wallau (»ein potentieller Führer in einer Bewegung gegen die Nazis«[8]), Heisler, Hermann und Franz kommt weder im Briefwechsel zwischen MGM und Regierungsstellen noch in der internen Korrespondenz des Studios auf.[9]

Politisch ahnungslos waren oder gaben sich im Rückblick auch die an den Dreharbeiten Beteiligten: Zinnemann, Berman und Herbert Rudley (der einzige Schauspieler, der noch zu erreichen war) sagten in Interviews spontan und einstimmig aus, nichts über den politischen Standort von Autor und Buch gewußt bzw. sich nicht für ihn interessiert zu haben. »Ich glaube«, erinnerte sich

Zinnemann, »daß es eine Grundsatzentscheidung war, die politische Seite des Stoffes herunter zu spielen. Die Kommunisten waren nämlich nicht nur damals unbeliebt, sie waren schon lange unpopulär gewesen, und zwar spätestens seit dem deutsch-russischen Pakt ... Genau genommen war es mir egal, ob es sich hier um Sozialdemokraten, Liberale oder Kommunisten handelte ... Aber ich muß auch zugeben, daß ich damals in politischen Sachen ziemlich unerfahren war, weil wir alle in jener Zeit eben in einer Art von Isolation lebten.« (3.261, S. 216) Anna Seghers unterläßt es aus offensichtlichen Gründen, den Alien Property Custodian oder die verschiedenen alliierten Konsularbehörden in Mexiko über ihre Parteizugehörigkeit aufzuklären, und begnügt sich in einer autobiogaphischen Skizze, die am 11. August 1943 im Rahmen ihrer Verhandlungen mit MGM vom britischen Pro-Consul A. Percival Hughes in Mexico City beglaubigt wird, damit, sich als »von ganzem Herzen anti-Nazi and pro-Alliierte«[10] zu kennzeichnen. Und selbst das FBI, das genau über Leben, Werk und Weltanschauung der Autorin informiert war, mischt sich nicht in die Produktion des Films ein.

MGM nannte den Streifen, für den Ende September 1943 dann endlich die eigentlichen Vorbereitungen zu den Dreharbeiten anliefen, »eine unserer wichtigsten Produktionen in diesem Jahr«[11]. Spencer Tracy, damals für ein Wochensalär von gut $5000 bei Metro angestellt, erhält die Starrolle des Georg Heisler. Fred Zinnemann, ein gebürtiger Wiener, den Berthold Viertel in Hollywood gefördert hatte und der bei MGM bis dahin vor allem als Kurzfilmmacher tätig gewesen war, wird dem Projekt als Regisseur zugeteilt.[12] Karl Freund, der in Deutschland u.a. mit Friedrich Murnau (*Der letzte Mann*) und Fritz Lang (*Metropolis*) zusammengearbeitet hatte, führt die Kamera. Die schwedische Schauspielerin Signe Hasso übernimmt die weibliche Hauptrolle, das bis in die neunziger Jahre aktive Schauspielerehepaar Hume Cronyn und Jessica Tandy spielt Paul und Liesel Röder, der Broadwaystar Katherine Locke tritt als Frau Sauer auf.

Exilschauspieler, die sich damals in großer Zahl in Hollywood aufhielten, bekommen dagegen nur die üblichen »minor parts and bits«[13]: Helene Thimig als Frau Anders,[14] Liesl Valetti, die Tochter der Kabarettistin Rosa Valetti, als Sauers Dienstmädchen, deren Cousine Lotte Stein als Frau Schmitt und Lotte Palfi als Anna.[15] Helene Weigel hat in zwei nur wenige Sekunden dauernden Szenen als Hauswartsfrau ihre einzige Filmrolle im amerikanischen Exil (5.47, Bd. 3, S. 129). Alexander Granach erhält in der Endphase der Dreharbeiten die Rolle des Zillich. Erfahrungen mit dem Hitlerregime hatten der Presse zufolge der Pole Kurt Katch, der den Hermann spielt, und die in Berlin bekannt gewordene und im Film als Leni auftretende Karin Verne.[16]

Dazu Berthold Viertel in einer zeitgenössischen Besprechung des Streifens: »Zinneman hatte einen amerikanischen Hauptdarsteller. Sollte der nicht aus dem Rahmen fallen, mussten alle wichtigen Rollen ... mit Amerikanern besetzt werden. Ein paar deutsche Künstler durften statieren ..., um Atmosphäre zu erzeugen ...« (3.258, S. 10)

Der Film, der dann im Sommer 1944 der Presse und seit September der Öffentlichkeit gezeigt wurde, zählt zweifellos zu den besseren »big studio productions« aus jener Zeit. Zinnemanns damals noch kaum entwickeltes Talent als Regisseur[17] trägt dazu ebenso bei wie das geschickt die Romanhandlung reduzierende Drehbuch von Helen Deutsch, der Ruf von Spencer Tracy als Charakterdarsteller und die überdurchschnittlichen Leistungen der bis in die kleinsten Rollen mit ausgezeichneten Schauspielern besetzten »stellar cast«.[18] Am wichtigsten für das Gelingen des Films dürfte jedoch gewesen sein, daß weder Helen Deutsch noch Zinnemann oder Berman die Handlung des Romans entscheidend verändern. So behält man, trotz der von Deutsch, Zinnemann und anderen in vielen Arbeitsgängen durchgeführten Reduktion der Romanhandlung auf eine Filmgeschichte, den Ablauf der Ereignisse und die Eigenschaften der Hauptfiguren bei. Hervorgehoben wird, wenn auch auf Kosten der politischen Aussage, eines der Leitthemen des Romans: »... daß es noch etwas Gutes – und ein paar gute Deutsche – in Deutschland gibt« (3.254). Immer wieder wird der Zuschauer in den breit ausgemalten Sequenzen in Röders Wohnzimmer, aber auch in der dem Stil der Zeit entsprechenden Abschiedsszene zwischen »George« und Toni, der Kellnerin, mit der Kraft des »gewöhnlichen Lebens« konfrontiert. Symbole wie das Kreuz und religiöse Anspielungen wie die ›Märtyrergeschichte‹ Wallaus werden für den Film übernommen. Milieu und Fakten entsprechen, von kleinen Fehlern abgesehen,[19] weitgehend der deutschen Realität Mitte der dreißiger Jahre. Und schließlich deutet sich in der bis zum Schluß in die Handlung eingeblendeten Stimme Wallaus, der mal als Heislers Berater, dann wieder als Erzähler, oft aber auch als Kommentator und Bindeglied zum Zuschauer auftritt, an, daß Helen Deutsch und Zinnemann mehr oder weniger bewußt einige der modernen Erzählmittel des Romans wie stream of consciousness, erlebte Rede, Zuschaueradresse usw. für den Film nutzbar zu machen suchten.

Die Änderungen, die für den Film vorgenommen wurden, waren dagegen, mit einer Ausnahme, weniger bedeutsam. So fällt es zum Beispiel kaum auf, daß die Spannung durch ein paar hinzugeschriebene Auftritte der Gestapo und eine Verfolgungsjagd durch Mainz erhöht wird.[20] Auch die Tatsache, daß Heisler im Film unverheiratet bleibt, die Beziehungen zu Leni und Toni dagegen breit ausgemalt werden, tut dem Film keinen Abbruch. Und selbst die als »comic relief« in die Handlung eingebauten Szenen in Röders und Sauers Wohnungen – von Sauers Bad heißt es an einer Stelle gar, es sehe aus wie in einem Hollywood-Film – stören kaum.

Folgenreich war dagegen der Eingriff der Filmmacher in einen anderen Aspekt des Romans: bei der Verdrängung der politischen Botschaft des Buches zugunsten dessen, was man als ewig-menschliche, zeitlose Themen bezeichnen könnte. Anlaß, die Akzentverschiebung als bewußte

Spencer Tracy als Georg Heisler und Signe Hasso als Kellnerin Toni in Fred Zinnemanns Hollywood-Verfilmung The Seventh Cross

Entpolitisierung des Stoffes oder gar als einen verkappten Antikommunismus auszulegen, gibt es nach Durchsicht des MGM-Archivs freilich nicht. Wohl aber ist anzunehmen, daß Hollywood und Fred Zinnemann (»für mich ... war ... der menschliche Aspekt wichtiger als der politische« [3.261, S. 216]) in der Geschichte von Georg Heisler jenen existentiellen Zug witterten, der in den frühen vierziger Jahren als »realism« auch in anderen Erfolgsfilmen, etwa *Casablanca*, anzutreffen war.

Belege, die eine solche Auslegung stützen, bietet der Film in Fülle: Die Schauspielkunst von Spencer Trancy gehört hier hin, dem die Rolle des Außenseiters, des »loners« und gehetzten, aber ehrlichen ›Imstichlassers‹, der sich hinter breiten Hutkrempen und hochgeschlagenem Mantelkragen verbirgt, auf den Leib geschrieben war. Zinnemanns Handschrift wäre zu nennen, der von sich selbst sagt, daß er bei Filmen wie *The Seventh Cross*, *12 Uhr mittags* und *Ein Mann zu jeder Jahreszeit* davon angezogen wurde, »Menschen in einer schwierigen Situation zu beobachten« (3.260, S. 32): »Mich faszinierten Charaktere, die unvernünftig gegen ihre Lebensmaximen handeln ... Das Drama solcher Charaktere ist, daß sie damit gegen die menschliche Ordnung rebellieren, gegen Anpassung, Gehorsam, Selbstbetrug.« (3.227, S. 29) Immer wieder sind Szenen mit Nebel und Regen ausgemalt, angefangen von den ersten Bildern der Flucht bis hin zu den letzten Einstellungen aus dem Fenster von Tonis Zimmer und Heislers Gang zu dem holländischen Schiff, das ihn in die relative Freiheit des Exils bringen soll. Wallaus Stimme insistiert mit der Monotonie eines Leitmotivs, daß hier nicht Nazis und Antifaschisten aufeinandertreffen, sondern jene sich immer wieder und überall wiederholende Konfrontation von Gut und Böse stattfindet: »Stimme (ruhig, abwägend, emotionslos ...) Wenn alle Geschichten erzählt worden sind, die großen Geschichten und die kleinen – die Tragödien und die Melodramen –, wenn alle Geschichten von dem, was in Europa passiert ist, erzählt worden sind, was natürlich nie sein *kann*, dann wird man sich an The Seventh Cross erinnern als eine Geschichte von ein paar kleinen Leuten in einem kleinen Bezirk von West-Preußen [!], die bewiesen haben, daß es in der menschlichen Seele etwas gibt, das die Menschen über die Tiere stellt. Haß und Wunden verschwinden; politische Systeme verändern sich; dies aber ist ewig.«[21] Und auch Helen Deutsch hat, etwa in der Szene, in der Füllgrabe Georg zu überreden versucht, sich der Gestapo zu stellen, durch ein paar hinzuerfundene Sätze das Ihre getan: »Fuellgrabe: Warum kämpfst Du, um am Leben zu bleiben? Warum? (mit bitterer Überzeugung) Es hat einmal Ziele gegeben und Menschen sind für sie gestorben! Ja! Aber *dies*? Ein Kampf, nur um am Leben zu bleiben? Wofür? Um die Sonne wieder aufgehen zu sehen? Es ist besser tot zu sein und zu verwesen und nicht die Unmenschlichkeit von Menschen gegenüber anderen Menschen sehen zu müssen! *Es ist eine böse Welt, Heisler – eine stinkende, schreckliche, gottverlassene Welt!* ... Stimme (als bitterer Ruf).«[22]

Andere Abteilungen von MGM, wie die Werbung, hatten weniger im Sinn mit Existentialismus und Ewigkeit. Wohl wissend, daß es ein Streifen mit »einem düsteren Titel und keiner ausgeprägten Liebesgeschichte« beim heimischen Publikum schwer hat, entschloß man sich dort deshalb kurzerhand, die Erstaufführung des Films in sieben amerikanischen Großstädten mit einer Werbekampagne besonderer Art zu begleiten. *Life* berichtete: »Sie haben eine Menschenjagd auf George Heisler in sieben Städten quer durch die USA organisiert. In jeder Stadt mußte Heisler (gespielt von einem Double von Spencer Tracy, Roy Thomas) innerhalb einer bestimmten Zeit an sieben Kreuzen vorbeigehen. Die erste Person, die ihn in jeder Stadt identifiziert hat, erhielt eine $500 Kriegsanleihe.« (3.230, S.113) Um diese Jagd, die das »unofficial blessing«[23] des FBI besaß, so realistisch wie möglich zu machen, ließ MGM in den betreffenden Städten Plakate mit »Heislers« Bild drukken; Radiostationen sendeten Suchmeldungen mit Stimm-

Zeitungsbericht zur Werbekampagne von Metro-Goldwyn-Mayer für den Film The Seventh Cross vom Oktober 1944

proben des Flüchtigen; Tausende von Handzetteln wurden verteilt, die die Bevölkerung zur Teilnahme an dem »manhunt« aufforderten: »Seid wachsam. Beweist, daß kein Verdächtiger der Aufmerksamkeit von Amerikanern entkommen kann ... Dieser Mann, der sich George Heisler nennt und noch andere Namen hat, wird am oder vor dem 5. September durch diese Stadt kommen. Beschreibung: ... 38 Jahre alt, 5 Fuß und 11½ Zoll groß, Gewicht 190 Pfund, blaugraue Augen, gesunde Gesichtsfarbe, sieht Spencer Tracy ähnlich ... Er wird an diesem Kreuz vorbeikommen ... Wenn Sie ihn sehen, gehen Sie auf ihn zu und sagen Sie ›Sie sind George Heisler. Das siebte Kreuz wartet auf Sie!‹«[24]

Dokumentieren und fotografieren ließ man die Aktion durch einen Reporter von *Life*. Seine Bildstreifen zeigen »Heisler« in verschiedenen Verkleidungen vor dem Hintergrund bekannter Touristenattraktionen in San Francisco, Boston, Washington, Milwaukee und Denver. Die letzten Fotos in jeder Reihe sind sich dabei alle ähnlich: mal wird »Heisler« von ein paar Halbwüchsigen, mal von einem Rudel Studentinnen eines College, mal – »in a Nelson Eddy ›Maytime‹ garb« – von zwei »waves« (3.230, S.115), Mitgliedern des Women's Appointment Volunteer Emergency Service, der US Navy enttarnt.

Man mag angesichts der Ereignisse in den Konzentrationslagern Europas die Werbekampagne von MGM mit gemischten Gefühlen beurteilen. Fest steht, daß auch die professionelle Filmkritik, die *The Seventh Cross* im Herbst 1944 ein beachtliches Maß an Aufmerksamkeit schenkte, nur im Ausnahmefall auf den existentiellen und politischen Gehalt des Streifens oder gar auf einen Vergleich von Buch und Film zu sprechen kam. Das gilt besonders für die Kritiker der Regionalblätter, die allemal mehr Interesse für den »entertainment effect« (3.243), für Verfolgungs- und Liebesszenen also, als für die Aussage eines Films aufbrachten. Wie weit dabei selbst das Antinazithema in den Hintergrund geraten konnte, belegen zwei keineswegs untypische Besprechungen aus dem südkalifornischen Raum:

»The Seventh Cross«, schreibt da der *Los Angeles Examiner*, »könnte nicht spannender sein, wenn es sich nur um einfache Polizisten und Räuber vor dem Hintergrund von Manhattan handeln würde. Das ist so, weil es eine vordringliche Eigenschaft besitzt, die sich immer an der Kasse verkaufen läßt – eine gleichsam elektrische Spannung ... Das Antinazithema dagegen wird in Miss Deutsch' Drehbuch allein wegen des Unterhaltungseffekts abgehandelt.« (3.243) Und die *Los Angeles Times* meint gar: »›The Seventh Cross‹ ... ist tatsächlich eine lange Verfolgungsszene ... Es wäre schade, wenn Sie sich von der Zeit und dem Thema abschrecken ließen, denn trotz des deprimierenden Hintergrunds ist es die Jagd, was zählt.« (3.248)

Verständiger, auch mit Bezug auf die Form des Films, reagierten nur einige überregionale Blätter. *Newsweek*, der *New Yorker* und *Theater Arts* gehen auf Ernst Wallau ein, dessen Rolle als »vor-und-nach-dem-Tod griechischer Chor« sie als »ungeschickten Ersatz des Visuellen durch eine Stimme« (3.231) kritisieren. *Time* erkennt im Heisler des Romans den Typ des »erfahrenen und scharfsinnigen Revolutionärs« und wirft dem Film vor, durch die Entpolitisierung der Figur ihre ›Vitalität‹ zu nehmen.[25] Und *The Nation* meint gar, *The Seventh Cross* als »ultratypische ›Großproduktion‹ von M-G-M« abtun zu müssen, ein Stil, der »tödlich ist für jede Art von Film außer für die anspruchslosesten Liebesstreifen«[26].

Am interessantesten ist jedoch zweifellos eine Kontroverse, die in zwei Besprechungen der *New York Times* angesichts einer Frage aufbricht, die damals nicht nur unter Amerikanern und Engländern, sondern auch unter Hitlerflüchtlingen zu hitzigen Debatten führte (5.233 u. 5.232): nämlich, ob *The Seventh Cross* inmitten der sich häufenden Nachrichten über deutsche Kriegsverbrechen nicht zu stark für einen »›soft‹ peace«[27] plädiere. Eine Seite führte dabei in der Annahme, der Krieg werde bald vorbei sein, unter der Überschrift »Post-War Horizon« das Argument ins Feld, daß Filme wie *The Seventh Cross* wichtig für die nachkriegsdeutsche Kultur seien: »Es wird immer klarer, daß Hollywood vorhat, das Kino eine hervorragende Rolle bei der Klärung der Probleme spielen zu lassen, die mit dem Friedensprozeß und den Umstellungen der Nachkriegszeit zu tun haben. ›The Seventh Cross‹ ... wird als typisches Beispiel verstanden für Hollywoods ›fortgeschrittene‹ Behandlung von Deutschland und den Deutschen ...« (3.254) Auf der anderen Seite steht die Meinung, daß ein Film wie *The Seventh Cross* durch seine tolerante Haltung »die nationalen Verbrechen von Deutschland auf den Rücken der Nazis« ablade: »Ohne Zweifel kann dieser Film Stimmung für einen ›weichen‹ Frieden machen. Es sieht aus, als ob wir einen ziemlich hohen Preis für den hübschen Thriller zahlen.« (3.217) Denn, so zitiert die *New York Times* Pandro S. Berman, »der Streifen ... will zeigen, was auch der Held entdeckt, nämlich daß es noch etwas Gutes ... in Deutschland gibt ... Filme mit solch einem Thema sind vielleicht in einem Jahr gern gesehen und nützlich, waren aber vor ein paar Monaten nicht akzeptabel und sind es vielleicht auch heute noch nicht« (3.254).

Ähnlich, wenn auch mit der authentischen Bitterkeit von Beteiligten, wird in der Exilpresse argumentiert. »Amerikanische Soldaten«, meint der Journalist Manfred George im *Aufbau*, »die diesen Film sehen, müssen den Eindruck bekommen, dass im Grunde die deutsche Bevölkerung nur darauf wartet, den Antifaschisten zu helfen ... So wird der an sich echte und gefühlte Film ... zu einem falschen und trügerischen Produkt ... voller Schiefheiten und vielleicht sogar schädlichen Wirkungen.« (3.221) Ein anonymer Schreiber in *The German American* hält dem entgegen, daß es »eine Torheit« sei, die Existenz »anständiger Deutscher« zu leugnen: »Haben wir nicht eben von der Ermordung Ernst Thälmanns und Rudolf Breitscheids und Zehntausenden anderen anständigen Deutschen gehört?« »Abzuleugnen«, meint dieser Rezensent weiter, »dass es anständige Deutsche, konsequente Kämpfer gegen die nationalsozialistische Barbarei in Deutschland gibt, kann nur das Gegenteil dessen herbeiführen, was alle Feinde Hitlerdeutschlands wollen. Wenn die Besatzungsarmeen der Verbündeten keinen Unterschied zwischen Nazis, Feiglingen, charakterlosen Opportunisten einerseits und anständigen Deutschen andererseits machen würden, dann wird dies in der Praxis dazu führen, dass offene oder geheime Nazianhänger, dass der Dreck Deutschlands zu Bürgermeistern, Polizeikommissaren, Verwaltungsbeamten und Wirtschaftssachverständigen eingesetzt werden. Nein, der Film ›Das siebte Kreuz‹ ist keine – auch ungewollte – Propaganda für einen ›soft peace‹.« (3.202)

Soweit wir wissen, hat Anna Seghers nicht in die Auseinandersetzungen um den Film eingegriffen.[28] Wohl aber erschien in der von ihr mitgestalteten Zeitschrift *Freies Deutschland* anläßlich der Aufführung der spanischen Fassung des Streifens in Mexiko im April 1945 eine Besprechung von Alexander Abusch. In ihr geht Abusch als Kommunist davon aus, daß die Behauptung eines New Yorker Kritikers, »dieser Film sei infolge einer zu guenstigen Darstellung der Deutschen eine Propaganda fuer einen ›weichen Frieden‹«, »geradezu grotesk« sei. Seiner Meinung nach wisse nämlich jeder, der während der dreißiger Jahre »staendigen Kontakt mit der deutschen antifaschistischen Untergrundbewegung hatte, ... mit welcher Aufopferung von vielen Menschen gegenseitige Hilfe unter Todesgefahr geuebt wurde«. Wenn überhaupt etwas an dem Film zu kritisieren sei, dann, daß Wallau, »der eigentliche grosse Held des Romanes, ... zu sehr als Episodenfigur« »verschwindet«. Gerade Wallau und seine »Freunde« nämlich dürfen, wie Abusch meint, »bei der Planung der demokratischen Zukunft Deutschlands niemals uebersehen«[29] werden.

Daß Abusch mit diesem Kommentar wohl auch die Meinung von Anna Seghers wiedergibt, belegen neben dem Romantext jene Essays aus dem mexikanischen Exil, mit denen sich Anna Seghers auf die Rückkehr nach Deutschland vorbereitete. Immer wieder warnt sie dort davor, Hitler mit Deutschland gleichzusetzen. Wiederholt weist sie auf die Einheit von deutschem Volk, Land und Geschichte hin, verlangt die Rettung der deutschen Sprache und Kultur aus den Händen der Faschisten und fordert, an jene Tradition anzuknüpfen, die von Störtebeker über Florian Geyer bis zu den Namenlosen reicht, die nach 1933 in Deutschland ermordet wurden. Wer dagegen wie Emil Ludwig, Henry Morgenthau und Lord Vansittart meint, daß das deutsche Volk unheilbar sei und deshalb »von der Erde verschwinden« müsse, läuft ihrer Meinung nach unweigerlich Gefahr, sich jenem »Punkt« (2.46, Bd. 1, S. 188) zu nähern, von dem aus die Exilanten aus Deutschland vertrieben worden waren.

Anna Seghers' Bedenken waren nicht unbegründet. Denn ungefähr zur selben Zeit, als sie ihre Gedanken in Mexiko niederschreibt, beginnt man sich in Washington für *The Seventh Cross* zu interessieren. Für die Armee wird eine Billigausgabe des Romans gedruckt.[30] »Angehörige des Kriegsministeriums und der Streitkräfte« werden durch Ausschnitte aus dem Film auf den Dienst in Europa vorbereitet – zumindest deutet darauf eine Absprache zwischen Loew's Inc. und der US-Regierung, in der es um die Freigabe von zwei kurzen Ausschnitten aus dem Film geht (»Blick von oben auf Konzentrationslager« und »Verschiedene Ansichten des Konzentrationslagers«[31]).

Berichte über die propagandistische Wirkung des Films bei der kämpfenden Truppe liegen nicht vor. Wohl aber gibt es Hinweise darauf, daß die MGM-Fassung des Seghers-Stoffes auch außerhalb der USA eine große Zahl von Menschen erreichte. So erinnert sich der brasilianische Schriftsteller Jorge Amado, daß »der reißende Absatz« des Buches während des Zweiten Weltkriegs »noch gesteigert« wurde durch den Film, »der etwa zur gleichen Zeit auf den Leinwänden unserer Filmtheater erschien.«[32] Aus England wird gemeldet, daß der Streifen mit Erfolg lief (3.241). Und auch in Schweden hat der Film allem Anschein nach »lobende Besprechungen«[33] erhalten.

Ausgerechnet in Deutschland, wo nach 1945 Aufklärung über die jüngste Vergangenheit besonders vonnöten war, scheint *The Seventh Cross* dagegen schon früh dem ausbrechenden Kalten Krieg zum Opfer gefallen zu sein. Jedenfalls berichtet die in der Sowjetischen Besatzungszone erscheinende Kulturbundzeitschrift *Sonntag* Anfang August 1947, daß sich die Zensurbehörde der amerikanischen Besatzer im Zuge einer Kampagne gegen Anti-Hitler-Filme in den USA auch gegen die Aufführung des Zinnemann-Streifens in Berlin ausgesprochen habe: »Die zuständige Dienststelle im amerikanischen Sektor Berlins gab der generellen Besorgnis ihrer Regierung Ausdruck, daß der in dem Film zum Ausdruck kommende Widerstandswille in der deutschen Öffentlichkeit falsch ausgelegt werden und einen Widerstandswillen gegen die Besatzungsmächte hervorrufen könne.« (3.225)

In der DDR, wo der Club der Filmschaffenden und die Berliner Volksbühne 1954 die tschechische Fassung des Films zeigten, reagierte man wenig später ebenfalls eher verwirrt und schlecht informiert.[34] So beläßt es ein Rezensent im *Sonntag*, unsicher, ob er das geistige Eigentum der National- und Friedenspreisträgerin Anna Seghers kritisieren bzw. ein Machwerk aus dem kapitalistischen Hollywood loben könne, bei der Feststellung, daß der Film »doch nicht viel mehr als das äußere Handlungsgerüst« vom Original übernommen habe. Zudem falle ein Vergleich mit dem Roman »sehr zuungunsten des Films aus«, weil dem MGM-Produkt »jenes Einfühlungsvermögen« fehle, »das in seiner letzten Tiefe nur da vorhanden sein kann, wo auch ein Gleichklang der Gesinnung oder, sagen wir es ganz deutlich, der Ideologie vorhanden ist« (3.210). Ähnlich unklar bleibt das Urteil von Peter Palitzsch, der für die *Weltbühne* über den Streifen schreibt. Einerseits nämlich hält sich *The Seventh Cross* nach Palitzsch, »gedreht für sein hollywoodgewöhntes Publikum ..., weidlich an die spannenden und sentimentalen Elemente der Story«. Andererseits sei zu loben, daß »der Film nicht, wie so oft bei uns, äußerliche Merkmale zur Kennzeichnung antifaschistischer oder faschistischer Gesinnung benutzt, sondern darauf vertraut, daß sich der Charakter eines Menschen aus seinen Handlungen ergibt«. Spencer Tracy, meint Palitzsch, ungeachtet der Gefahr, damit eine bedenkliche Affinität zwischen sozialistischem Realismus und Hollywood-Stil herzustellen, gebe dabei »ein schönes Beispiel für die Verkörperung eines positiven Helden« (3.238, S. 1615 f.) ab.

Eine Anfrage von Anna Seghers, ob der Vertrag mit MGM einer Neuverfilmung des Stoffes in der DDR im Wege stehe,[35] verläuft 1951 ebenso im Sand wie die Vorstöße von zwei ostdeutschen Drehbuchschreibern Anfang der sechziger Jahre. Im ersten Fall lehnt die Autorin das Projekt ab, weil sie sich von einem Doktor Kaltofen und seinem fertigen Produkt überrumpelt fühlte und die Bearbeitung auch »durchaus nicht der Vorstellung« entsprach, die sie sich »von einer Fernsehdarstellung dieses Romans macht«[36]. Im zweiten Fall, einem von ihr und anderen genau durchgesehenen Manuskript aus der Feder von Heinz Kamnitzer, scheint das negative Votum des DDR-Staatsratsmitglieds Hans Rodenberg den Ausschlag gegeben zu haben, dem das Rohdrehbuch unter anderem deshalb »nicht so sehr gefällt«, weil man nicht erfährt, »wofür« die Ausbrecher fliehen und »ob sie recht haben«[37]. Hinzu kam sicherlich auch, daß das Drehbuch, für das als Regisseure so bekannte Namen wie Falk Harnak und Frank Bayer[38] und als Schauspieler Wolfgang Langhoff (Wallau), Erwin Geschonneck (Hermann), Armin Mueller-Stahl (Franz Marnet), Gisela May (Frau Bachmann), Hans-Anselm Perten (Fahrenberg) und Manfred Krug (Zillig [!])[39] im Gespräch waren, zu nahe am Roman zu bleiben versucht und dadurch unübersichtlich und formlos wirkt.

Einen kommerziellen Gewinn erzielte *The Seventh Cross* trotz der weltweiten Verbreitung wohl nicht für MGM. Fred Zinnemann zufolge hat der Film jedoch zumindest die Produktionskosten von gut über einer Million

Dollar[40] eingespielt (1.50). Hume Cronyn wurde 1945 von der Academy of Motion Picture Arts and Sciences für seine Interpretation des Paul Röder als bester Nebendarsteller nominiert.[41] Hier und da erinnern sich ältere Kinobesucher in Leserbriefen an den Streifen.[42] In der Bundesrepublik blieben Sendungen im ZDF (1972 und 1983), bei der ARD (1986) und bei RTL plus, wo man den Film gegen »entschiedene« (3.249) Proteste von Zinnemann colorisierte, ohne besondere Resonanz.[43] Kurz: *The Seventh Cross* ist seit 1945 weitgehend in Vergessenheit geraten. Jedenfalls entschloß sich MGM, als 1969 das Copyright für den Film erlosch, in der Annahme, Anna Seghers sei längst verstorben, erst nach einigem Zögern dazu, einen Antrag auf Verlängerung der Rechte zu stellen.

3. *Das siebte Kreuz* und das FBI

Anna Seghers und ihre Familie gerieten ins Visier von J. Edgar Hoovers Federal Bureau of Investigation (FBI), noch bevor sie im Juni 1941 zum erstenmal Fuß auf amerikanischen Boden setzten. So findet sich der Name von Anna Seghers bereits im Sommer 1940 in Akten des amerikanischen Außenministeriums, als sich in Mexiko verschiedene politische Gruppen öffentlich über die Asylpolitik der dortigen Regierung für linke Intellektuelle und Spanienkämpfer aus Europa streiten. Eine anonyme, von der Botschaft in London weitergereichte Denunziation schwärzt im Mai 1941 neben Klaus und Erika Mann auch »Dr. Ratvanij and his wife Anna Segers« als »camouflaged Communist agents«[1] an. Und ein Agent des Office of Naval Intelligence (ONI) meldet aus Ciudad Trujillo, der Hauptstadt der Dominikanischen Republik, in einem »Intelligence Report« – nicht ohne Fehler und mit einiger Verzögerung – nach Washington: »Unterlagen der Einwanderungsbehörde belegen, daß Netty RADVANYI, 35, begleitet von Ladislao RADVANYI, ihrem Mann, Alter 40, Schriftsteller, und

13. **SUMMARY OF PARTICIPATION IN COMMUNIST ACTIVITIES IN LATIN AMERICA:**

   It has been observed that along with ▓▓▓▓▓▓▓▓ Anna Seghers probably represents the real intellectual force behind the Free German Movement inasmuch as she is practically the only member of the group who enjoys world fame. Subject was one of the founders of the Free German Movement, for a time was one of the editors of the publication "Freies Deutschland", and has been a frequent contributor to its issues. These contributions have included numerous selections from her published works, many of them frankly Communistic and pro-Russian in tone. Her works have been published in the periodical "Internationale Literatur" in Moscow.

   Subject has been alleged to be a member of the Central Executive Committee of the German Communist Party in Mexico. She is President of the Heinrich Heine Club, a literary satellite of Alemania Libre, and honorary member of the Directive Board of the Latin-American Committee of Free Germans. Her connections are international.

   It may be noted that during July, 1943, subject was seriously injured by a hit-and-run motorist, which fact was interpreted by some sources as her having been the victim of Nazi thugs because of her militant anti-Nazi attitude.

14. **STATUS OF INVESTIGATION:** Closed.

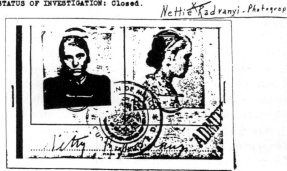

Eine Seite aus der FBI-Akte über Anna Seghers

ihren zwei Kindern, Ruth and Pierre, am 25. Mai von Martinique aus in der Dominikanischen Republik ankamen.«[2]

Ähnlich wie der Autorin Anna Seghers erging es ihrem Roman *Das siebte Kreuz*, der in den USA noch gar nicht erschienen war, als sich das FBI bereits für ihn interessierte. Geld stand dabei zunächst im Mittelpunkt. »Die Absenderin drängt den Empfänger, ihr Einzelheiten über die finanzielle Lage der Absenderin und die Verhandlungen mit dem Book of the Month mitzuteilen«, faßt das Office of Censorship der USA mit Durchschlägen u.a. für die Nachrichtendienste der U.S.-Armee (MID) und Marine (ONI) Anfang 1942 einen zwischen Mexiko, D.F., und New York abgefangenen Brief zusammen. »Die Absenderin sagt, daß sie Geld brauche und bittet den Empfänger, regelmäßig jeden Monat eine Genehmigung zu besorgen, damit keine Verzögerungen bei der Übermittlung entstehen. Die Absenderin sagt, daß sie Ungarin sei.«[3] Verfasserin des Briefes war Anna Seghers. Der Empfänger, dessen Name vom FBI vor der Freigabe des Aktenstücks an mich ausgeschwärzt wurde, dürfte Maxim Lieber gewesen sein. Probleme mit dem Transfer der nicht unerheblichen Summen, die Anna Seghers vom Book-of-the-Month Club, Little, Brown und etwas später dem Filmstudio MGM zustanden, gab es, wie weiter oben schon angedeutet, weil die USA seit Kriegsausbruch den Export von Geld erschwert hatten – besonders, wenn die Empfängerin, wie man bei Anna Seghers vermutete, eine »enemy alien« war, also aus einem Land kam, mit dem man sich im Kriegszustand befand. Männer von J. Edgar Hoovers Bureau sind dabei, als Anna Seghers im Oktober 1942 über ihren Mann die US-Botschaft in Mexiko-Stadt mit einem ärztlich beglaubigten Antrag um eine Erhöhung ihrer monatlichen Überweisungen angeht: »... Mrs. Netty Radvanyi ... leidet zur Zeit unter Typhusfieber und wird von Dr. Herman Glaser behandelt ... Ihr Mann, Dr. Laszlo Radvanyi, hat bei der Botschaft vorgesprochen und erklärt, daß die zur Zeit freigegebene Summe von $ 17 500 pro Monat wegen der hohen

Behandlungskosten nicht ausreiche ... Die ungarische Autorin und ihr Mann sind der Botschaft bekannt; wegen ihrer betont positiven Einstellung den Zielen der Alliierten gegenüber wird höflich vorgeschlagen, daß das Finanzministerium einer Erhöhung der Überweisungen zustimmt...«[4] »John Edgar Hoover, Director«[5] ist ein Schreiben vom 25. September 1943 unterzeichnet, in dem der FBI-Boss den für die finanziellen Angelegenheiten von Ausländern zuständigen Alien Property Custodian mit einem Memorandum versorgt, in dem – sicherlich nicht zum Nutzen der Antragstellerin – davon die Rede ist, daß »Anna Seghers, alias Netty Radvanyi« »of Hebrew race« sei, im »International Bureau of Revolutionized Proletarian Writers« aktiv gewesen war, für »The Antifaschistische Front«[6] geschrieben habe und am 7. November 1942 Grüße nach Rußland zum 25. Jahrestag der Oktoberrevolution schickte.

Mehrfach äußern FBI und ONI die Vermutung, daß Anna Seghers kommunistische Organisationen und Publikationen in Mexiko subventioniere,[7] untersagen es dem Alien Property Custodian deshalb aber nicht, den durch General Order No.13 geregelten Transfer von Geld ins Ausland zu autorisieren.[8] »Summe von $5000 telegraphisch [ausgeschwärzt] an Netty Radvanyi überwiesen [ausgeschwärzt]«, meldet dazu die Zentrale des Bureaus Anfang Mai 1944 per Telegramm an den FBI-Vertreter bei der US-Botschaft in Mexiko, »was möglicherweise der Gewinn aus dem Verkauf der Filmrechte für ein Buch mit dem Titel Zitat The Seventh Cross Zitatende ist ... Erbitten, daß Sie wenn möglich dieser Überweisung nachgehen, um herauszufinden was mit den $5000 geschehen ist und besonders, ob Aktivitäten der Zielpersonen dieses Falles finanziert wurden.«[9] Ein Informant aus Los Angeles, dessen Name vor der Freigabe der Akte ausgeschwärzt wurde, ließ das FBI wissen, »daß Anna Seghers den ›Mob‹ in Mexico, D.F., mit dem Gewinn aus ihrem Buch ›The Seventh Cross‹ unterstütze«[10]. Per Telefon und Office Memoranda tauschen verschiedene FBI-Agenten Informationen über Anna Seghers' Konto bei der Chemical Bank and Trust Company in New York und der Banco de Comercia in Mexiko-Stadt aus und wenden sich schließlich an das Field Office des FBI in Mexiko: » ... SIS Section erhielt die oben genannten Informationen und wurde gebeten, durch Agenten in Mexiko-Stadt entsprechende Nachforschungen anzustellen, um festzustellen, warum Anna Seghers zusätzliche $ 300 braucht ...«[11] Und auch der an der US-Botschaft in Mexiko stationierte Mitarbeiter des Office of Naval Intelligence denkt darüber nach, was Anna Seghers wohl mit dem vielen Geld aus den USA gemacht haben könnte: »Es steht mit einiger Sicherheit fest, daß ein erheblicher Teil der Tantiemen für Ana [!] SEGHERS' Bestseller, ›The Seventh Cross‹, auf das Konto von ALEMANIA LIBRE überwiesen wurde«, womit sowohl die Exilantenorganisation wie deren Zeitschrift *Freies Deutschland* gemeint sein kann.[12]

Der bislang noch nicht vollständig veröffentlichte Briefwechsel zwischen Anna Seghers und F.C. Weiskopf gibt einen guten Einblick in die Unruhe, mit der die Exilantin den Überweisungen der Tantiemen von ihren Verlagen und von MGM entgegensah. Von Schulden bei ihrer »Familie«[13], also der kommunistischen Partei, ist da die Rede. Der Abschluß des Vertrags mit dem Book-of-the-Month Club habe ihr zwar mengenweise Reporter, Fotos und Gratulationen, aber »till to-day« noch keinen einzigen »peso«[14] ins Haus gebracht. Und als es über einen Zuschuß zum Schulgeld für ihre Kinder durch die League of American Writers zum Streit mit Weiskopf kommt, stellt sie erregt fest, daß es wohl besser gewesen wäre, wenn ihr Leben noch in Europa ein Ende genommen hätte: »Ich werde mein bestes tun, um nicht in demselben Ton zu antworten, in dem die Anschuldigungen erhoben werden, die Du aufgezählt hast. Mein erstes Gefühl bei der Lektüre Deines Briefes war bittere Trauer darüber, daß ich nicht in Europa umgekommen bin und daß ich überlebt habe, um solche Dinge hier zu sehen.«[15]

Was Anna Seghers mit höchster Wahrscheinlich nicht geahnt hat, war, daß das FBI, die militärischen Geheimdienste der USA, der CIA-Vorläufer Office of Strategic Services (OSS), das Office of Censorship und das Außenministerium in Washington sich für das *Siebte Kreuz* nicht nur deshalb interessierten, weil es der Exilantin einen für damalige Verhältnisse erheblichen Dollarsegen bescherte, sondern vor allem, weil man in den verschiedenen Ausgaben und Übersetzungen des Romans den Code für eine Reihe von verschlüsselten und mit unsichtbarer Tinte geschriebenen Briefen vermutete. »Mit Bezug auf die oben erwähnte Angelegenheit, bei der es um die Untersuchung eines vermuteten Rings von Individuen in den USA und in den südlichen Ländern geht, die verschlüsselte und mit Geheimtinte geschriebene Nachrichten austauschen, sind die Namen von zwei weiteren Büchern, die möglicherweise Bedeutung für diesen Fall haben, aufgetaucht«, berichtet E. E. Conroy, damals als Special Agent in Charge verantwortlich für die Zweigstelle des FBI in New York, an seinen Vorgesetzten nach Washington. »Die Namen dieser beiden Bücher mit den dazugehörigen Einzelheiten sind: › THE SEVENTH CROSS‹, von ANNA SEGHERS (Ausgabe unbekannt) ... und ... ›VETERANS OF ABRAHAM LINCOLN BRIGADE‹ ... Die Aufmerksamkeit des Technischen Labors wird aus mehreren Gründen auf ›The Seventh Cross‹ gelenkt. Es ist unter den Büchern in der Wohnung von Zielperson [ausgeschwärzt] gesehen worden. Es ist auch bei den Sachen von [ausgeschwärzt] gesehen worden, der noch andere Namen führt: [ausgeschwärzt] ist eine bekannte Briefkastenaddresse im Fall [ausgeschwärzt] mit Decknamen, INTERNAL SECURITY (C); ESPIONAGE (R) ... Es wird beim FBI Büro in New York für möglich gehalten, daß ANNA SEGHERS, die Verfasserin von ›The Seventh Cross‹ ... mit Decknamen, eine prominente kommunistische Autorin, und Anna Sayers, Absenderin von Briefen an [ausgeschwärzt], ein und dieselbe Person sein könnten. Es wird deshalb

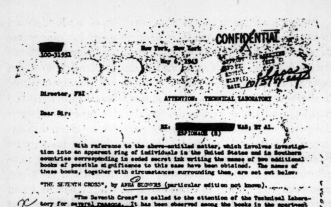

Eine Seite aus der FBI-Akte zum Siebten Kreuz

vermutet, daß das Buch ›The Seventh Cross‹ als Kodebuch benutzt wurde oder zur Zeit benutzt wird für einige der Nachrichten, die in diesem Fall untersucht werden.«[16]

Die Akribie, mit der das FBI in den folgenden Wochen und Monaten Anna Seghers' Roman auf der Spur blieb, überrascht – besonders, da aus den einschlägigen Akten nicht ersichtlich wird, was der Inhalt oder der Hintergrund der geheimnisvollen Botschaften gewesen ist, die man zwischen Mexiko und den USA abgefangen hatte.[17] So dringen Special Agents, lange bevor er selber zu einem Cause célèbre für die Amerikaner wird, in New York in die Wohnung des deutschen Kommunisten Gerhart Eisler ein und registrieren, daß Eisler nicht nur ein signiertes Exemplar des Buches besitzt, sondern daß dieses Exemplar auch noch bei »the Liberal Press«[18], so die falsche Übersetzung von El Libro Libre, erschienen sei. Bei einem anderen »subject«, wie das FBI seine Untersuchungsgegenstände nennt, fotografieren Hooves Leute systematisch alle Bücherregale und vermerken genau: »... Beweisstück #5 ... zeigt alle Bücher oben auf dem Regal mit Ausnahme von einem mit dem Titel ›The Seventh Cross‹ von ANNA SEGHERS.«[19] Hunderte von Briefen zwischen den USA und den Exilzentren in Lateinamerika werden 1943/44 auf der Suche nach »vierstellig verschlüsseltem Material«[20] vom FBI Laboratory mit »nicht färbenden Mitteln« untersucht – in allen mir bekannten Fällen ohne Erfolg. Andere FBI-Agenten sind damit beschäftigt, in der Hauptstadt Mexikos zu erkunden, ob sich jene Ann Sayers über die Adresse Insurgentes 388, wo, wie man annahm, Laszlo Radvanyi ein Büro unterhielt, mit Anna Seghers in Verbindung bringen ließ.

Doch alle Mühen waren umsonst. Weder eine dreifache Untersuchung des Romans durch das berühmte FBI-Labor nach dem Schlüssel für die Geheimschrift noch die Anstrengungen von Hoovers Special Agents in den USA und in Mexiko bestätigten den Verdacht gegen *Das siebte Kreuz*. »Mit Brief vom 22. Mai 1943 teilt das Hauptquartier der Zweigstelle in New York mit«, referiert ein FBI-

Report vom Juni desselben Jahres, »daß das Technische Labor das Buch ›The Seventh Cross‹ von ANNA SEGHERS untersucht hat um herauszufinden, ob es womöglich gegenwärtig als Kodebuch benutzt wird für die Nachrichten in diesem Fall. Es wurde in dem Brief mitgeteilt, daß die Untersuchungen negativ ausgefallen waren ...«[21] Und auch der Mann vom FBI in Mexiko meldet nicht ohne einen Unterton von Enttäuschung 1945 nach Washington: »Da die Zielperson mit Sicherheit als verdächtige Person im ALTO-Fall ausscheidet, ist der vorliegende Bericht eine Zusammenfassung des Hintergrundes und der Aktivitäten der Zielperson.«[22]

Nun war das Federal Bureau of Investigation nicht nur an Geld und codierten Nachrichten interessiert. Ins Visier von Postzensur und FBI gerieten auch eine Sendung von 109 Briefen, mit denen die Autorin persönlich Mitglieder und Sponsoren des Joint Anti-Fascist Refugee Committee zu einer Sondervorführung des MGM-Films in ein New Yorker Kino einlud,[23] und die Rechnung des Verlagshauses El Libro Libre an die Bibliothek der University of California in Los Angeles über »$ 19 für sechs Bücher, darunter ›The Seventh Cross‹ von Anna Seghers«[24]. Aktenkundig wird, wenn Michail Apletin, der in Moskau im Sowjetischen Schriftstellerverband tätig war, um ein Belegexemplar des Romans bittet oder eine Leserin den Untersuchungsgegenstand per Post aus dem fernen Palästina darauf hinweist, daß das Vorwort zur hebräischen Übersetzung des Romans bei der Zionist Labor Youth Group sowohl die jüdische Herkunft wie auch die politische Überzeugung der Autorin verschweigt.[25] Abgefangenen Briefen an Anna Seghers entnehmen die Beamten Kopien von Rezensionen und persönliche Reaktionen auf Buch und Film. In die Unterlagen des Office of Strategic Services ging ein Bericht ein, daß »SEGHERS, Anna, Mexico, D. F., Apartado 10214 ... Verfasserin von ›Seventh Cross‹ ... Parties und Empfänge in ihrem Haus gab, um Geld für ›DAS FREIE BUCH‹ zu sammeln«[26]. Als Anna Seghers den Vertrag mit

MGM abschließt, fängt »Cable Censorship« das einschlägige Telegramm ab: »SNDR (Absender) ist ... die bekannte deutsch-jüdische Autorin mit dem Schriftstellernamen Anna Seghers. Wir haben erhebliche Unterlagen in unserer Zentralkartei zu Anna Seghers.«[27] Ein andermal, im März 1945, öffnet das FBI einen Brief von Mexiko nach Beverly Hills, in dem die Rede davon ist, daß *Das siebte Kreuz* ausverkauft sei, weil es so oft für die Bibliotheken der POW-Lager bestellt wurde.[28] Hoovers Behörde notiert, wenn die Abraham Lincoln School in Chicago den Roman im Unterricht einsetzt,[29] wenn sich ein Verlag in Algerien um die nordafrikanischen Rechte für das Buch kümmert[30] oder wenn Anna Seghers darüber nachdenkt, ob Querido in Amsterdam oder – wie sie es vorzuziehen scheint – der Krause Verlag in New York nach Kriegsende eine deutschsprachige Neuausgabe des Romans herausbringen darf. Und selbst wenn es mal nicht um Geld oder um verschlüsselte Nachrichten, sondern um ästhetische Dinge geht, läßt das FBI nicht ab: »Zunächst einmal muß ich Sie um Vergebung dafür bitten, daß ich so lange nicht geschrieben und von der Verfilmung Ihres Buches berichtet habe«, steht in der im FBI-Archiv erhalten gebliebenen Übersetzung eines Schreibens, das ein unbekannter Briefpartner von Anna Seghers im Juli 1944 aus Santa Monica, einem Vorort von Los Angeles, nach Mexiko schickte, zu lesen, das wegen seiner Bedeutung für das Verständnis der filmischen Umsetzung des Romans im folgenden als Übersetzung ausführlich zitiert wird:

> Inzwischen habe ich die vielen Einzelheiten in so etwas wie ein Ganzes verarbeitet und bin jetzt in der Lage, Ihnen ein halbwegs kohärentes Bild von den Fakten zu liefern. Bevor ich das tue, muß ich Ihnen freilich sagen, daß das Gefühl von Minderwertigkeit noch da ist, weil der Film nicht mehr als ein stark verwässerter und abgeschwächter Abdruck Ihres Buches ist, das für mich eines der größten und wichtigsten Werke unserer Generation ist.

Trotz dieser Schwäche haben wir, wie ich meine, dem Geist des Buches nicht Unrecht getan. Die Hauptbetonung liegt in der Tat auf reiner Spannung – der Fluchtgeschichte; viele der besten Figuren – Kress, Mettenheimer, Schulz, Elly, Mrs. Fiedler, Bachmann – mußten einfach deshalb wegfallen, weil nicht genug Raum für sie da war. Aus demselben Grund mußten viele der besten Szenen ausgelassen werden – besonders die, in denen Georg Heisler *nicht* vorkommt – –
Nach der ersten Durchsicht mußten wir noch mehr opfern – *Hellwig* (einige der besten Szenen in dem gesamten Film), die Nacht in der Kathedrale von Mainz, den Priester. Dennoch scheint die Grundidee irgendwie durch, wenn auch nur in abgeschwächter Weise – besonders bei Paul und Liesl Roeder, die für den Film in großen Teilen direkt aus dem Buch übernommen wurden, ohne Änderungen im Ausdruck oder Dialog (obwohl Liesl ein wenig anders aussieht als die Liesl, die Sie beschreiben). Auch Fiedler und andere stellen diese Grundidee da: daß letztendlich die menschliche Güte unzerstörbar ist.
Und noch ein, zwei Bemerkungen zum Drehbuch: in vielen Fällen ist der Aufbau der Szenen gegen meinen Einspruch verändert worden – zum Beispiel Heislers Szene mit Leni, die Szene mit Fuellgrabe im Park, die Familie Sauer (die eine nicht besonders gelungene Synthese mit Kress versucht). Ich habe gegen diese und viele andere Dinge angekämpft, mußte jedoch am Ende einlenken. Es hätte alles aber noch viel schlimmer kommen können; glücklicherweise ist [ausgeschwärzt] den meisten seiner Rivalen weit überlegen – vor allem läßt er jene schrecklichen Geschmacksverirrungen, die hier zur Tradition gehören, nicht durchgehen, aber er hat seine kleinen Schwächen und Züge von Feigheit, die er einfach nicht loszuwerden vermag.
Ich habe mit einem Aspekt der Bearbeitung übereingestimmt: nach langen Überlegungen wurden Westhofen

und alle Szenen und Personen von dort auf ein Minimum reduziert. Die Gründe dafür waren einmal die Länge des Films und dazu die Tatsache, daß wir das Hauptgewicht des Films außerhalb des Konzentrationslagers ansiedeln wollten. Außerdem hat die amerikanische Öffentlichkeit genug von diesen Dingen, denn Bilder von Konzentrationslagern sind in Dutzenden von Filmen in jeder denkbaren Form dargestellt worden, und es ist jetzt natürlich sehr wünschenswert, sie vom Publikum fernzuhalten.
Die einzige kitschige Szene des Films- – mit der ich echt unzufrieden bin – ist eine Liebesszene, die ganz am Ende an den Haaren herbeigezogen wurde. Aber ich stand allein gegen alle Bosse im Studio – die sonst total enthusiastisch dem Film gegenüber sind und denken, daß er ein Meisterwerk ist. Selbst Tracy, sonst ein sehr strenger Kritiker, findet, daß es einer seiner besten Filme ist ... Deutlich wird ein Kompromiß bei der Besetzung der Rollen. Da Spencer Tracy die Starrolle spielt, mußten wir die meisten anderen großen Rollen mit amerikanischen Schauspielern besetzen, um eine gleichmäßige Wirkung zu erzielen. Die Leistungen der Schauspieler sind im großen und ganzen sehr gut, aber das ›Rheinland‹ hat natürlich eine ziemlich amerikanische Atmosphäre, die nur hier und da von ein paar Deutschen durchbrochen wird ...
Eine letzte Bitte: könnten Sie mir vielleicht mitteilen, wo ich ein Exemplar der *ungekürzten deutschen* Ausgabe von ›Seventh Cross‹ bekommen kann?[31]

Die Aufmerksamkeit, die Amerikas Geheimdienste *The Seventh Cross* mitten im Zweiten Weltkrieg widmeten, hat den amerikanischen Steuerzahler eine erhebliche Summe gekostet. Dem Erfolg von Buch und Film vermochten die Aktionen von FBI, ONI, MID, OSS und wie sie alle hießen, keinen Abbruch zu tun. In den Archiven der einschlägigen Verlage und Filmstudios haben sich keine Spuren gefunden, daß man auf die Verbreitung des verdächtigen Romans Einfluß zu nehmen versuchte. Keiner der Journalisten, die J. Edgar Hoover bisweilen zur Diffamierung seiner Gegner benutzte, wurde auf *The Seventh Cross* angesetzt. Und im Gegensatz zu ihren Kollegen in anderen Ländern und zu anderen Zeiten hatten die Agenten Hoovers nie daran Interesse, ob Anna Seghers oder die Filmemacher bei MGM bei der künstlerischen Umsetzung ihres Stoffes mit traditionellen oder avantgardistischen Erzählformen operierten.

Eher unspektakulär endet denn auch das Interesse des FBI an *The Seventh Cross*, als ein Angestellter der Behörde drei Jahrzehnte nach dem Agentenkrimi um Geheimschrift und verschlüsselte Botschaften und mehr als zehn Jahre, nachdem Hoovers Männer ein letztes Aktenstück zu der längst in der DDR ansässigen Anna Seghers abgelegt hatten, auf einem Verzeichnis vernichteter Akten neben der Eintragung »The Seventh Cross, 2 copies, Bureau Library« trocken vermerkt: »destroyed.«[32]

4. Theaterfassungen:
Vom Broadway nach Schwerin

Hollywood hatte aus dem Roman von Anna Seghers einen erfolgreichen Film gemacht – ohne dabei die Autorin zu Rate zu ziehen. Genau umgekehrt verlief die Geschichte jener amerikanischen Bühnenfassung, die Maxim Lieber bzw. Otto Preminger Ende 1942 bei der amerikanischen Autorin Viola Brothers Shore bestellte: diesmal war Anna Seghers direkt an der Herstellung des Textes beteiligt, aber die Inszenierung kam nie zustande.

Das Produkt der Arbeit von Anna Seghers und Viola Brothers Shore – ein kompletter Bühnentext mit drei Akten auf insgesamt gut 120 Seiten – galt der Seghers-Forschung bislang als verloren, bzw. das ganze Unternehmen war ihr gar nicht bekannt. Das gleiche trifft noch mehr für einen zweiten, zweiteiligen und politisch wie formal womöglich noch interessanteren Entwurf zu, den Viola Brothers Shore aller Wahrscheinlichkeit nach Ende der vierziger Jahre in der Hochzeit der McCarthy-Ära niederschrieb. Jedenfalls verwechselt Wolfgang Kießling auch in der Neufassung seiner Darstellung des Exils in Lateinamerika die in Mexiko erarbeitete Dramatisierung mit dem Filmdrehbuch von Helen Deutsch: »Die Filmproduktion übernahm die Metro Goldwyn Mayer. Anfang 1943 fuhr Anna Seghers in das 85 Kilometer südlich der mexikanischen Hauptstadt gelegene Cuernavaca und arbeitete dort gemeinsam mit Viola Brothers Shore an der Dramatisierung ihres Romans. Danach hatte sie keinen Einfluß mehr auf die Arbeit am Film.« (5.164, S. 500) Kurt Batt (3.128), Jan-Christopher Horak (3.224) und andere wissen überhaupt nichts von der Zusammenarbeit zwischen der Deutschen und der Amerikanerin. Und auch ein Seghers-Interview um die Jahreswende 1942/43 für *New Masses*, in dem John Stuart auf das Projekt eingeht, war der Forschung lange Zeit entgangen: »Sie erzählte mir, daß sie vor kurzem Viola Brothers Shore geholfen habe, das Theatermanuskript für *The Seventh Cross* anzufertigen, das Otto Preminger inszenieren wird. Das gab ihr die Möglichkeit, ihr Englisch zu verbessern, Fehler zu vermeiden, wie sie sich in die Übersetzung von *The Seventh Cross* aus dem Deutschen geschlichen hatten, und einige unnötige Auslassungen aus dem Originalmanuskipt zu revidieren.«[1]

Entstanden war die Idee für eine Bühnenfassung des Romans offensichtlich bei Anna Seghers' Agenten Maxim Lieber im Sommer 1942 auf Anraten eines Hollywood-Filmstudios. »Wie ich Ihnen vor ein paar Tagen am Telephon sagte«, schreibt Lieber mit Datum vom 22. Juni an Viola Brothers Shore, »hat die Entscheidung des Book-Of-The-Month Club, Anna Seghers' SEVENTH CROSS als Auswahlband anzunehmen, bei den Filmstudios erhebliches Interesse an dem Roman hervorgerufen. Ein Studio meinte anfangs, daß eine Dramatisierung möglich sei und ging so weit, das Projekt konkret vorzuschlagen. Dann haben sie zurückgerufen und gesagt, daß sie die Sache auf einer Studiokonferenz besprochen hätten und die Entscheidung gefallen sei, daß sie in dem Material keinen Filmstoff sehen ... da mein wichtigstes Anliegen ist, das beste für Anna Seghers zu tun, befinde ich mich, wie Sie sehen, in einer Zwickmühle. Sie haben genug Erfahrung mit Filmstudios, um zu wissen, daß man den Verkauf nicht aufschieben soll, wenn man dort auf ein Projekt abgefahren ist, weil sie nachher das Interesse verlieren könnten. Auf der anderen Seite weiß ich, daß der Preis für die Filmrechte hochgehen würde, wenn eine Theaterinszenierung Erfolg hat. Ich lege deshalb alle meine Karten vor Ihnen auf den Tisch. Hätten Sie Interesse, einen Entwurf für ein Theaterspiel zu schreiben, und wenn sich das als vielversprechend herausstellt, würde ich die Verantwortung übernehmen, einen Vertrag für eine Bühnenfassung von Ihnen zu entwerfen und Angebote für einen Film bis auf weiteres abzulehnen. Sonst hätte ich das Gefühl, ein Opfer zum Nachteil von Anna Seghers zu bringen.«[2]

Nicht bekannt ist, wie Otto Preminger, der seit Abbruch seiner Theaterkarriere in Österreich im Jahre 1934 für 20th Century Fox und am Broadway als Schauspieler und Produzent tätig war, seine Option erwarb. Fest steht nur, daß der Vertrag von Anfang September auf sechs Monate gültig war, daß neben den Bühnen- auch Film- und Radiorechte eingeschlossen waren,[3] daß Viola Brothers Shore von Preminger nach Mexiko geschickt wurde[4] und daß sie im November und Dezember 1942, vielleicht sogar bis Anfang 1943 in Cuernavaca im Hotel Marik einquartiert war.[5] Fest steht auch, daß das Federal Bureau of Investigation, die amerikanische Postzensur und die Botschaft der USA in Mexiko sich nicht nur um die exilierte Autorin, sondern auch um ihre Besucherin kümmerten. In Anna Seghers' FBI-Akte finden sich dazu Auszüge aus einem Brief und einem Telegramm von [ausgeschwärzt] an Netty Radvanyi, in denen angekündigt wird, daß eine »she« am

25. November nach Mexico City abreisen wird.[6] Wenig später berichtet Clarence W. Moore, der FBI-Mann an der Botschaft in Mexiko, in einem umfangreichen Bericht zum »Free Germany Movement«, der über diplomatische Kanäle an das Außenministerium in Washington geht: »Im Moment arbeitet ANNA SEGHERS in Cuernavaca mit VIOLA BROTHERS SHORE an einer Bühnenfassung von ... DAS SIEBTE KREUZ (The Seventh Cross).«[7] Ein halbes Jahr darauf erinnert sich ein anderer Botschaftsangehöriger – diesmal nicht ganz korrekt – an das Gemeinschaftsunternehmen: »... Anna Seghers hat die Dramatisierung ihres Romans THE SEVENTH CROSS an einen Hollywood Produzenten verkauft. Violet Brothers Shore soll ihr dabei behilflich gewesen sein.«[8]

Und schließlich steht fest, daß der in Mexiko erarbeitete Text zusammen mit anderen Unterlagen bei der Rückreise von Viola Brothers Shore vom amerikanischen Zoll in Fort Worth, Texas, im Rahmen der im Krieg verschärften Zensurbestimmungen zurückgehalten wurde. »Aktenkoffer mit Papieren und Dokumenten, mehrere Entwürfe«, quittiert der United States Customs Service auf einem »Receipt For Articles Held For Censorship« überschriebenen Formular, auf dem unter der Rubrik »Documents« ferner vorgedruckt steht: »Briefe, Karten und ähnliche Dokumente werden, wenn keine Bedenken bestehen, portofrei von dieser Dienststelle weitergeschickt ...«[9] Von Viola Brothers Shore und Otto Preminger über den Chief Postal Censor in Washington eingeleitete »frantic efforts«[10], die Unterlagen freizubekommen, bleiben offensichtlich im Dschungel der Bürokratie hängen. Mehrere Telegramme gehen während der nächsten Wochen hin und her zwischen Hollywood und Washington, bis der Autorin am 20. Januar lakonisch mitgeteilt wird: »Das Zensurbüro von San Antonio und die Zollbehörde in San Antonio haben keine Unterlagen, daß sie ein Bühnenmanuskript erhalten hätten Stop Werden die Angelegenheit untersuchen, wenn Sie uns vollständige Informationen schicken.«[11]

Als das Manuskript dann Anfang Februar endlich bei Maxim Lieber und einer Vertreterin von Preminger namens Sarah Rollitts eingeht, sieht sich Lieber einem Berg von Problemen gegenüber. Premingers Option war auf den 5. März 1943 terminiert – ein Datum, bis zu dem sich das Stück nur unter größten Schwierigkeiten hätte produzieren lassen. Die Filmstudios, die ebenfalls an dem Stoff interessiert waren (»alle Filmstudios sind bereit zu kaufen«, telegraphierte Lieber am 25. Februar an Brothers Shore), konnten jeden Moment kalte Füße bekommen, denn das Thema war, wie Lieber wußte, »eng mit den gegenwärtigen politischen Ereignissen verbunden und ... die bedingungslose Kapitulation von Hitler wird ein Anti-Hitler-Stück nicht interessanter machen«[12]. Und schließlich wollte der Text, den Viola Brothers Shore und Anna Seghers in Mexiko erarbeitet hatten, niemandem so recht gefallen. »Klarheit und Spannung« fehle der Story, und »die Figuren müssen mehr zu Personen werden«, schreibt Maxim Lieber mit Datum vom 12. Februar 1943 nach Hollywood. Preminger, der entweder die von Lieber bestellte erste »synopsis«[13] oder Teile der Überarbeitung, die durch den Zoll gelangt waren, gelesen hatte, erwähnte gegenüber Lieber, »daß das, was er davon gesehen hat, viel zu wünschen übrig ließ«, und schlägt vor, daß ein »Mitarbeiter oder Doktor«[14] den Text revidiere. Und auch Viola Brothers Shore, die seit den zwanziger Jahren für MGM arbeitete, scheint von der Notwendigkeit einer gründlichen Revision überzeugt gewesen zu sein: »Ihr Manuskript ist vor zwei Tagen angekommen«, berichtet Lieber am 12. Februar 1943 an »Dear Vi«, »und ich und Sarah Rollitts (die Premmingers Interessen vertritt) haben es gelesen. Wir haben es heute morgen diskutiert, und da Sie bereits Ihre eigene Kritik an dem Manuskript in Ihrem Brief vom vergangenen Mittwoch mitgeteilt haben, gibt es für uns wenig hinzuzufügen.«

Doch noch bevor sie die neue Überarbeitung beenden kann, hat Viola Brothers Shore das Rennen gegen die Filmstudios, bei dem es nach einer Schätzung von Lieber um keine unerhebliche Summe geht (»dieses Manuskript, wie es da liegt, würde ungefähr $50 bis $60 000 kosten«[15]), bereits verloren. »Ihr Telegramm ein schwerer Schlag«, notiert sie handschriftlich auf dem entscheidenden Nachricht von Lieber am 25. Februar den Entwurf einer Antwort: »war Tag und Nacht dabei umzuschreiben las korrigierte Fassung gestern Abend einer Gruppe vor, die einstimmig enthusiastisch davon überzeugt ist, daß Stück jetzt großartig ist.«[16] Weder ihr Hinweis auf zwei, namentlich freilich nicht genannte, Theaterdirektoren, die nur darauf warten, die neue Spielfassung zu lesen, noch ein letzter telegraphischer Störversuch von Preminger, der für die folgende Woche den Beginn von Proben, wenn schon nicht für den Broadway, dann wenigstens für San Francisco ankündigt,[17] noch der Versuch der Drehbuchautorin, MGM durch einen Verzicht auf alle Rechte zur Lektüre ihres Manuskripts zu bewegen,[18] vermögen Lieber mehr davon abzubringen, das letztendlich auch für Viola Brothers Shore finanziell lukrative Angebot von MGM anzunehmen – ein Angebot, zu dem neben einer großzügigen Abfindung auch der Verzicht des Studios auf zukünftige Bühnenbearbeitungen gehört:[19] »... ich war sehr froh und erleichtert,« schreibt Lieber dazu an Brothers Shore einen Tag vor Ablauf der Option von Preminger, »weil Preminger Breitseiten von Telephonaten und Telegrammen losgelassen hat, und ich Angst bekam, daß er die Übereinkunft durcheinanderbringen könnte, die für mich und alle, mit denen ich sie diskutiert habe, die beste Lösung für die Autorin und alle Beteiligten ist.«[20]

Lieber, Sarah Rollitts und Preminger hatten mit ihrer kritischen Einschätzung dem Bühnenmanuskript nicht unrecht getan. Der Text nämlich, den Viola Brothers Shore, die nach Aussage ihrer Tochter gut Deutsch konnte (1.44), und Anna Seghers in Cuernavaca erarbeiteten, ist zwar formal und inhaltlich abgerundet und wäre von einem erfahrenen Theaterensemble sicherlich auch auf die Bühne zu bringen gewesen. Andererseits mangelt es vielen Szenen an einer klaren Zielsetzung, den Personen fehlt es an Überzeugungskraft, und der Versuch, das Geschehen im fernen Deutschland dem amerikanischen Publikum durch ein paar hinzugeschriebene Passagen näherzubringen, wirkt durchaus halbherzig.

»Seventh Cross by Anna Seghers & Viola Brothers Shore«, wie der Arbeitstitel auf dem Deckblatt des heute in der Viola Brothers Shore Collection in Laramie, Wyoming, deponierten Manuskripts ein wenig lakonisch lautet, setzt sich aus drei Akten von jeweils etwas mehr als vierzig Schreibmaschinenblättern und einem vierseitigen Inhaltsverzeichnis zusammen, das zugleich ein Personenverzeichnis ist. Akt 1 enthält die Szenen »Gestapo Desk«, »Marnet Farm«, »Fahrenberg's Office«, »Fishing Village«, »Herman's Table«, »Cathedral«, »Cafeteria Corner«, »Doctor's Office«, »School Gate« und »Camp Side – Night«. Es folgen im zweiten Teil, anders gruppiert als im Roman, aber durchaus in der Nähe der bei Little, Brown erschienenen Vorlage bleibend, Bilder aus den Wohnungen von Leni, »Elly«, Frau Marelli, den Marnets und Lulu, der Prostituierten. Zentrum des dritten Aktes bilden schließlich, wiederum ähnlich realistisch gefaßt wie im Roman, die Familien Roeder und Sauer bzw. eine leicht variierte Schlußszene im »Garden of a tiny Inn« namens »Zu St. Christophe« (2.28, Akt 3, S. 37), in der Marie Georg vor der SA rettet, indem sie ihn als ihren Mann ausgibt: (»Marie: Ich habe gesagt – Du bist mein Mann – (er sieht zu der SA rüber – küßt sie – und geht). SA (kommt zu ihr): Na – Ihr Mann ist jetzt weg –. Marie: Er kommt zurück – (Vorhang) (2.28, Akt 3, S. 42f.). Mit Ausnahme von Lotte, die bereits in der amerikanischen Buchausgabe fehlt, kommen in dieser Variante des Theatermanuskripts nahezu alle wichtigen Personen aus dem Roman auf die Bühne – freilich oft, ohne Raum zur Entfaltung zu erhalten. Ähnlich steht es mit den zentralen Schauplätzen, von denen einige aus dramaturgischen Gründen nicht ohne Geschick zusammengelegt werden (»Farm liegt auf einem Hügel über dem Taunustal –

der Fluß Mainz [!] – die Kathedrale – das Konzentrationslager« [2.28, Akt 1, S. 2]), die Mehrzahl freilich, wie die Fabrikszenen, zu farblos bleibt, um Bedeutung zu gewinnen.

Handwerklich annehmbar gemacht, aber ohne formale Spannung, bleibt die bei der Dramatisierung eines Romans unumgängliche Straffung der Handlung. In zwei für uneingeweihte Zuschauer etwas verwirrenden Auftritten zusammengefaßt werden da zum Beispiel die Passagen mit Helwig, der Schulklasse am Rhein und Georgs Verletzung an der Hand. Das Eindringen der Naziideologie in die Familie Heisler kommt in einer knappen Szene auf die Bühne, in der Georg auf der Flucht mit seinem Bruder Heinie zusammenstößt, der mit seinem SA-Sturm nach den Ausbrechern sucht. Und die ständige Bespitzelung der Menschen durch nationalsozialistische Block- und Hauswarte wird in der kurzen Begegnung zwischen einer Hausmeisterin und Liesel Roeder gebündelt.

Wenig ins Gewicht fallen auch die Passagen, in denen sich die Dramatisierung vom Roman entfernt. Wohl als Konzession an das von unterhaltsamen Stücken verwöhnte Broadway-Publikum, bauen Viola Brothers Shore und Anna Seghers Episoden wie die mit der Prostituierten (»Lulu«) aus und schreiben als »comic relief« den einen oder anderen politischen Witz über Ribbentrop und Göring in den Text. Für den amerikanischen Markt gedacht sein dürften auch eine Anspielung auf einen ehemaligen Freund von Heisler, der jetzt in Brooklyn leben soll (2.28, Akt 3, S. 7), gelegentliche Hinweise auf den Spanischen Bürgerkrieg, der im Bewußtsein der amerikanischen Öffentlichkeit und Literatur eine wichtige Rolle bei der Auseinandersetzung mit dem Faschismus gespielt hatte, ein knapper Vergleich zwischen dem biblischen David und Heisler (»David hatte nur einen kleinen Stein in seiner Schleuder ... aber das, was in einem Heisler ist – das ist keine kleine Sache« [2.28, Akt 1, S. 18]), die Gegenüberstellung einer »angelic« Leni und der »Nazi Devil« (a. a. O., S. 20) Zillich und Bunsen in der Domszene und ein paar sprachliche Wendungen wie »Old Schlamp«

(a.a.O., S. 24), die man in New York aus dem Jiddischen bzw. einer Art Emigrantendeutsch kennt. Zutaten wie das Horst-Wessel-Lied, detaillierte, wenn auch nicht ganz korrekte Rangangaben für Fahrenberg (Oberführer), Bunsen (Obersturmbannführer) und Zillich (Sturmführer) und eine Peitsche für Bunsen haben die Aufgabe, Ort und Zeit der Handlung anschaulich zu machen. Das gleiche gilt für halb ernst, halb parodistisch gemeinte Versuche, die Propagandasprache der Nazis nachzuahmen (»nach Meinung von Minister Darre sollen ›Deutsche die freizügige Orange meiden, die ihre Süße den sinnlichen Lippen von Fremden anbietet‹, und sich an die guten deutschen Äpfel der Sophie Marnet halten –« [2.28, Akt 2, S. 24]). Und es trifft sicherlich auch für sprachliche Wendungen zu, die Amerikaner als typisch deutsch (miß)verstehen: »Fraulein«, »Schatzie«, »hausfrau«, »schweinhund« und ein paar über den Text verstreute »Ach« oder »Jawohl«.

Nicht ganz klar ist dagegen, warum das Autorenteam die Handlung von »Anfang Oktober« [11] auf die konkrete, aber nicht mit den entsprechenden Wochentagen übereinstimmende Zeit vom 21. bis 27. Oktober verschiebt. Neu und für den sonst durchaus umsichtigen Einsatz von politischen Schlagworten im Buch überraschend deutlich klingen folgende Sätze von Fahrenberg: »Vielleicht haben ein paar von euch den ›Abgeordneten‹ Wallau gewählt. Vielleicht habt ihr wirklich geglaubt, daß er euch helfen kann. Er soll sich jetzt selber helfen – oder sich von seinen Freunden im Kreml helfen lassen« (2.28, Akt 2, S. 38) bzw. Heislers Aussage, daß er nach gelungener Flucht in Spanien am Bürgerkrieg teilnehmen will. Einem an der Logik von Kriminalgeschichten geschärften Denken mag es zu verdanken sein, daß Georgs gefälschter Paß mit einem Bild versehen wird, das den neuesten Suchmeldungen der Gestapo entnommen ist (»Es gibt nichts besseres als die Gründlichkeit der Nazis – die funktioniert wie ein Wunder – in zwei Richtungen –« [2.28, Akt 3, S. 26]).

Kurz: Die Zusammenarbeit von Anna Seghers und Viola

Brothers Shore resultierte in einem zwar relativ gut durchgearbeiteten (wenn auch sprachlich nicht immer korrekten), aber im ganzen doch recht farblosen und traditionellen, um nicht zu sagen langweiligen Bühnentext.

Anders, interessanter, liest sich dagegen jener in der Anlage durchaus experimentelle Zweiakter, den Viola Brothers Shore Jahre später ohne Mitwirken von Anna Seghers verfaßte. Handschriftliche Notizen im Nachlaß der Amerikanerin weisen auf eine Entstehungszeit um 1949.[21] Bezüge auf die aktuelle amerikanische Politik (»Snoop Committees«, »Witch Hunts« und »Heresy Trials«), auf Truman als falschen Retter aus der zeitgenössischen Wirtschaftskrise und auf den rechtslastigen Radiojournalisten Fulton Lewis geben Grund zu der Annahme, daß der damals auf Hochtouren laufende McCarthyismus den Schreibanlaß lieferte: »Unglücklicherweise«, vergleicht Erich, der Erzähler, denn auch seine alte und seine neue Heimat, »waren wir dort drüben optimistisch..., daß Hitler einen Ausweg für Deutschland finden würde. Und daß Deutschland später einen Weg finden würde, um Hitler rauszuwerfen. Ja, so wie euer Truman einen Ausweg aus dieser ›kleinen Wirtschaftskrise‹ finden wird. Ja. Hoovers Reichtum ist um die Ecke!« (2.31, Akt 1, S. 2)

Doch die unklare Handlungsführung, zahlreiche fragmentarische Szenen, ein schwer durchschaubares Personengewirr und die bisweilen extrem überzogenen Abweichungen vom Romantext lassen keine Zweifel daran, daß es sich bei diesem zweiten Manuskript nur um eine rasch hingeschriebene, unspielbare Skizze handelt. In zwei an Geschmacklosigkeit grenzenden Traumszenen treten da zum Beispiel Fahrenberg als »Herrgott« (2.31, Akt 2, S. 18) im Himmel, Bunsen als »Roman Centurion« und »Feroni, Fuellgrabe and Aldinger« als »three Martyrs« (2.31, Akt 1, S. 21) auf. Unvorbereitet und unmotiviert bleibt der Mord an August Messer durch SS-Kameraden und eine Begegnung zwischen dem jetzt auf amerikanisch »George« genannten Georg Heisler und einem Blinden, der ebenfalls vor der Gestapo zu fliehen scheint. Nicht ausgespielt wird der im Vergleich zum Roman scharf zugespitzte Konflikt zwischen Overkamp und Bunsen (»Pervert! Sadist! Madmen!« [2.31, Akt 2, S. 30]). An schlimmste Hollywood-Klischees erinnert die Schlußszene mit Georg und Gerda Sauer als Liebespaar: »Gerda: ... Ich bring dich zur Tür. Sie beobachten uns. George: Ist das der einzige Grund? Vergiß mich nicht zu schnell. Gerda: Oh, Liebling, nie. Wie war noch dein Name? George: George Heisler. Gerda: George Heisler, ich liebe dich. George: Auf Wiedersehen, Gerda Marie ... (er küßt sie hungrig) ... Ich liebe dich liebe dich liebe dich.« (a. a. O., S. 57) Und schließlich enthält das Manuskript sprachliche Schnitzer, die in Zahl und Schwere weit über das hinausgehen, was schon in der Dramatisierung von 1942/43 gestört hatte: »Geheim Staats Polizei« (2.31, Akt 1, S. 4), »Und *Mann kann nicht wissen*« (2.31, Akt 2, S. 121), »*Vertig*« (a. a. O., S. 1) und »Schweinspektakel« (a. a. O., S. 26) – um hier nur einige wenige Beispiele zu nennen.

An eine Aufführung der zweiten Fassung der Dramatisierung war angesichts der strukturellen Ungereimtheiten und sprachlichen Fehler des Manuskripts nicht zu denken. Dennoch enthält der Entwurf von Viola Brothers Shore eine Reihe von inhaltlichen und formalen Vorschlägen, die durchaus interessant sind und von denen einige Jahre später in der DDR ohne Wissen um den amerikanischen Bühnentext in einer Inszenierung am Mecklenburgischen Staatstheater in Schwerin wieder auftauchen.

Da wäre zunächst einmal die Rolle des blinden Erzähler-Spielleiters Erich, durch den das Stück formal in den Zusammenhang des modernen, zeitgenössischen Theaters im Stil von Erwin Piscator, Bertolt Brecht oder Thornton Wilder gestellt wird. Erich nämlich, ein ehemaliger KZ-Insasse, der bei Fahrenberg die elektrischen Leitungen verlegen mußte, übernimmt nicht nur in zwei Rahmenszenen die Rolle des rückblickenden Erzählers und die George beratende Stimme von Ernst Wallau aus dem Roman, er schlägt auch als Exilant bzw. Einwanderer die Brücke zwischen »over there« (2.31, Akt 1, S. 2), also dem Nazideutschland der dreißiger Jahre, und der Gegenwart des amerikanischen Publikums. Hinzu kommt, daß seine häufigen Eingriffe in die Handlung ganz nach Art von Brecht das Publikum immer wieder aus der Illusion der vorgespielten Geschichte herausreißen und mit der eigenen Realität konfrontieren. So singen Erich und das Ensemble gleich zu Anfang des Stückes ein sozialistisches Kampflied, das auch die Nazis mit verändertem Text benutzen (»Eröffnen mit Lied – ›Baut das Morgen‹ – gesungen hinter der Bühne. ERICH, ein kleiner, blasser, blinder Mann in seinen frühen Vierzigern, mit leichtem deutschen Akzent, betritt dabei die Vorbühne und singt mit dem Ensemble.« [a.a.O., S. 1]) und das in der Tradition des politischen Avantgardetheaters in der Schlußszene wiederholt wird, um die Zuschauer nicht nur zum Mitsingen und Mitdenken, sondern auch zum Mithandeln zu bringen[22]:

> Erich
> In jener Nacht, als sie die Kreuze verbrannten, war ich nicht dabei – aber –
> Gefangener (trägt Holz)
> – aber etwas Neues war in unsere Leben gekommen.
> Zweiter Gefangener (mit Holz)
> Wir haben ein Feuer gemacht und wir dachten ... (›Dies ist das siebte‹)
> Dritter Gefangener (legt Holz zu)
> und wir wunderten uns wo er jetzt wohl ist?
> Erster Gefangener
> Und wir wußten – er ›Baut das neue Morgen‹ –
> Gefangene
> Wir werden es in unserem Leben vielleicht noch sehen –
> Erich
> Sie haben es nicht gesehen, aber wir – wir werden es sehen, oder?
> (Quartett fängt Lied an – das Ensemble fällt ein)
> Wenn Ihr – mit uns singen wollt –? (2.31, Akt 2, S. 57f.)

Wo nötig, gibt Erich der Regie auf offener Bühne Anweisungen, die Lagersirene ab- oder die Beleuchtung anzustellen, leitet Szenwechsel ein (»Erich, der Erzähler, bringt ein Schild, auf dem steht Schultz Essigfabrik Westhofen« [2.31, Akt 1, S. 11]) oder trägt einen Propagandaslogan vor (»Eine wunderbare Sache, das Band, das alle Arbeiter verbindet« [a.a.O., S. 42]). In ein Gespräch zwischen Hermann, Sophie und August Messer schaltet er sich mit der Bemerkung ein, daß Sophie seither seine Frau wurde und mit ihm in die USA ging: »Erich: Die Uniformen gingen auch wieder weg. Wir geben der hier einen Namen, weil er der Liebhaber meiner Frau war.« (a.a.O., S. 7) Ab und an fällt Erich aus seiner Rolle als Berichtender und wird wieder zum Lagerelektriker. Ein andermal überspringt er alle Zeit- und Handlungsebenen und gerät als Erzähler mit dem amerikanischen Touristen in ein Gespräch, bei dem er – in doppelter Wendung der Situation – als eine Art Übersetzer für das US-Publikum auftritt. Und nie scheut sich Erich davor, die Handlung erklärend zu unterbrechen oder durch handfeste politische Einwürfe zu kommentieren.

An experimentelles Theater erinnert auch der Vorschlag von Viola Brothers Shore, die verschiedenen Handlungsorte simultan auf eine in mehrere Ebenen aufgeteilte Bühne zu bringen – ein Kunstgriff, der später von Christoph Schroth in Schwerin ähnlich eingesetzt wird. Eine handschriftliche Skizze in der Viola-Brothers-Shore-Sammlung erklärt die Raumaufteilung genauer: Vorn, bis in den Zuschauerraum reichend, sollen Konzentrationslager und Gestapobüro angesiedelt werden. Dahinter, abgetrennt durch Stacheldraht an jener Stelle, wo normalerweise der Vorhang ist, beginnt ein Streifen »open country«[23], der rechts stufenförmig in Marnets Hof, eine Stadtstraße mit einem Café und das Zimmer von Elly bzw. die Wohnung der Sauers übergeht. Links, nach Bedarf getrennt durch einen Zwischenvorhang, schließen sich an die Fortsetzung der Straße zuerst der Fluß, dann eine Fabrikhalle und schließlich die Wohnungen von Lulu, Leni und Röders an.[24]

Die Bühnenmitte wird von Hermanns Zimmer eingenommen, in dem sich die Helfer von Georg treffen. Über der Vorderbühne schwebt auf einem Hängeboden jener Himmel, in den sich Fahrenberg im Traum versetzt sieht. Szenenwechsel werden von Erich durch das Verschieben von Kulissen eingeleitet (»Die Bank wird verschoben. Er stellt einen Busch neben sie.« [2.31, Akt 2, S. 12]) oder durch Schrifttafeln erklärt: »Erich hängt das Pokorny-Schild an das Tor und klebt ein Plakat an, ›George Heisler Wanted‹«. (a. a. O., S. 39) Und schließlich benutzt Erich, der aus nicht weiter erklärten Gründen auf der Gegenwartsebene blind ist, eine dunkle Brille, um von der Ebene des KZ zurück auf die des Erzählers zu gelangen.

Vor allem aber scheint Viola Brothers Shore bei der Bearbeitung des Seghers-Stoffes daran gelegen gewesen zu sein, Parallelen zu der damals in den USA auf Hochtouren laufenden Hexenjagd nach sogenannten und tatsächlichen »Linken« aufzuzeigen. Unmißverständlich trägt bereits im ersten Teil der Rahmenhandlung der Erzähler Erich dem Publikum anläßlich einer Einführung in das Bühnenbild seine politische Meinung vor: »Da unten in Euerm Schoß ist das Konzentrationslager. Laßt Euch davon nicht verwirren. Es stört nur am Anfang. Nach einer Weile seht Ihr den Stacheldraht nicht mehr. Wenn Ihr nicht drin seid. Und für $ 6.60 könnt Ihr da oben die Gestapo haben, aber *wir* wissen, daß das alles nur vorübergehend war, wie Eure Schnüffelkomitees, Hexenjagd, Ketzerprozesse und Euer J. Edgar Himmler. (Sophie fängt an, ihn zu korrigieren) J. Edgar Himmler! Gib ihm nur Zeit – (Sophie warnt ihn und geht ab) Hinter dem Stacheldraht ist offenes Land. Dahinter ist der Fluß. Ihr könnt Euch einen Fluß vorstellen, den Main oder den Rhein oder den Hudson.« (2.31, Akt 1, S. 2) Die Tatsache, daß die Zuschauer Arbeiterlieder wie »We Must Build Tomorrow« nicht kennen, wird der Abwesenheit einer Untergrundorganisation in den USA angelastet (»Ihr kennt das nicht? Weil Ihr keinen Untergrund habt. Noch nicht« [a. a. O., S. 1]). Und der amerikanische Tourist, den Viola Brothers Shore bei einem Verhör in Westhofen nach seinem Konsul rufen läßt, sagt gar von den »Dutchies«: »Wenn wir *irgendwie* zusammengefunden hätten, dann hätten wir uns all den Ärger mit den Roten ersparen können ...« (a.a.O., S. 18)

So und ähnlich geht es weiter im Text. Als Zuschaueradresse schiebt der Erzähler im Anschluß an die Löwenstein-Szene die Sätze ein: »Dankt Gott, daß Ihr solchen Terror nicht kennt. Jede Art, Rasse oder Farbe hat die gleichen Chancen bei Eurer Polizei, oder?« (a.a.O., S. 28) Von Truman erwartet sich Erich nicht viel mehr, als was Hitler Deutschland gebracht hat. Die Freiheit der amerikanischen Presse kommentiert er ironisch: »Wir hatten im Gegensatz zu Euch keine Freie Presse, frei zu drucken was ihr paßt. Merkwürdig nur, daß in Eurer Presse immer nur dieselben Sachen gedruckt werden?« (a.a.O., S. 27) Kritisch wird die auf Seelenzergliederung und Psychoanalyse fixierte amerikanische Theaterszene aufs Korn genommen: »Dieser Fahrenberg umgab sich gern mit allerlei elektrischen Sachen. Fragt nicht warum. Oder warum bei ihm das Wort Toilette Wutausbrüche bewirkte. Am Broadway könnt Ihr das auf und ab solcher Neurosen mitverfolgen und irgendeine unglückliche Figur aus der Mittelklasse Selbstmord begehen sehen, weil sie keinen anderen Ausweg mehr findet. Wir einfachen Arbeiter, wir haben eine optimistischere Perspektive.« (2.31, Akt 1, S. 1) Und auch die Juden, von Anna Seghers fast ausgespart, kommen bei Erich nicht ohne einige Seitenhiebe weg – ein Unterfangen, das aus dem Mund eines deutschen Exilanten wenige Jahre nach Kriegsende beim amerikanischen Theaterpublikum zweifellos Unbehagen ausgelöst hätte:

> Arzt
> ... Ich bin Spezialarzt. Ein jüdischer Spezialist, sprechen Sie also nicht von Menschlichkeit. Sie können so wie sie gekommen sind wieder gehen. Das ist mehr, als Sie für

mich tun würden. Ich habe eine Familie. Niemand tut irgend etwas für uns.
>George

Nein? Es gibt Lehrer, die im Gefängnis sind, weil sie jüdische Kinder getröstet haben.[25]
(ihre Augen treffen sich. Arzt nimmt eine Spritze)
Oh nein –!
>Arzt

Anti-Tetanus, Sie Dummkopf. Was haben Sie gedacht?
>George

Und warum sollte ich irgendjemandem trauen?
(Arzt säubert die Wunde – George schwankt –)
Weiter – weiter. Ein Mann kann das bißchen Schmerzen vertragen.
>Arzt

Wenn er weiß, daß es für einen Zweck ist. Doch diese Pest vernichtet uns und verdirbt sie. Aber wer kann sie verstehen lehren?
(die Frage bleibt unbeantwortet. George ist ohnmächtig geworden. Arzt belebt ihn wieder)
>George

… gesunde Zellen … rote Zellen … Habe ich etwas gesagt?
>Arzt

Wer weiß. Hier, trinken Sie. *Langsam*.
>George

In 5000 Jahren vermochten sie nicht, die Juden auszurotten. Weil es die Juden nicht zuließen.
>Arzt

Können wir mit nackten Händen kämpfen? Können die Deutschen nicht sehen, daß wir nur Sündenböcke sind?
>George

Konnten die Juden nicht sehen, das wir die Sündenböcke waren? Als ihr uns aufgegeben habt, habt ihr eure vorderste Linie verloren. Teile und erobere.
>Arzt

(verbittert – macht die Bandage fertig)

Selbst die Juden sind geteilt. Reiche Juden haben Hitler
finanziert.
> George
Geld hat keine anderen Freunde. Brüderlichkeit ist für
Menschen. Ist ein Jude nicht zuerst ein Mensch?[26]

Die handschriftlichen Notizen im Nachlaß von Viola Brothers Shore deuten an, daß Freunde der Autorin die 1949 ohne Anna Seghers erarbeitete Fassung des englischsprachigen Bühnenmanuskripts nicht nur als Transportmittel für Kritik an den damaligen Zuständen in den USA verstanden, sondern auch mit Begriffen wie »Brechtian play« und »cinematic«[27] auf die avantgardistische Form des Entwurfes eingingen. Beinahe vierzig Jahre später knüpft ein Kollektiv von Theatermachern in der DDR um Bärbel Jaksch, Heiner Maaß und Christoph Schroth für eine neue Bühnenbearbeitung des Seghers-Stoffes ziemlich genau an dieser Stellen an – zweifellos ohne Kenntnis der früheren, für den Broadway gedachten Versuche.[28]
Interessant ist der von Jaksch/Maaß erstellte Text dabei – im Gegensatz zu Hedda Zinners Hörspielfassung aus dem Jahre 1955, in der viel Dialekt zum Einsatz kommt und die gut organisierte Hilfsaktion für Heisler im Mittelpunkt steht (2.38 und 3.116, S.12) – vor allem aus zwei Gründen: Einmal rücken die Schweriner konsequent an Stelle der Fluchtgeschichte – Georg Heisler tritt in dem Stück nicht auf – jenen Aspekt des Romans in den Vordergrund, in dem das Verhalten der Menschen aus Georgs weiterem Umfeld untersucht wird: »Der uns vorliegende Versuch ... läßt die Action-Fabel außer acht und entwickelt den anderen Fabelstrang. Nämlich, wie die Leute, die nur mittelbar mit dem Fluchtweg Georg Heislers in Verbindung kommen, gezwungen sind, sich zu verhalten. Das führt zum Bloßlegen großer innerer Auseinandersetzungen, Selbstverständigungsprozesse, unterbewußter Vorgänge, die sich in Monologen, Selbstgesprächen, Träumen, Alpträumen widerspiegeln.« Interessant ist das Schweriner

Stück zum anderen – und hier liegt die Parallele zu dem Versuch von Viola Brothers Shore besonders offen –, weil Jaksch/Maaß von der Überzeugung ausgehen, daß inhaltliche Verschiebungen nur dann möglich sind, wenn an Stelle der »herkömmlichen«, realistischen »Fabelstruktur« (3.273, S. 15) die im Roman angelegten modernen Erzählformen für die Bühne nutzbar gemacht werden.

Ausgangspunkt für eine erfolgreiche Dramatisierung war für das Autorenpaar, das zuvor bereits Texte von Alfred Döblin und Brigitte Reimann für das Theater eingerichtet hatte, ein kollektiver, praxisbezogener Arbeitsprozeß. Was sie und Heiner Maaß herstellen, seien »Szenarien für Inszenierungen«, betont Bärbel Jaksch in einem Gespräch mit Christoph Schroth, »und zwar für bestimmte (mit einem Regisseur, den wir kennen) ... Für andere Inszenierungen, für andere Regisseure mit anderen Voraussetzungen und Erfahrungen dürfte das Szenarium wohl nicht in gleicher Weise benutzbar sein.« (3.274, S. 15) Zu vermeiden sei zudem, daß die Bearbeitung dabei stehenbleibt, »aus dem epischen Material die Dialogsituationen« herauszufiltern und die »Autorenkommentare in irgendeiner Weise in Dialoge« aufzulösen. »Wesentlich« ist es deshalb auch für den Regisseur Schroth, »den epischen Stoff in eine Struktur zu bringen, die große theatralische Situationen provoziert, aber auch aushält. Also, sich nicht auflöst in ungestisches Wortgeprassel ... Hinzu kommt, daß die Zuschauer in der heutigen Zeit – nicht zuletzt durch Film und Fernsehen – an eine Struktur von Handlung gewöhnt sind, die nicht unbedingt chronologisch, ›folgerichtig‹ ist, sondern sich widersprüchlich, kontrapunktisch zusammensetzt.« (3.273, S. 15)

»Volksstück« und Formexperiment sind somit die Schlüsselworte für die Schweriner Bearbeitung des *Siebten Kreuzes*. »Von primärem Interesse«, heißt es im Programmheft des Mecklenburgischen Staatstheaters, sei »weder das KZ noch der kriminalistische Akt der Flucht, sondern die Einheit all dessen, was eben das Leben des Volkes ausmacht ...

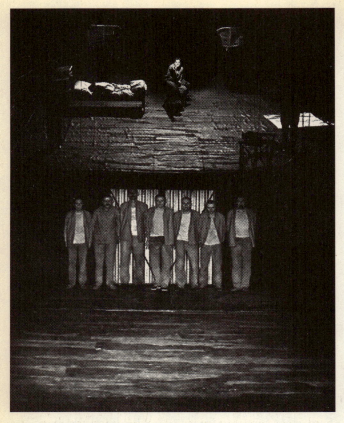

Szene 16 (Der Steckbrief) aus der Theateraufführung am Mecklenburgischem Staatstheater Schwerin.

Das Thema von der Menschenwürde ... wird im vorgeführten konkreten Fall zur existentiellen Frage verdichtet ...«[29] »Naturalistische Milieustudien« sind ausgeschlossen, denn die »sinnliche Konkretheit ... der Situationen« verlangt »nach großen Haltungen«, nach »Bildern/Zeichen« und den Mitteln des Traumes, die den »Realismusgehalt« bei der »Widerspiegelung des Gesellschaftszustandes« nicht verletzen, sondern vielmehr »durch den Verfremdungsgrad auf die Spitze menschlicher Fassungskraft«[30] treiben.

Die Konsequenz, mit der Jaksch, Maaß und Schroth ihre Idee von einem avantgardistischen Volksstück in die Praxis umsetzen, ist beachtlich: Da fallen Schauspieler wiederholt aus ihrer Rolle, überspielen die Rampe und geraten miteinander ins Diskutieren. Ein Chor der Mütter bzw. der Häftlinge zitiert die geschichtsphilosophischen Passagen aus dem Anfangskapitel des Romans, »durchschneidet« (2.37, S. 61) immer wieder die Szene, kommentiert, bisweilen »verärgert« (2.37, S. 65), das Geschehen oder wird zum Gegenüber in den inneren Monologen der Handelnden. Wichtige Sätze aus dem Mund der Häftlinge werden – so auch Wallaus Todesmonolog – chorisch gesprochen; Simultanszenen verweisen auf den Mangel an Kommunikation zwischen den Menschen; verschiedene Zeitebenen werden sprachlich und szenisch miteinander verschränkt, etwa als Frau Bachmann über das »gewöhnliche Leben« und den Verrat ihres Mannes nachdenkt; eine Pantomime, in deren Verlauf der tote Wallau aufgebahrt wird, ist »Kreuzabnahme« (2.37, S. 70) überschrieben. Fahrenberg sucht dem Schreckgespenst, das ihm einen verstopfte Röhren ausblasenden Doppelgänger vorführt, durch ein Stoßgebet zu begegnen (»Steh mir in der Not bei, führe die Gefangenen zurück, suche mich nicht mit der furchtbarsten aller Strafen heim – dem Entzug von Macht.« [2.37, S. 66]). In nahezu jede der 31 ungleich langen Szenen sind Volkslieder, Schlager und religiöse Gesänge eingeblendet: mal, um emotionsgeladene Situationen wie Ellis »Liebesklage«, Wallaus Sterben oder das hoffnungslose

Warten der Mutter Heisler auf ihren Sohn anschaulich zu machen; ein andermal, etwa in der Szene, in der Mettenheimer und der Mütterchor zu der rhythmisch veränderten Melodie von »Die Gedanken sind frei« aus dem Gestapo-Verhör tanzen, um die groteske Verformung des Menschen im Polizeistaat zu veranschaulichen; oder, wie bei den Auftritten der Häftlingskapelle, um an das konkrete Grauen von Auschwitz zu erinnern.

Wie im Roman kommen in Schwerin Märchen und Folklore, Religion und Mythologie zum Einsatz, etwa wenn Bellonis Ende (»halb Gespenst, halb Vogel« [2.37, S. 66]) von den Chören der Häftlinge und der Mütter besprochen wird oder das abschließende Apfelweinfest bei Marnets sich in die »Kleinbürgerorgie« einer »Deutschen Walpurgisnacht« (2.37, S. 82) auflöst. Und schließlich setzen Jaksch und Maaß, Inhalt und Form verbindend, an bedeutenden Stellen Träume in Szene: »Die Traumebene verlangt die Mobilisierung spezifischer Theatermittel in einer Größe und grotesken Überspitzung, die die Gefährlichkeit, den Wahnsinn, die Tragik aller Komponenten, die zu dem Punkt deutscher Geschichte geführt haben, überdeutlich, damit überschau- und einsehbar machen.«[31]

Die eindringlichste dieser Traumszenen ist zugleich die wohl bedeutendste Szene des gesamten Stückes: »Deutschland – Ein Alptraum.« In ihr kommen noch einmal die zentralen Themen und die wichtigsten Formmittel zusammen: das groteske Verhalten der SS- und SA-Leute, die »mit über den Kopf gestülpten ›Goebbelsschnauzen‹« auftreten; das Leiden des Individuums in Gestalt des am Pranger ausgestellten, von Vorbeigehenden »bespuckten und bepißten« Dr. Herbert Löwenstein; der »irre« Versuch von Füllgrabe, sich vor Georg, der in Gestalt einer Vogelscheuche auf der Bühne steht, durch ein »Vaterunser« zu rechtfertigen; die einfache Betroffenheit der Dorfleute über den Tod eines der Ihren; die durch Bücherverbrennung und Exekutionswand von Auschwitz eingebrachte historische Komponente. Durchbrochen und zugleich verbunden sind diese simultanen Kurzszenen und Standbilder durch eine mal gebrüllte, mal gesummte Hexenmusik aus völkischen Texten und – kontrapunktisch – durch eine Reihe Hölderlin-, Forster- und Heine-Zitate, abwechselnd von den Chorfrauen vorgetragen – bis die »uralten Mütter« schließlich »hilflos« die Alptraumszene mit einem Lied aus *Des Knaben Wunderhorn* schließen: »Es ist ein Schnitter, der heißt Tod.« (2.37, S. 68)

Jaksch und Schroth haben erklärt, daß neben Volker Braun vor allem Heiner Müller mit *Der Auftrag* durch das Aufreißen von »Epochenproblematik« und durch den »erreichten Stand dramatischer und dramaturgischer Techniken« bei der Arbeit am *Siebten Kreuz* Modell gestanden habe (3.274, S. 14). Werner Mittenzwei und Jochen Tenschert fügten diesen Vätern in einem Arbeitsgespräch am Berliner Ensemble Brecht als Großvater hinzu, weil dessen Idee, »im Alltäglichen ... historische Dimensionen sichtbar«[32] zu machen, von Jaksch/Maaß weitergeführt werde.

Vor Kritik an der experimentellen Form ihres Stückes rettet diese Genealogie die Schweriner freilich nicht. So klagt etwa die DDR-Zeitschrift *Theater der Zeit*, daß durch die »ästhetizistisch formalisierenden Lösungen« selbst die volkstümlichen Marnet-Szenen »zur choreographischen Zeremonie« gerinnen. »Seltsam statisch, zelebriert« wirken die Chöre; »große Szenen« gelängen nur dort, »wo Vitalität und Phantasie der Darsteller sich durchsetzen« und »unverwechselbare Figuren« schaffen. Und überhaupt: »Statt Phantasie freizusetzen«, enge die Textvorlage das Theaterensemble eher ein und »verführt beziehungsweise zwingt ... die Regie zu äußerlich formalisierenden Lösungen.« (3.276, S. 15) Andere Rezensenten bemängeln – der Georg Lukács der Realismusdebatte läßt nach fast fünfzig Jahren grüßen – die »Simultan- und Episodentechnik« des Stückes, die starke »emotionale Bindungen des Zuschauers an die Geschichte« verhindere, bis »die staunend-rationale Beeindruckung [über die Machart] ... das emotionale Beteiligtsein« (3.280) überlagert.

»Prätentiös ... in seiner kommentierenden Funktion«, so auch das *Neue Deutschland*, wenn nicht gar »überflüssig-störend« (3.275), sei der Chor der Mütter. Wieder andere bekritteln, daß das »Übergewicht der reflektorischen Ebene« ein »schnelles ›Hineinfinden‹ in Situationen und Charaktere« (3.269) verhindere. Anstatt »das Lebendige, die Begegnung und Konfrontation von Menschen«[33] auf die Bühne zu bringen und »sinnlichen Hintergrund« (3.275) zu schaffen, überwiegen »Angestrengtheiten« (3.269) und eine »ungewohnte Kühle«, bis schließlich »die sehr große Zahl der episodisch auftretenden Figuren, die dem Variationsprinzip unterstellt sind«, der »Gefahr einer bloßen *Summierung* zu wenig individualisierter Figurenhaltung«[34] unterliege. Kurz: So sehr auch der Einsatz von »epischen Elementen« nötig war, »um ein beträchtliches Stück des Handlungsbogens zu erfassen«, »Tiefenwirkung« entsteht nach Meinung der DDR-Rezensenten erst da, wo die epische Sprechweise »reduziert« wird.

Das Reizwort Formalismus sorgte dafür, daß die Schweriner Bühnenfassung von Anna Seghers' Roman in der DDR »heiß umstritten« und »viel diskutiert« (3.267) war. Entsprechend unverbindlich blieb das Lob, das die Inszenierung erntete. Hervorgehoben wurde der Einfall, Georg Heisler gleichsam unsichtbar auf die Bühne zu bringen und durch die Fluchthelfergeschichten zu umkreisen, weil so dem »Querschnitt durch das Denken und Handeln deutscher Menschen« (3.276, S. 13) in jener Zeit mehr Raum gegeben wird. Anerkennung fand auch die aus einer großen, steil nach oben gestellten Schräge bestehende Bühne, weil auf ihr »die Alltagswelt und die Vorgänge im KZ« (3.269) nicht getrennt zu werden brauchen. Und schließlich schwang in einigen wenigen Besprechungen mit, daß man die Dramatisierung von Seghers' Buch im Kontext der jüngsten DDR-Literatur sah, die damals gerade mit einer neuen Form von Vergangenheitsbewältigung experimentierte, die nach »Kindheitsmustern« für die gegenwärtige Diskussion um Faschismus, Neofaschismus und faschistoides Verhalten in beiden Teilen Deutschlands suchte (5.261).

Doch das bisweilen etwas angestrengt wirkende Lob läßt – wie gesagt – nicht vergessen, daß experimentelles Theater in der DDR selbst zu Beginn der achtziger Jahre keineswegs unumstritten war. Jedenfalls ist Christoph Schroths Ruf nach einer Bühne, die auch auf dem Gebiet der Form »sucht, ausprobiert, ständig in Bewegung ist«, um »mechanische Kopien von Lebensinhalten« und »inhaltliche und künstlerische Schablonen«[35] zu vermeiden, zwischen Ostsee und Thüringer Wald keineswegs nur auf offene Ohren gestoßen. Und schon gar nicht vermochten sich Rezensenten wie der Dramatiker Rainer Kerndl damit zu identifizieren, daß das Schweriner Kollektiv den »üblichen Dramatisierungs-Verfahren, wo einer nach dem Buch ein Bühnenstück schreibt« (3.275), Geringschätzung entgegenbringt und schlichtweg behauptet, daß »die großen Romane unserer Literatur ... viel mehr Totalität aufreißen, als das gegenwärtig die Stücke imstande sind zu tun« (3.274, S.14).

Wie eng letztendlich der politisch-ästhetische Spielraum des Schweriner Ensembles war, macht vielleicht am besten das Programmheft des Mecklenburgischen Staatstheaters deutlich, das nach einem in der DDR altbewährten Mittel zur Rückendeckung die Stimmen sowjetischer Kollegen über den Einsatz von Montage und Assoziationsreihen auf dem Theater zitiert bzw. der Kritik vorzubeugen versucht durch den Einsatz von Worthülsen wie »historisch-konkret/sinnlich-plastisch«, »Widerspiegelung des Gesellschaftszustandes«[36] und »die realistische Methode der Seghers ... muß auch unsere Methode sein«[37]. Dennoch: Experimente wie die Schweriner Bearbeitung des *Siebten Kreuzes* – und, in geringerem Maße, die in die Tradition von Picasso gestellten Zeichnungen eines Bernhard Heisig (3.179, S.24) zum Roman – deuten an, daß jene modernen Formen, die Anna Seghers Ende der dreißiger Jahre in Umgehung des sozialistisch-realistischen Regelwerks in ihrem

Fahrenberg, der Lagerkommandant des Konzentrationslagers Westhofen. Zeichnung von Bernhard Heisig

Roman eingesetzt hatte, vier Jahrzehnte später, wiederentdeckt und fortgeschrieben durch selbstständig denkende Künstler, ihre Bedeutung für die DDR-Literatur behalten hatten.

5. Rezeption in Deutschland: West und Ost

Die ungewöhnliche Erfolgsgeschichte des *Siebten Kreuzes* in der Neuen Welt und die Reaktionen der Presse auf diesen Erfolg sind bereits weiter oben beschrieben worden. Einen neuen Höhepunkt erreicht die Rezeption des Romans dann zwischen 1946 und 1948. In rascher Folge erschienen damals Nachdrucke und Neuauflagen der Erzählung von den sieben KZ-Flüchtlingen bei Querido (Amsterdam), Aufbau (Berlin-Ost), Desch (München), als Rotationsroman mit einer Auflage von 150000 Exemplaren bei Rowohlt in Berlin und Hamburg und in Zürich bei der Büchergilde Gutenberg. Ungeachtet der Tatsache, daß in Ost und West nur wenige, oft fehlerhafte Informationen über die Exilantin Anna Seghers vorlagen,[1] passierten das Buch und seine Besprechungen augenscheinlich ungehindert die Schreibtische der amerikanischen, englischen und russischen Zensoren. Und auch der spätestens seit 1946/47 Einfluß auf die Literatur nehmende Kalte Krieg schien die Aufnahme des Romans zunächst nicht zu behindern. Beinahe entrüstet weist das *Neue Deutschland* die Möglichkeit zurück, *Das siebte Kreuz* zur »sogenannte[n] Tendenzliteratur« (3.62) zu zählen. Anläßlich von Anna Seghers' Berliner Rede beim Gedenktag zur Bücherverbrennung von 1933 zitiert das Zentralorgan der SED den Theaterkritiker Herbert Ihering, der die eben heimgekehrte Exilantin eine »surrealistische Dichterin« (4.52) nennt. Mit Erleichterung wird in allen vier Besatzungszonen zur Kenntnis genommen, daß Anna Seghers ihre Charaktere nicht durch Schwarzweißzeichnungen verzerrt, wie sie ähnlich vor kurzem noch von der Nazipropaganda bis zum Exzeß getrieben worden waren. In der Laudatio zum Büchner-Preis, der ihr 1947 von der Darmstädter Akademie für Sprache und Dichtung für *Das siebte Kreuz* verliehen wird, ist die Rede davon, daß Anna Seghers »keine soziale oder gar sozialistische Tendenzliteratur«[2] produziere – das Preisgeld freilich brachte ihr Elisabeth Langgässer nach Berlin[3], und die »in sehr geschmackvoller Kassettenform gehaltene Urkunde« gelangt erst mit zweijähriger Verspätung über einen Dozenten der »Ferienkurse für neue Musik«[4] in die Zone. Einig sind sich die Rezensenten in West und Ost auch, daß *Das siebte Kreuz* zwar von der Vergangenheit handelt, aber in eine Zukunft gerichtet ist, in der »Liebe zur Freiheit und echter Fortschrittswille« (3.62) zur Norm werden sollen.

Greift man genauer nach, dann sind die Anzeichen für das unmittelbar bevorstehende Auseinanderfallen der deutschen Literatur in eine BRD- und eine DDR-Variante freilich nicht zu übersehen. So zeichnet sich der bundesdeutsche Trend zur Vergangenheitsverdrängung bei einer – zahlenmäßig gewichtigen – Gruppe von Kommentatoren ab, die vom deutschen Volk als »einem Instrument des Bösen, des Dämonischen« (3.52) spricht, über die »nivellierende Macht der Gewöhnlichkeit« (3.68) spekuliert und mit Wendungen wie »drohendes Ungeheuer«, »Ebene der Allgemeingültigkeit« (3.79) und »klassische Tragödie« (3.76) operiert. Nicht ohne Genugtuung vermerken westdeutsche Zeitschriften, daß im *Siebten Kreuz* »neben außerkünstlerischer Spannung und Agitation auch Menschlichkeit und Poetisches ... lebt« (3.51). Immer seltener, aber vorerst noch unüberhörbar, wird zwischen Hamburg und München darauf hingewiesen, daß die Nazis »Handlanger einer bestimmten Gesellschaftsschicht« (3.62) waren. In der *Welt* meint ein Rezensent zu wissen, daß es der »Mensch« sei, »die gejagte Kreatur, die unsere Anteilnahme weckt, nicht der Genosse, ... der Kämpfer einer Klasse« (3.65). Kurt Hohoff erstickt im katholisch-antikommunistischen *Hochland* unter dem verqueren Jargon der Zeit jeden Ansatz zu einer Faschismusanalyse mit der Wendung, daß »das Weltbild der Verfasserin ... ledig aller sich unbefangen im Sein umblickenden humanen Bewältigung« (5.144, S.172) sei. In Polen läßt der mit den politischen Umgangsformen jener Zeit vertraute Marceli Ranicki[5] hinter einer Fassade von Stalin-Zitaten und dem Hinweis, daß »in den westlichen Teilen der Heimat der Schriftstellerin die Erben der braunen Verbrecher regieren«, zum erstenmal das Bild von einer Schriftstellerin entstehen, die sich lange Zeit von ihrem »ideologischen Bewußtsein« »Aufgaben« übertragen ließ, »für die sie künstlerisch noch nicht reif genug war« (3.97, S.412f.), bis ihr mit dem *Siebten Kreuz* ein »psychologischer Roman« (3.97, S.416) gelang, der den Kampf zwischen Gut und Böse nicht zwischen, sondern in die Person verlegt. Und natürlich treffen jene Stimmen schon bald auf offene Ohren, die auf der Suche nach den »abendländischen ... Wurzeln« des Faschismus den Roman für den Nachweis mißbrauchen, daß die »größte Mehrheit des Volkes ... nichts von den Greueln« der Nazizeit wußte und »von einer deutschen Kollektivschuld ... in diesem Zusammenhang nicht die Rede sein« (3.73) kann.

Im Laufe des Jahres 1948 bricht das Interesse am *Siebten Kreuz* dann recht abrupt wieder ab. Für die Westzonen bzw. die Bundesrepublik liegen die Gründe dafür auf der Hand. Mit ihrem Entschluß, im Frühjahr 1947 von Mexiko nach Berlin-Ost überzusiedeln und durch ihr aktives Eintreten für den ersten deutschen Arbeiter-und-Bauern-Staat wird Anna Seghers in Adenauers Deutschland automatisch zur Unperson. Eine Exilforschung, die *Das siebte Kreuz* in die deutsche Literatur des 20. Jahrhunderts hätte einordnen können, gibt es in der Bundesrepublik bis Ende des sechziger Jahre nicht. Vergangenheitsbewältigung, besonders wenn sie aus der Feder einer Kommunistin stammt, kommt in den Programmen der Verlage und den Vorlesungsverzeichnissen der Hochschulen nicht vor. Versucht ein Verleger wie Eduard Reifferscheid vom Luchterhand Verlag mit einem Nachdruck des *Siebten Kreuzes* aus dieser Phalanx auszuscheren, droht ihm Boykott und Zensur durch die Medien. Von »Zonenliteratur«[6] und von der »Knebelung des freien Wortes« durch den von Anna Seghers geleiteten und vom »berüchtigten Staatssicherheitsdienst überwachten Schriftstellerverband« (4.44) ist dann die Rede, obwohl es um einen Roman geht, der vom Dritten Reich handelt. Ohne Zögern stellt der Schriftsteller Wolfdietrich Schnurre seine Kollegin in eine Reihe mit »Nazi-Autoren«, die »Menschlichkeit an Parteidoktrinen« und »Freiheit an Terrorprinzipien« verraten: »... soll nun also der westdeutsche Leser erfahren, welches die Pflichtlektüre des SED-Mitglieds ist ...? Hat etwa nach 1933 für die deutschen Emigranten die Verpflichtung gegolten, die Werke von Nazi-Autoren kennenlernen zu müssen? ... jene sieben Kreuze von damals, ... sie stehen heute hier in West-Berlin: fünf an der Bernauer Straße, eines an der Mauer, und das siebte Kreuz erhebt sich an der Oberbaumbrücke.« (4.73) Die Prozesse gegen Walter Janka und Wolfgang Harich, über die man 1990/91 im Zuge des Zusammenbruchs der DDR noch einmal intensiv debattiert, werden probeweise ins Feld geführt (4.44). Marcel Reich-Ranicki nutzt die Kontroverse, um *Das siebte Kreuz* neben die »Eichmann-Biographie« zu stellen, da alles ›lesenswert‹ sei, »was Information und Dokumentation bietet« (4.50), interpretiert das Buch zu einem »Roman gegen die Diktatur schlechthin« um und spielt es als letztes »Meisterwerk« der Seghers gegen den DDR-Text *Die Entscheidung* aus, den er als »erschütterndes Dokument der Kapitulation des Intellekts, des Zusammenbruchs eines Talents« und »der Zerstörung einer Persönlichkeit«[7] vorführt. Der angegriffene Verleger zitiert in einem offenen Brief, »daß der im ›Siebten Kreuz‹ beschriebene Terror in vielen Partien eher den bolschewistischen als den nationalsozialistischen Praktiken ähnelt« (4.67). Und auch Günter Grass hält seiner Kollegin angesichts des Mauerbaus öffentlich vor, daß »der Kommandant des Konzentrationslagers heute ... Walter Ulbricht« (4.39, S. 33) heißt.

Die Ressentiments der westdeutschen Kritik gegenüber Anna Seghers lassen sich leicht aus dem Klima des Kalten Krieges unmittelbar nach dem Mauerbau ableiten. Schwieriger ist es, die ungleichmäßige Rezeption des Romans in der DDR zu erklären. Fest steht nämlich einerseits, daß *Das siebte Kreuz* in der SBZ und DDR seit 1946 zugleich Best- und Longseller war. Angefangen mit der Ausgabe von 1946 zum einjährigen Bestehen des Aufbau-Verlags, von der bis zur Rückkehr von Anna Seghers aus dem Exil bereits 60000 Exemplare verkauft waren (5.7, S.289), erschien *Das siebte Kreuz*, gebunden und broschiert, im Rahmen von Anna Seghers' *Gesammelten Werken*, als Reclam-Band und, unter anderem, in der Reihe Bibliothek fortschrittlicher deutscher Schriftsteller. Brigitte Melzwig verzeichnet allein für die Ausgabe im Aufbau-Verlag bis 1969 22 Auflagen (5.199, S.314), während der zeitweise mit einem Nachwort von Christa Wolf ausgestattete Band 7 von Reclams Universal-Bibliothek (Leipzig) bis 1985 neunzehn mal aufgelegt wurde. Ungefähr zur gleichen Zeit meldet der Aufbau-Verlag fast 50 Nachdrucke für seine verschiedenen Ausgaben mit ca. 1000000 verkauften Exemplaren – bei einer Gesamtauflage des Buches in der DDR von über 1,5 Millionen.[8]

Andererseits fällt es auf, daß die DDR-Literaturwissenschaft dem in allen Klassen-, Seminar- und Wohnzimmern der Deutschen Demokratischen Republik präsenten Buch bis Ende der sechziger Jahre überraschend wenig Aufmerksamkeit schenkt. So mühen sich im volkseigenen *Deutschunterricht* eine Reihe von durchaus vergeßlichen Aufsätzen mit Themen wie »Die Inhaltsangabe eines literarischen Werkes« und »Verwirklichung der muttersprachlichen Bildung und Erziehung im Literaturunterricht« (3.101 u. 3.118) ab. Die beim Verlag Volk und Wissen erscheinende Reihe »Schriftsteller der Gegenwart« begräbt den Roman unter leeren und flachen Phrasen wie »Hoheslied der proletarischen Solidarität«, »heldenhafte Bemühungen« der »Vertreter der Arbeiterklasse« und »unwandelbare Treue zur Partei« (3.107, S. 54, 57, 58). Während im sozialistischen Nachbarland Polen, wo *Das siebte Kreuz* bis 1954 140000 mal verkauft wurde (4.62), offen darüber diskutiert wird, ob Anna Seghers ein »literarisch-historisches Dokument« (3.88, S. 103) oder »ein Buch des Kampfes, des Aufrufs zum Kampf« (3.87, S. 96) geschrieben habe, begnügt man sich in der DDR damit, Unterrichtshilfen für Lehrer bereitzustellen, in denen als »Hintermänner von Zillich ... die Monopolkapitalisten« festgemacht werden, »die in der Bundesrepublik unbehelligt« (3.116, S. 17) ihr Unwesen weitertreiben. In Hedda Zinners Hörspiel »Das Siebte Kreuz« entdeckt das *Neue Deutschland* eine Parallele zu »der stickigen Atmosphäre der Angst, die sich schon wieder, schleichendem Giftgas ähnlich, über Westdeutschland auszubreiten begonnen hat« (3.262). In Meißen nimmt sich die Hochschule für Landwirtschaftliche Produktionsgenossenschaften des Romans als Studienmaterial für das Fernstudium an. Lehrerbogen 46 bereitet *Das siebte Kreuz* für Fernschüler der »zehnklassigen allgemeinbildenden polytechnischen Oberschule. Volkshochschule« auf. Ernstzunehmende literaturwissenschaftliche Analysen von Text und Kontext des *Siebten Kreuzes* bleiben dagegen in der DDR, von ganz wenigen Ausnahmen abgesehen, bis in die frühen siebziger Jahre aus.

Drei Gründe kann man für diesen überraschenden Mangel anführen. Da wäre zunächst einmal die seit 1948 von Walter Ulbricht mit der ihm eigenen Offenheit angestrebte Wende der DDR-Kulturpolitik vom Antifaschismus zum Aufbau der Grundlagen des Sozialismus (4.83). Dazu im O-Ton aus zwei Reden von Ulbricht vor Kulturarbeitern zur Durchsetzung des Zweijahrplans: »Ist es ein Zufall, daß die Mehrzahl der Werke, die herausgegeben werden, Emigrationsliteratur, KZ-Literatur usw. ist, während andere sich mit der Zeit vor dem ersten Weltkrieg befassen? Ich habe nichts dagegen, daß unsere Jugend aus diesen Romanen die Probleme des Klassenkampfes der Vergangenheit kennenlernt, aber alles muß in einem gesunden Verhältnis zueinander stehen. Zum Beispiel die Bodenreform ...« (5.268, S. 290 f.) »Einer [unserer Schriftsteller] ... sagte auf der kürzlich stattgefundenen Arbeitstagung der Genossen Schriftsteller und Künstler: ›Wir müßten uns zunächst mit den Fragen der Emigration auseinandersetzen!‹ Wozu ist das notwendig? Das war einmal und ist jetzt vorbei. Wenn sie das Privatbedürfnis danach haben, kann man sie nicht hindern, aber sie können von uns nicht verlangen, daß wir ihren Papier dazu geben.« (5.269, S. 576)

Doch nicht nur Ulbricht, auch Georg Lukács, der in Sachen marxistische Ästhetik bis 1956 offiziell und danach indirekt den Ton angibt, verunsichert die DDR-Literaturwissenschaftler, als er dem *Siebten Kreuz* gleichsam en passant den Wert als literarische Faschismusanalyse abspricht. Unbeirrt durch den weiter oben bereits erwähnten Briefwechsel mit Anna Seghers aus den dreißiger Jahren im Rahmen der Expressionismusdebatte und ohne Rücksicht auf die Bedürfnisse der deutschen Leser um 1950 schreibt er dabei seine Position aus der Vorkriegszeit fest: »Bei der dichterischen Gestaltung der deutschen Gesellschaft im Faschismus, der Machtergreifung der Nazis und ihrer Herrschaft wirkt sich sehr schädlich aus, daß die Schriftsteller die Proportion der Kräfte in Deutschland, die Tiefe der Volksvergiftung durch den Hitlerismus unrichtig sehen und nicht verstehen, wie dieses von ihnen nicht begriffene allgemeine Phänomen im deutschen Volk überhaupt zustande kam ... Selbst der weitaus beste Roman über das faschistische Deutschland, das ›Siebte Kreuz‹ von Anna Seghers, leidet unter solchen Schwächen. An Bildhaftigkeit der einzelnen Situationen, an innerer Wahrheit der dargestellten Menschen beider Lager hat Anna Seghers Außerordentliches geleistet. Und doch kommt auch sie oft nicht über die Schilderung sinnlicher oder psychologischer Zuständlichkeiten hinaus, in denen sich freilich ihre ungewöhnliche Energie der Vergegenwärtigung plastisch zeigt. Das tiefe Warum des Kampfes, das Herauswachsen seines gesellschaftlich-geschichtlichen Sinnes aus individuellen Erlebnissen, Zusammenhängen, Konflikten lebendiger Einzelmenschen bleibt auch hier von einem – dichterisch allerdings hochwertigen – Schleier verhüllt.« (3.90, S. 77 f.)

Andere, der Exilverleger Wieland Herzfelde zum Beispiel, schlagen in dieselbe Kerbe. »Ihr das Leben und die Menschen bejahender Charakter«, steht da in Herzfeldes Nachwort für die Ausgabe des Romans bei Volk und Wissen zu lesen, mache es Anna Seghers schwer, »die Flut von brudermörderischem Sadismus, kleinlicher Streberschläue und Berauschtheit zu eitlen Phrasen, die sich über Deutschland ergoß, ganz zu ermessen und ihre Quellen aufzudecken.« Und noch etwas behindert nach Meinung des ehemaligen Dadaisten die Autorin dabei, »das Teuflische im Faschismus ganz bloßzulegen« – nämlich der Versuch, »ihr Volk gegen eine Verurteilung [zu] schützen, der nicht antifaschistische, sondern imperialistisch-chauvinistische Anschauungen zugrunde lagen«. Kurz: *Das siebte Kreuz* ist mehr »eine Hymne an die Heimat« als »ein hohes Lied auf die revolutionäre Kraft und Solidarität« (3.89, S. 417) – ein Argument, das Hans Rodenberg noch in den sechziger Jahren gegen eine Neuverfilmung des Stoffes für das DDR-Fernsehen anführt, weil das Drehbuch »die Gestalt Wallaus als führendem, aktiven Parteifunktionär« nicht »lebendig«[9] macht.

Drittens schließlich läßt sich die Schere zwischen Verbreitung und Rezeption von *Das siebte Kreuz* in der DDR aus der Tatsache erklären, daß Bücher, die zur »Schulentlassung« (5.109) verteilt und als Pflichtlektüre im 11. oder 12. Schuljahr zu Klassikern werden, kaum in den Mittelpunkt kontroverser Diskussionen geraten. Formulierungen wie »dynamisches Verhältnis zwischen den Avantgarde-Gestalten und dem Volk« (5.103, S. 554) in der DDR-offiziellen *Geschichte der deutschen Literatur* und Gespräche mit älteren DDR-Bürgern weisen in diese Richtung. Christa Wolf sprach das Problem 1963 an: »Wir wurden – das muß

1948 gewesen sein – gebeten, nach Goethe und Rilke nun auch dies durchzunehmen, da es heutzutage nun einmal sein müsse. Ohne Vorbehalte, wenn man bitten dürfte ... Was aber lasen wir? Die atemberaubende Geschichte der Flucht eines Menschen, eines Kommunisten ... Gleichzeitig wunderten wir uns: Glaubten wir doch, das zu kennen, was in jenen Jahren Deutschland gewesen war ... Heute erscheint dieser Roman uns ›klassisch‹.« (3.112, S. 276 f.) Und der Erzähler Fritz Rudolf Fries kommt nach der ›Wende‹ noch einmal darauf zurück, als er in jenen Monaten, »da die ärgerliche Diskussion über das, was von diesem angeschlossenen Land und seinen verdächtigen Autoren übrigbleiben soll«, die Feuilletons beherrscht, anfängt, »den Schulstoff von damals nachzuholen und zu lesen« (4.37, S. 30).

Aufzubrechen beginnt die in Ost und West verfahrene Rezeption von Anna Seghers' Roman erst, als sich die Literaturwissenschaften der DDR und BRD in den siebziger Jahren endlich von jenen Fesseln zu befreien beginnen, mit denen Ulbricht, Lukács und ihre Gegenspieler im Westen eine adäquate Behandlung des *Siebten Kreuzes* verhindert hatten. In der DDR steht dabei bezeichnenderweise nicht die Arbeit eines Wissenschaftlers am Anfang, sondern der eben zitierte Essay der Schriftstellerin Christa Wolf, die bei der Auseinandersetzung mit ihrer kanonisierten Lehrerin über neue Möglichkeiten für ihr eigenes Schreiben – und damit indirekt auch für die Literatur der DDR – nachdenkt. Ein längst in die Literaturgeschichten und Geschichtsbücher zurückgedrängter Roman über das Dritte Reich wird so wieder zu einem Stück Gegenwartsliteratur, der tote ›Klassiker‹ ersteht neu als lebendiger Text. Mit Sätzen wie »von der dokumentarischen Treue ihrer Vorstellungskraft für tausend wichtige Einzelheiten hing alles ab« (3.112, S. 266 f.) tritt Christa Wolf dem Roman der Älteren nahe – und verweist zugleich auf ihr eigenes Konzept von der »subjektiven Authentizität« (5.260) des Schreibens, das dem wenig später heftig debattierten Roman *Nach-*

denken über Christa T. zugrunde liegt. Bei Anna Seghers, deren Helden keineswegs »untadlig und ohne Fehler« (3.112, S.270) sind, holt sie sich Rückendeckung, als dem *Geteilten Himmel* vorgeworfen wird, nicht »auf der weltanschaulichen Höhe unserer Tage« (5.8, S.85) zu sein, weil er »der alles verändernden Kraft unserer Gesellschaft« (5.8, S.81) und der Partei nicht genug Raum gibt. Zehn Jahre, bevor man in der DDR öffentlich über das Erbe der Romantik diskutiert, zitiert Christa Wolf jene Passage aus Anna Seghers' Pariser Vortrag von 1935, in dem von den Wahnsinnigen und Selbstmördern Hölderlin, Lenz, Bürger, Büchner, Kleist und Karoline von Günderode die Rede ist, die sie später – inzwischen selbst an ihrer Umwelt verzweifelnd – in *Kein Ort. Nirgends* miteinander sprechen läßt. Märchenmotive entdeckt sie im *Siebten Kreuz*, das spannende und gespannte Nebeneinander von gewöhnlichem und gefährlichem Leben, Spuren moderner Erzählformen, die damals in ihrem Land noch als formalistische Abweichungen verpönt waren, und die für ihr eigenes Leben und Schreiben entscheidenden Sätze: »Jetzt sind wir hier. Was jetzt geschieht, geschieht uns.« (3.112, S.265)

Eine meßbare Wirkung hatte Christa Wolfs Essay über *Das siebte Kreuz* nicht. Dazu war die Stimme der jungen Autorin Anfang der sechziger Jahre noch zu schwach; und dazu waren die DDR-Literaturwissenschaften im Umfeld des berüchtigten 11. SED-Plenums vom Dezember 1965 noch zu sehr im Netz der präskriptiven Ästhetik des sozialistischen Realismus gefangen. Behandelt werden Biographie und Werke der Anna Seghers und die von Christa Wolf angerissenen Themen – übrigens durchweg ohne Bezug auf das Nachwort von 1963 – erst seit der relativen Öffnung der kulturpolitischen Diskussionen unter Erich Honecker: von Inge Diersen, die Heislers »unstetem« Charakter nachgeht, aber immer noch mit dem Ergebnis, »daß er die Fülle des Lebens nicht allein und spontan, sondern nur im organisierten Kampf seiner Klasse erobern kann« (3.127, S.101f.); von Kurt Batt und Frank Wagner, die *Das siebte Kreuz* in den Kontext des Gesamtschaffens bzw. des Exilwerks von Anna Seghers einordnen; von Sigrid Bock, die zwischen Phrasen wie »Zeit des eingeleiteten Übergangs zum Sozialismus« probeweise die damals in der DDR noch weitgehend tabuisierten Namen Dos Passos, Joyce, Kafka und Proust in die Diskussion wirft (»Anna Seghers weicht den Erfahrungen und Experimenten dieser Autoren nicht aus« [4.19, S.401]); von Dieter Schlenstedt, der Form und Struktur des Romans mit Hilfe von ›modernen‹ Begriffen wie Simultaneität, Diskontinuität, Parallelisierung und Kontrastierung untersucht; und von Martin Straub, der eine Dissertation dem Thema gewöhnliches und gefährliches Leben widmet.

Aber es scheint, daß diese Arbeiten bereits zu spät kamen. Den nachwachsenden Autoren der Enkelgeneration jedenfalls vermochten sie kaum neue Impulse zu geben. Auch der Versuch, anhand der Rezeption des Romans kritisch die Geschichte der Germanistik in der DDR nachzuzeichnen, blieb aus. Und für die Öffentlichkeit der DDR war *Das siebte Kreuz* – sieht man einmal von der Bearbeitung für das Schweriner Theater ab – bis zum Ende des rasch versteinernden sozialistischen Experiments nicht mehr von der Patina des Klassikers zu entstauben.

Mit der Intensität des Nachholbedarfs – Luchterhand muß die Taschenbuchausgabe allein zwischen 1973 und 1987 sechsundzwanzigmal neu auflegen[10] –, aber ohne besondere Höhepunkte, verläuft die Rezeption des Romans seit den siebziger Jahren auch in den alten Bundesländern. Merkwürdig spät erst beginnt sich die jüngere, von einer politischen Sicht der Literatur getriebene Generation von Germanisten mit dem Text auseinanderzusetzen – vielleicht, weil dieses Buch keine radikalen gesellschaftlichen Veränderungen propagiert und mit den experimentellen Schreibweisen der Avantgarde eher vorsichtig umgeht (4.81, 4.69 u. 4.82). Ein gutes Dutzend Analysen des Romans erscheint in germanistischen Fachzeitschriften und Sammelbänden, wobei – oft detaillierte – Untersuchungen von Inhalt und Form im Vordergrund stehen. Im Zuge der Auseinandersetzung mit der im Westen lange ignorierten Antinazi-Literatur entstehen Arbeiten, die *Das siebte Kreuz* mit verschiedenen Aspekten der Exilerfahrung in Verbindung bringen. Vorarbeiten zu dem vorliegenden Buch stellten u. a. unbekanntes Material zur Entstehung, zur Verfilmung und zur Verbreitung des Buches in den USA bereit. Lobend verweisen selbst jene rheinland-pfälzischen Kommunalpolitiker auf *Das siebte Kreuz*, die 1970, 1975, 1977 und 1981 verhindern bzw. kritisieren, daß die Kommunistin Anna Seghers von ihrer Vaterstadt Mainz und deren Universität geehrt wird. Als es in den achziger und neunziger Jahren darum geht, ob in Osthofen auf dem Gelände des ehemaligen Konzentrationslagers eine Gedenkstätte errichtet wird, zitieren alle beteiligten Parteien immer wieder das weltbekannte Buch von Anna Seghers, kümmern sich aber nicht um das Verhältnis zwischen Fiktion und Realität. Kein Geburts- und kein Todestag von Anna Seghers geht vorbei, ohne daß die Festredner auf *Das siebte Kreuz* eingehen.

Eher zögerlich kommt dagegen die Aufnahme des Romans in das Unterrichtsangebot westdeutscher Schulen in Gang. So mühen sich Literaturdidaktiker zwar damit ab, anhand des Buches Unterrichtsmodelle für die Oberstufe der Oberschule zu erarbeiten.[11] Andere Kollegen publizieren eine kleine Flut von zum Teil selbst recht polemisch formulierten Aufsätzen zur fehlenden bzw. verzerrten Rezeption des Romans in der Bundesrepublik.[12] Doch die für die Erstellung von Lehrplänen zuständigen Kommissionen und die Herausgeber von Lesebüchern sind offensichtlich nur schwer davon zu überzeugen, dem Roman mehr Platz in Westdeutschlands Schulen einzuräumen. Ganze achtmal finden sich in insgesamt 331 Lesebüchern aus der Zeit zwischen 1960 und 1980 Auszüge aus dem *Siebten Kreuz* – und das bisweilen in unmittelbarer Nachbarschaft von Texten wie »Was verdient denn so ein Fußballspieler« und »Finale eines Stürmers« (4.26, S. 180).

Und dahingestellt sei, ob es wirklich »durchaus befriedigend« ist, wenn in den achtziger und neunziger Jahren insgesamt zehn Werke von Anna Seghers, darunter *Das siebte Kreuz*, »sechzehnmal in Lesebücher« (4.60, S. 261) aufgenommen werden.

Spannend, weil kontrovers, wird die Diskussion über Anna Seghers dann noch einmal nach dem Zusammenbruch der DDR. Just in dem Augenblick nämlich, als sich die 1991 gegründete Anna-Seghers-Gesellschaft und ihr Jahrbuch *Argonautenschiff* um die Erarbeitung eines neuen Bildes der Autorin zu bemühen beginnt, setzt in den westdeutschen Feuilletons eine laute Kampagne gegen die sogenannte »Gesinnungsliteratur« ein, zu der u. a. auch Anna Seghers und Christa Wolf gezählt werden. Walter Janka wird viel Aufmerksamkeit geschenkt, als er Anna Seghers öffentlich vorwirft, ihn 1956 bei seinem Prozeß im Stich gelassen zu haben – eine Episode, die auch in der aus dem Nachlaß der Autorin publizierten Erzählung *Der gerechte Richter* eine Rolle spielt. Und schließlich machen sich Marcel Reich-Ranicki in der *Frankfurter Allgemeinen Zeitung* und Jürgen Manthey im *Merkur* daran, die inzwischen weitgehend in Vergessenheit geratenen Argumente aus den Jahren des Kalten Krieges zu reaktivieren, um *Das siebte Kreuz* endgültig für die neue, bessere Welt nach der Wi(e)dervereinigung umzuinterpretieren. Reich-Ranicki referiert dabei, daß man seit der ›Wende‹ den Namen der ehemals verehrten Autorin von Betrieben und Bibliotheken entferne und in Mainz »überlegt, ob es nicht doch richtig wäre, die Anna-Seghers-Straße ... rasch umzubenennen« – und übersieht in seinem Eifer, daß es eine solche Straße nie gegeben hat.[13] »Ein unpolitischer Roman« sei *Das siebte Kreuz*, weil in ihm Begriffe wie Nationalsozialismus und Kommunismus konsequent umgangen werden. Sätze, die Gestapobeamte aussprechen, überträgt der Literaturkritiker per Suggestivfrage auf die Staatssicherheitsdienste von Sowjetunion und DDR (»Ist vielleicht der Anna Seghers hier ein so primitives wie handfestes

Rezept des totalitären Staates schlechthin entschlüpft?«).
»Heroischen Szenen« wie der Ermordung von Ernst Wallau wird kurzweg nachgesagt, daß sie die Zeit »am schwächsten überdauert haben«, weil sie »gar zu sehr an Lesebuchgeschichten« (3.186) erinnern. Und die von Reich-Ranicki seit vielen Jahren ins Absurde getriebene Verdrehung des Buches in eine religiöse Geschichte (»Nähe zum alten christlichen Märtyrerdrama«, »Leiden standhafter Glaubenszeugung«, »eine vornehmlich religiöse Schriftstellerin« usw. [3.168 u. 4.65]) klingt in Begriffen wie »mystifizierend« (3.186) nach.

Ähnlich durchsichtig geht der Essener Literaturprofessor Jürgen Manthey im *Merkur* vor, der sich im Untertitel »Deutsche Zeitschrift für europäisches Denken« nennt. »Krimispannung« überwiege in diesem Buch »alles andere«, auch das politische Engagement. »Kolportage« sei das Ganze, komplett mit »Happy-End«, »Harmonieerwartungen« und einer Sehnsucht nach der »Idylle«, die durch den »dunklen Fleck« des KZ Westhofen kaum gestört wird. »Stark ist schön« laute die zentrale Gleichung des Romans, dessen Held sich allein aufgrund seiner »Körperkraft«, seiner »Lebensliebe« und – man höre und staune – seiner »Potenz als Liebhaber« zu retten vermag. »Freund und Feind erscheinen bei dieser vertrackten Moral-Ästhetik wie aus einem baumstarken Holz.« Denn, so lautet folgerichtig das im wahrsten Sinne des Wortes ungeheuerliche Fazit des Glossisten, das an die u. a. vom FBI gegen die deutschen Exilanten verwendete Formel »Communazi« erinnert, »was unterscheidet diesen Vitalismus-Kult des deutschen Volkes in seiner regionalen, bäuerlichen, unterschichtlichen Ausprägung, was diesen Freude-durch-Kraft-Kitsch, was diese proletarische Übermenschen-Ästhetik eigentlich von Entsprechendem in völkischer und faschistischer Literatur?« (3.189, S. 364f.)

»Gesinnungsliteratur« (5.112) mag es schwer haben in den postmodernen neunziger Jahren. Zu zerstören vermögen Attacken wie die von Reich-Ranicki und Manthey einen Roman wie *Das siebte Kreuz* sicher ebensowenig wie die Tatsache, daß man in den sogenannten neuen Bundesländern die Schilder mit Anna Seghers' Namen von Bibliotheken und Industriekombinaten abmontiert. Luchterhand wirft ein Taschenbuch mit »Texten, Daten, Bildern« (3.183) zum *Siebten Kreuz* auf den Markt. Neuere Literaturgeschichten und Einführungen in Anna Seghers' Leben und Werk (4.21, 4.74, 4.99) sehen in dem Roman einen Angelpunkt nicht nur für das Schaffen von Anna Seghers, sondern für die moderne deutsche Literatur allgemein. Eine Ende 1996 auf dem authentischen KZ-Gelände in Osthofen organisierte Ausstellung des NS-Dokumentationszentrums Rheinland-Pfalz und der dazu erarbeitete Begleitband räumt dem *Siebten Kreuz* gebührend Platz ein (5.30). Und bei den Oberschülern des neuen, großen Deutschlands, denen ein Wissenstest ansonsten »beträchtliche Ignoranz gegenüber traditionellen Bildungsidealen« (5.44) bescheinigt, erfreut sich der »Roman aus Hitlerdeutschland« auch im Jahre 1995 noch erheblicher Beliebtheit.

Einen, vielleicht den wichtigsten, Grund für den andauernden Erfolg von Anna Seghers' Roman über den Widerstand gegen faschistische Gewalt hat Christa Wolf, die aus eigener Erfahrung mit dem schwierigen Verhältnis von Fiktion und Authentizität beim Schreiben genau vertraut ist, beim Nachdenken über die Erzählweise der älteren Kollegin festgemacht: »Eine unlösbare Verbindung ist das mythische Element mit dem realen Grundstoff, das realistische Element mit dem mythischen Inhalt eingegangen ... Ohne Grenzen zu spüren, ist sie immer zwischen den verschiedenen Welten hin- und hergegangen; das Bedürfnis, die eine einzige Welt, in der sie lebte und in der alles möglich war, ausgefallene Wunder und quälendster Alltag, in Begriffe wie ›Wirklichkeit‹ und ›Phantasie‹ zu pressen, hat sie nicht gekannt. Wie die frühen Erzähler, die in ihren Erzählstrom Götter und Menschen, Taten und Träume hineinzogen, hat sie ihre Grunderlebnisse nicht zerstükkeln können, um einzelne Stücke in verschiedene Reservate zu sperren; vielmehr empfängt jeder Erfahrungsbereich sein besonderes Licht durch den anderen: Mythologische Tiefe haben die zeitgenössischen Erzählungen, zeitgenössische Brisanz die Legenden, Mythen, Märchen. Diese Verschmelzung ist das Zeichen ihrer Prosa.« (4.97, S. 363) Denn, so Christa Wolf weiter, »das kann, von allen künstlerischen Ausdrucksformen, nur die Literatur. Sich in dem Rahmen, den Ort und Zeit aufspannen, ungezwungen bewegen; das schwebende künstlerische Bewußtsein im Medium Zeit steigen und sinken lassen, Jahrzehnte vorbeigehen lassen, einen Augenblick fixieren. Eine Form der Freiheit in einer, wenn auch fiktiven, Realität vorführen, nach der wir im Traum uns sehnen; intensives Dasein in seinem künstlerischen Widerschein, das aber weniger scheinhaft, künstlich und ersatzweis ist als das wirkliche Leben der meisten.« (a. a. O., S. 366)

ANMERKUNGEN

I. EINLEITUNG

1 Anna Seghers, Brief an Jan Fontain (d. i. Franz Vogt) vom 24. 2. 1936 (1.51).
2 Anna Seghers, Brief an Jan Fontain (d. i. Franz Vogt) vom 5. 3. 1936 (1.51).
3 »Zum Schulfunk (Das siebte Kreuz).« Typoskript o. D. (1.25).
4 So arbeitete das Landesarchiv von Rheinland-Pfalz unter Franz Josef Heyen lange Zeit am Auftrag eines durch öffentliche Mittel geförderten Archivs vorbei (5.167). Andere Institutionen, etwa das Hessische Staatsarchiv in Darmstadt, machen dagegen nicht nur ihre Bestände in vollem Umfang zugänglich, sondern erleichtern deren Benutzung durch die Erstellung von Findbüchern und Dateien.

II. TEXT: *DAS SIEBTE KREUZ*
1. Entstehungs- und Manuskriptgeschichte

1 Ausnahmen bilden hier die Erzählung »Der Ausflug der toten Mädchen« und die 1938 in der Pariser Monatsschrift *Europe* veröffentlichten Aufzeichnungen »Six jours, six années (pages de journal)«, die freilich erst nach Anna Seghers' Tod in einer Rückübersetzung wieder zugänglich gemacht wurden (2.53). Die Suche nach dem Originalmanuskript verlief, so eine redaktionelle Notiz der *neuen deutschen literatur*, bislang ergebnislos.
2 Anna Seghers, Brief an Lore Wolf v. 27. 1. 1981; freundlicherweise zur Verfügung gestellt von Frau Lore Wolf (1.33).
3 Pfundtner (für Reichminister des Inneren), Brief an Geheimes Staatspolizeiamt v. 11. 10. 1934; Röhrecke, hds. Notiz v. 27. 10. 1934 u. Geheime Staatspolizei, Brief an Reichsminister des Inneren v. 23. 10. 1934 (Ausbürgerungen Liste III [1.3]).

4   United States Department of Justice, Alien Registration Form v. 7. 3. 1941:. »4. Citizenship or nationality: Hungarian.« United States Department of Justice, Alien Registration Service Form v. 13. 11. 1946: »4. I am a citizen or subject of Mexican [!] thru nat[uralization]« (1.15). Vgl. auch 5.47, S. 492.

5   Anna Seghers, »Ansprache in Weimar [Rede auf dem Internationalen Schriftstellertreffen 1965]« (2.46, Bd. 1, S. 153).

6   5.199, S. 440, 441, 443 u. a. entschlüsseln das Pseudonym Peter Conrad als Anna Seghers. Gegenüber Sigrid Bock akzeptiere Anna Seghers zwar »Das Vaterunser« als ihre eigene Arbeit, »die unter demselben Namen« in derselben Broschüre veröffentlichte Arbeit »Mord im Lager Hohenstein« stamme jedoch »nicht aus ihrer Feder« (Sigrid Bock: »Vorbemerkung« [2.46, Bd. 4, S. 11]). Vgl. auch »Konzeption der vier Erzählungsbände für die Ausgabe: Gesammelte Werke in Einzelbänden« (1.25). Trotz des Randvermerks »ja« wurde »Das Vaterunser« dann doch nicht in die Sammlung aufgenommen (2.40); siehe dagegen Anna Seghers: *Der letzte Mann der Höhle. Erzählungen 1924–1933* (2.44, S. 208–212 u. 224), wo freilich wiederum »Mord im Lager Hohenstein« fehlt. Wie wenig bisweilen auf die Aussagen von Anna Seghers zu ihren eigenen Werken zu geben ist, beweist unter anderem ein Brief an Martin Straub, in dem Anna Seghers zu ihrer Mitarbeit an der weiter unten genauer besprochenen Ernst-Thälmann-Broschüre *Ein Mann aus Moabit* Stellung nimmt: »Auch diese Ihnen in englischer Sprache bekannte Biographie von Thälmann habe ich zum erstenmal mit Bewußtsein selbst in der Ausgabe von Sigrid Bock gelesen. Ich weiß nicht, woher sie stammt ...« (Seghers, Brief an M. S. o. Datum [3.141, S. 9]).

7   In 5.46, S. 320, 346 u. 360/1 wird der Name Gumbert buchstabiert. Als Todesdatum wird Ende April 1933 angegeben. Ein Vorabdruck von »Mord im Lager Hohenstein« erschien in *Unsere Zeit* (H. 10, S. 38–39) bereits am 15. Juni 1933, dem Tag, an dem in Moskau die gleichnamige Broschüre »in Arbeit« ging.

8   »Statt eines Vorworts: Die Brandstiftung und ihre Folgen« (2.50, S. 4).

9 A.a.O., S. 7. Andererseits wird im Untertitel des Bandes der Begriff »Berichte« verwendet. In einer Verlagsanzeige stehen dagegen nacheinander die Worte »Erzählung« und »Dokument«: »Diese Erzählungen wurden geschrieben von proletarisch-revolutionären Schriftstellern, die Zeugen oder Opfer der Bestialitäten des Faschismus gewesen sind. Aus diesen Dokumenten spricht die Grundstimmung, die die ... Arbeiter im ›Dritten Reich‹ beseelt ...« (5.29, o. S.).

10 2.51. Vgl. dazu einen Brief von Anna Seghers an Berthold Viertel vom 9. 4. 1934: »... anbei eine Broschüre über inhaftierte Schriftsteller, die der Bund proletarisch-revolutionärer Schriftsteller Deutschlands herausgegeben hat ... Wir bitten Sie, die Broschüre zu verbreiten und in der Ihnen zugänglichen Presse zu besprechen. Wir bitten im Namen der durch diese Broschüre vertretenen inhaftierten Schriftsteller uns einen Geldbetrag zur Verfügung zu stellen, soweit es in Ihren Kräften steht. Der Betrag fällt zur Gänze den in Deutschland eingekerkerten Schriftstellern und jenen in Deutschland arbeitenden Schriftstellern zu, die unter ungeheuerlichen Bedrohungen, unter ununterbrochener Gefahr von Verhaftung und Marter ... jene aufklärende Tätigkeit entfalten, über die sich die Gestapo ... in ihren offiziellen Veröffentlichungen verzweifelt beklagt.« (1.9) Ob es sich bei der hier genannten Broschüre um *Mord im Lager Hohenstein* oder ein anderes Projekt des Exil-BPRS handelte, war nicht zu ermitteln.

11 *Deutsche Volkszeitung* 21 v. 5. 7. 1934, S. 8.

12 Bruno Frei, »Fünf Jahre Schutzverband Deutscher Schriftsteller im Exil« (5.295, Bd. 2, S. 800).

13 Eines dieser Porträts, der Bericht des Gewerkschafters Franz Vogt über Leben und Sterben »des Jungbannermanns Heini Schmitz aus Bochum«, ist abgedruckt in 5.274, S. 168–171.

14 Anna Seghers, Brief an Jan Fontain (d.i. Franz Vogt) v. 24. 2. 1936 (1.51).

15 Vgl. u. a. die KZ-Berichte 5.13, 29, 41, 128, 137–9, 182, 252.

16 Anna Seghers, Brief an Jan Fontain (d.i. Franz Vogt) v. 24. 2. 1936 (1.51).

17 Anna Seghers, Brief an Jan Fontain (d.i. Franz Vogt) v. 5. 3. 1936 (1.51).

18 Anna Seghers, Brief an Jan Fontain (d.i. Franz Vogt) v. 24. 2. 1936 (1.51).
19 Anna Seghers, Brief an Jan Fontain (d.i. Franz Vogt) v. 5. 3. 1936 (1.51).
20 Anna Seghers, Brief an Jan Fontain (d.i. Franz Vogt) v. 24. 2. 1936 (1.51).
21 Nach Aussage von Frau Marta Feuchtwanger wurde das Projekt nicht verwirklicht, weil eine Reihe der beteiligten Schriftsteller befürchteten, daß man sich wegen dieser »Denksteine« an ihren Verwandten in Deutschland rächen könnte (Gespräch des Verfassers mit Marta Feuchtwanger und Harold von Hofe, Brief an den Verfasser v. 14. 3. 1985). Vgl. auch einen Brief von Lion Feuchtwanger und Anna Seghers an Arnold Zweig v. 24. 12. 1935 in 5.89, Bd. 1, S. 102 ff., 528. Über ästhetische Fragen steht in diesem Brief nur wenig (»ob Novelle oder Prozeßbericht, ob Gedicht oder Kurzgeschichte ... die Verwertung des Stoffes, die Schreibform, bleibt unseren Mitarbeitern ganz überlassen«). Wohl aber heben Feuchtwanger und Anna Seghers ein anderes Thema hervor, das später auch im *Siebten Kreuz* von zentraler Bedeutung sein wird: »Die Staatsanwälte der deutschen Gerichte schließen im Namen Hitlers bei der Urteilsverkündigung die zu Tode Verurteilten aus der Volksgemeinschaft aus. Ihre Namen sollen so für ewig ausgelöscht bleiben. Um die Namen dieser Männer und Frauen unseren Mitkämpfern in allen Ländern und vor allem unseren Kindern für immer einzuprägen, haben wir beschlossen, ihr Leben und Sterben in einem Gedenkbuch festzuhalten.« (a.a.O., S. 102 f.) Mit authentischem Material scheint Anna Seghers auch in »Frauen und Kinder in der Emigration« gearbeitet zu haben. Jedenfalls wird hier mit Hilfe von »Fragebögen« eine Reihe von »Fällen« (»Dreher B.«, junges Mädchen, eine 70jährige jüdische Frau usw.) vorgestellt, anhand derer typische Probleme des Exils wie Verfolgung und Flucht, Akkulturation und Isolation diskutiert werden (in 2.7, S. 115).
22 Anna Seghers, Brief an Friedrich Kohner v. 27. 6. 1934 (1.55).
23 Anna Seghers, Brief an Jan Fontain (d.i. Franz Vogt) v. 5. 3. 1936 (1.51).

24 Alexander Abusch: »Begegnungen und Gedanken 1933 bis 1940« (5.1, S. 220). Dreißig Jahre später wird Abusch dann plötzlich konkreter: »Weißt Du noch«, heißt es da in einem Brief zu Anna Seghers' 60. Geburtstag, »wie wir zu Dir nach Bellevue bei Paris hinauskamen, als Du das ›Siebte Kreuz‹ schriebst, und wir Dir originale Berichte von Illegalen aus Deutschland, ja auch Gespräche mit ihnen vermittelten, damit Du unmittelbar ihre Atmosphäre spüren, direkt aus ihr schöpfen konntest?« (4.9, S. 5f.).

25 Was Lore Wolf über die Entstehung des Romanmanuskripts ausgesagt hat, besitzt freilich eher anekdotischen Charakter: »Oftmals sah ich sie im Café de la Paix oder in einem kleinen Café am Montparnasse unter einer murmelnden Menschenmenge sitzen. Das Haar hing ihr ins Gesicht. Aber das störte sie alles nicht. Sie schrieb und schrieb. Der Bleistift flog über das Papier, und das Manuskript wuchs. Jede Woche brachte sie mir ein Bündel Blätter, die ich ins reine schrieb. Wie schwer war es manchmal, das Gekrakel zu entziffern, mich durch den Wirrwarr von Durchgestrichenem und Dazwischengekritzeltem zu finden! Und doch tat ich diese Arbeit gern. Tief bewegt und erschüttert erlebte ich das Geschehen in der Heimat, erlebte ich die Geburt dieses weltberühmt gewordenen Werkes, das Anna Seghers kurz vor dem zweiten Weltkrieg vollendete« (4.38, S. 45).

26 Bodo Uhse: »Wünsche und Erinnerungen« (5.267, S. 147).

27 Alfred Kantorowicz: *Nachtbücher. Aufzeichnungen im französischen Exil 1935 bis 1939*. Hrsg. v. Ursula Büttner und Angelika Voß. Hamburg: Christians 1995, S. 203f. (= Quellen zur Sozial- und Zeitgeschichte).

28 Anna Seghers: [Gespräch mit der Zeitung der IG Metall] (2.46, Bd. 4, S. 200). Vgl. auch 2.2.

29 2.26, S. 1157. Es ist anzunehmen, daß es sich bei dieser Frau um Katharina Schulz aus Lindelbach bei Wertheim handelt, die von Mitte der zwanziger Jahre bis in die Zeit des Pariser Exils als Haushaltshilfe bei der Familie Radvanyi angestellt war. Frau Schulz hat sich z. B. auch daran erinnert, im Haus von Anna Seghers in Bellevue eine Leni Mangold aus Hofheim kennengelernt zu haben. (1.46)

30 Anna Seghers, Brief an I. I. Anissimow v. 23. 9. [1938] (2.46, Bd. 2, S. 16).

31 Anna Seghers, Brief an Fritz Erpenbeck v. Herbst 1938. Zitiert nach 3.150, S. 1461. Welche »neue Serie« Anna Seghers gemeint hat, ist nicht bekannt.
32 2.1, S. 312. Unklar bleibt die Formulierung, die Anna Seghers wählt, denn gerade Becher hätte ja darüber zu entscheiden gehabt, ob und wann ein Manuskript in der *Internationalen Literatur* erscheint oder nicht.
33 Johannes R. Becher: »Im Exil« (5.25, S. 226).
34 *Internationale Literatur* 6/1939, S. 6–34; 7/1939, S. 49–65; 8/1939, S. 8–25.
35 »Rechenschaftsbericht der Deutschen Sektion für das Jahr 1939« (5.25, S. 245).
36 Anna Seghers, Brief an F. C. Weiskopf v. 15. 3. 1940 (2.15, S. 10). In einem vermutlich Ende 1939 an Wieland Herzfelde geschriebenen Brief hatte Anna Seghers gefragt: »Ihr wißt besser als ich, ob es Sinn hat, den Roman Johannes zu zeigen [...] Existiert seine Zeitschrift noch?« (2.7, S. 32) Bei Johannes handelt es sich um Johannes R. Becher; die Zeitschrift, nach deren Existenz Anna Seghers fragt, ist die *Internationale Literatur*.
37 *Oktjabr* hatte unmittelbar nach dem deutschen Angriff auf die Sowjetunion in den Heften 7/8 und 9/10 (1941) bereits über die Hälfte des Romans abgedruckt (2.34), was in etwa dem 1939 in der *Internationalen Literatur* erschienenen Text entsprach (2.33). Als Übersetzer wird V. Stanevic genannt, der auch für die erste russische Buchausgabe verantwortlich zeichnet (2.34). Es ist anzunehmen, daß *Oktjabr* den Abdruck wegen der Kriegswirren nach Kapitel 4, Abschnitt 5 einstellte. Nicht klar ist, warum der Abdruck mit dem Vermerk »Ende des 1. Buches« schließt, während im Inhaltsverzeichnis pauschal »Ende« steht, als wären weitere Folgen nicht mehr geplant gewesen. E. Knipowitsch jedenfalls muß in einer ausführlichen Besprechung des Teilabdrucks in Nr. 11/12 von *Internazionalnaja literatura* spekulieren, »wie Seghers' Roman enden wird«: »Gleichgültig wie Georgs Schicksal aussehen wird, aufgeben kann er nicht.« (3.1, S. 301) Vgl. dazu den Nachsatz zu einem Brief, den Anna Seghers am 25. Juli 1941 von Mexico City aus an F. C. Weiskopf nach New York schickt: »Wann ungefaehr ging Das Siebte Kreuz an die drueben?« (1.32).

38 Anna Seghers, Brief an F.C. Weiskopf v. 19.12. (1939) (2.15, S.5).
39 Anna Seghers, Brief an Wieland Herzfelde v. 9.5.1940 (2.6, Bd.4, S.139f.).
40 Der Vertrag für diese Ausgabe wurde bereits vor Kriegsende, nämlich am 30. August 1944, abgeschlossen (1.25).
41 Anna Seghers, Brief an F.C. Weiskopf v. 2.2. 1940 (2.15, S.6) u. Anna Seghers, Brief an Wieland Herzfelde v. 9.5. 1940 (2.6, Bd.4, S.140). Im Archiv von Metro-Goldwyn-Mayer befindet sich ein mit »Love Salka« unterzeichnetes Telegramm an Kenneth Mackenna (MGM) vom 14. Oktober 1942 mit folgendem Wortlaut: »Lieber Kenneth Bitte Lies The Seventh Cross Von Anna Seghers Little Brown Company Ließe Sich Zu Einem Wundervollen Film Machen Spannend Mit Starken Emotionen«.
42 Anna Seghers, Brief an F.C. Weiskopf v. 2.2. (1940) (2.15, S.6).
43 Anna Seghers, Brief an F.C. Weiskopf v. 16.2. (1940) (1.32).
44 Anna Seghers, Brief an Wieland Herzfelde v. 9.5.1940 (2.6, Bd.4, S.140).
45 Anna Seghers, Brief an F.C. Weiskopf v. 19.12. (1939) (2.15, S.5).
46 Anna Seghers, Brief an F.C. Weiskopf v. 16.2. (1940) (1.32). Bereits am 25. Januar 1940 hatte Anna Seghers an Wieland Herzfelde geschrieben: »... vor acht Tagen habe ich an Deinen Schwager das Manuskript meines Romans geschickt. Morgen werde ich ein zweites Exemplar an Deine Adresse schicken ...« (2.7, S.34). Zu den Manuskriptvarianten macht Anna Seghers keine Angaben, außer daß wichtige Änderungen auf den Seiten 410 bis 414, 421 und 422 vorgenommen wurden. Ein Exemplar des Landshoff-Manuskripts war nicht aufzufinden. Vgl. dazu auch den Brief von Anna Seghers an Herzfelde vom Ende des Jahres 1939, in dem davon die Rede ist, daß »nicht das Exemplar von Landshoff, sondern das, welches ich Euch beiden geschickt habe, am besten redigiert ist, denn im letzten Kapitel gibt es eine kleine Änderung (a.a.O., S.32). Über eine mexikanische Ausgabe ist am 12. Juli 1941 in dem ersten Brief, den Anna Seghers aus Mexiko an Wieland Herzfelde

schreibt, die Rede. Da sie für die Übersetzung des Romans ins Spanische »kein andres Exemplar« (a.a.O., S.37) mehr besitze, solle Herzfelde ihr eine Kopie des Manuskripts nach Mexiko schicken.

47 Anna Seghers, Brief an F.C. Weiskopf v. 15.3. 1940 (2.15, S.9). Jeanne Stern hat bestätigt, daß Anna Seghers »im Frühling (1940) drei Exemplare (des Manuskripts) in verschiedenen Sendungen nach den Vereinigten Staaten« geschickt hat, von denen sie »wußte, daß sie bei zuverlässigen Freunden angekommen waren« (4.85, S.17).

48 Anna Seghers, Brief an Berthold Viertel v. 11.7. 1942 (1.60).

49 Bodo Uhse: »Schriftsteller als Verleger« (5.163, Bd.2, S.258). Walter Janka, selbst gelernter Setzer, hat diese Angaben bestätigt (1.38).

50 Carlos E. Niebla, Brief v. 25.9. 1943 an Robert Vogel (1.21).

51 Nach 4.47, S.144 lag der schwedischen Übersetzung nicht der Originaltext, sondern die amerikanische Ausgabe mit ihren Auslassungen und Veränderungen zugrunde. Korlén gibt auch einen informativen Überblick über die Rezeption des Romans in Schweden.

52 Kopien der Verträge zu diesen und anderen Ausgaben des Romans sind in der Stiftung Archiv der Akademie der Künste (Anna-Seghers-Archiv), Berlin, einzusehen.

53 Anna Seghers, Brief an Wieland Herzfelde v. 9.5. 1940 (2. 46. Bd.4, S.140).

54 2.18, S.254; vgl. 3.178, S.190f. Bereits im Herbst 1942 hatte Edwin Seaver (3.4, S.4) berichtet, freilich ohne Quellenangabe, daß ein viertes Exemplar des Manuskriptes im Haus der Autorin der Gestapo in die Hände gefallen sei (vgl. auch 3.14). Wolfgang Kießling teilt mit, Anna Seghers habe am 11. Juni 1942 auf einem »Anti-Nazi Literary Evening« in Mexiko davon erzählt, daß von vier Manuskripten des Romans nur eines gerettet worden war (5.163, Bd.1, S.222).

2. Die Figuren: Querschnitt durch Nazideutschland

1 Werbetext für Anna Seghers: *Das siebte Kreuz*. Aufbau Taschenbuch Verlag.
2 So zum Beispiel ins Albanische (1960), Aserbeidschanische (1953), Lettische (1950), Moldauische (1955) und Tadschikische (1960).
3 Klappentext zu Anna Seghers: *Das siebte Kreuz*. Darmstadt: Luchterhand 1973.
4 Zum »männlichen Blick« von Anna Seghers vgl. 4.78, S. 42–55.
5 Der Name Melzer erscheint noch einmal im Roman [275], wird dort aber für eine andere Person verwendet.
6 Albert Beutler ist nicht identisch mit jenem Beutler, der mit Paul Röder und Fiedler den Arbeitsplatz teilt [291]. Ob es sich hier um eine Flüchtigkeit von Anna Seghers oder um eine beabsichtigte Namensgleichheit handelt, ist unklar.
7 Hans-Albert Walter kommt in einer verqueren Interpretation des Romans gar zu dem Ergebnis, daß Anna Seghers Wallau »der Gestapo in die Hände laufen« läßt, weil sie »mit dieser Handlungsführung ... auch über die an 1933 mitschuldige Kaderpartei ein Urteil« (4.93, S. 420) fällen möchte.
8 Heisler war im Januar 1934 in Westhofen eingeliefert worden. Warum er gerade jetzt, nach beinahe vier Jahren Haft, »in den nächsten Tagen zugrunde gerichtet« [23] werden soll, bleibt unklar.
9 Anna Seghers, »Grubetsch« (2.44, Bd. 1, S. 23).
10 Der Zillich, der im *Weg durch den Februar* für die »zentrale Leitung« (2.48, S. 64) der KP spricht, hat nichts mit dem Zillich dieser Texte zu tun.

3. Vom gewöhnlichen und vom gefährlichen Leben

1 2.1, S. 312. Da die russischsprachige Vorlage des Briefes unvollständig ist, läßt sich nur vermuten, daß mit »ihr« die Nationalsozialisten gemeint waren.
2 Über die persönlichen und literarischen Beziehungen von Anna Seghers zum französischen Existentialismus liegen bislang keine gesicherten Aussagen vor.

3 Anna Seghers, »Woher sie kommen, wohin sie gehen. Über den Ursprung und die Weiterentwicklung einiger Romangestalten Dostojewskis, besonders über ihre Beziehungen zu Gestalten Schillers« (2.46, Bd. 2, S. 183).
4 Anna Seghers, »Vaterlandsliebe« (2.46, Bd. 1, S. 65).
5 Anna Seghers, »Unsere Wahrheit muß mächtiger sein« (2. 46. Bd. 3, S. 40).
6 Anna Seghers, »Zum Kongreß 1938« (2.46, Bd. 1, S. 68).

4. Form und Struktur: Moderierter Modernismus

1 In der Erstveröffentlichung von Benjamins Rezension in der *Neuen Weltbühne* 19 v. 12. 5. 1938, S. 593–597 fehlen mehrere Passagen, die in 4.16 enthalten sind.
2 Klaus Jarmatz, »Vorbemerkung« (5.178, S. 18).
3 D. A. C., »Purple Sheet«, S. 2 (1.20).
4 Schutzumschlag, Anna Seghers: *The Seventh Cross*. Boston: Little, Brown 1942.
5 Anna Seghers hat sich nach ihrem Entschluß, für die kommunistische Sache einzutreten, konsequent von ihrer jüdischen Herkunft distanziert. So schlug sie 1933 ein Angebot aus, an einer Anthologie exilierter jüdischer Autoren mitzuarbeiten.
6 James A. Galston, Brief an Maxim Lieber v. 14. 11. 1941 (1.20).
7 Georgs Flucht fällt in die erste oder zweite Oktoberwoche. Der Angriff der Japaner begann aber schon am 7. Juli, während um Teruel erst vom 12. Dezember 1937 bis zum 20. Februar 1938 gekämpft wurde.
8 Eine Ausnahme ist der Satz: »Ich bin heute nicht mehr so sicher, ob die paar Scheite, mit denen man unser gußeisernes Öfchen fütterte, wirklich von diesem Kleinholz waren« [10].
9 Diese Szene ist zwar im Drehbuch enthalten (1.21, S. 48), aber später nicht in den Film aufgenommen worden. Wohl aber gibt es in dem Streifen eine recht umfangreiche, ebenfalls frei hinzuerfundene Passage, in der Georg aufgrund einer Verwechslung von der Polizei gejagt wird und nur mit Mühe zu entkommen vermag.

5. Querverbindungen: Erzählungen aus den dreißiger, vierziger und fünfziger Jahren

1 Nicht identisch sind dagegen der Kommunist Rendel bzw. seine Frau aus *Der Kopflohn* und die Rendels in der 1940 von der Baseler *National-Zeitung* veröffentlichten Erzählung »Der sogenannte Rendel« (4.78). Das gleiche gilt für den jungen Gruschek aus der Rendel-Erzählung und für den gleichnamigen Räuberhauptmann aus den »Sagen vom Räuber Woynok«, für die Ziegler-Figuren aus »Die Ziegler« und *Der Kopflohn* und für die Heisler aus dem *Kopflohn* und dem *Siebten Kreuz*. Hier, bei den beiden Küblers, die in den frühen Ausgaben des *Siebten Kreuzes* auftreten, und bei anderen Romanfiguren hat Anna Seghers offensichtlich, und womöglich unabsichtlich, nur Namen wiederverwendet. So ist es wohl auch zu erklären, daß der Gärtner in der deutschen Erstausgabe des *Siebten Kreuzes* einmal Kuebler, ein andermal Gültscher genannt wird. Anders verhält es sich mit dem ›falschen Georg‹ im *Siebten Kreuz*, der gleichsam eine andere Seite von Georg Heisler darstellt.

2 Es fällt auf, daß Zillich in »Das Ende« als ein »Mann zwischen dreißig und vierzig Jahren« (2.39, S. 233) gekennzeichnet wird, während der Zillich des *Kopflohns* und des *Siebten Kreuzes* im Ersten Weltkrieg bereits Soldat gewesen war. Es sei dahingestellt, ob es sich hier um einen Rechenfehler handelt oder ob Anna Seghers weniger an der Biographie eines einzelnen als an der Abbildung eines typischen deutschen Menschen jener Zeit gelegen war. Ein gewisses Desinteresse für äußerliche Fakten tritt auch bei der Zahl von Zillichs Kindern zutage, die bereits im *Kopflohn* mal mit vier (2.42, S. 94), mal mit sechs (2.42, S. 70) angegeben wird. In »Das Ende« sind es zwar wieder vier Kinder (2.39, S. 239), aber das älteste ist jetzt erst zwölf Jahre (2.39, S. 234), konnte also 1932 noch gar nicht geboren sein. Andererseits wirkt die Beschreibung von Zillichs Frau in »Das Ende« wie ein Selbstzitat aus *Der Kopflohn*. Hatte sie damals »zahnlos und hutzelig« ausgesehen, »als ob sie seine [Zillichs] Mutter wäre« (2.42, S. 151), so heißt es jetzt fast genauso von ihr: »... sie sah so ältlich und runzlig aus, daß sie Zillichs Mutter hätte sein können.« (2.39, S. 236)

3 Anna Seghers besteht freilich darauf, daß Zillich weiterhin den ›kleinen Leuten‹ angehört: »In der Geschichte ›Ende‹ ist der Mensch, der flieht und untergeht, ein Konzentrationslager-*Aufseher*, um Gottes willen *kein* Konzentrationslager-*Kommandant*« (Anna Seghers, Brief an Wieland Herzfelde v. 6.4. 1946 [2.7, S. 85]).

4 Nicht bekannt ist, wer Anna Seghers noch während der Kriegswirren Nachrichten aus Mainz an ihre wechselnden Asylorte geschickt hat. So heißt es zum Beispiel in einem Brief an Wieland Herzfelde vom 9. Mai 1940 aus Frankreich: »Wie Du weißt, gibt es bei uns immer viel Neues, und nur die Hälfte alles Durcheinanders pfleg ich durch Schreiben zu erleichtern, die andre Hälfte behalt ich für mich ... Z.B. kam neulich die Kleinigkeit an mich, daß man meine Mutter nach dem Tod meines Vaters zwingen wollte, von dort, wo sie ist, nach Shanghai zu fahren, nur darum, weil zufällig dort eine Quote frei war – an dieser seltsamen Nuß knack ich noch immer.« (2.7, S. 35) Andere Briefe, die vom Federal Bureau of Investigation auf dem Weg von Mexiko nach Süd- und Nordamerika abgefangen wurden, berichten von gescheiterten Versuchen, ihre Mutter in letzter Minute ins Ausland zu retten (vgl. 4.79). Siehe auch Heinrich Benjamin: »Chronik der Familie Herz Salomon Fuld«, 1. Januar 1944, Manuskript (1.25): »Nelly, die ihre Eltern heiß liebte, muß schon lange viel gelitten haben und immer noch leiden, weil man ihren Eltern wegen der schriftstellerischen Tätigkeit der Tochter die Pässe abgenommen hatte, sodaß ihnen die Möglichkeit zur Ausreise versagt blieb. Lutz ... ist in der Zwischenzeit leider verschieden, während Heddy deportiert wurde. Man hat nichts mehr von ihr gehört. – Ein trauriges Schicksal.«

5 F.C. Weiskopf, *Das Ende* von Seghers, maschinenschriftl. Notiz o.D. (1.12).

6 Sommerfeld, der in *Das siebte Kreuz* Fahrenberg in Westhofen ablöste, wird jetzt Sommerfeldt mit einem »t« am Schluß genannt.

7 Anna Seghers ist in diesem Punkt offensichtlich nicht auf eine Kritik von Wieland Herzfelde eingegangen, der am 9. Oktober 1945 von New York aus nach Mexiko geschrieben hatte: »Zum ›Ende‹ möchte ich ein kritisches Wort sa-

gen. Für mein Gefühl kommen in der Erzählung allzu viele Menschen vor, die durch ein KZ gegangen sind. Selbst wenn das der Wirklichkeit entspricht, ich kann das nicht beurteilen, wird der Leser es schwerlich glauben. Überleg Dir bitte beim Korrigieren, ob das sich ändern läßt. Mir erscheint es nicht unmöglich.« (2.7, S. 64 f.)

8 Anna Seghers, Brief an Wieland Herzfelde v. 3. 6. 1943 (2.6, Bd. 4, S. 142).

9 Zur problematischen Heimkehr von Anna Seghers und ihren Büchern vgl. 4. 83.

III. KONTEXT 1: FIKTION UND AUTHENTIZITÄT
1. »Der Terror in Osthofen hat sein Ende erreicht.« Alltag in Nazideutschland

1 Anna Seghers, »Vaterlandsliebe« (2.46, Bd. 1, S. 64).

2 Martin Broszat spricht von der »häufig privaten Motivation politischer Denunziationen« (5.52, S. 221).

3 Anlage (Muster 3) zum Rundschreiben von Werner Best an die Kreisämter, staatlichen Polizeiämter und Zentralpolizeistelle v. 1. 5. 1933 (1.14).

4 *Mainzer Tageszeitung* v. 16. 4. 1933.

5 »Der Parteigenosse D'Angelo, Osthofen«, heißt es so zum Beispiel in einem Schreiben des hessischen Staatsministers an den Ministerialrat Neuroth v. 20. 4. 1934, »hat mich heute früh angerufen und hat mich gebeten, die Frage zu prüfen, ob er die ehemalige Knierim'sche Mühle in Osthofen und auch das in den nächsten Tagen frei werdende Wohnhaus beziehen könne. Er will vor allem davor geschützt werden, dass er nicht eines Tages dort auf die Strasse wieder gesetzt wird.« (1.14, G 21, 1709/5) Ob es sich hier um jenen »Herrensitz« handelt, der nach einer Bemerkung in der Osthofener Stadtchronik 1934 in »Privatbesitz« (5.297, S. 324) ging, war nicht zu ermitteln.

6 Hessisches Staatsministerium, Ministerialabteilung 1c, Justiz, Brief an den hessischen Staatsminister v. 10. 4. 1934 (1.14, G 24/360).

7 A. a. O. Vgl. auch die Angaben zur Geschichte der Knierimschen Mühle in 5.297, S. 324 f.: »1934 ging das Wohnhaus in Privatbesitz über. Die Gemeindeverwaltung kaufte

das brachliegende Objekt an. Man beschloß die Mühle abzureißen, um das Gelände für allgemeine Zwecke zu verwenden.«

8 *Landskrone* v. 16. 3. 1933, nach 5.115, S. 42 f.
9 *Mainzer Tageszeitung* v. 5. 7. 1933.
10 Karl Beck, gegen den 1948 eine Spruchkammer u. a. wegen Körperverletzung verhandelte, kam mit einer Geldbuße als Minderbelasteter davon. Sein Versuch, 1945 als Naziverfolgter eingestuft zu werden, weil er sich 1935 durch einen Protest bei Hitler wegen des »günstigen Verkaufs« einer Großmühle an Karl d'Angelo bei seinen Parteigenossen unbeliebt gemacht hatte, war zuvor abgelehnt worden (Der Landeskommissar für die politische Säuberung in Rheinland-Pfalz. Akten des Öffentlichen Klägers bei dem Untersuchungsausschuß in Worms-Land gegen Karl Beck, Bestand 856 [1.18]).
11 *Mainzer Tageszeitung* v. 10. 3. 1933.
12 *Mainzer Tageszeitung* v. 5. 4. 1933.
13 So heißt es in einem Schreiben von Ortsgruppenleiter Valentin Spangenmacher Anfang April 1933: »Unser jetziger Bürgermeister ist für die Pg. der N. S. D. A. P. untragbar, infolge seiner politischen Gesinnung ... Es wäre für die Gemeinde Osthofen das Beste, wenn uns ein auswärtiger Pg. für diesen Posten hergesetzt würde.« (Brief v. 2. 4. 1933, Akte Valentin Spangenmacher [1.5]). Unterlagen der NSDAP-Kreisleitung und des Schlichtungsausschusses der Partei in Worms deuten an, daß es sich bei den Auseinandersetzungen, in die neben Spangenmacher auch die Osthofener Nazigrößen Karl Beck, d'Angelo und Weber verwickelt waren, um lokale Machtkämpfe ging, bei denen die Beteiligten nicht davor zurückschreckten, einander der Unterschlagung bzw. der Geschäftemacherei mit Juden zu bezichtigen.
14 Von Rüffer wird in derselben Ausgabe der *Mainzer Tageszeitung* gemeldet, daß er offensichtlich bereits eingesehen habe, »was er angestellt hat«, denn sein Versuch, »durch Erhängen seinem Leben ein Ende zu setzen«, konnte nur zufällig verhindert werden.
15 *Mainzer Tageszeitung* v. 8. 3. 1933.
16 *Mainzer Journal* v. 6. 4. 1933.

17 So existieren nach 5.207 und nach den einschlägigen Meßtischblättern weder die Dörfer Botzenbach und Kalheim noch die Liebacher Au, an der Fahrenberg einen Posten aufstellen läßt. Die Namen Ober- und Unterreichenbach kommen zwar mehrfach im Ortsbuch vor, darunter auch in Hessen, aber nicht im Raum Worms – Mainz. Ebensowenig gibt es in der Nähe von Weilheim ein Ober- oder Unterbuchenbach, obwohl auch dieser Name im Hessischen nicht ungewöhnlich ist. Andererseits ist anzumerken, daß Buchenbach ziemlich genau in der Gegend von jenem Dorf Lindelbach liegt, aus dem Katharina Schulz, die langjährige Haushilfe der Familie Radvanyi, kam. Zwei weitere Ortsnamen, die Anna Seghers gekannt haben dürfte, tauchen im Roman als Personennamen wieder auf: das nördlich von Osthofen gelegene Mettenheim und das zwischen Wiesbaden und Frankfurt gelegene Dorf Wallau.

18 Vgl. dazu die Beschreibung in 5.145, S. 26: »Das Grabmal des *Erzbischofs Siegfried II.* aus dem Geschlecht der Grafen von Eppstein ist vermutlich um 1255, zu Beginn des Interregnums, entstanden. Längst waren damals an die Stelle der Mönche, welche in der Frühzeit die Bischofsstühle besetzten, Angehörige reichsunmittelbarer Grafengeschlechter oder mächtiger Fürstenhäuser getreten ... Erzbischof Siegfried III. tritt als selbstbewußter Fürst vor uns hin; er ist Herr über mehr als zehn Bistümer ... und durch sein geistliches Amt weiß er sich selbst Königen überlegen; ihrer zwei – im Maßstab merklich kleiner gebildet – empfangen die Krone von ihm. Der dargestellte Kirchenfürst steht mit seinen Füßen auf einem Löwen und auf einem Basilisken: Er bannt das Böse als Inhaber von Kräften, die nicht von dieser Welt sind.«

19 *Mainzer Tageszeitung* v. 16. 4. 1933.
20 Vgl. z. B. den Bestand H 51, Landratsamt Alzey (1.17).
21 *Landskrone* v. 24. 4. 1933.
22 A. a. O.
23 So zum Beispiel in *Landskrone* v. 28. 4. und *Mainzer Tageszeitung* v. 29. 4. 1933.
24 *Landskrone* v. 6. 4. 1933.
25 A. a. O. v. 7. 4. 1933.
26 *Frankfurter Zeitung* v. 1. 4. 1933.

27 *Mainzer Journal* v. 1.4.1933. Da die Judenverfolgung im *Siebten Kreuz* nur am Rande eine Rolle spielt, kann hier nicht weiter auf dieses Thema eingegangen werden. Drei Fakten sollen dem Leser jedoch nicht vorenthalten werden: Im selben Jahr 1937, als man in Osthofen das Reichsarbeitsdienstlager mit Feiern und Tanz eröffnete, schloß die Gemeinde mit den noch nicht ins Ausland oder in die naheliegenden Großstädte abgewanderten Juden einen Kaufvertrag für den alten jüdischen Friedhof ab, in dem sich der Ort verpflichtete, »die Kosten für die Umbettungsarbeiten sowie die Schulden für die israelitische Gemeinde in Höhe von 1600,– Reichsmark« zu übernehmen (5.297, S.327). Ein Jahr später geht auch in Osthofen die Synagoge in Flammen auf, wobei der Chef der Freiwilligen Feuerwehr »auf Anordnung dieser Brandstifter nicht zum Löschen eingreifen« (a.a.O., S.328) durfte. Noch einmal vier Jahre später war die ›Endlösung‹ für die Juden von Mainz und Umgebung, unter ihnen auch Anna Seghers' Mutter und Angehörige, praktisch abgeschlossen: von 3200 Juden, die es 1930 in Mainz gab, lebten 1946 nur 50 dort (5.150, S.91).

28 Aussage von Alfred Müller, Akten des Öffentlichen Klägers bei dem Untersuchungsausschuß in Worms-Land. Der Landeskommissar für die politische Säuberung in Rheinland-Pfalz, Bestand 856 (1.18).

29 Br., in *Die Internationale* 3/4 (1938), S.132. »... Genosse Walter ... gibt«, heißt es dort weiter, »... die in der deutschen antifaschistischen Literatur bisher umfassendste Schilderung der Entwicklung der Volksstimmung im Lande.«

30 Eine reale Vorlage dürfte auch der Satz »Schönheit des Arbeitsplatzes« haben, den einer der Eingelieferten beim Anblick des »Bunkers« [325] ausspricht – nämlich das NS-Amt »Schönheit der Arbeit«.

31 Zehn Jahre später berichtet der United States Political Advisor in einem »secret« gestempelten »Intelligence Report« der US-Armee davon, daß sich die amerikanische Besazungsmacht von kommunistischen Aktivisten bei Opel bedroht fühlt – trotz »care Paketen geschickt von der General Motors Corporation« und trotz »strikter Kontrol-

len« durch »amerikanische Vorgesetzte« und den deutschen »Verwalter des Werks«: »Vom Standpunkt der KPD aus ist das Opel Werk eines der besten Beispiele dafür, wie sich die Kommunisten in der Industrie der Westzonen einnisten ... Dazu kommt als weitere potentielle Gefährdung des Status quo die Geschichte des Opel Werks aus den Jahren 1933 bis 1945. Während der Hitlerzeit bildete ein Arbeiter bei Opel, Jacob Wirth, zusammen mit Wilhelm Feutner, Fritz Zaengerle (der seit 1947 dem kommunistisch dominierten Work Council vorstand), Fritz Keim, Karl Wirth und Fritz Wagner den Kern einer Widerstandsgruppe bei Opel, die einer der wirksamsten Gruppen dieser Art während der gesamten Nazizeit war. Da viele dieser Personen immer noch als Mitglieder der KPD-Zelle in den Opel Werken aktiv sind, ist es durchaus möglich, daß die Grundlagen einer neuen kommunistischen Widerstandsbewegung bei Opel existieren, einer Bewegung, die sich letztendlich gegen die Westmächte richten könnte« (ID. EUCOM [d.i. Intelligence Division, European Command], »KPD Activity in the Opel Plant, Ruesselsheim«, Bericht v. 8. 6. 1949, S. 1–4, Anlage zu United States Political Advisor for Germany, Memorandum v. 16. 6. 1949, Record Group 59, 862.00B/6–1649 [1.22]).
32 5.290, 5.105, 5.197, Gespräch mit Lore Wolf v. 20. 12. 1978 (1.11), 5.291, 5.292.
33 5.249, S. 169. Schuster berichtet hier über die illegale Arbeit in einem Betrieb, in dem auch Lore Wolf tätig war.
34 *Mainzer Journal* v. 4. 10. 1937.
35 *Mainzer Journal* v. 6. 10. 1937.
36 Wer, wie Georg Heisler im Roman, an eine Teilnahme an den Kämpfen in Spanien auf der republikanischen Seite dachte, mußte mit erheblichen Strafen rechnen. Zum Beispiel meldet die *Frankfurter Zeitung* am 18. Oktober 1937, daß in Berlin zwei Männer »wegen Vergehens gegen die Paragraphen 3 und 4 des Gesetzes zur Verhinderung der Teilnahme am spanischen Bürgerkrieg« zu mehrmonatigen Gefängnisstrafen verurteilt wurden.
37 *Mainzer Journal* v. 7. 10. 1937.
38 *Frankfurter Zeitung* v. 29. 10. 1937.
39 *Frankfurter Zeitung* v. 7. 10. 1937.

40 Will Jaspers spricht in einer Rezension von Heinz Boberachs siebzehnbändiger Ausgabe der *Meldungen aus dem Reich* von einem »komplexen Meinungsforschungsapparat« (*Zeit* v. 5.10.1984).

41 5.180, T. 1, S. 578. Dabei sollte nicht übersehen werden, daß negative Berichte dieser Art bisweilen regional gefärbt waren bzw. dazu dienten, die Arbeit von SD und Gestapo zu legitimieren. So meldet die Gestapo Hannover z. B. zur gleichen Zeit, als die Kollegen vom SD in Hessen-Nassau ein Stimmungstief bei der Bevölkerung registrierten, daß »die Einführung der allgemeinen Wehrpflicht ... in allen Bevölkerungskreisen ... mit außerordentlicher Begeisterung aufgenommen« (5.107, S. 332) wurde.

42 Joseph Goebbels, in *Motorwelt* 12/1938, S. 449 (nach 5.242, S. 121). Vgl. auch 5.180. T. 1, S. 507.

43 Siehe z. B. 5.197, S. 49 ff. Franz Dahlem erinnert sich in *Am Vorabend des Zweiten Weltkrieges*: »... da die Masse unserer Genossen durch ihre politische Tätigkeit in der Weimarer Republik zumindest im lokalen Maßstab bekannt war ... [mußten] Tausende von sehr gefährdeten erfahrenen Funktionären zur Arbeit und als Reserve in die Emigration ... So lag ein hohes Maß Verantwortung bereits in den ersten Jahren der Nazidiktatur auf jüngeren Genossen ...« (5.64, S. 189).

44 Dazu aus einem Bericht der Staatspolizeistelle Hannover vom Februar 1935, der sich zweifellos auf Frankfurt übertragen läßt: »Die Ermittlungen ... ließen erkennen, daß die Partei in der illegalen Tätigkeit eine beachtenswerte Geschicklichkeit erreicht hat ... so ... ist die KPD seit langem dazu übergegangen, die Hauptfunktionäre durch Austausch besonders zu sichern. Die jetzt getätigten Festnahmen haben gezeigt, daß die drei wichtigsten Posten ... von Personen besetzt waren, die den hiesigen Kommunisten völlig unbekannt waren, da ihr Einsatz aus anderen Städten erfolgte.« (5.107, S. 317) Merson geht davon aus, »that organisers living illegally could not expect to elude the police for more than ... six months at the outside ... They were therefore moved at intervals to new posts ...« (5.200, S. 92) Vgl. auch den »Rechenschaftsbericht« der KPD-Bezirksleitung Niederrhein aus dem Jahre 1934, in dem es

heißt, daß »Freunde, die gefährdet sind und nicht brauchbar«, »abgeschoben«, d.h. ins Ausland geschickt werden müssen (5.225, S.235).
45 Hitler wurde am 30. Januar 1933 Reichskanzler. Die Verhaftungs- und Mordwelle begann aber erst nach dem Reichstagsbrand vom 27. Februar.
46 In diesem Zusammenhang sind auch die Haftlisten interessant, die den Lageberichten der Gestapo über die Provinz Hessen-Nassau beigefügt sind. So wurden für Februar 1936, letzter erhalten gebliebener Bericht, von insgesamt 45 Festnahmen u.a. acht wegen »Beleidigung von Regierungsmitgliedern«, sechs wegen »Bedrohung von Angehörigen der NSDAP, SA, Polizei pp.«, sieben wegen »Marxistischer Umtriebe«, eine wegen »Verbreitung von Greuelnachrichten«, aber nur fünf wegen »Vorbereitung zum Hochverrat« (5.180, T. 1, S.593) vorgenommen – wobei letzteres Delikt, wie gesagt, nicht im entferntesten mit einem Ereignis wie dem 20. Juli 1944 gleichzusetzen ist.
47 Eine bislang nicht veröffentlichte Zusammenstellung im Hessischen Staatsarchiv, Darmstadt, mit Zitaten aus den Urteilsbegründungen der hessischen Sondergerichte bietet ein erschreckendes Bild davon, wie niedrig die Schwelle war, die Juristen damals für den Begriff Widerstand ansetzten. Vgl. auch 5.288, Bd. 4, S.30.
48 So soll der gefürchtete Gestapo-Kommissar Bauer die Frau des kommunistischen Reichstagsabgeordneten Otto Brenzel in der Pose eines Liebhabers durch Frankfurt geführt haben in der Hoffnung, auf diese Weise unter den Passanten »Freunde und Bekannte ... einzufangen« (5.197, S.45).
49 Einer der Festgenommenen, wie Dr. Kreß im Roman promovierter Chemiker, beging in der Haft Selbstmord (5.197, S.101). Anläßlich der letzten großen Verhaftungswelle in Frankfurt im Jahre 1936, bei der fünf Stadtteilorganisationen aufgerollt wurden, fertigte die Gestapo eine Aufstellung an, die ziemlich genau dem Profil der Fluchthelfer im *Siebten Kreuz* entspricht: Von den 296 Festgenommenen waren 52% Fabrikarbeiter, 21% Handwerker, 7% Angestellte, 6% Selbstständige, 5% Frauen und 9% »Verschiedene« – darunter, wie im Roman, Chemiker, Architekten und Pfarrer (a.a.O., S.97).

50 Ein solcher Treffpunkt der KPD Frankfurt befand sich, ähnlich wie im Roman, am Obststand eines Parteimitglieds (5.197, S.52). Und aus den Prozeßakten eines KPD-Mitglieds aus Frankfurt wissen wir, daß sich Kuriere der Partei – wiederum wie im Roman – vor den uneingeweihten Familienmitgliedern eines Genossen bisweilen als »alte Fußballfreunde« (5.288, Bd. 4, S. 92) ausgaben.

51 James A. Galston, Brief an Maxim Lieber v. 14. 11. 1941 (1.20). Zu den Fehlern, die Anna Seghers macht, gehört die Preisgabe von Fiedlers Namen an Georg und die Tatsache, daß Frau Fiedler zwar auf »Umwegen« [372] zu Röders Wohnung geht, sich dort aber mit ihrem richtigen Namen vorstellt, obwohl sie gleich merkt, »daß hier etwas schiefgegangen war« [370].

52 5.291, S. 211. Lore Wolf wohnte bei diesem illegalen Aufenthalt in Frankfurt bei einer Familie Schenk, ein Name, der auch im *Siebten Kreuz* auftaucht. Eine andere Romanfigur, Röder, hatte einen Namensvetter im Raum Mainz – den Kommunisten Friedrich Röder, der nach Unterlagen im Institut für Zeitgeschichte 1935 ins Exil gehen mußte.

53 Gaupropagandaleiter der NSDAP Hessen – Nassau, Rundbrief an alle Kreispropagandaleiter v. 24. 4. 1937 (5.288, S. 103).

54 Anna Seghers, die auf rasche Veröffentlichung ihres Romans hoffte, mag von dem Gedanken geleitet gewesen sein, daß die Gestapo in Frankfurt Angaben in ihrem Roman womöglich überprüfen könnte. Bedenken dieser Art galten dagegen nicht für die Adresse der Gestapozentrale selbst, die 1937, als sich Füllgrabe stellt, freilich schon aus dem Polizeipräsidium in der Mainzer Landstraße, dem heutigen Platz der Republik, über die Gutleutstraße in die Bürgerstraße umgezogen war (5.129, S. 23).

2. Das KZ Osthofen: Fiktion und Wirklichkeit

1 Dr. Werner Best, undatierter Lebenslauf (1.5).
2 *Mainzer Tageszeitung* v. 5. 7. 1933.
3 *Rhein- und Nahe-Zeitung*, Brief an das Polizeiamt zu Worms, Abteilung Internierungslager Osthofen v. 24. 4. 1933 (1.28, 13/1376).

4 »Pressebesuche im Konzentrationslager Osthofen«. In: *Wormser Zeitung* v. 13. 4. 1933.
5 Verfahren gegen Best (3JS54/48) und den Lagerkommandanten Karl d'Angelo (3JS758/47) wegen Freiheitsberaubung, Mißhandlung und Nötigung wurden offensichtlich kurz nach Kriegsende eingestellt. Sie werden zwar noch in den Unterlagen der Zentralstelle der Landesjustizverwaltung in Ludwigsburg erwähnt (1.34), die dazugehörigen Akten im Landgericht Mainz sind aber offensichtlich bereits vernichtet worden (1.48).
6 Besondere Verdienste bei der Aufarbeitung der jüngsten Vergangenheit im Raum Mainz – Worms erwarb sich der am 17. Februar 1946 bei einem Unfall ums Leben gekommene Lokalreporter Fritz Ohlhof. Vgl. auch Stephan Stromberg, ehemals selbst Osthofen-Häftling, der sich 1946 im 20. Teil seiner Aufsatzreihe »Ich habe nicht vergessen« im *Neuen Mainzer Anzeiger* ohne Wissen um die enge Beziehung zwischen Best und Jünger erinnert, daß im Lager »alles wie in einem jener seltsamen Romane des Pragers Franz Kafka oder wie in einem jener Träume« gewesen sei, »die Ernst Jünger aufgezeichnet hat« (5.262).
7 Julius Lehnbach (Deutscher Gewerkschaftsbund, Landesbezirk Rheinland-Pfalz), Brief an Georg Gölter (Staatsminister, Kultusministerium Rheinland-Pfalz) v. 14. 11. 1983 (nach 5.72, S. 74).
8 hl.: »Manches Schicksal fing dort an.« In: *Wormser Zeitung* v. 11. 10. 1984 (nach 5.72, S. 77).
9 Zum Beispiel heißt es an einer Stelle, daß Georg Heisler im Januar 1934 nach Westhofen kam [94; s. auch 129], während ein anderes Mal ungenau davon die Rede ist, daß das Lager »vor mehr als drei Jahren« [88] eröffnet wurde. Dagegen deutet die Tatsache, daß Mettenheimer »Ende 33« [92] über seinen Schwiegersohn vernommen wird, darauf hin, daß Georg damals bereits in Haft war. Ellis Besuch in Westhofen fällt in den Herbst 1936 [95, 135].
10 *Spiegel* 42 v. 10. 10. 1966, S. 101.
11 Die Angaben in dem zuletzt 1979 in einer Neuauflage vom Internationalen Suchdienst in Arolsen herausgegebenen *Verzeichnis der Haftstätten unter dem Reichsführer-SS (1933–1945)* (5.271, S. 8) und dem darauf beruhenden Bun-

desgesetzblatt für Osthofen, 15. 4. bis 20. 11. 1933 bzw., in einer früheren Auflage, 3. 8. 1933, sind zweifellos stark untertrieben – möglicherweise, um die Zahl der Wiedergutmachungsfälle zu reduzieren.

12 *Mainzer Tageszeitung* v. 4. 4. 1933.

13 A. a. O. v. 6. 4. 1933.

14 Eine besondere Pikanterie dieses zweiten Lagers war, daß auf dem überlangen Schornstein der Mühle 1932 von Osthofener Nationalsozialisten eine Hakenkreuzfahne angebracht worden war, die trotz Aussetzung einer Belohnung durch den sozialdemokratischen Minister Leuschner erst nach mehreren Tagen heruntergeholt werden konnte – ein Ereignis, von dem noch fünfzig Jahre später die Stadtchronik *1200 Jahre Osthofen* in einem Bildbericht schwärmt, der beinahe wörtlich den Erinnerungen entspricht, die der SS-Oberscharführer Valentin Jost 1937 für den vom Gausachbearbeiter der Alten Garde, Pg. Gimbel, zusammengestellten Band *So kämpften wir* (5.152 u. NS 26, 528 [1.7]) niedergeschrieben hatte. Im Bestand H 53 (Kreisverwaltung Mainz) beim Landesarchiv Speyer befinden sich zahlreiche Akten, die Bezug nehmen auf eine Verfügung von Best zur »Anordnung der *verschärften* Polizeihaft«, sowie Anweisungen von Best und seinem Nachfolger mit genauen Angaben, wer wie lange in Osthofen »dem Lager II zugeführt« (H 53/303, [1.17]) werden soll. Nach Kriegsende bearbeitete der Oberstaatsanwalt beim Landgericht Mainz mit Aktenzeichen 3JS1219/67 eine mögliche Anklage gegen den Osthofen-Kommandanten Karl d'Angelo, die auf einer Zeugenaussage über das Lager II in der Holzmühle beruhte: »... Häftlinge ... mußten dort ohne Strohsäcke und ohne Decken auf einer Holzpritsche schlafen ... Der Zwinger war schräg nach der Mitte zu nach der Art eines ›Teufelsrades‹ gebaut, er war rund und ringsum mit Maschendraht abgezäunt.« (403 AR 479/68, [1.34]). Vgl. auch Hessisches Staatsministerium, Abt. Ia, Brief an Fritz Rauch v. 8. 11. 1933 (G 21, 1709/5, [1.14]).

15 Im Hessischen Staatsarchiv hat sich ein Briefwechsel zwischen der Verwaltung des KZ Börgermoor und dem lokalen SS-Sturmbann I/33 erhalten, in dem sich der Führer des SS-Sonderkommandos Lager 3 darüber beklagt, daß viele sei-

ner SS-Wachmänner den Lagerdienst unattraktiv fänden und deshalb »in Zukunft nur arbeitslose, möglichst ledige und ganz besonders nüchterne und besonnene SS-Männer ... hierher geschickt werden« (Seehaus, Führer des SS-Sonderkommandos Lager 3, Brief an SS-Oberführer Rediess, SS-Abschnitt XI v. 3. 9. 1933 [N 1, 483/1914, 1.14]) sollten.
16 *Mainzer Tageszeitung* v. 16. 4. 1933.
17 *Landskrone* v. 3. 10. 1933; zitiert nach 5.115, 66–7. Dem berüchtigten Sonderkommando Oppenheim, das von SS-Sturmführer Bösel aus Osthofen ausgebildet wurde, gehörten drei weitere Osthofener SS-Männer an. Eine Anfrage der Abt. Ia des Hessischen Staatsministeriums v. 27. Oktober 1933, »ob das Kommando entbehrlich« sei und im Zuge der Auflösung der Hilfspolizei »abgelöst werden soll«, lehnte das Kreisamt Oppenheim am 11. November 1933 emphatisch ab: »Mit dem SS-Sonderkommando Oppenheim haben wir ... gute Erfahrungen gemacht.« (G 12 A, 21/5) [1.14].
18 Sepp Glückert, der wohl beliebteste Büttenredner seiner Zeit, kontert in der Fastnachts-Kampagne 1935/36, als das KZ Osthofen längst geschlossen war:
Als im März Herr Jakob Sprenger
Nahm in Haft uns närr'sche Sänger,
Habe manche brave Leut'
Sich in Mainz zu früh gefreut.
Märchen man erzählte schon,
Freilich nur im Flüsterton,
So wie heut sich jung' und alte
Volksgenosse unterhalte.
Diese sah'n uns närr'sche Spitzen
Schon im Geist in Dachau sitzen,
Ohne Mitleid, ohn' Bedauern,
Lebenslang als Erbhofbauern. (5.184, S. 25)
19 Werner Best (Staatskommissar für das Polizeiwesen in Hessen), Rundschreiben an die Kreisämter, staatlichen Polizeiämter und Zentralpolizeistelle v. 1. 5. 1933 (G 24/360, [1.14]).
20 G 24/360 (1.14). Welche grotesken Blüten dieser Ordnungssinn sprießen ließ, deutet ein Schriftwechsel zwischen Heinz Ritzheimer, dem SS-Verwaltungsführer des KZ

Osthofen, und der Polizeidirektion Worms an, als dem ehemaligen Reichstagsabgeordneten Carlo Mierendorff RM 34,83 Steuerrückzahlung ins Lager überwiesen wurden und die Lagerleitung um Genehmigung ersuchte, diesen Betrag über die Polizeihauptkasse gegen Verpflegungskosten zu verrechnen (Brief v. 24. 8. 1933 [13/367, 1.28]).

21 »Dr. Werner, Karl Rudolf Best [?]«. Maschinenschr. Lebenslauf, Akte Dr. Walter Best (1.5).
22 Vgl. z. B. 5.35, S. 23 u. 27 sowie 5.188, S. 435–438.
23 Werner Best, Protokoll der Vernehmung v. 20. 3. 1969, Bd. XLVI; vgl. auch *Dänemark in Hitlers Hand. Der Bericht des Reichsbevollmächtigten Werner Best über die Besatzungspolitik in Dänemark*. Hrsg. v. Siegfried Matlock. Husum: Husum Verlag 1988.
24 5.58, S. 240. An Jüngers Sprache und Weltbild erinnert auch ein »Vor der deutschen Sonnenwende« überschriebener Aufsatz von Best von 1932, in dem es heißt: »... den letzten Weg durch Graus und Kälte ... wird ... nur durchhalten, wer ... den Glauben an das unsichtbare Licht festhalten kann, dessen Sonnenzeichen wir in unseren Sturmfahnen führen.« (nach 5.248, S. 29).
25 Hessisches Staatsministerium, Ministerialabteilung 1c, Justiz, Brief an den hessischen Staatsminister v. 10. 4. 1934 (Abt. G 24/360, [1.14]).
26 Karl d'Angelo, hds. Lebenslauf v. 31. 1. 1933 (1.5).
27 Karl d'Angelo, verschiedene SS-Personal-Berichte und Lebensläufe (1.5).
28 Valentin Jost (5.153, S. 1). Im Ziegelhüttenweg wurde später das KZ Osthofen eingerichtet (vgl. 5.28, S. 377).
29 Jost, Tabelle (5.153, S. 1).
30 Jost (5153, S. 3).
31 Jakob Buscher (5.153, S. 32); auch in 5.152, S. 100.
32 Es ist möglich, daß sich die SA in Osthofen damals sogar zeitweilig aufgelöst hatte. Zumindest deutet ein Hinweis auf die Wiedergründung der SA im Jahre 1931 darauf hin (Gustav Dick [5.153]).
33 KZ Dachau, Untersuchung gegen Karl d'Angelo im Fall Gottfried Fischer, Mai 1936 (Akte Karl d'Angelo, 1.5).
34 Theodor Eicke, Brief an den Personalchef – RFSS v. 28. 5. 1936 (1.5).

35 Auch hier könnte d'Angelo sein Schutzengel Best zu Hilfe gekommen sein, der damals gerade versuchte, die Grenzpolizei für Himmler zu einer schlagkräftigen, paramilitärischen Truppe auszubauen. Wäre d'Angelo ein paar Monate länger in Pretzsch tätig gewesen, hätte sein Name sogar Eingang in die Weltgeschichte genommen. Aus Pretzsch kam nämlich ein Teil jener SS-Truppe, die in der Nacht zum 1. September 1939 als Polen verkleidet das Forsthaus Schlüsselwald und den Gleiwitzer Sender überfiel und dadurch den offiziellen Anlaß für den Zweiten Weltkrieg lieferte (5.114). Vgl. unten Anmerkung 44 zu Heinz Jost.

36 Personal-Bericht und Beurteilung von Heinz Ritzheimer (1.5).

37 Beurteilung des SS-Hauptsturmführers Heinz Ritzheimer durch den Lagerkommandanten des K.L. Flossenbürg v. 4.9.1939 (1.5).

38 [Theodor] Eicke, Brief an Heinz Ritzheimer v. 24.7.1939 (1.5).

39 Quelle für die Angaben zu Giess und Reuter ist eine nach 1945 entstandene Zusammenstellung über das Personal der Gestapo Darmstadt, die im Hessischen Hauptstaatsarchiv in Wiesbaden liegt.

40 Zeitungsausschnitt v. 5.11.1935 o. Quellenangabe und Bericht von Walter Deeg in 5.72, S. 8.

41 Aussage von Angelika Arentz-Morch, Projekt Osthofen, am 28.7.1989.

42 Handschriftlicher Lebenslauf zum Fragebogen zur Erlangung der Verlobungsgenehmigung v. 11.7.1935 (1.5).

43 Der Landeskommissar für die politische Säuberung in Rheinland-Pfalz. Akten des Öffentlichen Klägers bei dem Untersuchungsausschuß in Worms-Land (Bestand 856, [1.18]).

44 Ein 1961 eingestelltes Verfahren, bei dem Best als Entlastungszeuge auftrat, deutet an, daß Jost 1939 in den Überfall auf den Gleiwitzer Sender verwickelt war (V 205 AR Nr. 799/1967, [1.34]).

45 Reinhard Heydrich, Brief an Heinz Jost v. 24.3.1942 (1.5). Best, der bereits im Juni 1940 aus dem RSHA ausgeschieden war, wurde nach dem Krieg in einem nie zur Verhandlung gekommenen Mammutprozeß vorgeworfen, in den

Jahren 1939/40 jene Einsatzgruppen zusammengestellt und koordiniert zu haben, denen ein Großteil der polnischen Intelligenz zum Opfer fiel. Vorher war Best bereits bei einem Spruchkammerverfahrung in der Revision mit einer geringfügigen Geldstrafe davongekommen (1.23).

46 Schriftwechsel zwischen Dr. Ernst Kaltenbrunner, Gottlob Berger, Himmler u. a. (1.5).

47 Joachim von Ribbentrop war von 1936 bis 1938 deutscher Botschafter in London, danach Außenminister des Dritten Reiches. ›Champagnerkonsul‹ bzw. ›Weinreisender‹ wurde er genannt, weil er nach seiner Heirat mit der Tochter des Sektfabrikanten Henkell die Vertretung der Firma in Berlin übernahm.

48 An die Trivialität des Bösen erinnern auch die umfangreichen Stammbäume und Formulare des Rasse- und Siedlungsamtes, auf denen die Väter und Großväter von d'Angelo, Jost und anderen ›Helden‹ von Osthofen als kleine Kaufleute, Gymnasiallehrer und Handwerker erscheinen.

49 *Mainzer Tageszeitung* v. 17. 3. 1933.

50 Höß-Aufzeichnungen über die Lagerordnung der KZ (in 5.51, S. 58).

51 Zusammenstellung über das Personal der Gestapo Darmstadt, Darmstädter Polizeipräsidium (1.13).

52 A. a. O. Nach dieser Quelle soll Gottfried Lebherz 1946 von der Spruchkammer Darmstadt-Lager zu sieben Jahren Arbeitslager verurteilt worden sein. Eine Einsicht in die Urteilsbegründung der Spruchkammer wird durch Personenschutz- und Archivgesetze verhindert.

53 Zahlreiche Fälle dieser Art sind z. B. im Landesarchiv Speyer, Bestände H 53 (Kreisverwaltung Mainz), Nr. 303 und 304 (»Inschutzhaftnahme von Personen 1933–34 [Einzelfälle]«), verzeichnet (1.18).

54 Im Hessischen Staatsarchiv in Darmstadt befinden sich im Bestand G 24, 729 für die hessischen Gefängnisse zwar umfangreiche, regional aufgeschlüsselte Statistiken zur Zahl der Schutzhäftlinge und zur Haftdauer. Eine Aufstellung zum KZ Osthofen ließ sich dagegen noch nicht finden (1.14).

55 Eine Aktennotiz beim Polizeiamt Mainz deutet an, daß Bests persönliche Überzeugungen eine wichtige Rolle bei

der Behandlung von SPD- bzw. KPD-Häftlingen spielte. So ließ die KZ-Verwaltung das Polizeiamt Mainz wissen, Best habe angeordnet, »daß Kommunisten usw., die nach Osthofen überführt würden, in der Regel nicht länger als 14 Tage dort festgehalten werden sollten, da es sich fast durchweg um von ihren Führern verhetzte und verführte Arbeiter handelte ... Anders verhalte es sich natürlich bei SPD. Bonzen, die auf jede schmierige Art und Weise versuchen würden, möglichst bald wieder dem Konzentrationslager den Rücken zu kehren. In diesen Fällen würde ein strengerer Maßstab angelegt« (Polizeiamt Mainz, Aktennotiz v. 19. 5. 1933, H 53/303 [1.17]).

56 »Es war sehr schwer, gegen den Strom zu schwimmen. Interview mit Peter Paul Nahm« (5.282, S. 83–90). Nahm wurde später bei Konrad Adenauer Staatssekretät im Ministerium für Vertriebene und Kriegsgeschädigte.

57 Personalbogen, Anlage zu einem Schreiben des Sicherheitsdienstes des Reichführers SS, SD-Oberabschnitt Rhein, Unterabschnitt Hessen v. 15. 12. 1937 (Bestand G 12B, 9/9, [1.14]).

58 Die Besitzverhältnisse von Ludwig Ebert in Osthofen, darunter das Lagergelände, sind bislang nicht geklärt. Eberts Enkel, Henry Ebert, erinnert sich jedoch, daß sein Großvater unter Druck gesetzt und im KZ Osthofen inhaftiert wurde, weil er bei den Angestellten seiner Fabrik beliebt war (Gespräch mit dem Verfasser v. 1. 5. 1996). Im Laufe der dreißiger Jahre erwarb dann eine Privatperson das Gebäude und richtete in ihm eine florierende Möbelfabrik ein (5.72, S. 7). Ein Bild dieser Fabrik, Hildebrand & Bühner, erschien Mitte der fünfziger Jahre in einer lokalen Festschrift – ohne Hinweis auf das KZ. Über den weiteren Weg von Ludwig Ebert ist nur wenig bekannt. Das Protokoll einer »Beamtenratsitzung der Dalberg-Loge vom 11. August 1936 in der Wohnung des Bruders Ludwig Ebert« verzeichnet, daß Ebert einstimmig zum Präsidenten der Loge gewählt wurde (G 12 B, 16/5, [1.14]). Im Archiv des Auswärtigen Amtes existiert ein Formular zur Ausbürgerung von Ebert, das die Geheime Staatspolizeistelle Frankfurt am 6. März 1941 an das RSHA in Berlin sandte, in dem als letzter Wohnort Eberts im Inland Frankfurt, als Zeit-

punkt der Abwanderung der 5. Mai 1939 und als derzeitiger Aufenthalt Amsterdam genannt werden (Inland II A/B, Ausbürgerungen Liste 219, [1.3]). In Holland scheint der 75jährige dann während der Besatzung erneut der Gestapo in die Hände gefallen zu sein. Das *Gedenkbuch* (S. 273) meldet ohne Angabe eines genauen Datums, daß Ludwig Ebert in Auschwitz umgekommen ist. Arthur Ebert, der Miteigentümer der Osthofener Papierfabrik war, scheint es nach dem Pogrom vom November 1938 gelungen zu sein, mit seiner Familie in die USA zu entkommen.

59 *Landskrone* v. 24. 4. 1933.
60 *Landskrone* v. 18. 5. 1933, nach 5.115, S. 62.
61 *Landskrone* v. 3. 7. 1933, nach 5.115, S. 63.
62 *Landskrone* v. 5. 3. 1934, nach 5.115, S. 69.
63 *Frankfurter Zeitung* v. August 1933, nach 5.243, S. 29.
64 *Mainzer Tageszeitung* v. 5. 4. 1933.
65 *Mainzer Tageszeitung* v. 13. 4. 1933. Werner Best hatte Ende März 1933 als Reaktion auf die sogenannte Greuelpropaganda in der Presse ankündigen lassen, daß das Ausstellen von Pässen an Juden bis auf weiteres verboten sei. Unterlagen im Politischen Archiv des Auswärtigen Amtes belegen, daß Carola Loew, die seit ihrer Geburt am 13. 8. 1897 in Oppenheim gewohnt hatte, trotz Drohung und Verbot Deutschland am 17. Mai 1933 offensichtlich doch in Richtung Mailand verließ und Ende 1937 mit Liste 25 ausgebürgert wurde. Grundlage für die Ausbürgerung war ein Schreiben der Gestapo Darmstadt, in dem Frau Loew als »geistige Leiterin der sozialistischen Jugendorganisation ›Rote Falken‹« und – über ihren später ebenfalls ausgebürgerten Bruder Emil Loew, »der geistiger Führer der KPD in Oppenheim« und ein Bekannter des Reichstagsabgeordneten Torgeler gewesen sein soll – als Sympathisantin der KPD beschrieben wird.
66 *Mainzer Journal* v. 15. 5. 1933.
67 Ph. Cornelius, Brief v. 26. 3. 1958 an die Arbeitsgemeinschaft verfolgter Sozialdemokraten Rheinland-Pfalz (1.2).
68 Nahezu wortgleiche Schilderungen von Georg Weimar und Jakob Will v. Juni 1954 als Grundlage für Wiedergutmachungsanträge (1.11).

69 Werner Best, Brief an den Reichsminister des Inneren v. 16. 6. 1933 (Inland Ref. D, Po N. E. adh. 3, Polen, Bd. 2 [1.3]). Daß »viele der zu Entlassenden gar nicht mehr aus dem Lager fortwollen«, meldete auch die *Mainzer Tageszeitung* am 6. Mai 1933. So sei »die liebevolle Erziehungsarbeit« in Osthofen bei einem vor drei Wochen entlassenen Häftling auf derart fruchtbaren Boden gefallen, daß er sich »freiwillig jeden Morgen wieder zum Appell« einstellt »und bittet, weiter mit Arbeit beschäftigt zu werden«. Eine andere Sprache spricht das Protokoll einer Zusammenkunft, die 1937, wenige Wochen vor der Handlungszeit des *Siebten Kreuz*, im Reichsjustizministerium zum Thema »Mißhandlung politischer Häftlinge« stattfand. Weit entfernt davon, »verschärfte Vernehmungen« für illegal zu erklären, einigte man sich dort darauf, die Tortur durch einen Regelkatalog zu normieren (»Die Zahl [der Stockhiebe] wird von Gestapo vorher bestimmt ... Vom 10. Stockhieb an muß ein Arzt zugegen sein. Es soll ein ›Einheitsstock‹ bestimmt werden, um jede Willkür auszuschalten.«) Ministerialrat Dr. Best drang als Vertreter der Gestapo bei dieser Gelegenheit darauf, den für verschärfte Vernehmungen freigegebenen Personenkreis von Hoch- und Landesverrätern auf »Bibelforscher-, Sprengstoff- und Sabotagesachen« zu erweitern (Bericht von der Besprechung im Reichsjustizministerium am 4. 6. 1937 [G. I. 325a/44, 1.34]).
70 *Landskrone* v. 8. 9. 1933; nach 5.115, S. 66.
71 *Mainzer Tageszeitung* v. 1. 4. 1933.
72 *Mainzer Tageszeitung* v. 10. 3. 1933.
73 5.222, S. 50. Schätzungen gehen davon aus, daß Ende 1933 bei ca. 100 000 Schutzhäftlingen im gesamten Reich 500 bis 600 Todesfälle zu verzeichnen waren (5.241, S. 871).
74 Konzentrationslager Dachau, Kommandantur, Disziplinar- und Strafordnung für das Gefangenenlager 1. 10. 1933 (5.227, Bd. 26, S. 294).
75 5.18, S. 101. Vgl. auch das Anna Seghers womöglich bekannte, ebenfalls bei Antoni abgedruckte Flugblatt der Roten Hilfe Prag mit der Lagerordnung des KZs Lichtenburg (a. a. O., S. 99f.) sowie den Bericht »Die Hölle Dachau« in der *Arbeiter Illustrierten Zeitung* 1/1937 (nach 5.287, S. 312).
76 Mierendorff selber gab im KZ Osthofen am 3. 8. 1933 vor

SS-Sturmführer Bösel und Scharführer Dörhöfer eine Erklärung zu dem Vorfall ab, die aufgrund seiner Situation freilich nur einen sehr bedingten Aussagewert besitzt: »In der Zelle versuchte man mit mir zuerst politische Gespräche anzuknüpfen und zielte auf meine frühere Tätigkeit als S.P.D.-Abgeordneter hin. Ich ließ mich in diese Gespräche nicht ein ... Ich war an dem Abend ziemlich aufgeregt und konnte bis um 12 Uhr nicht einschlafen ... Plötzlich wurde mir eine Decke über das Gesicht gezogen und heftig auf mich eingeschlagen ... Als man von mir abließ blutete meine Nase und ich hatte Brummen im Kopf. Außerdem schmerzten mir meine Schienenbeine. Da es in der Zelle dunkel war, konnte ich die Täter nicht erkennen. Von außen ist niemand in die Zelle gekommen. Es können nur Zelleninsassen gewesen sein ... Der Revierarzt Dr. Daum verordnete mir wegen der Hiebe auf die Schienenbeine Bettruhe. Ich habe daraufhin 4 Wochen ... auf dem Revier des Konzentrationslagers Osthofen gelegen.« (Hessische Ministerpräsidenten, Brief an das Auswärtige Amt v. 3. 8. 1933; Ref. D »Lügenmeldungen über Mißhandlungen, Inhaftierungen usw.«, Po 5 N. E. adh. 1, Bd. 1, [1.3]). Ähnlich behauptete der mit Mierendorff eng befreundete Carl Zuckmayer noch 1944 im amerikanischen Exil: »Erste Lagerzeit – schlimmste – in Osthofen, nächtlich furchtbare Mißhandlungen durch Lagergenossen, ehemalige, von den Nazis herübergewonnene Kommunisten, die man gegen ihn aufgehetzt hatte. Lazarettzeit – neue Lagerqualen.« (5.294, S.33f.) Vgl. in diesem Zusammenhang die Zusammenstellung von Zeugenaussagen und Quellen in 5.6, S.159 f. u. 289 f., die zu dem Schluß kommen, daß sich »die wirklichen Ereignisse in dieser Nacht des 21./22. Juni 1933 ... wohl im einzelnen heute nicht mehr aufklären« (a.a.O., S.160) lassen.

77 5.6, S.156 ff. Albrecht findet dazu die etwas merkwürdige Formulierung, daß »die schließliche Einlieferung in das damalige Konzentrationslager Osthofen ... tatsächlich als Erlösung aus der Ungewißheit erscheinen mußte« (a.a.O., S.159).

78 Aktennotiz v. 17. 7. 1933 (Ref. D, »Lügenmeldungen über Mißhandlungen, Inhaftierungen usw.«, Po 5 N. E. adh. 1, Bd. 1 [1.3]).

79 Ausdrücklich wird in dieser Meldung, die sich auch auf Carl Zuckmayer bezieht, die »größte Befriedigung« erwähnt, mit der »in der gesamten deutschbewußten Bevölkerung« »in teilweise stürmischen Kundgebungen« auf die Nachricht von der Verhaftung reagiert wurde (»Zu Dr. Mierendorffs Verhaftung. ›Carlo‹ bei ›Karlchen‹ – Ein ›Fröhlicher Weinberg‹ in Berlin als Unterschlupf!« In: *Oberhessische Tageszeitung* v. 16. 6. 1933).

80 Werner Best, Vernehmung v. 21. 4. 1969 (5.227, Bd. XLVIII). An anderer Stelle seiner Verhöre hatte Best gar behauptet, daß er 1936 [!] mit großer Mühe gegen (Gestapo-)Müllers Votum bei Heydrich durchgesetzt habe, »daß Dr. Mierendorff freigelassen wurde. Ich habe ihm noch eine Stellung bei der Braunkohle-Benzin-AG verschafft, in welcher er blieb, bis er während des Krieges bei einem Bombenangriff umkam« (Vernehmung v. 18. 3. 1969 [5.227, Bd. 25] u. Akte Dr. Werner Best [1.23]). Die Mierendorff-Akten im Berlin Document Center belegen zwar, daß sich neben Göring auch Personen aus der unmittelbaren Umgebung von Himmler für die Freilassung von Mierendorff bzw. seine Aufnahme in die Reichsschrifttumskammer eingesetzt hatten – der Name Best taucht dabei freilich nicht auf (vgl. dagegen verschiedene Zeitzeugen in 5.6, S. 296 f. Albrecht referiert hier auch den Schlüsselroman *Fluchtburg* von Gerhart Pohl, in dem Mierendorff und Best eine Rolle spielen.) Dagegen machen ein Lebenslauf von Mierendorff sowie der übliche Ariernachweis deutlich, welche Kompromisse der Häftling für seine Freilassung einzugehen hatte: »Ich bin heute der Ansicht«, heißt es da z. B. in dem Lebenslauf, »dass sich eine Lösung der nationalen Aufgaben in unserem Zeitalter nicht mehr im Zeichen der liberalen Idee bewerkstelligen lässt. Ausser den Leistungen des Dritten Reiches, die einen durchschlagenden Beweis dafür bilden, geht dieser Überzeugungswandel wesentlich auf meine Begegnung mit den Schriften von Friedrich Nietzsche zurück. Die Auseinandersetzung mit Nietzsche, zu der ich den grössten Teil meiner freien Stunden in der Schutzhaft benutzte, hat mich weltanschaulich eine neue Position gewinnen lassen, von der aus ich mich positiv zum Dritten Reich bekenne.« (Karl Mierendorff, Lebenslauf, Mai 1938 [1.5])

81 So zum Beispiel im *Neuen Vorwärts* v. 21. 4. 1935.
82 Urteil des 2. Strafsenats des Oberlandesgerichts Karlsruhe gegen Emil Schenk u. a., 28. 3. 1935, S. 14 (Stadtarchiv Mannheim und 1.2); s. auch den Brief des Sopade-Grenzgängers Reinbold aus Straßburg an die Sopade in Prag v. 10. 4. 1934 (1.2).
83 Urteil des 2. Strafsenats des Oberlandesgerichts Karlsruhe gegen Emil Schenk u. a. (Stadtarchiv Mannheim).
84 Karl Mierendorff, Lebenslauf, Mai 1938 (1.5).
85 Eher vorsichtig mag man die Erinnerung von Weitz behandeln, daß Mierendorff während Tschornickis Flucht die SA-Wachen durch eine Flasche Wein abgelenkt habe (3.154, S. 18). Auf dem Übersichtsplan des KZs Osthofen in 5.216, S. 33 ist die Stelle markiert, an der Tschornicki das Lager verlassen haben soll. Vgl. auch den Bericht des ehemaligen KP-Kreisleiters von Worms, Wilhelm Vogel, der im April 1933 aus dem Lager geflohen war, als er das Auto des Lagerführers vor dessen Wohnung in Ordnung brachte (»Was ich getan habe, würde ich wieder tun. Interview mit Wilhelm Vogel« [5.282, S. 67]).
86 Z.B. *Mainzer Anzeiger* v. 10. 3., *Landskrone* v. 28. 4. und *Mainzer Tageszeitung* v. 29. 4. 1933.
87 *Mainzer Tageszeitung* v. 5. 7. 1933; nach 5.190, S. 274. Sippenhaft traf auch Tschornickis Vater, der, obwohl völlig unpolitisch, wie sein Sohn vom Kreisamt Mainz zur Ausbürgerung vorgeschlagen wurde (H 53/2557, [1.17]).
88 Aufzeichnungen 1. 11.
89 Max Tschornicki, Abschrift eines Briefes v. 5. 5. 1935 an die Konsularabteilung der Deutschen Botschaft in Paris (Inland II A/B, 83–70 »Maßnahmen gegen politische Gegner«, Bd. 3, [1.3]).
90 Werner Best, Brief an das Auswärtige Amt v. 1. 6. 1935 (a. a. O.).
91 Anna Seghers: »Zum Schulfunk (Das siebte Kreuz)«. Typoskript o. D. (1.25).
92 Aus einer Nazi-Haftanstalt geflohen war im September 1934 auch der prominente KP- und Rote-Hilfe-Funktionär Hermann Matern.
93 5.235, S. 255. Beimler war in der Nacht zum 9. Mai 1933 geflohen und hielt sich bis Juni in München versteckt, be-

vor er ins Ausland floh. Sein Manuskript ging am 14. August 1933 bei der Moskauer Verlagsgesellschaft ausländischer Arbeiter in der UdSSR in Arbeit, einen Tag später in den Satz und am 19. August in Druck.
94 Umfangreiches Aktenmaterial im Archiv des Auswärtigen Amtes belegt, daß Seger 1934 tatsächlich Anzeige aufgrund von § 346 des Strafgesetzbuches erstattet hat (Inland II A/B, 83–42 »Greuelpropaganda des früheren R. Abgeordneten G. Seeger« [1.3]). Die falsche Schreibweise des Namens auf dem Aktendeckel, Seeger anstatt Seger, entspricht dem Fehler im *Siebten Kreuz*.
95 So findet sich in einem dem Seger-Bericht vorgestellten Brief von Heinrich Mann ein Satz, der sich offensichtlich auf jene Passagen im Text bezieht, in denen von der »sehr, sehr bösen Regel« (5.252, S.39) kommunistischer »Denunziation« (a.a.O., S.41) die Rede ist: »Vielleicht noch trauriger war es, als Sie sogar unter Ihren Leidensgefährten, den Opfern derselben Peiniger, noch Feinden, ja, Verrätern begegneten.« (a.a.O., S.5) Beimlers Dachau-Buch ist ein Vorwort von Fritz Heckert beigegeben, in dem zu lesen steht, daß »die feige und erbärmliche verräterische Sozialdemokratie« die deutsche Arbeiterklasse an »eine Bande kapitalistischer Zuhälter und Strolche« (5.29, S.8) verraten habe. Vgl. auch 5.13.
96 Ein Projekt an der Hamburger Arbeitsstelle für deutsche Exilliteratur zum Thema »Literatur als Bearbeitungsform nationalsozialistischer Verfolgungsinstitutionen (KZ, Getto, Gefängnis)« hat nach vorläufiger Sichtung mehr als 1 000 Titel ermittelt. Eine erste Durchsicht dieses Materials durch Rolf D. Krause bestätigt die Vermutung, daß die Masse dieser Schriften vor 1935/36 entstand, autobiographischen Charakter trägt und »sich bis zur Ausschließlichkeit hin als abbildorientiert ... präsentiert« (5.175).

IV. KONTEXT 2: REZEPTION UND BEARBEITUNGEN
1. *The Seventh Cross*: Bestseller in den USA

1 5.164, S.238. Vgl. auch Anna Seghers, Brief v. 28. 2. 1963 (2.3, S.64 ff.)
2 Franz Hoellering, Gutachten, o. Datum, S.2 (1.20).

3 Über Maxim Lieber gibt es nur wenige verläßliche Informationen. Hinweise auf eine Tätigkeit von Lieber als kommunistischer Agent, auf die ich mit Bezug auf verschiedene Publikationen in einem Vorabdruck dieses Kapitels eingehe (3.172), haben sich nach mehreren ausführlichen Gesprächen, die ich u. a. mit Liebers Witwe Minna führen konnte (1.40), nicht bestätigt.
4 Alien Registration, Foreign Service Form (1.15).
5 Roger L. Scaife (Little, Brown), Brief an Amy Loveman (Book-of-the-Month Club) v. 11. 4. 1942 (1.20).
6 Wenig später entschied sich der Book-of-the-Month Club zu dem ungewöhnlichen Schritt, ein zweites Buch für den Monat Oktober zu verschicken, nämlich W. L. Whites Kriegsroman *They Were Expendable*.
7 F. C. Weiskopf, Brief an Anna Seghers v. 24. 6. 1942 (zitiert nach 2.14, S. 215).
8 L. P. (d. i. Laurence Pollinger), [Brief an Little, Brown] v. 13. 7. 1942 (1.20). Dieser Brief kann aus urheberrechtlichen Gründen hier nur zusammengefaßt werden.
9 *Publishers' Weekly* v. 26. 9. 1942. Nach Unterlagen bei Little, Brown könnte der Auslieferungstag aber auch schon früher gelegen haben.
10 Anna Seghers, Brief an Little, Brown v. 5. 10. 1942 (1.20). Vgl. auch Anna Seghers, Brief an Kurt Kersten v. 24. 8. 1944: »Ich werde versuchen, Dir das ›Siebte Kreuz‹ im Original zu schicken, aber ich fuerchte, die recht kleine Auflage ist ganz vergriffen« (1.4).
11 Briefliche Auskunft des National Archives and Records Service, Washington, v. 7. 3. 1984 an den Verfasser.
12 Zur Zusammenarbeit zwischen dem Council on Books in Wartime und den Treasury Star Parade Programmes s. *Publishers' Weekly* v. 6. 2. 1943, S. 748 f. Was aus diesem Projekt geworden ist, ließ sich nicht mehr ermitteln.
13 Book-of-the-Month Club, Brief an C. Raymond Everitt v. 30. 9. 1942 (1.20). Dieser Brief kann aus urheberrechtlichen Gründen hier nur zusammengefaßt werden.
14 *Daily Mirror* (New York) v. 29. 11. 1942.
15 Maxim Lieber, Brief an Angus Cameron v. 26. 5. 1944 (1.20). Kurt und Jeanne Stern haben berichtet, daß auch in Lateinamerika eine Comic-strip-Version des Romans

verbreitet gewesen sei: »›Das Siebte Kreuz‹, ins Spanische übersetzt, wurde bereits in ganz Lateinamerika verschlungen. Ja sogar die Ärmsten der Armen, die Indios, die nur wenig oder gar nicht lesen konnten, verfolgten die in broschierten Groschenheften oder in der Zeitung als Comic strips nacherzählte spannende Geschichte« (3.135, S. 9).

16 Franz Hoellering, Gutachten (für Little, Brown), o. Datum, S. 1 f. (1.20).
17 C. R. Everitt, Gutachten v. 21. 11. 1941 (1.20).
18 D. A. Cameron erwähnt in einer verlagsinternen Korrespondenz mit Verleger Alfred McIntyre, daß er über 50 Seiten aus dem knapp fünfhundertseitigen Manuskript der Übersetzung gestrichen habe (D. A. C., an Alfred McIntyre v. 3. 9. 1942 [1.20]). Hoellering meint gar, daß »ungefähr zwanzig der ersten vierzig Seiten gestrichen werden sollten, weil sie den Leser in ein allgemeines Milieu einführen, statt sofort mit der Geschichte anzufangen« (F. H., Gutachten, o. Datum [1.20]). Ein Vergleich der amerikanischen und der deutschen Ausgabe des Romans bestätigt Camerons Schätzung. Andererseits stellt *The Seventh Cross* insofern eine Ausnahme dar, als der englische Text länger als das deutsche Original ist. »Eine stakkato- und telegrammartige Ausdrucksweise mußte oft vermieden werden«, schreibt der Übersetzer Galston dazu an Lieber, »Lücken galt es zu überbrücken und unklare Passagen durch das Einfügen von ein paar klärenden Worten durchsichtig zu machen; gelegentlich mußten Sätze verschoben werden, die an ihrer ursprünglichen Stelle aus dem logischen Zusammenhang fallen. Diese Bemerkungen erklären auch, warum die englische Übersetzung mehr Worte zählt als der deutsche Text, obwohl es eine Regel ist, daß ein Text schrumpft, der aus dem Deutschen ins Englische übertragen wird.« (James A. Galston, Brief an Maxim Lieber v. 14. 11. 1941 [1.20]) Unzufrieden war Galston auch mit dem vorangestellten Pesonenverzeichnis: »Das ›Personenverzeichnis‹«, teilt er am 19. April 1942 dem Verlag mit, »ist, wie es jetzt aussieht, ziemlich fehlerhaft ... ich lege Ihrer Liste in Duplikat eine getippte Fassung bei, die meine Vorstellungen davon enthält, wie die Liste aussehen sollte.« (1.20) Der Plan, eine Karte des Rhein-Main-Ge-

biets in dem Buch abzudrucken, wurde augenscheinlich fallengelassen.
19 Anna Seghers hat in ihrem Interview mit *New Masses* diplomatisch auf diese Veränderungen reagiert: »Bis vor kurzem hatte ich keine Ahnung, wie gut oder schlecht die Übersetzung von *The Seventh Cross* ist. Aber jetzt ist mein Englisch besser geworden, und mir scheint die Übersetzung zufriedenstellend zu sein. Zu einigen Dingen hätte ich mein Einverständnis nicht gegeben, wenn ich sie im voraus gekannt hätte. Aber aus irgendeinem Grund war der Verlag der Meinung, daß es nicht nötig sei, mit mir Rücksprache zu halten.« (2.18, S.256) In ihrer privaten Korrespondenz hört sich das dann schon anders an: »Ich bat ... meinen Agenten Lieber ... mir die englische Übersetzung zu schicken. Erst einmal ist es verrückt, daß ich diese Übersetzung nie zu sehen bekam, es muß doch genug Kopien geben, um eine an die Autorin zu schicken. So viel Geld, so viel von meinem Geld (als Vorschuß auf die Tantiemen) wurde für den Übersetzer ausgegeben ..., aber Lieber antwortet noch nicht einmal« (Anna Seghers, Brief an F. C. Weiskopf v. 27.11. 1941 [1.32]). Und noch Jahre später klagt sie anläßlich der ebenfalls von Kürzungen bedrohten Übersetzung von »The Dead Stay Young« für »Liddle [!] Brown« in einem Brief an Maxim Lieber: »Erinnern Sie sich daran, wie oft man aus ähnlichen Gründen auch das ›Siebte Kreuz‹ zuerst nicht akzeptiert hat. Was man schließlich im ›Siebten Kreuz‹ doch gestrichen hat, war auch falsch und unwichtig.« (Anna Seghers, Brief an Maxim Lieber v. 2. 8. 1949 [1.25])
20 Ein Versuch von Maxim Lieber, die Thomas-Mann-Übersetzerin Helen Lowe-Porter für das Projekt zu gewinnen, scheiterte daran, daß Lowe-Porter mit $6.50 pro 1000 Worte mehr verlangte, als Little, Brown zu zahlen gewillt war (Anna Seghers, Brief an F. C. Weiskopf v. 25.7. [1941] [1.32]).
21 James A. Galston, Brief an Maxim Lieber v. 14.11. 1941 (1.20).
22 A.a.O.
23 Seghers, *Das siebte Kreuz*, S.196; Anna Seghers: *The Seventh Cross*. Boston: Little, Brown and Company 1942,

S. 163. Warum Galston das Zimthütchen (engl. Pigwidgeon) zu einem Blinden macht (S. 35/S. 25), der bei der Gegenüberstellung mit Heinrich Kübler im KZ folglich nicht dabeisein kann (S. 178/S. 148), ist aus der Verlagskorrespondenz nicht zu ersehen.
24 A.a.O., S.8/S.V.
25 A.a.O., S.387/S.311.
26 A.a.O., S.407–412/S.327.
27 A.a.O., S.9/S.3
28 A.a.O., S.316/S.258.
29 D. A. Cameron, Gutachten v. 25. 11. 1942 (1.20). Wenige Monate später war derselbe Cameron in einem Brief an Anna Seghers der Meinung, »daß ›The Seventh Cross‹ eine wichtige Rolle bei der politischen Erziehung der Amerikaner in diesem antifaschistischen Krieg gespielt hat« (Brief an Anna Seghers v. 18. 2. 1943 [1.20]). Cameron verließ den Verlag Anfang der fünfziger Jahre, weil er sich nicht dem politischen Druck beugen wollte, als Little, Brown unter anderem wegen der Publikation von Anna Seghers' *The Dead Stay Young* ins Visier des berüchtigten Kommunistenfeindes Joseph McCarthy, der Zeitschrift *Counterattack* und des FBI geriet (vgl. 4.79, S. 481).
30 Ethel Vance, zitiert nach einer Verlagsreklame in *The Atlantic*, Oktober 1942.
31 3.33, S. 344. Vgl. auch Vincent Benet in *New York Herald Tribune* v. 26. 9. 1942.
32 Neben H. H. A. Bernt (3.2) äußerte sich ausgerechnet die *New York Times* betont negativ über die Form des Romans. Viele der Argumente decken sich dabei ziemlich genau mit der Kritik, die den Roman Jahre später in der DDR traf: »... Miss Seghers hat ihrem Roman bewußt Geschwindigkeit, andauernde Spannung oder emotionale Wirkung genommen, indem sie das Interesse an ihrer Geschichte in so viele Richtungen leitet und – ein wenig in der Art von Jules Romains – so rasch von einer Person zur nächsten wechselt.« Das Buch sei nur langsam und ziemlich schwer zu lesen und wende sich an intellektuelle Leser, die gewillt sind, sich ganau zu konzentrieren. Nicht zuletzt, weil Georg kein besonders sympathischer Charakter ist, falle es dem Leser schwer, emotional auf das Geschehen

zu reagieren: »... es fehlt ... dem Buch ... der Funke, der spontanen Enthusiasmus erzeugen kann ... und es ist sehr leicht, es wegzulegen.« (3.8) Bedenken wegen »andauernd wechselnder Szenen« meldete auch Josephine Stickney, eine der »reader« von Metro-Goldwyn-Mayer, an: »Es gibt keine interessante Liebesgeschichte. Die Methode des Bewußtseinsstroms wird breit angewendet. Es handelt sich um eine dramatische ›Flucht‹-Geschichte, die freilich erheblich bearbeitet werden müßte.« (Josephine Stickney: »Synopses of Book«, 8. 1. 1943 [1,21]) Vgl. auch *Cue* v. 26. 9. 1942 (nach 4.76, S. 750).

33 3.21, S. 389. Als »ausgebildeter, fanatischer Kommunist« wird Wallau auch von Henry Seidel Canby, dem ›Chairman‹ des Book-of-the-Month Clubs, eingestuft (3.3, S. 2).

34 *Publishers' Weekly* v. 10. 10. 1942, S. 1582.

35 A. a. O. v. 31. 10. 1942, S. 1877. Sechs weitere Bestsellerlisten, auf denen *The Seventh Cross* 1942 erschien, sind in *Book Review Digest*, 1942, S. 693 aufgeführt.

36 *Publishers' Weekly* v. 16. 1. 1943.

37 Robert Rubin, Brief an MGM v. 23. 2. 1943 (1.21).

38 Little, Brown verkaufte die Hardcoverausgabe für $ 2.50. Nach der internen Verlagskorrespondenz war Anna Seghers nach folgendem Schlüssel am Erlös beteiligt: »Tantiemen 10 % für die ersten 3 000 Exemplare, 12½ % für 10 000 und 15 % darüber« (D. A. C. [d. i. Angus Cameron], an Mr. Everitt v. 12. 6. 1941 [1.20]). Von diesen Einnahmen mußte Anna Seghers freilich nicht nur den Übersetzer ($ 500 für die ersten 10 000 Exemplare, danach 2,5 cent pro Exemplar [1.20]), sondern auch ihren Agenten Maxim Lieber bezahlen. Weitere 27,4 % behielt das US Treasury Department ein, weil Anna Seghers in den USA als Non-Resident Alien registriert war. Dennoch dürfte die Mitteilung von Walter Janka (1.38), daß Anna Seghers an Buch- und Filmrechten ungefähr $ 200 000 verdient hat, nicht völlig unrealistisch sein.

39 Steffie Spira-Ruschin hat berichtet, daß sich »Anna in Mexiko, nach dem großen literarischen und materiellen Erfolg ihres Romans ›Das siebte Kreuz‹, ein Haus mieten konnte ...« (4.77, S. 33).

40 Anna Seghers, Telegramme an Little, Brown v. 30. 7. u. 25. 8. (1942) (1.20).

41 Anna Seghers, Brief an Little, Brown v. 5. 10. 1942 (1.20).
42 F. C. Weiskopf, Brief an Anna Seghers v. 27. 9. [1942] (1.32).
43 F. C. Weiskopf, Brief an Anna Seghers v. 5. 12. 1942 (1.32).
44 F. C. Weiskopf, Brief an Anna Seghers v. 11. 1. 1943 (1.32).
45 Little, Brown, Brief an Anna Seghers v. 29. 9. 1951 (1.25).

2. Der Hollywood-Film

1 Maxim Lieber, Brief an Viola (Brothers Shore) v. 22. 6. 1942 (1.6).
2 *Variety* v. 6. 9. 1942. Zitiert nach einem undatierten Brief des New Yorker Büros von MGM an Mr. Margulies im MGM-Studio in Culver City (1.21).
3 »Agreement made March 12, 1943 between NETTY RADVANYI (pen name ANNA SEGHERS) and VIOLA BROTHERS SHORE, herin together called ›OWNER‹, and LOEW'S INCORPORATED, herin called ›PURCHASER‹.« (1.21).
4 Welche Rolle Herman Weisman, dessen Anspruch auf »Analyse des Materials der Geschichte und der strukturellen Möglichkeiten« (1.21) sich MGM am 15. April 1943 ausdrücklich abtreten ließ, bei der Herstellung der Drehbücher spielte, ist nicht mehr festzustellen.
5 *Time Magazine* berichtete am 30. März 1992 anläßlich des Todes von Helen Deutsch: »Der erste große Erfolg ihrer Karriere als Drehbuchschreiberin kam im Jahr 1944 als Koautorin von *National Velvet* ... Deutsch' Drehbuch von 1953 für *Lili* wurde mit einem Golden Globe Award ausgezeichnet.«
6 MGM, Brief an den Secretary of State, Washington v. 24. 3. 1943 (1.21).
7 D. O. Decker, Brief an Ralph Rice (Alien Property Custodian) v. 8. 3. 1943 (1.21).
8 Elene Aristi, Synopses of 10/22/43 OK script, S. 4 (1.21, Drehbücher). Jan-Christopher Horak hat darauf hingewiesen, daß die amerikanischen Antinazifilme damals nicht nur durch das »genrespezifische Zeichensystem« (5.146, S. 91) von Hollywood, sondern auch durch eine »konservative Faschismustheorie« bestimmt wurden, die sich ohne

Rücksicht auf den realen Kapitalismus in den USA an einer »idealen Vorstellung der amerikanischen Demokratie gegenüber« »Symbolen« wie »Freiheit der Meinungsäußerung, Freiheit der Religionsausübung« (5.146, S. 378 f.) usw. orientierte.

9 Der Verfasser hatte zudem die Gelegenheit, mit folgenden Personen zu sprechen, die an der Herstellung des Films entscheidend beteiligt waren: Fred Zinnemann am 15. 2. 1984; Pandro S. Berman am 8. 5. 1984; Helen Deutsch am 26. 11. 1983; Herbert Rudley am 31. 10. 1984. Keiner von ihnen besaß Kenntnis von den politischen Zusammenhängen der Romanhandlung oder der weltanschaulichen Position von Anna Seghers. In Los Angeles wohnende Exilautoren und -schauspieler wurden selbst dann, wenn sie am Film mitwirkten, über diese Zusammenhänge nicht befragt, weil, wie Rudley, der immerhin den Franz Marnet spielte, es formulierte, alle Beteiligten primär daran interessiert waren »to get the job done«. Rudley meinte auch, daß außer Spencer Tracy wahrscheinlich – wie in Hollywood üblich – keiner der Schauspieler das gesamte Drehbuch kannte.

10 »To Whom It May Concern« (Lebenslauf von Anna Seghers) v. 11. 8. 1943 (1.21).

11 Mappe Fred Zinnemann, Metro-Goldwyn-Mayer-Archiv, Culver City (1.21).

12 Zinnemann hatte 1929 noch in Deutschland an dem dokumentarischen Spielfilm *Menschen am Sonntag* mitgearbeitet. Im selben Jahr ging er als 22jähriger in die USA, wo er als »persönlicher Assistent« (3.261, S. 214) mehrere Jahre bei Berthold Viertel arbeitete. In Mexiko drehte Zinnemann 1934 den Dokumentarfilm *Redes*; 1941/42 entstanden seine ersten Spielfilme, *Kid Glove Killer (Der Gentleman-Killer)* und *Eyes in the Night (Spur im Dunkel)*. Vgl. 3.258, S. 9 u. 3.260, S. 31 ff. u. 100 ff. In den folgenden Jahren wurde Zinnemann mit Streifen wie *12 Uhr mittags (High Noon)*, *Die Gezeichneten (From Here to Eternity)* und *Ein Mann zu jeder Jahreszeit (A Man for All Seasons)* zu einem der erfolgreichsten Hollywood-Regisseure.

13 MGM on Call Bureau Cast Service v. 28. 3. 1944 (1.21).

14 Zwei beträchtlich von der Romanvorlage abweichende Szenen mit den Exilschauspielern Helene Thimig, Lionel

Royce und Norbert Muller als Familie Anders sind zwar in der Endfassung des Drehbuches, nicht aber im Film enthalten. Das gleiche gilt für den Auftritt von Frau Hinkel und Frau Grosser, die von den Exilanten Lisa Golm und Irene Seidner gespielt werden sollten und für die Kurzszene mit dem Ehepaar Schmitt, für das Frank Jaquet und Lotte Stein, ebenfalls eine Exilschauspielerin, vorgesehen waren.

15 Walter Wicclair listet die Namen von diesen und anderen Exilanten auf, die in dem Film mitwirkten: »Die Emigranten Felix Bressart, Alexander Granach und John Wengraf bekamen größere Rollen. Kleine und noch kleinere Rollen spielten Ludwig Donath, ... Martin Berliner, Lionel Royce, ... Norbert Müller, ... Irene Seidner, Lotte Palfi, Gisela Werbezirk ...« (5.284, S. 137 f.) Fred Zinnemann erinnert sich, daß von den Exilschauspielern besonders Gisela Werbezirk zur Atmosphäre des Films beigetragen habe (1.50).

16 »In New Film«, Zeitungsausschnitt, ohne Quellenangabe (1.1). Nach Horak war Katch, der bis 1933 dem Jüdischen Kulturbund in Berlin angehörte, 1939 über Polen in die USA gekommen (5.146, S. 92). Für Karen Verne, die u. a. mit Peter Lorre verheiratet war, verzeichnet Horak für 1939/40 einen Fluchtweg über England in die USA (a. a. O., S. 144).

17 Spencer Tracy soll sich ungeachtet der Tatsache, daß Todesfälle in seiner unmittelbaren Umgebung ihn während der Dreharbeiten ablenkten, gegenüber der Presse stark für den Neuling Zinnemann eingesetzt haben (5.263, S. 195).

18 »Dream Lovemaking Starts Tracy Role«. Zeitungsausschnitt, ohne Quellenangabe (1.1).

19 Zum Beispiel sieht das Modell des Mainzer Doms eher dem Kölner Dom ähnlich. Das Wort »Konzentrazionslager« wird falsch buchstabiert. Die Handlung findet 1936 und nicht, wie im Roman, 1937 statt – ein Fehler, der 1983 auch noch der *Frankfurter Rundschau* (v. 4. 3. 1983) unterläuft. Ein Steckbrief im »Mainzer Fremdenblatt« ist mit »3 000 Marks« überschrieben. Und sicherlich hätte in der Wohnung des Architekten Sauer 1936/37 nicht mehr jenes gegenstandslose Bild gehangen – »riesiges, halb-abstraktes

Gemälde, ziemlich merkwürdig« (»The Seventh Cross«, Drehbuch v. Helen Deutsch v. 22.10. 1943, S. 111 [Drehbucharchiv, 1.21]) –, das Paul Röder leicht verwirrt zu enträtseln sucht.

20 Im MGM-Drehbucharchiv befinden sich unter dem Datum 30.–31. März 1943 eine Reihe von Notizen, in denen Helen Deutsch sogar mit der Idee spielt, Heisler der Gestapo auszuliefern, aus deren Händen er nur durch eine falsche Aussage von Hellwig wieder freikommt (1.21).

21 »The Seventh Cross«, Übersetzung nach der Filmfassung (1.21).

22 »The Seventh Cross«, Übersetzung nach der Filmfassung (1.21).

23 Dietz to Strickling, Teletype Message from New York Office (MGM) v. 11. 8. 1944 (1.21).

24 Dietz to Strickling, Teletype Message from New York Office (MGM) v. 14. 8. 1944 (1.21).

25 3.200. Viertel bemängelt zwar, daß »die Nazis ... fast ganz weggelassen« (3.258, S. 10) seien. Auf die Partei von Wallau und Heisler kommt freilich auch er nicht zu sprechen (»die Untergrundkämpfer, die tapferen Maulwürfe«, a. a. O., S. 9).

26 3.207, S. 334. Agee verfügte über Kontakte zur deutschen Exilkolonie in Mexiko durch seine ehemalige Frau Alma, die damals mit Bodo Uhse lebe (5.211 u. 4.79).

27 3.217. Daß diese Kontroverse »verbissen« gewesen sei und daß »die ansonsten vornehmlich an ästhetischen Kriterien orientierte amerikanische Filmkritik« auf *The Seventh Cross* »ausgesprochen politisch« reagiert habe (3.219, S. 105), dürfte freilich übertrieben sein. Oberflächlich bleibt auch Martin Loiperdingers Vermutung, daß »dem amerikanischen Durchschnittsbürger ... der Gedanke, am Feind noch irgendwelche Unterscheidungen zu treffen, ohnehin weitgehend fremd« sei (3.228, S. 67). Und auf keinen Fall trifft zu, was Bernard F. Dick behauptet: »Der voice-over-Epilog besteht geradezu darauf, daß man *The Seventh Cross* als Film aus dem Zweiten Weltkrieg versteht, weil das, was er über Deutschland sagt, sich nur auf die Zeit bezieht, als der Krieg und die Aggressionen nicht nur angefangen haben, sondern schon im Gang sind ...« (3.220,

S. 208) Andererseits besteht kein Zweifel, daß sich die antideutsche Stimmung zur Jahreswende 1944/45 in den USA auf einen Höhepunkt zubewegte. Deutschland wurde damals, wie bereits angedeutet, von einer überwiegenden Zahl der Amerikaner weit vor Japan als Gefahr für die Zukunft ihres Landes angesehen; vom deutschen Volk, in dem Ende 1942 nur 6 % ihren Hauptfeind gesehen hatten (5.94, S. 356), glaubten im Mai 1945 ganze 4 % der Befragten noch, daß es die Morde in KZs und Kriegsgefangenenlagern abgelehnt habe (a. a. O., S. 508; vgl. dagegen eine Umfrage, die im Juni 1945 in Schweden durchgeführt wurde, bei der 71 % erklärten, daß »die meisten Deutschen nichts gewußt haben ... von den ... Konzentrationslagern« [5.230, S. 1071]). Auf die Frage »Was, glauben Sie, sollen wir mit Deutschland als Land machen?« sprachen sich im Mai 1945 34 % der Amerikaner dafür aus, das Land strengstens zu bestrafen und als politisches Gebilde zu zerstören – gegenüber nur 8 %, die sich für Begriffe wie »mild, rehabilitieren, umerziehen, Handel fördern, neu anfangen« entschieden (5.94, S. 506). Weitgehend einig war man sich auch darüber, daß alle Deutschen durch Filme über die Morde in den Konzentrationslagern aufgeklärt werden sollten (a. a. O., S. 505), machte sich aber über die Zahl der Naziopfer noch erhebliche Illusionen: im November 1944 setzten 27 % der Befragten die Zahl bei »100 000 oder weniger« (a. a. O., S. 472) an, im Frühjahr 1945 wurde im Durchschnitt auf 1 000 000 Tote geschätzt (a. a. O., S. 504). Vgl. in diesem Zusammenhang auch 5.55.

28 Da sich im Seghers-Nachlaß Rezensionen zur Aufnahme von Buch und Film in den USA finden, ist anzunehmen, daß Anna Seghers über die Debatten informiert gewesen war (1.25). Fred Zinnemann erinnert sich, 1944 bei einer Reise nach Mexiko mit Anna Seghers über den Film gesprochen zu haben (3.261, S. 214f. und Fred Zinnemann, Brief an Anna Seghers [1975] [1.25]).

29 3.206. Vgl. auch u. a. Paul Merker: »Der kommende Frieden und die Freien Deutschen« (a. a. O., 12/1944, S. 8f.) und Erich Jungmann: »Zu einigen Fragen der Umerziehung« (a. a. O., S. 16ff.).

30 Im Anna-Seghers-Archiv befindet sich ein Exemplar von

Band Q-33 der Militärausgabe, das mit folgendem Copyrightvermerk versehen ist: »Dieses Buch wurde von Editions for the Armed Services, Inc., veröffentlicht, einer gemeinnützigen Organisation, die vom Council on Books in Wartime gegründet wurde, der sich aus amerikanischen Verlegern ... Bibliothekaren und Buchhändlern zusammensetzt. Es darf nur an Angehörige des amerikanischen Militärs verteilt werden ...« (1.25) Vgl. auch den Brief eines GI an Anna Seghers (»Als wir bei Mainz über den Rhein fuhren, habe ich den Helm abgenommen, Dir und den Freunden vom ›Siebten Kreuz‹ zu Ehren« [3.112, S. 276]) und den Erinnerungsbericht von Jurij Brězan, in dem von einer GI-Ausgabe in »The soldier's pocket library« die Rede ist (4.38, S. 12).

31 Licence, Loew's Inc. and United States of America v. 24. 4. 1945 (1.21). Die Länge dieser beiden Filmstücke betrug insgesamt 63 Fuß.

32 Jorge Amado, in: Verlagsprospekt, Verlag Volk und Welt (1983). Der in *neue deutsche literatur* 10/1983, S. 15 abgedruckte Text scheint einer anderen Übersetzung zu folgen.

33 4.47, S. 148. Helmut Müssener geht in seiner 1974 bei Hanser erschienenen Examensarbeit weder auf den Buch- noch auf den Filmerfolg von *The Seventh Cross* in Schweden ein (5.208).

34 Palitzsch buchstabiert den Namen des Regisseurs falsch (»Zennemann«, (3.238, S. 1616). Ulrich Blankenfeld verlegt, wie der Film, die Handlung in das Jahr 1936 und schreibt die Namen der Schauspieler Agnes »Moorebaed« und Hume »Gronyn« (3.210, S. 5) falsch.

35 Anna Seghers, Brief an Maxim Lieber v. 29. 1. 1951 (1.25).

36 Anna Seghers, Brief an Doktor Kaltofen v. 28. 10. 1963 (1.25).

37 Hans Rodenberg, Brief an Anna Seghers v. 26. 2. 1965 (1.25). Vgl. dazu ein »Gedächtnisprotokoll« vom Mai 1989, in dem sich Kamnitzer daran erinnert, daß Anna Seghers bei der Diskussion über den Film »den größten Wert ... auf den Berufsrevolutionär, den Kommunisten Wallau« legte, der »mit seinem Klassenbewußtsein nicht nur das Gewissen von Heisler bestimmt, sondern die Aussage der Handlung insgesamt« (Heinz Kamnitzer, Ge-

dächtnisprotokoll v. 22.5. 1989, S.1f. [Nachlaß Heinz Kamnitzer, Staatsbibliothek Berlin]).
38 Gesprächsprotokoll (Anna Seghers, Adamek, Sachs) v. 20.2.1965 [1.25]).
39 Besetzungsvorschlag für ›Das siebte Kreuz‹ v. 20.12.1962 (1.25).
40 Eine von MGM nicht zum Abdruck freigegebene Dokumentation vom 25.11. 1944, »The Seventh Cross«, Scen. 7909, Prod. 1314 (1.21), nennt für das Buch $ 100 000, das ›Szenario‹ über $ 60 000 und die gesamten Produktionskosten über $ 1,3 Millionen.
41 Donald A. Dewan, Academy of Motion Picture Arts and Sciences, Brief an Loew's Incorporated v. 12.3. 1945 (1.21).
42 So zum Beispiel in den USA in einer »TV Answerman« überschriebenen Kolumne: »Es gibt da einen alten Film. Der Name könnte ›The Seventh Cross‹ oder ›The Seventh Day‹ sein ... Er spielt in Deutschland oder Europa in den dreißiger oder fünfziger Jahren. Wie lautet der Name des Films, was ist das Jahr und wie heißt der Mann, der flieht. – M. P., Crescent, Ok.« (3.253).
43 Im Oktober 1980 bestellte das DDR-Fernsehen bei MGM einen dreiminütigen Ausschnitt aus *The Seventh Cross*, der wohl für eine Sendung zu Anna Seghers' 80. Geburtstag gedacht war. Als Metro $ 2700 für jede Sendeminute forderte, platzte das Vorhaben. Abschlägig wurde auch die Anfrage eines Düsseldorfer Theaters behandelt, das 1982/83 100 Sekunden des Films als Hintergrund für eine Inszenierung von Christopher Hamptons *Tales from Hollywood* benötigte (1.21).

3. *Das siebte Kreuz* und das FBI

1 Anlage zu A. M. Thurston, Memorandum an Mr. Foxworth v. 19.5.1941 (FBI-Akte, Klaus Mann [1.10]).
2 John A. Butler, U.S. Naval Attache, Ciudad Trujillo, Intelligence Report v. 20. 8. 1941, S.1 (Record Group 59, 800.00B Kantorowicz, Alfredo/4 [1.22]).
3 Anna Seghers, Brief an [ausgeschwärzt] v. 3.8.1942, Office of Censorship (1.10). Wenn nicht anders vermerkt, beziehen sich alle Verweise auf die FBI-Akte von Anna Seghers.

4 William F. Busser, Third Secretary of Embassy, Embassy of the United States of America, Mexiko, an Secretary of State v. 30. 10. 1942 und als Anlage Attest v. 27. 10. 1942 von Dr. Hermann Glaser (Record Group 59, 840.51 Frozen Credits/8236 [1.22]). Vgl. auch Anna Seghers, Brief v. 10. 2. 1943, in FBI-Report, New York v. 31. 5. 1944 und Telegramm v. 9. 6. 1944, in SAC, New York, Memorandum an Director, FBI, v. 19. 6. 1944 (1.10).

5 John Edgar Hoover, Brief an Lee T. Crowley v. 25. 9. 1943 (1.10).

6 Memorandum, Re: ANNA SEGHERS, ALIAS NETTY RADVANYI, Anlage zu John Edgar Hoover, Brief an Lee T. Crowley v. 25. 9. 1943 (1.10). Vgl. dazu Anna Seghers' Beitrag zu »Pay Tribute to Soviets«. In: *Daily Worker* (New York) v. 7. 11. 1942.

7 »Re: Netty Radvanyi, with aliases ...« v. 24. 10. 1945, S. 3 und »Re: Netty Radvanyi ...« v. 12. 4. 1943, S. 3 (Record Group 59, 862.01/265 [1.22]).

8 Dazu u. a. FBI, Memorandum an Communications Section, o. D. (File Nr. 100–367102); Henry Munroe, Alien Property Custodian, Memorandum an FBI v. 9. 9. 1943 und Lloyd L. Shaulis, Alien Property Custodian, Brief an J. Edgar Hoover v. 1. 6. 1944 (1.10).

9 FBI, Memorandum an Birch D. O'Neal, American Embassy, Mexico (o. D.) (1.10).

10 Correlation Summary v. 8. 3. 1974, S. 17 (1.10).

11 Office Memorandum, United States Government, an D. M. Ladd v. (Juni?) 1944 (1.10). Der kurz SIS genannte Special Intelligence Service war während der Kriegsjahre Hoovers langer Arm in Lateinamerika.

12 »Report by Office of the Naval Attache of this Embassy Concerning Alemania Libre« v. 12. 4. 1943, S. 3, Anlage zu W. K. Ailshie, Third Secretary of Embassy, Embassy of the United States, Mexiko, v. 29. 4. 1943 (Record Group 59, 862.01/261 [1.22]).

13 Anna Seghers, Brief an F. C. Weiskopf v. 20. 8. [1941] (1.32).

14 Anna Seghers, Brief an F. C. Weiskopf v. 26. [o. Monat] 1942 (1.32).

15 Anna Seghers, Brief an F. C. Weiskopf v. 27. 11. 1941 (1.32).

Vgl. dazu auch einen Brief von Hannes Meyer an Ludwig Renn v. 20. Oktober 1941 (5.201, S. 303 f.).
16 E. E. Conroy, Brief an Director, FBI, v. 6.5. 1943 (1.10).
17 Es gibt in Anna Seghers' FBI-Akte Hinweise darauf (»RE: Alto Case. Internal Security – R, Censorship Matters« [ausgeschwärzt], Brief an Director, FBI, v. 5.5. 1945, S.1. [1.10]), daß die geheimnisvollen Briefe, deren Inhalt zum Teil von FBI-Experten entschlüsselt, aber nicht an mich freigegeben wurde, mit vermuteten oder tatsächlichen Aktivitäten von »NKVD« und »Comintern Apparatus« (E. E. Conroy, New York, Brief an Director, FBI, v. 29.1. 1944, S.13, 1) im Zusammenhang einer geplanten Befreiung des Trotzki-Mörders Ramón Mercader (alias Frank Jackson) zu tun hatten.
18 E. E. Conroy, New York, Memorandum an Director, FBI, v. 21.8. 1943 (1.10).
19 E. E. Conroy, Brief an Director, FBI, v. 22.3. 1943 (1.10).
20 J. Edgar Hoover, Memorandum an SAC, New York, v. 22.5. 1943 (1.10).
21 FBI-Report, New York v. 26.6. 1943, S.7 (FBI-Akte, [ausgeschwärzt]) (1.10).
22 FBI-Report, Mexiko v. 24. 10. 1945, S.2 (1.10).
23 Report of the FBI Laboratory v. 11. 9. 1944 (1.10).
24 Correlation Summary v. 8.3. 1974, S.23 (1.10).
25 Brief an Anna Seghers v. 1.11. 1944, zitiert in Report of the Office of Censorship v. 25.1. 1945 (1.10).
26 Postal and Telegraph Censorship, Index to Report on Free Germany v. 20. 12. 1943, S.68 (Office of Strategic Services, Foreign Nationalities Branch, INT-13GE, 964 [1.22]).
27 Netty Radvanyi, Telegramm an New York v. 1.6. 1943 (Zusammenfassung des Office of Censorship) (1.10).
28 Brief v. 22.3. 1945, zitiert in Report of the Office of Censorship v. 29.3. 1945 (1.10).
29 Correlation Summary v. 8.3. 1974, S.27 (1.10).
30 Telegramm v. 27.5. 1944, Anlage zu J.P. Weigemuth, Executive Liaison Officer, Office of Censorship, Brief an John Edgar Hoover v. 9.6. 1944 (1.10).
31 [Ausgeschwärzt], Brief an Anna Seghers v. 6.7. 1944. Anlage zum Report of the FBI Laboratory v. 26.7. 1944 (1.10).
32 »Analytical Summary« [Correlation Summary] v. 26.3. 1973, S.2 (1.10).

4. Theaterfassungen: Vom Broadway nach Schwerin

1 2.18, S. 256 (verbesserte Übersetzung). Tamara Motyljowa erwähnt dieses Interview zwar, zitiert aber nicht aus ihm (3.124, S. 159).
2 Maxim Lieber, Brief an Viola Brothers Shore v. 22. 6. 1942 (1.6).
3 »Dramatic Production Contract« zwischen Otto Preminger, Anna Seghers u. Viola Brothers Shore v. 5. 9. 1942 (1.25).
4 Maxim Lieber, Brief an Viola Brothers Shore v. 12. 2. 1943 (1.6).
5 Eine Rechnung des Hotel Marik in der Viola Brothers Shore Collection listet die Kosten für die Woche vom 26. 11. bis 1. 12. 1942 auf. Unterlagen der amerikanischen Zollbehörde bestätigen ferner, daß Viola Brothers Shore erst am 7. Januar 1943 in die Vereinigten Staaten zurückgekehrt ist (1.6).
6 FBI-Report, New York v. 31. 5. 1944, S. (unleserlich) (FBI-Akte, Alto) (1.10).
7 Clarence W. Moore, Civil Attache, Memorandum für Raleigh A. Gibson, First Secretary, Embassy of the United States of America, Mexiko, v. 26. 3. 1943, S. 10 (Record Group 59, 862.01/256 [1.22]).
8 W. K. Ailshie, Third Secretary of Embassy, Embassy of the United States of America, Mexiko, Brief an Secretary of State v. 25. 6. 1943, S. 18 (Record Group 59, 862.01/286 [1.22]).
9 1. 6. Beim Datum hatte der Zollbeamte statt 7. Januar 1943 versehentlich noch 1942 eingetragen.
10 Maxim Lieber, Brief an Viola Brothers Shore v. 15. 1. 1943 (1.6).
11 Ralph Burkholder, Acting Chief Postal Censor, Telegramm an Viola Brothers Shore v. 20. 1. 1943 (1.6).
12 Maxim Lieber, Brief an Viola Brothers Shore v. 12. 2. 1943 (1.6).
13 Maxim Lieber, Brief an Viola Brothers Shore v. 22. 6. 1942 (1.6).
14 Maxim Lieber, Brief an Viola Brothers Shore v. 15. 1. 1943 (1.6).

15 Maxim Lieber, Brief an Viola Brothers Shore v. 12. 2. 1942 (1.6).
16 Handschriftliche Notiz auf dem Western Union Telegramm, das Viola Brothers Shore am 25. Februar 1943 von Maxim Lieber erhielt (1.6). Ob sie tatsächlich ein Telegramm mit diesem Wortlaut an Lieber abgeschickt hat, läßt sich nicht ermitteln.
17 Maxim Lieber, Telegramm an Viola Brothers Shore v. 4. 3. 1943 (1.6).
18 Viola Brothers Shore, Brief an Loew's Incorporated v. 19. 3. 1943 (1.21).
19 So steht in einer am 25. November 1944 bei MGM zusammengestellten Auflistung der zu *The Seventh Cross* bestehenden vertraglichen Abmachungen ausdrücklich: »Wir erstehen nicht die Rechte auf das Stück, das auf dem Drehbuch von Shore basiert.« (1.21)
20 Maxim Lieber, Brief an Viola Brothers Shore v. 3. 3. 1943 (1.6). Viola Brothers Shore hatte, offensichtlich unzufrieden mit Liebers Diensten, die »client-agent relationship« mit Seghers' Agenten bereits zur Jahreswende 1942/43 aufgekündigt, ausgenommen die Verhandlungen mit MGM (Maxim Lieber, Brief an Viola Brothers Shore v. 6. 1. 1943 [1.6]).
21 So heißt es zum Beispiel in diesen Notizen, die offensichtlich die Kommentare von kritischen Lesern des Manuskripts zusammenfassen: »Übertragung ins Jahr '49 kommt nicht durch« und »Fahrenbergs Wahnsinn ist nicht wichtig oder interessant ... für uns – was für uns wichtig *ist*, ist wer solche Leute in Machtpositionen bringt – wer *heute* den Terror freisetzt, wer die Leute hier und heute sind, die die Fahrenbergs machen.« (Hds. Notizen, 1.6)
22 Der Ursprung dieses Lieds, »We Must Build Tomorrow«, ist nicht bekannt. Es könnte aber nach Aussage von Wilma Salomon, der Tochter der Autorin, durchaus aus der Feder von Viola Brothers Shore stammen, die damals mit Organisationen in Kontakt stand, die vom FBI und dem House Un-American Activities Committee als »Communist fronts« auf schwarze Listen gesetzt wurden (1.44 sowie Telefoninterview vom 26. 2. 1987).
23 Hds. Skizze, Anlage zu Manuskript, o. Titelblatt (1.6).

24 Das von Anna Seghers mitbearbeitete Manuskript beließ es dagegen bei einer eher realistischen Raumaufteilung, die nur durch einige »Before the Curtain«-Szenen aufgelockert wird.

25 Georg bezieht sich hier auf eine von Viola Brothers Shore hinzuerfundene Erklärung dafür, warum der »Lehrer« Pelzer nach Westhofen kam: »Er war ein kleiner Rotschopf, Sohn eines jüdischen Arztes, Loewenstein. Er sagte, ›Herr Pelzer, warum bespucken die mich?‹ Ich habe versucht ihn zu trösten-« (a.a.O., S. 15).

26 A.a.O., S. 26–7. In dieser Fassung des Manuskripts kommen zudem mehrfach jiddische und pseudodeutsche Formulierungen vor wie »klatching« (S. 7) für Beifall spenden, »They are all *kaput*« (S. 13), »dreck like me« (Akt 2, S. 36) und »that old Schlemiehl« (S. 5).

27 Handschriftliche Notizen. Anlage zu 2.31.

28 Eine Aufführung von »Szenen aus ›Das siebte Kreuz‹« durch Exilanten an der Freien Bühne in Stockholm, von der Curt Trepte berichtet hat, scheint nur eine Rezitation gewesen zu sein, bei der Hermann Greid und andere die Verhörszene aus dem Roman vortrugen (5.265, S. 13; vgl. auch 5.78, S. 455).

29 *Programmheft zur Inszenierung von Anna Seghers, ›Das siebte Kreuz‹ am Mecklenburgischen Staatstheater*, Schwerin, o. J., S. 11 f.

30 A.a.O., S. 12.

31 A.a.O., S. 13.

32 Manfred Wekwerth (3.278, S. 2).

33 Horst Heitzenröther: »›Das siebte Kreuz‹ – Dramatisierung von Anna Seghers' Roman in Schwerin uraufgeführt« (Stimme der DDR, 19. 4. 1981).

34 3.268, S. 132; zitiert nach dem Manuskript. Bei Dagmar Fischborn (3.268) und Dagmar Borrmann (3.266) handelt es sich offensichtlich um dieselbe Person.

35 *Programmheft*, S. 11.

36 A.a.O., S. 12.

37 A.a.O., S. 11.

5. Rezeption in Deutschland: West und Ost

1 So melden *Die Welt* (3.65) und *Die Frau von heute* (3.71), daß *Das siebte Kreuz* »in Mexiko ... entstand« bzw. »das Geschehen des Jahres 1933 ... zeichnet«. Der *Nachtexpress* in Berlin (3.56), *Die tägliche Rundschau* (3.57) und *Die Welt* glauben zu wissen, daß Anna Seghers »noch die ersten Jahre der Hitlerzeit in Deutschland mitgemacht ... hat«. In der Nachbemerkung zum Rotationsroman des Rowohlt Verlags heißt es: »Die Arbeit am ›Siebten Kreuz‹ wurde zu Beginn des Krieges in Paris begonnen und durch den Angriff der deutschen Armeen unterbrochen« (Berlin: Rowohlt 1948 [= Rowohlt-Rotations-Roman, 2.]).

2 Kurt Heyd, »Rede auf Anna Seghers anläßlich der Überreichung des Georg-Büchner-Preises am 20. Juli 1947«. Typoskript, S. 1 (1.14).

3 Brief an Anna Seghers v. 23. 2. 1948 (1.14).

4 Brief an Anna Seghers v. 12. 4. 1949 (1.14).

5 Vgl. u. a. *Spiegel* 23–27/1994.

6 4.73. Schnurre hat später den Nachdruck seines Beitrags verboten, weil er »seine Meinung von damals geändert« (4.55, S. 24) hatte. Das gleich gilt für Jokostra, der wie Schnurre für den Fall eines Nachdrucks seiner Texte »rechtliche Schritte« (3.155, S. 32) androhte.

7 4.64. Lion Feuchtwanger sah dagegen gerade in Anna Seghers' Nachkriegsromanen einen formalen Fortschritt. So schreibt er in einem Brief an Arnold Zweig am 10. Juli 1950, daß die »Komposition« von *Die Toten bleiben jung* »geradezu vorbildlich« sei, »während in ... früheren Büchern ... das Erzählerische, das Konstruktive so vernachlässigt war, daß es diese Bücher um den Großteil ihrer Wirkung brachte« (5.89, Bd. 1, S. 85).

8 Aufbau-Verlag, Brief an den Verfasser v. 20. 3. 1984.

9 Hans Rodenberg, Brief an Anna Seghers v. 26. 2. 1965 (1.25).

10 3.180, S. 201. Ein Verlagsprospekt von Luchterhand meldet 1989 450000 verkaufte Exemplare.

11 Siehe in der Bibliographie u. a. Reinhold Jaretzky u. Helmuth Taubald (1978), Uwe Naumann (1981), Annette Delius (1982), Heinz Tischer (1982), Christel u. Heinz

Blumensath (1975), Valentin Merkelbach (1983), Michael Ackermann (1983, 1984 u. 1986), Hans Berkessel (1990), Sonja Hilzinger (1993), Bernhard Spies (1993) und Christiane Spirek (1995).
12 Siehe in der Bibliographie u. a. Valentin Merkelbach (1972 u. 1983), Christa Degemann (1980, 1981, 1983 u. 1985), Andreas Dybowski (1989) und Barbara Prinsen-Eggert (1993). Dazu 4.57, 4.55, 4.31, 4.40.
13 3.186. Verschiedene Zeitungsmeldungen berichten davon, daß man sich in Mainz – anders als in Oppenheim (»Anna-Seghers-Straße«. In: *die tat* v. 10. 6. 1983) – bis 1990 erfolgreich gegen die Benennung einer Straße wehrte (»Anna-Seghers-Allee gefordert«. In: *Kultur und Gesellschaft* 1/1989, S. 22 und »Keine Seghers-Straße«. In: *Allgemeine Zeitung* [Mainz] v. 1. 2. 1990).

BIBLIOGRAPHIE

1. UNVERÖFFENTLICHTES MATERIAL
a. Archive

1. Academy of Motion Picture Arts and Sciences (Los Angeles, USA)
2. Archiv der sozialen Demokratie (Friedrich-Ebert-Stiftung, Bonn – Bad Godesberg)
3. Auswärtiges Amt, Politisches Archiv (Bonn)
4. Leo Baeck Institute (New York, USA)
5. Berlin Document Center (Berlin)
6. Viola Brothers Shore Collection, American Heritage Center, University of Wyoming (Laramie, USA)
7. Bundesarchiv (Koblenz)
8. Deutsches Exilarchiv, Deutsche Bibliothek (Frankfurt/M.)
9. Deutsches Literaturarchiv (Marbach)
10. Federal Bureau of Investigation (Washington, USA)
11. Förderverein Projekt Osthofen, Dokumentationsstätte (Osthofen)
12. Wieland Herzfelde Archiv (Stiftung Archiv der Akademie der Künste, Berlin)
13. Hessisches Hauptstaatsarchiv (Wiesbaden)
14. Hessisches Staatsarchiv (Darmstadt)
15. Immigration and Naturalization Service (Washington, USA)
16. Institut für Zeitgeschichte (München)
17. Landesarchiv Rheinland-Pfalz (Koblenz)
18. Landesarchiv Speyer (Speyer)
19. League of American Writers, Archiv, University of California (Berkeley, USA)
20. Little, Brown and Company, Archiv (Boston, USA)
21. Metro-Goldwyn-Mayer, Archiv (Los Angeles, USA)
22. National Archives (Washington, USA)
23. Oberlandgericht Düsseldorf (Düsseldorf)
24. Erwin Piscator Archive, Southern Illinois University (Carbondale, USA)

25 Anna-Seghers-Archiv (Stiftung Archiv der Akademie der Künste, Berlin)
26 Stadtarchiv Darmstadt (Darmstadt)
27 Stadtarchiv Oppenheim (Oppenheim)
28 Stadtarchiv Worms (Worms)
29 Stadtbücherei Mainz (Mainz)
30 Bodo Uhse Archiv (Stiftung Archiv der Akademie der Künste, Berlin)
31 Franz Vogt/Jan Fontein Nachlaß, Internationaal Instituut voor Sociale Geschiedenis (Amsterdam, Niederlande)
32 F. C. Weiskopf Archiv (Stiftung Archiv der Akademie der Künste, Berlin)
33 Lore Wolf, Privatarchiv (Frankfurt/M.)
34 Zentralstelle der Landesjustizverwaltung (Ludwigsburg)

b. Interviews und Briefe an den Verfasser

35 Pandro S. Bermann, 8. 5. 1984 (Telefoninterview) (Los Angeles, USA)
36 Helen Deutsch, 26. 11. 1983 (Telefoninterview) (New York, USA)
37 Frederick Kohner, 31. 10. 1983 (Los Angeles, USA)
38 Walter Janka, 8. 11. 1984 (Berlin/DDR)
39 Fritz Landshoff, 15. 9. 1983 (Telefoninterview) u. Brief v. 19. 10. 1983 (New York, USA)
40 Maxim Lieber, 12. 6. 1984 (Telefoninterview) u. Briefe v. 20. 7. 1984 u. 11. 5. 1985 (East Hartford, USA)
41 Pierre Radvanyi, 24. 7. 1986 u. a. (Tonbandinterview, Orsey; Berlin)
42 Ruth Radvanyi, 4. 6. 1985 u. a. (Berlin/DDR)
43 Herbert Rudley, 31. 10. 1987 (Telefoninterview, Los Angeles, USA)
44 Wilma Salomon, Brief v. März 1987 (USA).
45 Christoph Schroth, Brief v. 1. 9. 1983 (Schwerin)
46 Katharina Schulz, 30. 6. 1985 (Lindelbach)
47 Steffi Spira-Ruschin, 2. 4. 1990 (Berlin/DDR)
48 Staatsanwaltschaft Mainz, Brief v. 31. 10. 1989 (Mainz)
49 Lore Wolf, 8. 7. 1985 (Telefoninterview) (Frankfurt/M.)
50 Fred Zinnemann, 15. 2. 1984 (Tonbandinterview) (Los Angeles, USA)

c. Unveröffentlichte Briefe (von Anna Seghers)

51 an Jan Fontain (d. i. Franz Vogt) v. 24. 2. 1936, 5. 3. 1936, 20. 4. 1936 (1.31).
52 an Henschelverlag v. 22. 9. 1981 (1.25).
53 (mit Egon Erwin Kisch) an Hermann Hesse v. 9. 4. 1934 (1.9).
54 an Kurt Kersten v. 24. 1. (1944), 24. 8. 1944, 31. 8. (1944), 2. 1. 1945, 20. 2. 1946 (1.4).
55 an Friedrich Kohner v. 27. 6. 1934, 26. 3. 1935, o. Datum (Friedrich Kohner, Privatarchiv).
56 an Kulturverwaltung der Stadt Darmstadt/Pressestelle beim Regierungspräsidenten Darmstadt/Oberbürgermeister v. 15. 7. 1947 (Telegramm), 7. 7. 1948, 9. 8. 1949 (1.26).
57 an den Verlag Little, Brown v. 5. 10. 1942, 25. 8. 1943 (Telegramm), 29. 2. (1944) (Telegramm) (1.20).
58 an Erwin Piscator v. 9. 4. 1934, 2. 11. 1936 (1.24).
59 an Bodo Uhse v. 1. 6. (1941) (1.30).
60 an Berthold Viertel v. 9. 4. 1934, 11. 7. 1942, 3. 9. 1945 (1.9).
61 an F. C. Weiskopf, zahlreiche Briefe aus den dreißiger und vierziger Jahren (1.32).

2. VERÖFFENTLICHTE TEXTE UND MANUSKRIPTE VON ANNA SEGHERS
a. Briefe

1 an Johannes R. Becher v. 27. 3. 1939 (Teilabdruck in 3.136, S. 311 ff.).
2 an Gisela Berglund v. 27. 9. 1968 (3.125, S. 200).
3 *Briefe an Leser*. Berlin/DDR: Aufbau 1970.
4 an Bruno Frei v. 11. 7. (1940). In: Bruno Frei: *Der Papiersäbel. Autobiographie*. Frankfurt/M.: Fischer 1972, S. 227.
5 an Bruno Frei v. 11. 2. 1948. In: *euopäische ideen* 49 (1980), S. 1.
6 an Wieland Herzfelde 1940–1946 (2.46, Bd. 4, S. 139–150).
7 an Wieland Herzfelde v. 1. 9. 1939–10. 9. 1946 (29 Briefe, davon 6 Briefe geschrieben v. Laszlo Radvanyi im Auftrag von Anna Seghers). In: Anna Seghers, Wieland Herzfelde: *Ein Briefwechsel 1939–1946*. Hrsg. v. Ursula Emmerich u. Erika Pick. Berlin/DDR: Aufbau 1985, S. 29–93. Nachdruck unter dem Titel *Gewöhnliches und gefährliches Leben. Ein Briefwechsel aus der Zeit des Exils 1939–1946*. Darmstadt: Luchterhand 1986.

8 an Kurt Kersten v. 2. 1. 1945. In: ›*Das war ein Vorspiel nur*...‹ *Bücherverbrennung Deutschland 1933: Voraussetzungen und Folgen.* Berlin: Ausstellung der Akademie der Künste 1983, S. 436.

9 an Hermann Kesten o. Datum (5.69, S. 38).

10 an Jürgen Kuczynski v. 25. 6. 1945. In: *neue deutsche literatur* 11/1991, S. 163 ff.

11 an Hubertus Prinz zu Löwenstein v. 1. 9. 1938, 4. 3. 1939 u. 16. 6. 1939. In: *Deutsche Intellektuelle im Exil. Ihre Akademie und die* ›*American Guild for German Cultural Freedom*‹. München: Saur 1993, S. 468–471.

12 an (Walter) Nowojski v. 17. 7. 1973 In: *neue deutsche literatur* 11/1980, S. 87–90.

13 an Gerhard Schneider v. 3. 7. 1972. In: *Eröffnungen. Schriftsteller über ihr Erstlingswerk.* Hrsg. v. G. Sch. Berlin/DDR: Aufbau 1974, S. 7 f.

14 an F. C. Weiskopf v. 24. 6. 1942. In: *Erinnerungen an einen Freund. Ein Gedenkbuch für F. C. Weiskopf.* Zusammenges. v. Grete Weiskopf, Stephan Hermlin u. Franziska Arndt. Berlin/DDR: Dietz 1963, S. 215.

15 an F. C. Weiskopf v. 19. 12. (1939) – 17. 7. (1941) (27 Briefe). In: *neue deutsche literatur* 11/1985, S. 5–46.

16 an Lore Wolf v. 30. 9. [1946]. In: *Argonautenschiff* 2 (1993), S. 340 f.

17 (mit Lion Feuchtwanger) an Arnold Zweig v. 24. 12. 1935 (5.89, Bd. 1, S. 102 f.).

b. Interviews

18 Stuart, John: »Anna Seghers. An Interview with the Famous Author of ›The Seventh Cross‹«. In: *New Masses* v. 16. 2. 1943, S. 22 f. Leicht veränderter Nachdruck in *Daily Worker* (New York) v. 12. 9. 1943, S. 12 f. Übersetzung in 3.172, S. 252–257.

19 Miller, Alfred: »An Interview with Anna Seghers in Mexico.« In: *Daily Worker* (New York) v. 6. 11. 1943.

20 Ltz. »Gespräch mit Anna Seghers.« In: *Tägliche Rundschau* v. 24. 4. 1947, S. 4. Teilnachdruck in 2.46, Bd. 2, S. 227.

21 Thoms, Lieselotte: »Anna Seghers in Berlin.« In: *Sonntag* 17 v. 27. 4. 1947, S. 2.

22 »Anna Seghers wieder in Deutschland.« In: *Volksecho* v. 9. 5. 1947.
23 Girnus, Wilhelm: »Gespräch mit Anna Seghers.« In: *Sinn und Form* 5/1967, S. 1051–1059.
24 »Christa Wolf spricht mit Anna Seghers« (2.46, Bd. 2, S. 35–44).
25 Roos, Peter u. Friederike J. Hassauer-Roos: »Gespräch mit Anna Seghers« (4.12, S. 152–160).
26 Ernst Schumacher: »Mit Anna Seghers in Cecilienhof.« In: *Sinn und Form* 6/1983, S. 1154–1170.
27 Roscher, Achim: »Im Gespräch mit Anna Seghers« (28. 4. 1973, 1. 7. 1976, 19. 8. 1978, 6. 4. 1979, 12. 6. 1980, 14. 6. 1980, 14. 4. 1981, 29. 6. 1982). In: *Positionen 1. Wortmeldungen zur DDR-Literatur*. Hrsg. v. Eberhard Günther. Halle: Mitteldeutscher Verlag 1984, S. 142–168. Zuerst z. T. in *neue deutsche literatur* 10/1983, S. 61–75.

c. *Das siebte Kreuz* (unveröffentlichte Manuskripte)

28 Bühnentext, mit Viola Brothers Shore (1942) (1.6)
29 Skizzen, Entwürfe, Zusammenfassungen (1942/3) – 64 Manuskripte (1.21)
30 MGM-Filmdrehbuch (1942/3) (1.21)
31 Bühnentext, Viola Brothers Shore (ca. 1949) (1.6)
32 Drehbuch für einen DDR-Fernsehfilm (ca. 1960), Heinz Kamnitzer (1.25)

d. *Das siebte Kreuz*. Ein Roman aus Hitlerdeutschland (Ausgaben)

33 *Deutschsprachige Ausgaben* (Auswahl)
    (Teilabdruck) In: *Internationale Literatur* (Moskau) 6/1939, S. 6–34; 7/1939, S. 49–65; 8/1939, S. 8–25.
    Mexiko: Editorial El Libro Libre 1942.
    Amsterdam: Querido 1946.
    Berlin: Aufbau 1946.
    München: Desch 1948.
    Berlin: Rowohlt 1948. (= Rowohlt-Rotations-Roman, 2.)
    Zürich: Büchergilde Gutenberg 1949, 1967.
    Berlin/DDR: Volk und Wissen 1950. (= Bibliothek fortschrittlicher deutscher Schriftsteller.)

Berlin/DDR: Aufbau 1951. (=Gesammelte Werke in Einzelausgaben, 4.)
Berlin/DDR: Aufbau 1955. (=Deutsche Volksbibliothek.)
Leipzig: Reclam 1958. (=Reclams Universal-Bibliothek, 8326/30.)
Berlin: Luchterhand 1962. (=Werke, 1.)
Stuttgart: Deutscher Bücherbund (=Bibliothek des 20. Jahrhunderts.)
Berlin/DDR: Aufbau 1964. (=Bibliothek der Weltliteratur.)
Reinbek: Rowohlt 1965. (=rororo, 751/2.)
Darmstadt: Luchterhand 1973. (=Sammlung Luchterhand, 108.)
Darmstadt: Luchterhand 1977. (=Werke in zehn Bänden, 3.)
Berlin: Aufbau Taschenbuch Verlag 1993 (=AtV, 5151).
[Zitate im Text in eckigen Klammern folgen dieser Ausgabe]

34 *Fremdsprachige Ausgaben* (Auswahl)
(russ., Teilabdruck). In: *Oktjabr* 7–8/1941, S. 12–65; 9–10/1941, S. 97–132.
(engl.) Boston: Little, Brown and Company 1942.
(engl.) New York: Book-of-the-Month-Club 1942.
(engl.) Toronto: McClelland Steward 1942.
(engl.) In: *Daily Mirror* (Comic-strip-Fassung) 30. 11. 1942 bis 2. 1. 1943.
(engl.) Garden City: The Sun Dial Press 1943.
(span.) Mexiko: Editorial Nuevo Mundo 1943.
(port.) São Paulo: Martins 1943.
(schwed.) Stockholm: Bonnier 1943.
(engl.) Los Angeles: Braille Institute o. J.
(engl.) London: Hamilton 1944.
(engl.) o. O.: Editions for the Armed Services (1944). (=Armed Services Editions, Q- 33.)
(engl.) Philadelphia: The Blakiston Co. 1945.
(russ.) Moskau: Isdatelstwo inostrannoi literatury 1949.
(engl.) New York: Monthly Review Press 1987 (=Voices of Resistance). Vorwort v. Kurt Vonnegut, Nachwort v. Dorothy Rosenberg.
(vollständigere Angaben in 5.199, S. 310–314 u. 3.180, S. 200–203.)

e. Bühnentexte

35 »Verhör«. Aufführung der Freien Bühne des Freien Deutschen Kulturbunds in Schweden, 29. 4. 1944 (Manuskript nicht mehr auffindbar).
36 Jaksch, Bärbel u. Heiner Maas: *Das siebte Kreuz: ein deutsches Volksstück.* Berlin/DDR: Henschelverlag Kunst und Gesellschaft 1981. (= Henschel Schauspiel.) Unverkäufl. Bühnenmanuskript.
37 »Das siebte Kreuz. Ein deutsches Volksstück von Bärbel Jaksch und Heiner Maaß nach Anna Seghers«. In: *Theater der Zeit* 4/1981, S. 61–72 u. 82.

f. Hörspiel

38 *Das siebte Kreuz.* Hörspiel von Hedda Zinner. Rundfunk der DDR (1955; Fassung v. 1948 verschollen).

g. Werke (Auswahl)

39 »Das Ende.« In: *Reise ins Elfte Reich*, S. 233–293 (2. 44. Bd. 2).
40 *Erzählungen 1926–1944.* Berlin/DDR: Aufbau 1977. (= Gesammelte Werke in Einzelausgaben, 9.)
41 *Gesammelte Werke in Einzelausgaben.* Bde. 1–14. Berlin/DDR: Aufbau 1977–1980.
42 *Der Kopflohn.* Berlin: Aufbau Taschenbuch 1995. (= AtV 5157.)
43 »Die Saboteure«. In: *Reise ins Elfte Reich*, S. 294–353. (2.44. Bd. 2).
44 *Sämtliche Erzählungen 1924–1980.* Bde. 1–6. Berlin: Aufbau Taschenbuch 1994 (= AtV 5159–5164.)
45 *Transit.* 2. Aufl. Berlin: Aufbau Taschenbuch 1995. (= AtV 5153.)
46 *Über Kunstwerk und Wirklichkeit.* 4 Bde. Hrsg. v. Sigrid Bock. Berlin/DDR: Akademie 1970, 1971, 1979. (= Deutsche Bibliothek. Studienausgaben zur neueren deutschen Literatur, 3–5, 9.)
47 »Vierzig Jahre der Margarete Wolf.« In: *Das Schilfrohr*, S. 30–45. (2.44, Bd. 5).
48 *Der Weg durch den Februar.* Darmstadt: Luchterhand 1980 (= Sammlung Luchterhand, 318.)

h. Aufsätze, Erzählungen, Texte (nicht nachgedruckt in den Werkausgaben)

49 (Pseud. Anna Brand?): »Der Skalp.« In: *Neue Deutsche Blätter* 1/1933, S. 48 f.

50 (Pseud. Peter Conrad): »Mord im Lager Hohenstein« und »Das Vaterunser.« In: *Mord im Lager Hohenstein. Berichte aus dem Dritten Reich.* Moskau: Verlagsgenossenschaft ausländischer Arbeiter in der UdSSR 1933, S. 25–29 u. 35–40. »Mord im Lager Hohenstein« auch in *Unsere Zeit* 10 v. 15. 6. 1933, S. 38f. u. »Das Vaterunser« in *Internationale Literatur* 4/1933, S. 70 ff.

51 »Ein ›Führer‹ und ein Führer.« In: *Ein Mann in Moabit.* Hrsg. v. Bund proletarisch-revolutionärer Schriftsteller o. O. u. J. (um 1934). Übersetzung ins Englische in *Ernst Thaelmann. What He Stands For.* London: Workers' Bookshop (1934). Nachdruck in 2.46, Bd. 4, S. 15–21.

52 »Aufruf für Liselotte Herrmann.« In: *Pariser Tageszeitung* v. 4. 9. 1937.

53 »Six jours, six années (pages de journal).« In: *Europe* 188 (1938), S. 19–25. (Nachdruck als »Sechs Tage, sechs Jahre. Tagebuchseiten.« In: *neue deutsche literatur* 9/1984, S. 5 bis 9).

54 (Vorwort). In Seghers: *Die Rettung* (russ.). Moskau: Goslitizdat – Gosudarstvennoe izdatelstvo chudozestvennoj literatury 1939, S. 7 f. Nachdruck in 3.136, S. 314 f.

55 »Der sogenannte Rendel.« In: *National-Zeitung* (Basel) 219 v. 15. 5., 221 v. 16. 5., 223 v. 17. 5., 225 v. 18. 5., 227 v. 20. 5., 229 v. 21. 5. 1940. Nachdruck in 4.78, S. 56–75.

56 »To Whom it May Concern« (Lebenslauf) v. 11. 8. 1943 (unveröffentlicht, 1.21).

57 »Wie ich zur Literatur kam: Anna Seghers.« In: *Sinn und Form* 6/1971, S. 1264. Nachdruck mit einer Vorbemerkung in: *Das neue Mainz* 4/1972.

3. LITERATUR ZU *DAS SIEBTE KREUZ*
a. (zum Roman)

1. Knipowitsch, E.: »Faschistskaja Germanija i ejo otobrashenije w literature.« In: *Internationalnaja literatura* 11–12/ 1941, S. 300 ff.
2. Bernt, H. H. A.: (Rez.). In: *Library Journal* 14 (August 1942), S. 683.
3. Canby, Henry Seidel: (Rez.). In: *Book-of-the-Month-Club News*, September 1942, S. 2 f.
4. Seaver, Edwin: »Anna Seghers.« In: *Book-of-the-Month-Club News*, September 1942, S. 4 f.
5. (Rez.). In: *Aufbau* (New York) 36 v. 4. 9. 1942, S. 18.
6. (Pressenotiz). In: *New York Times* v. 9. 9. 1942.
7. Hausen, Harry: (Rez.). In: *W-Telegram* v. 23. 9. 1942.
8. Prescott, Orville: (Rez.). In: *New York Times* v. 23. 9. 1942.
9. Fadiman, Clifton: »An Escape Story, a Long View, and Some Torpedo Boats.« In: *The New Yorker* v. 26. 9. 1942, S. 77 ff.
10. Pick, Robert: »The Art of Anna Seghers.« In: *Saturday Review of Literature* 39 v. 26. 9. 1942, S. 8 f.
11. Feld, Rose: »Courage and Devotion in a Fear-Ridden Land. A Story to be Read With Quickened Pulse and Choking Throat.« In: *New York Herald Tribune* v. 27. 9. 1942.
12. Kronenberger, Louis: »Remembered After Darkness. The Novel's Greatest Horror is that it is True.« In: *New York Times Book Review* v. 27. 9. 1942.
13. Cowley, Malcolm: »The Soldier and the Saint.« In: *New Republic* 13 v. 28. 9. 1942, S. 385 f.
14. »Fugitives, by a Fugitive.« In: *Newsweek* 13 v. 28. 9. 1942, S. 71 f.
15. »Terrible Test.« In: *Time Magazine* 13 v. 28. 9. 1942.
16. Sillen, Samuel: »The Seven Who Fled.« In: *New Masses* v. 29. 9. 1942, S. 22 f.
17. Chamberlain, John: »The New Books.« In: *Harper's Magazine*, Bd. 185, Nr. 1109 (Oktober 1942).
18. »Der Erfolg von Anna Seghers ›Das siebte Kreuz‹.« In: *Freies Deutschland* (Mexiko) 12 (Oktober 1942), S. 39.
19. (Verlagsanzeige, Little, Brown). In: *Atlantic*, Bd. 27 (Oktober 1942).

20 (Rez.). In: *Book List* 3 v. 15. 10. 1942, S. 49.
21 Greenberg, Clement: (Rez.). In: *The Nation* 16 v. 17. 10. 1942, S. 388 ff.
22 Cole, Helen B.: »A Great Novel About Nazi Germany: Anna Seghers.« In: *The Worker* (New York) v. 25. 10. 1942, S. 12.
23 White, Olive B.: (Rez.). In: *The Commonweal* 2 v. 30. 10. 1942.
24 Asterlund, B.: »Anna Seghers.« In: *Wilson Library Bulletin*, November 1942, S. 178.
25 Viertel, Berthold: »Anna Seghers: Das siebte Kreuz. Ein Buch von Not und Hilfe.« In: *The German American* (New York) 7 (November 1942), S. 8.
26 Mayer, Goetz: »Grenzen der Kritik. Zu Anna Seghers neuem Roman ›The Seventh Cross‹.« In: *Neue Volkszeitung* (New York) 46 v. 14. 11. 1942.
27 »Pictorial Features Used in Book-of-the-Month Publicity Campaign.« In: *Publishers' Weekly* v. 28. 11. 1942, S. 2191.
28 Mayer, Paul: (Rez.). In: *Freies Deutschland* (Mexiko) 1 (November/Dezember 1942), S. 16. Nachdruck in 5.163, Bd. 2, S. 264–267.
29 »Anna Seghers zum Gruss.« In: *Solidarity* (Brooklyn) 12 (Dezember 1942), S. 265.
30 M., N. E.: (Rez.). In: *The Catholic World*, Januar 1943, S. 501 f.
31 (Pressenotiz). In: *The German American*, Januar 1943, S. 8.
32 »›Das siebte Kreuz‹ von Anna Seghers.« In: *Aufbau* (New York) 5 v. 29. 1. 1943, S. 6.
33 Buckman, Gertrude: »Two War Novels.« In: *Sewanee Review* 2/1943, S. 341–345.
34 »›Das siebte Kreuz‹ von Anna Seghers.« In: *Volksblatt* (Buenos Aires) 22 v. 15. 2. 1943, S. 8.
35 Graf, Oscar [!] Maria: »Ein ungewöhnliches Buch.« In: *Aufbau* (New York) 8 v. 19. 2. 1943, S. 7.
36 »Prisoner Escaping«. In: *Times Literary Supplement* (London) v. 20. 2. 1943, S. 89.
37 V., M. J.: (Rez.). In: *Sociology and Social Research* 3/1943, S. 249.

38 F. P. F.: (Rez.). In: *The Christian Register. Unitarian* 4 (April 1943), S. 133.

39 Spiel, Hilde: (Rez.). In: *Die Zeitung* (London) v. 9. 4. 1943/4, S. 8.

40 W., J.: »Hitler-Deutschland, wie's wirklich ist.« In: *Einheit* (London) 9 v. 24. 4. 1943, S. 15 f.

41 K., H.:«Buecher der Emigration.« In: *Freie Tribüne* (London) 9 v. 28. 4. 1943, S. 7.

42 Waldinger, Ernst: (Rez.). In: *Solidarity* (New York) 4–5/1943, S. 91.

43 (Rez.). In: *Frau in Arbeit. Periodical of the Working Refugee Women* (London) 34 (Mai 1943), S. 10.

44 Fuchs, Albert: »Der Roman des heutigen Deutschland.« In: *Zeitspiegel. Austrian Weekly* (London) 16 v. 15. 5. 1943, S. 7.

45. Robert: »Den Kaempfenden zugeeignet.« In: *La otra Alemania. Das andere Deutschland* (Buenos Aires) 65 (1943), Beilage »Heute und Morgen« 3 v. 15. 5. 1943, S. 24.

46 Roha (d. i. Heinz Willmann): »Anna Seghers' Roman ›Das Siebte Kreuz‹.« In: *Internationale Literatur* (Moskau) 9/1943, S. 78 f.

47 C. (d. i. Johannes R. Becher?): »Ein Sieg deutscher Kunst.« In: *Internationale Literatur* (Moskau) 10/1943, S. 2 f.

48 Mancisidor, José: »Anna Seghers: La Séptima Cruz.« In: *Demokratische Post* (Mexiko) 5 v. 15. 10. 1943, S. 3. Nachdruck in 5.163, Bd. 2, S. 267 f.

49 Deutsch, Maria: »Ein Roman ueber das Andere Deutschland.« In: *Austrian Labor Information* (USA) 18/1943, S. 11 f.

50 L., E. (d. i. Ernst Loewy): (Rez.). In: *Chug* (Tel-Aviv), 1/1944, S. 21.

51 W.: (Rez.). In: *Die Besinnung* 4/1946, S. 193.

52 Guggisberg, Renée: (Rez.). In: *Welt und Wort* 5/1946, S. 151.

53 Seydewitz, Ruth: »Ein Ehrendenkmal für die unbekannten Helden.« In: *Einheit* 6/1946, S. 383 f.

54 Ri.: (Rez.). In: *Lüneburger Landeszeitung* v. 13. 8. 1946.

55 Holm, J.: »Heldenlied der Bewährung.« In: *Berliner Zeitung* v. 14. 8. 1946.

56 Wiegler, Paul: (Rez.). In: *Nachtexpress* v. 14. 8. 1946.

57 K., W.: (Rez.). In: *Tägliche Rundschau* v. 21. 8. 1946.
58 Bauer, Hans: »Das Hohelied des Widerstandes.« In: *Leipziger Zeitung* v. 25. 8. 1946.
59 Köhler, Margarete: (Rez.). In: *Start* v. 25. 8. 1946.
60 R., H.: (Rez.). In: *Neuer Mainzer Anzeiger* v. 31. 8. 1946.
61 P.: »Sieg über die ›Allmacht‹.« In: *Märkische Volksstimme* v. 7. 9. 1946.
62 Borchardt, Elisabeth: »Die Schriftstellerin Anna Seghers.« In: *Neues Deutschland* v. 12. 9. 1946.
63 Karsch, Walther: (Rez.). In: *Der Tagesspiegel* v. 14. 9. 1946.
64 »Ein Denkmal antifaschistischen Kampfes. Das siebte Kreuz.« In: *Die Freie Gewerkschaft* 222 v. 22. 9. 1946, S. 3.
65 M(arek?), K.: (Rez.). In: *Die Welt* v. 1. 10. 1946.
66 Kuckhoff, Greta: »Die künstlerische Gestaltung der illegalen Arbeit in Deutschland.« In: *Aufbau* 11/1946, S. 1162 ff.
67 K., E.: (Rez.). In: *Neue Zeit* v. 12. 11. 1946.
68 L., M. E.: (Rez.). In: *Der Sozialdemokrat* 6 v. 14. 12. 1946.
69 Mannzen, Walter: »Das Netz und das Gewebe.« In: *Der Ruf* 11 v. 15. 1. 1947, S. 15.
70 Roch, Herbert: (Rez.). In: *Horizont* 4 v. 16. 2. 1947, S. 19.
71 L., E.: (Rez.). In: *Die Frau von heute* 5 (März 1947).
72 Clark, Delbert: »Anna Seghers Back in Germany to Help.« In: *New York Times* v. 25. 4. 1947.
73 Neumann, Heinz: »Erlebnis KZ.« In: *Neues Europa. Halbmonatsschrift für Völkerverständigung* 5/1947, S. 45 f.
74 Pfeiffer-Belli, Erich: (Rez.). In: *Neue Zeitung* (München) v. 14. 7. 1947.
75 »Erlebnis und Dichtung.« In: *Deutsche Rundschau* 10/1947, S. 79.
76 Emmert, Ernst: »Drei Zeit-Bücher.« In: *Neubau* 12/1947, S. 717.
77 Schroeder, Max: »Anna Seghers.« In: Anna Seghers, *Das siebte Kreuz*. Berlin: Rowohlt 1948, o. S.
78 Naujac, J.: (Rez.). In: *Etudes Germaniques* 1/1948, S. 113 f.
79 »Erzählende Literatur.« In: *Neue Zürcher Zeitung* v. 19. 1. 1948.
80 Bergtel, Lotte: (Rez.). In: *Für Dich* 2/1948, S. 4.
81 Mann, Klaus: »Romanciers van hat andere Duitsland.« In: *Vrij Nederland* (Amsterdam) v. 21. 2. 1948.
82 (Rez.). In: *Schwäbisches Tageblatt* v. 31. 3. 1948.

83 B., B.: »Dreimal Anna Seghers.« In: *Badische Zeitung* v. 28.5.1948.

84 Becher, Hubert: »Ein falsches Kreuz.« In: *Wort und Wahrheit* 10/1948, S. 776f.

85 Knipowitsch, E.: »Samoje silnoje na swete.« In: *Novyi mir* 1/1949, S. 235ff.

86 Dymtschiz, A.: »›Sedmoi krest‹«. In: *Swesda* 7/1949, S. 185ff.

87 Kowalewski, Jerzy: »W sprawie ›Siódmego Krzyza‹« (Über ›Das siebte Kreuz‹). In: *Kuznica* 38/1949. Nachdruck in 5.17, S. 94–101.

88 Naganowski, Egon: »Jeszcze raz w sprawie ›Siódmego Krzyża‹« (Noch einmal zum ›Siebten Kreuz‹). In: *Kuźnica* 42/1949. Nachdruck in 5.17, S. 102–107.

89 Herzfelde, Wieland: »Nachwort.« In Seghers, *Das siebte Kreuz*. Berlin/DDR: Volk und Wissen 1950, S. 411–421. (=Bibliothek fortschrittlicher deutscher Schriftsteller.) Nachdruck in W. H.: *Zur Sache geschrieben und gesprochen zwischen 18 und 80*. Berlin/DDR: Aufbau 1976, S. 226–237.

90 Lukács, Georg: *Deutsche Literatur im Zeitalter des Imperialismus. Eine Übersicht ihrer Hauptströmungen*. Berlin/DDR: Aufbau 1950, S. 77–83.

91 Rein, Heinz: *Die neue Literatur. Versuch eines ersten Querschnitts*. Berlin/DDR: Henschel 1950, S. 99–107.

92 Chechanowskii, M.: »Roman Anny Zegers ›Sedmoi krest‹«. In: *Oktjabr* 6/1950, S. 189ff.

93 Abusch, Alexander: »Seghers und Uhse – zwei deutsche Romane (1943).« In: Anna Seghers, *Literatur und Wirklichkeit*. Berlin/DDR: Aufbau 1952, S. 96–103. Nachdruck u. a. in 5.1, S. 227–232.

94 Markuschewitsch, M.: »Anna Seghers und der sowjetische Leser.« In: *Tägliche Rundschau* v. 22.5.1952.

95 Böttger, Fritz: »Anna Seghers.« In: *Deutschunterricht* (DDR) 6/1952, S. 283–289.

96 Motyleva, T[amara]: »Sedmoj krest.« In: T. M.: *Anna Zegers: Kritiko-biograficheskii ocerk*. Moskau: GIXL 1953, S. 107–144.

97 Ranicki, Marceli: »Posłowie.« In Seghers, *Siódmy Krzyż* (Das siebte Kreuz). Warschau: Czytelnik 1953, S. 411–423.

98 h., g.: »Anna Seghers: Das siebte Kreuz.« In: *Börsenblatt für den Deutschen Buchhandel* (Leipzig) 17 v. 25. 4. 1953, S. 325.

99 E(yssen), J(ürgen): »Anna Seghers: Das siebte Kreuz.« In: *Romanführer*. Bd. 5, T. 3. Hrsg. v. Johannes Beer. Stuttgart: Hiersemann 1954, S. 799 f. (Neuauflagen Stuttgart: Reclam 1964, 1968.)

100 Naganowski, Egon: »Posłowie.« In: Anna Seghers, *Siódmy krzyż (Das siebte Kreuz)*. Warschau: Pánstwowy Institut Wydawniczy 1954, S. 389–397. (=Biblioteka laureatów Nagrody Stalinowskiej za utrwalanie pokoju między narodami.)

101 Barnasch, Hellmuth: »Die Inhaltwiedergabe eines literarischen Werkes: Anna Seghers ›Das siebte Kreuz‹.« In: *Deutschunterricht* (DDR) 7/1954, S. 401–409.

102 Wanowskaja, T. W.: »Problema chudoshestwennogo isobrashenija naroda w romane A. Segers' ›Sedmoi krest‹.« In: *Sarubeshnaja literatura*. Leningrad: Leningradski uniwersitet 1956, S. 188–212. (=Utschonyie sapiski LGU, No. 212; Serija filologitscheskich nauk, 28.)

103 Hermlin, Stephan: »Die siebte Kreuz.« In: *Anna Seghers*, o. S.

104 (John, Dieter): *Anna Seghers, ›Das siebte Kreuz‹*. Berlin/DDR: Volk und Wissen 1961. (= Lehrgang Deutsche Sprache und Literatur. Lehrbogen 46, Fernstudium der zehnklassigen allgemeinbildenden polytechnischen Oberschule. Volkshochschule.)

105 Neumann, Gerhard: »Sprache und Sprachstil in Anna Seghers' Roman ›Das siebte Kreuz‹.« In H[orst] Nalewski, U[lrich] Komm u. G. N.: *Stilanalysen*. Halle: Sprachen und Literatur 1961, S. 65–85. (Beiträge zur Gegenwartsliteratur, 20.)

106 Herzfelde, Wieland: »Liebe zu Deutschland.« In: *Unsere Sprache*. Bd. 2. Hrsg. v. Ingeburg Kretzschmar. Berlin/DDR: Verlag der Nation 1962, S. 168–177.

107 Neugebauer, Heinz: *Anna Seghers*. Berlin/DDR: Volk und Wissen 1962, S. 51–68. (= Schriftsteller der Gegenwart, 4.). Überarbeitete und erweiterte Neufassung Berlin/DDR: Volk und Wissen 1970 und Berlin: das europäische buch 1978, S. 76–94.

108 Brandt, Sabine: »Vor der Abdankung.« In: *Frankfurter Allgemeine Zeitung* v. 28. 11. 1962.

109 Michael, F.: »Am 7. Kreuz zerbricht die Macht. Anna Seghers' Hauptwerk ist zeitlose Verdammung des Unrechts.« In: *Westfälische Rundschau* v. 6. 12. 1962.

110 M.: (Rez.). In: *Die Andere Zeitung* 50 v. 13. 12. 1962.

111 Helwig, Werner: »Erinnerungen an Anna Seghers. Zu ihrem neuerschienenen Roman ›Das siebte Kreuz‹.« In: *Stuttgarter Zeitung* v. 15. 12. 1962.

112 Wolf, Christa: »Nachwort.« In Anna Seghers, *Das siebte Kreuz*. Berlin/DDR: Aufbau 1964, S. 413–427. Nachdruck u. a. in 4.95, S. 263–278.

113 Soldat, Hans-Georg: »Das achte Kreuz der Anna Seghers.« In: *Tagesspiegel* v. 21. 2. 1965.

114 Jarmatz, Klaus: *Literatur im Exil*. Berlin/DDR: Dietz 1966, S. 245–263.

115 Walter, Hans-Albert: »Das Bild Deutschlands im Exilroman.« In: *Neue Rundschau* 3/1966, S. 448–451.

116 Urban, Werner: »Möglichkeiten eines hochschulvorbereitenden Literaturunterrichts. Veranschaulicht an der Behandlung des Romans ›Das siebte Kreuz‹ von Anna Seghers.« In: *Deutschunterricht* (DDR) 1/1968, S. 10–23.

117 Haas, Gerhard: »Veränderung und Dauer. Anna Seghers: Das siebte Kreuz.« In: *Deutschunterricht* 1/1968, S. 69 bis 78.

118 Bütow, Wilfried u. Jutta Jankowsky: »Zur Verwirklichung des Prinzips der muttersprachlichen Bildung und Erziehung im Literaturunterricht (I).« In: *Deutschunterricht* (DDR) 9/1968, S. 482–491.

119 Heintze, Horst: »Die ›Verlobten‹ und das ›Siebte Kreuz‹.« In: *Wissenschaftliche Zeitschrift der Humboldt-Universität zu Berlin. Gesellschafts- und sprachwissenschaftliche Reihe* 4/1969, S. 597–602.

120 Motyleva, T[amara]: *Roman Anny Zegers ›Sed'moi krest‹* (Anna Seghers' Roman ›Das siebte Kreuz‹). Moskau: Istdatel'stvo Chudožestvennaia Literatura 1970. (= Massovaja istoriko-literaturnaja Biblioteka.)

121 Dahm, Horst: »Skizzen zur Verdeutlichung des Wirklichkeitsbezuges der Dichtung in den Klassen 9 und 10 (I).« In: *Deutschunterricht* (DDR) 9/1970, S. 518–524.

122 Zimmering, Max: »Das siebte Kreuz.« In: *neue deutsche literatur* 11/1970, S. 18.
123 »Das siebte Kreuz.« In: *Kindlers Literatur-Lexikon*. Bd. 6. Zürich: Kindler 1971, Sp. 1337 ff.
124 Motyljowa, Tamara: »Unangreifbar und unverletzbar. Bemerkungen zu Anna Seghers' Roman ›Das siebte Kreuz‹.« In: *Weimarer Beiträge* 9/1971, S. 153–168.
125 Berglund, Gisela: *Deutsche Opposition gegen Hitler in Presse und Roman des Exils. Eine Darstellung und ein Vergleich mit der historischen Wirklichkeit*. Stokkholm: Almqvist & Wiksell o. J. (1972), S. 199–206. (= Acta Universitatis Stockholmiensis. Stockholmer Germanistische Forschungen, 11.)
126 Neugebauer, Heinz: »Von der Kraft des Menschen.« In: *Neues Deutschland* v. 4. 3. 1972.
127 Diersen, Inge: »Anna Seghers: Das siebte Kreuz.« In: *Weimarer Beiträge* 12/1972, S. 96–120.
128 Batt, Kurt: *Anna Seghers. Versuch über Entwicklung und Werke*. Leipzig: Reclam 1973, S. 138–151. (=Reclams-Universal-Bibliothek, 531).
129 Sasaya, Tadashi: »Über ›Das siebte Kreuz‹ von Anna Seghers« (deutsche Kurzfassung). In: *Doitsu Bungaku* 51 (1973), S. 65 f.
130 *Lesen Darstellen Begreifen. Lese- und Arbeitsbuch für den Literatur- und Sprachunterricht*. Ausgabe A, 9. Schuljahr. 2. Aufl. Frankfurt/M.: Hirschgraben 1974, 3. Aufl 1976.
131 N[eugebauer], H[einz]: »Das siebte Kreuz.« In: *Romanführer A-Z. 20. Jahrhundert. Der deutsche Roman bis 1949. Romane der DDR*. Bd. II, 2. Bearb. v. Wolfgang Lehmann. Berlin/DDR: Volk und Wissen 1974, S. 302 bis 305.
132 Straub, Martin: »Anna Seghers und Alessandro Manzoni. Ein Beispiel produktiver Erberezeption im Kampf gegen den Faschismus.« In: *Wissenschaftliche Zeitschrift der Friedrich-Schiller-Universität Jena. Gesellschafts- und sprachwissenschaftliche Reihe*. 1/1974, S. 129–133.
133 Blumensath, Heinz u. Christel Uebach: *Einführung in die Literaturgeschichte der DDR. Ein Unterrichtsmodell*. Stuttgart: Metzler 1975, S. 17–24. (= Zur Praxis des Deutschunterrichts, 5.)

134 Kuckhoff, Gerda: »Begegnungen mit dem ›Siebten Kreuz‹« (4.88, S. 149–158).

135 Stern, Kurt u. Jeanne: »Einführung.« In: Anna Seghers, *Das siebte Kreuz*. Berlin/DDR: Neues Leben 1975, S. 9–12.

136 Wagner, Frank: ›... der Kurs auf die Realität.‹ *Das epische Werk von Anna Seghers (1935–1943)*. Berlin/DDR: Akademie 1975, S. 114–176. (= Literatur und Gesellschaft.)

137 Maren-Grisebach, Manon: »Anna Seghers' Roman ›Das siebte Kreuz‹.« In: *Der deutsche Roman im 20. Jahrhundert*. Bd. 1. Hrsg. v. Manfred Brauneck. Bamberg: Buchner 1976, S. 283–298.

138 Schlenstedt, Dieter: »Beispiel einer Rezeptionsvorgabe: Anna Seghers' Roman ›Das siebte Kreuz‹.« In: *Gesellschaft Literatur Lesen. Literaturrezeption in theoretischer Sicht*. Hrsg. v. Manfred Naumann u. a. Berlin/DDR: Aufbau 1976, S. 381–418.

139 Fuchs, Gerd: »Anna Seghers.« In: *Kürbiskern* 2/1976, S. 149–153.

140 Herndlhofer, Monika: *Darstellung des Faschismus und des antifaschistischen Kampfes in dem Roman ›Das siebte Kreuz‹ von Anna Seghers*. Examensarbeit, Frankfurt/M. 1977.

141 Straub, Martin: *Alltag und Geschichte in Anna Seghers' Roman ›Das siebte Kreuz‹. Studien zur Motivgestaltung*. Phil. Diss. Jena, 1977.

142 Hassauer-Roos, Friederike J. u. Peter Roos: »Die Flucht als Angriff. Zur Gestaltung des Personals in ›Das siebte Kreuz‹« (4.12, S. 88–102).

143 Straub, Martin: »Heislers Weg in das ›gewöhnliche Leben‹. Zur Wirklichkeitsaufnahme in Anna Seghers' Zeitgeschichtsroman ›Das siebte Kreuz.« In: *Erzählte Welt*. Hrsg. v. Helmut Brandt u. Nodar Kakabadse. Berlin/DDR: Aufbau 1978, S. 210–233.

144 Jaretzky, Reinhold u. Helmut Taubald: »Das Faschismusverständnis im Deutschlandroman der Exilierten. Untersucht am Beispiel von Anna Seghers: ›Das siebte Kreuz‹, Lion Feuchtwangers: ›Die Geschwister Oppermann‹ und Ödön von Horváth: ›Ein Kind unserer Zeit‹, einschließlich eines Vorschlags für die Behandlung im Unterricht.« In: *Sammlung* 1 (1978), S. 12–36.

145 Bauer, Gerhard: »Der eiserne Bestand des Antifaschismus. Vierzig Jahre Anna Seghers' ›Das siebte Kreuz‹.« In: *Spuren* 5/1978, S. 52 f.

146 Roggausch, Werner: *Das Exilwerk von Anna Seghers 1933–1939. Volksfront und antifaschistische Literatur*. München: Minerva 1979, S. 245–298. (= Minerva-Fachserie Geisteswissenschaften.)

147 Winckler, Lutz: »›Bei der Zerstörung des Faschismus mitschreiben.‹ Anna Seghers' Romane ›Das siebte Kreuz‹ und ›Die Toten bleiben jung‹.« In: *Antifaschistische Literatur. Prosaformen*. Bd. 3. Hrsg. v. L. W. Königstein: Scriptor 1979, S. 172–201. (= Literatur im historischen Prozeß, 12.)

148 Frey, Peter: »›Siebtes Kreuz‹ und KZ. Literarische Spurensuche.« In: *Die Zeit* v. 11. 4. 1980.

149 Schäfer, Susanne: »Anna Seghers. Das siebte Kreuz.« A. a. O.

150 Klein, Alfred: »Auskünfte über ein Romanschicksal.« In: *Weltbühne* 46/1980, S. 1461 ff.

151 Bock, Sigrid: »Anna Seghers ›besiegte‹ Thomas Mann.« In: *neue deutsche literatur* 11/1980, S. 57–60.

152 Frey, Peter: »Auf der Suche nach einem Nazi-KZ in Rheinhessen.« A. a. O., S. 92–102.

153 Königsdorf, Helga: »Der Schwarze Panther und das siebte Kreuz.« A. a. O., S. 104 ff.

154 Sauer, Klaus u. German Werth: »Die Flucht war möglich. Das Konzentrationslager Osthofen und der Roman Das siebte Kreuz von Anna Seghers.« Rundfunkmanuskript, Deutschlandfunk, 26. 12. 1980.

155 *Anna Seghers: Das siebte Kreuz*. Hrsg. v. Uwe Naumann. Stuttgart: Klett 1981. (= Editionen für den Literaturunterricht.)

156 Starke, Günther: »Zur Spezifik der Textverflechtung in künstlerischer Prosa.« In: *Germanistik* 3/1981, S. 300–313.

157 Frey, Peter: »Frankfurt '33: ›Ein Fangnetz die ganze Stadt‹.« In: *Frankfurter Rundschau* v. 30. 10. 1981.

158 Buthge, Werner: *Anna Seghers. Werk – Wirkungsabsicht – Wirkungsmöglichkeit in der Bundesrepublik Deutschland*. Stuttgart: Heinz 1982, S. 85–107. (= Stuttgarter Arbeiten zur Germanistik, 120.)

159 Tischer, Heinz: »Anna Seghers: Das siebte Kreuz.« In: *Deutsche Romane von Grimmelshausen bis Walser. Interpretationen für den Literaturunterricht*. Bd. 2. Hrsg. v. Jakob Lehmann. Kronberg: Scriptor 1982, S. 313–338. (= Scriptor Taschenbücher, Literatur + Sprache + Didaktik, 167.)

160 Delius, Annette: »Anna Seghers' ›Das siebte Kreuz‹ in einer 9. Klasse.« In: *Deutschunterricht* 2/1982, S. 32–41.

161 Niemann, Heinz: »Zirkelschlag um Westhofen.« In: *Das Magazin* (DDR) 2/1982, S. 24–28, 59 f.

162 Schwarz, Egon: »Lese- und Lebenserfahrung mit Anna Seghers. 40 Jahre Lektüre ›Das siebte Kreuz‹« (4.7, S. 115 bis 119).

163 Ackermann, Michael: *Der Roman des antifaschistischen Exils im Deutschunterricht. Pädagogische und historische Bestandsaufnahme. Exemplarische Romananalysen, ihre Didaktisierung und Möglichkeiten ihrer Präsentation im Unterricht*. Phil. Diss. Hamburg, 1983, S. 81–112.

164 Beicken, Peter: »Anna Seghers: ›Das siebte Kreuz‹ (1942).« In: *Deutsche Romane des 20. Jahrhunderts. Neue Interpretationen*. Hrsg. v. Paul Michael Lützeler. Königstein: Athenäum 1983, S. 255–272. Veränderter Neudruck in *Romane des 20. Jahrhunderts*. Bd. 1. Stuttgart: Reclam 1993, S. 322–365. (= Reclams Universal-Bibliothek, 8808).

165 Kuntz, Albert: »Zu: ›Das siebte Kreuz‹«. In: *Sonntag* 26 v. 26. 6. 1983, S. 2.

166 Merkelbach, Valentin: »Rezeption und Didaktik von Anna Seghers' Roman ›Das siebte Kreuz‹«. In: *Diskussion Deutsch* 73 (1983), S. 532–550.

167 Maag, Regula: *Den Faschismus überwinden. Darstellung und Deutung des Faschismus in Anna Seghers' Romanen*. Phil. Diss. Zürich, 1984 (Druck Zürich: ADAG Administration & Druck, 1984).

168 Reich-Ranicki, Marcel: »Anna Seghers – Das siebte Kreuz.« In: Anna Seghers, *Das siebte Kreuz*. Stuttgart: Deutscher Bücherbund 1984, S. 5–13 (Beilage). (= Bibliothek des 20. Jahrhunderts.)

169 Ackermann, Michael: »Was wissen Schüler über Exilliteratur? Antifaschistische Literatur in Lehrplan und Unterricht«. In: *Diskussion Deutsch* 15 (1984), S. 104–109.

170 Böhmel Fichera, Ulrike: »›Realismus heute oder Realismus überhaupt.‹ Über die Möglichkeiten realistischen Schreibens im Exil: Anna Seghers' Exilromane ›Das siebte Kreuz‹ und ›Transit‹.« In: *Annali. Studi tedeschi* 1–2/1984, S. 199–221.

171 Lorisika, Irene: *Frauendarstellungen bei Irmgard Keun und Anna Seghers*. Frankfurt/M.: Haag und Herchen 1985, S. 48–76.

172 Stephan, Alexander: »Ein Exilroman als Bestseller. Anna Seghers' ›The Seventh Cross‹ in den USA. Analyse und Dokumente.« In: *Exilforschung* 3 (1985), S. 238–259.

173 Waine, Anthony: »The Individual, Politics, and Power: A Study of Anna Seghers's ›Das siebte Kreuz‹.« In: *Quinquereme. New Studies in Modern Languages* 1/1985, S. 9 bis 26.

174 Stephan, Alexander: »›... ce livre a pour moi une importance spéciale‹. ›Das siebte Kreuz‹: Entstehungs- und Manuskriptgeschichte eines Exilromans.« In: *Exil* 2/1985, S. 12–24.

175 Ackermann, Michael: *Schreiben über Deutschland im Exil. Irmgard Keun: Nach Mitternacht. Anna Seghers: Das siebte Kreuz*. Stuttgart: Klett 1986. (= Anregungen für den Literaturunterricht.)

176 Feilchenfeldt, Konrad: *Deutsche Exilliteratur 1933–1945. Kommentar zu einer Epoche*. München: Winkler 1986, S. 166–172.

177 Franz, Marie: *Die Darstellung von Faschismus und Antifaschismus in den Romanen von Anna Seghers 1933–1949*. Frankfurt/M.: Lang 1987. (= Hamburger Beiträge zur Germanistik, 2.)

178 Heisig, Bernhard: *Zeichnungen zum Roman von Anna Seghers ›Das siebte Kreuz‹*. Gera: Kunstgalerie 1987. (= Sammlung Handzeichnungen der DDR in der Kunstgalerie Gera, 5.)

179 Winkler, Gerhard: »Einleitung« (3.178, S. 9–29).

180 Winkler, Carmen: »Bibliographie der Werkausgaben zum Roman ›Das siebte Kreuz‹ von Anna Seghers« (3.178, S. 200–203).

181 Stephan, Alexander: »Ich habe das Gefühl, ich bin in die Eiszeit geraten ...« In: *Germanic Review* 3/1987, S. 143 bis 152.

182 Stephan, Alexander: »Concentration Camps in Exile Literature: The Case of Osthofen.« In: *Simon Wiesenthal Center Annual* 5 (1988), S. 109–120.

183 ›*Das siebte Kreuz*‹ *von Anna Seghers*. Hrsg. v. Sonja Hilzinger. Frankfurt/M.: Luchterhand Literaturverlag 1990. (= Sammlung Luchterhand, 918.)

184 Stephan, Alexander: »›Der Terror in Osthofen hat sein Ende erreicht ...‹ Zwei Mainzer und ›Das siebte Kreuz‹: zu Anna Seghers und Dr. Werner Best.« In: *Mainzer Geschichtsblätter* 6 (1990), S. 31–48.

185 Berkessel, Hans: »›Das siebte Kreuz‹ - ›... an einem Ereignis die ganze Struktur des Volkes aufrollen‹. Überlegungen zu einem Unterrichtsprojekt.« In: *Mainzer Geschichtsblätter* 6 (1990), S. 49–68.

186 Reich-Ranicki, Marcel: »Nicht gedacht soll ihrer werden? Aus aktuellem Anlaß: Über Anna Seghers und ihren Roman ›Das siebte Kreuz‹.« In: *Frankfurter Allgemeine Zeitung* v. 21.7.1990. Nachdruck in *Romane von gestern – heute gelesen*. Bd. 3. Hrsg. v. Marcel Reich-Ranicki. Frankfurt/M.: Fischer 1990, S. 277–287.

187 Colden, Wolfgang: »›Literaturpapst‹ beim Spurentilgen.« In: *Unsere Zeit* v. 3.8.1990.

188 Doane, Heike A.: »Die Dialektik der Moral: Vorbereitung auf Krieg und Widerstand in Anna Seghers Roman ›Das siebte Kreuz‹.« In: *Der Zweite Weltkrieg und die Exilanten. Eine literarische Antwort. World War II and the Exiles. A Literary Response*. Hrsg. v. Helmut F. Pfanner. Bonn: Bouvier 1991, S. 85–95. (=Studien zur Literatur der Moderne, 21.)

189 Manthey, Jürgen: »Glossa continua (IX).« In: *Merkur* 4/1991, S. 364f.

190 Stephan, Alexander: »Alltag im Dritten Reich. Anna Seghers' Roman ›Das siebte Kreuz‹.« In: *Zwischen gestern und morgen: Schriftstellerinnen der DDR aus amerikanischer Sicht*. Hrsg. v. Ute Brandes. Berlin: Lang 1992, S. 119–141.

191 Wagner, Frank: »Das siebte Kreuz von Anna Seghers.« In: *Literatur und Arbeiterbewegung*. Hrsg. v. Herbert Arlt u. Michael Ludwig. Frankfurt/M.: Lang 1992, S. 67–75. (=Europäische Hochschulschriften, 1354.)

192 Stephan, Alexander: »Anna Seghers in den USA.« In: *Argonautenschiff* 1 (1992), S. 27–40.

193 Spies, Bernhard: *Anna Seghers: Das siebte Kreuz*. Frankfurt/M.: Diesterweg 1993. (= Grundlagen und Gedanken zum Verständnis erzählender Literatur.)

194 Stephan, Alexander: »Geschichte von unten. Täglicher Faschismus und Widerstand in Anna Seghers' Roman ›Das siebte Kreuz‹«. In *Wider den Faschismus. Exilliteratur als Geschichte*. Hrsg. v. Sigrid Bauschinger u. Susan L. Cocalis. Tübingen: Francke 1993, S. 191–219.

195 Spies, Bernhard: »Anna Seghers. Lektüre jenseits von Denunziation und Legitimation.« In: *Argonautenschiff* 2 (1993), S. 101–113.

196 Fischer, Gudrun: »›Ach, essen von sieben Tellerchen.‹ Märchen- und Sagenmotive in Anna Seghers' Roman ›Das siebte Kreuz‹«. A. a. O., S. 132–147.

197 Hilzinger, Sonja: »›Seghers will, daß der Leser Stellung bezieht und selbst aktiv wird.‹ Studierende lesen ›Das siebte Kreuz‹«. A. a. O., S. 247–259.

198 Röttig, Sabine: »Menschen auf der Flucht. Zu den beiden Flüchtlingsromanen ›Das siebte Kreuz‹ und ›Transit‹.« In: *Argonautenschiff* 4 (1995), S. 205–212.

199 Spirek, Christiane: »Autor und Heimat – Erarbeitet am Beispiel des Werks von Anna Seghers als literarische Spurensuche mit einem Leistungskurs 13.« A. a. O., S. 213–218.

b. (zum Film »*The Seventh Cross*«)

200 (Rez.). In: *Time* v. 18. 9. 1944, S. 92.

201 (Rez.). In: *The New Yorker* v. 7. 10. 1944.

202 (Rez.). In: *The German American* (New York) 12 v. 15. 10. 1944, S. 6.

203 (Rez.). In: *Theatre Arts*, Bd. 28 (November 1944), S. 664, 669.

204 (Rez). »At Loew's Met.« In: *Brooklyn Daily Eagle* v. 9. 11. 1944.

205 »›Seventh Cross‹ Thrilling Picture of a Hunted Man.« In: *Brooklyn Citizen* v. 17. 11. 1944.

206 A., A. (d. i. Alexander Abusch): »Der Film ›Das siebte Kreuz‹«. In: *Freies Deutschland* (Mexiko) 5/1945, S. 28.

207 Agee, James: (Rez.). In: *The Nation* v. 16. 9. 1944, S. 334.

208 Barnes, Howard: »On the Screen.« In: *New York Herald Tribune* v. 29. 9. 1944.

209 – – –: »›The Seventh Cross‹.« In: *New York Herald Tribune* v. 8. 10. 1944.

210 Blankenfeld, Ulrich: »›Das siebte Kreuz.‹ Ein amerikanischer Film nach Anna Seghers' Roman.« In: *Sonntag* 48 v. 28. 11. 1954, S. 5.

211 Brueggers, Fritz: »Außergewöhnliches Filmerlebnis. ›Das siebte Kreuz‹ in deutscher Erstaufführung.« In: *Die Tat* 3 v. 15. 1. 1972.

212 Cameron, Kate: »›The Seventh Cross‹. An Absorbing Drama.« In: *Daily News* v. 29. 9. 1944.

213 Cook, Alton: »The Seventh Cross. Passionate, Fervent.« In: *New York World Telegram* v. 28. 9. 1944.

214 – – –: »Of Germans Under the Nazi Heel ... Seventh Cross Tackles Hottest Controversy.« In: *New York World Telegram* v. 30. 9. 1944.

215 Corby, Jane: »›The Seventh Cross‹ Arrives at Capitol.« In: *Brooklyn Daily Eagle* v. 29. 9. 1944.

216 Creelman, Eileen: »›The Seventh Cross,‹ Melodrama of an Escape – And ›Maisie Goes to Reno‹.« In: *New York Sun* v. 29. 9. 1944.

217 Crowther, Bosley: »›Seventh Cross,‹ Anti-Nazi Drama.« In: *New York Times* v. 29. 9. 1944.

218 – – –: »The Human Touch.« In: *New York Times* v. 1. 10. 1944.

219 *Deutsche Theaterleute im amerikanischen Exil.* Ausstellung, Redaktion Jan Hans. Hamburg, o. J., S. 105. (= Schauspielwochen Hamburg, 76.)

220 Dick, Bernard F.: *The Star-Spangled Screen. The American World War II Film*. Lexington: University Press of Kentucky 1985, passim.

221 George, Manfred: »Ein guter Film mit zweifelhafter Wirkung.« In: *Aufbau* (New York) 40 v. 6. 10. 1944, S. 11.

222 Grob, Norbert: »Menschen am Kreuzweg. Fernseh-Vorschau: Die ARD zeigt Filme von Fred Zinnemann.« In: *Zeit* v. 26. 9. 1986.

223 Hartung, Philip T.: »Lest We Forget.« In: *The Commonweal* 22 v. 15. 9. 1944, S. 518 f.

224 Horak, Jan-Christopher: »The other Germany in Zinne-

mann's ›The Seventh Cross‹ (1944).« In: *German Film and Literature. Adaptations and Transformations*. Hrsg. v. Eric Rentschler. New York: Methuen 1986, S. 117–131.

225 »Internationales Theater.« In: *Sonntag* 31 v. 3. 8. 1947, S. 1.
226 Kahn, in: *Variety* v. 19. 7. 1944.
227 »Kein Mann für jede Jahreszeit. Fred Zinnemann im Gespräch mit Thomas Knauf.« In: *Film und Fernsehen*. Berlin/DDR: Verband der Film- und Fernsehschaffenden der DDR 1989, S. 24–29.
228 Loiperdingen, Martin: »Fred Zinnemanns ›The Seventh Cross‹.« In: *Tribüne* 99 (1986), S. 64–67.
229 Lusk, Norbert: »Tracy Film Hailed as Memorable.« In: *Los Angeles Times* v. 3. 10. 1944.
230 »Man Hunt. M-G-M puts on an exciting stunt to promote ›The Seventh Cross‹.« In: *Life* v. 16. 10. 1944, S. 113–117.
231 »The Man Who Got Away.« In: *Newsweek* v. 2. 10. 1944, S. 107.
232 Marx, Henry: »›The Seventh Cross‹ im Capitol Theatre.« In: *New Yorker Staats-Zeitung* v. 1. 10. 1944.
233 McManus, John T.: »A Cross of Hope for Germany.« In: *P. M.* v. 29. 9. 1944.
234 Mishkin, Leo: »›Seventh Cross‹ is Crackajack Film.« In: *Morning Telegraph* v. 29. 9. 1944.
235 Nehring, Alfried: »Dafür sind Kinos da. Anna Seghers und der Film.« In: *Argonautenschiff* 2 (1993), S. 218–232.
236 oh.: »›Das siebte Kreuz‹, ZDF.« In: *Frankfurter Rundschau* v. 4. 3. 1983.
237 P., T. M.: »›Seventh Cross‹, Anti-Nazi Drama, With Spencer Tracy, at Capitol – Other New Films.« In: *New York Times* v. 29. 9. 1944.
238 Palitzsch, Peter: »Ein notwendiger amerikanischer Film.« In: *Weltbühne* 51 v. 22. 12. 1954, S. 1614 ff.
239 Pelswick, Rose: »›The Seventh Cross‹. Tale of Underground.« In: *New York Journal – American* v. 29. 9. 1944.
240 »Postwar Business. Watch Hollywood …« In: *Aufbau* (New York) 49 v. 3. 12. 1943.
241 (Pressenotiz). In: *Freie deutsche Kultur. German Anti-Nazi Monthly* (London), Oktober 1944, S. 13.
242 Price, Edgar: »Reel Review«. In: *Brooklyn Daily Eagle* v. 29. 9. 1944. (Nachgedruckt in *Brooklyn Citizen* v. 9. 11. 1944).

243 Rau, Neil: »Suspense in ›Seventh Cross‹ Thrills.« In: *Los Angeles Examiner* v. 29. 9. 1944.

244 Redelings, Lowell E.: »›Seventh Cross‹ Grim Film.« In: *Citizen News* v. 29. 9. 1944.

245 »Refugee's Novel Reaches Screen After Three Copies Were Lost.« In: *New York Herald Tribune* v. 24. 9. 1944.

246 Rosenbaum, Hermann: »Ein Kreuz ist leer. Das ZDF zeigt den antifaschistischen Film ›Das siebte Kreuz‹.« In: *Frankfurter Rundschau* v. 10. 1. 1972.

247 Schallert, Edwin: »›Seventh Cross‹ Reflects Quality as Saga of Escape.« In: *Los Angeles Times* v. 29. 9. 1944.

248 Scheuer, Philip K.: »Suspense Filmed in New Way.« In: *Los Angeles Times* v. 9. 9. 1944.

249 Schwerin, Christoph: »Anna Seghers schöngefärbt.« In: *Welt* v. 6. 11. 1995.

250 »The seventh cross.« In: *Reclams Filmführer*. 5., neu bearb. u. erweit. Aufl. Hrsg. v. Dieter Krusche. Stuttgart: Reclam 1982, S. 476.

251 »The Seventh Cross.« In: *Zinnemann*. Hrsg. v. Antje Goldau, Hans Helmut Prinzler u. Neil Sinyard. München: filmland 1986, S. 100 f. (= Edition Filme, 4).

252 »The Seventh Cross. Manhunt … Set in Nazi Germany of 1936.« In *Look* v. 17. 10. 1944, S. 72 ff.

253 Shull, Richard K.: »TV Answerman,« o. O., o. D.

254 Stanley, Fred: »Post-War Horizon. Hollywood Fashions New Films to Shed Light on the Problems of Peace.« In: *New York Times* v. 7. 11. 1943.

255 Stephan, Alexander: »Anna Seghers' ›The Seventh Cross‹. Ein Exilroman über Nazideutschland als Hollywood-Film.« In: *Exilforschung* 6 (1988), S. 214–229.

256 ts.: »Atmosphäre der Angst. ›Das siebte Kreuz‹: US-Spielfilm mit Spencer Tracy.« In: *Badische Neueste Nachrichten* v. 4. 3. 1983.

257 tsp: »Hilfe von Fremden.« In: *Süddeutsche Zeitung* v. 4. 3. 1983.

258 Viertel, Berthold: »›The Seventh Cross‹ als Film.« In: *Austro-American Tribune* (New York), Nr. 3 (1944/45), S. 9 f.

259 Winston, Archer: »Germany's Underground Seen in ›The Seventh Cross‹.« In: *New York Post* v. 29. 9. 1944.

260 Zinnemann, Fred: »›Ich hab' sehr viel Glück gehabt im Leben‹.« In *Zinnemann*. Hrsg. v. Antje Goldau, Hans Helmut Prinzler u. Neil Sinyard. München: filmland 1986, S. 31 ff. (= Edition Filme, 4).

261 Albrecht, Friedrich: »‹... eine Art von Zivilcourage, die ich sehr bewundere.‹ Fred Zinnemann über seinen Film ›The Seventh Cross‹. Ein Gespräch mit Alexander Stephan.« In: *Argonautenschiff* 2 (1993), S. 211–217.

c. (zur Funkbearbeitung v. Hedda Zinner)

262 h., h.: »›Das siebte Kreuz‹ als Hörspiel.« In: *Neues Deutschland* v. 3. 2. 1955.

263 Renner, Wenzel: »›Das siebte Kreuz‹ im Funk.« In: *Tägliche Rundschau* v. 2. 2. 1955, S. 4.

264 Schippers, Marianne: »›Das siebte Kreuz‹ als Hörspiel.« In: *Roland von Berlin* 51 v. 19. 12. 1948, S. 15.

d. (zur Schweriner Theaterfassung)

265 Beckelmann, Jürgen: »›Jegor, bring' mir meine Latschen.‹ Viktor Rosows ›Nest des Auerhahns‹ und eine Seghers-Dramatisierung.« In: *Frankfurter Rundschau* v. 5. 11. 1981.

266 Borrmann, Dagmar: »Romane auf dem Theater. Zum Beispiel: ›Franziska Linkerhand‹ und ›Das siebte Kreuz‹.« In: *Theater der Zeit* 5/1984, S. 44–46.

267 Braun, Anne: »Kleine Geschichten, große Vorgänge.« In: *Wochenpost* 39/1981.

268 Fischborn, Dagmar: *Theatralische Adaptionen epischer Texte als besondere Form der Wechselbeziehungen zwischen Theater und Literatur. ›Franziska Linkerhand‹ und ›Das siebte Kreuz‹ am Mecklenburgischen Staatstheater Schwerin*. Phil. Diss. Berlin/DDR, 1985.

269 Funke, Christoph: »Bekenntnis zur Menschenwürde.« In: *Der Morgen* v. 22. 4. 1981.

270 Gerhardt, Klaus-Peter: »Humanistische Botschaft als Theatererlebnis.« In: *Neue Zeit* 101 (1981), S. 4.

271 – – –: »Geschichte als verpflichtender Auftrag. Faschismusbewältigung am Beispiel von Literaturadaptionen der

Theater in Schwerin und Westberlin.« In: *Neue Zeit* 198 v. 22. 8. 1981, S. 7.

272 Heitzenröther, Horst: »Versuch, unermeßlichen Strom einzufangen.« In: *Nationalzeitung* v. 29. 4. 1981.

273 Jaksch, Bärbel u. Christoph Schroth: »Über Schweriner Erfahrungen mit Epik auf der Bühne (Auszüge aus einem Gespräch).« In: *Programmheft zur Inszenierung von Anna Seghers, ›Das siebte Kreuz‹ am Mecklenburgischen Staatstheater*, Schwerin, o. J., S. 15 f.

274 – – –: »Schweriner Erfahrungen mit Epik auf der Bühne. Auszüge aus einem Gespräch.« In: *Theater der Zeit* 6/1981, S. 14 f.

275 Kerndl, Rainer: »Erregende Botschaft eines großen Romans ins Dramatische übersetzt.« In: *Neues Deutschland* v. 20. 4. 1981.

276 Linzer, Martin: »Entdeckungen an/mit Anna Seghers.« In: *Theater der Zeit* 6/1981, S. 13 ff.

277 Pfelling, Liane: »Symbol menschlicher Unbeugsamkeit und Solidarität.« In *Schweriner Volkszeitung* v. 21. 4. 1981.

278 »Protokoll eines Arbeitsgespräches am Berliner Ensemble über die Fassung ›Das 7. Kreuz‹ von Jaksch/Maaß am 16. 2. 81.« (Unveröffentlichtes Typoskript v. 18. 2. 1981).

279 Roßmann, Andreas: »Schaufenster mit Verlustanzeigen. Die XXV. (Ost-)Berliner Festtage: Premieren und Gastspiele im Sprechtheater.« In: *Deutschland-Archiv* 2/1982, S. 160–167.

280 Seyfarth, Ingrid: »Geschichts-Bilder. Zu zwei Schweriner Inszenierungen.« In *Sonntag* 18 v. 3. 5. 1981, S. 5.

281 Stone, Michael: »Ein Theatertreffen der DDR-Bühnen.« In: *Tagesspiegel* v. 5. 11. 1981.

282 Tempelhof, Hellmut: »›Das siebte Kreuz‹ in Schwerin.« In: *Norddeutsche Neueste Nachrichten* v. 23. 4. 1981.

283 Wolf, Christa: Brief an Anna Seghers v. 2. 4. 1981 (Anna-Seghers-Archiv).

284 Zelt, Manfred: »Bewegendes Zeugnis menschlicher Prüfung.« In *Norddeutsche Zeitung* v. 23. 4. 1981.

4. LITERATUR ZU ANNA SEGHERS

1 Albrecht, Friedrich: *Die Erzählerin Anna Seghers 1926 bis 1932.* Berlin/DDR: Rütten & Loening 1975. (= Neue Beiträge zur Literaturwissenschaft, 25.)
2 – – –: »Gespräch mit Pierre Radvanyi.« In: *Sinn und Form* 3/1990, S. 510–525.
3 – – –: »Anna Seghers in der Literaturkritik des Exils.« In: *Die deutsche Literaturkritik im europäischen Exil (1933 bis 1940).* Hrsg. v. Michel Grunewald. Bern: Lang 1993, S. 181 bis 201. (= Jahrbuch für Internationale Germanistik, Reihe A, Bd. 34.)
4 *Anna Seghers.* Unpaginierte Broschüre zum 60. Geburtstag (1960).
5 »Anna Seghers.« In: *Freies Deutschland* (Mexiko) 9/1943, S. 2.
6 »Anna Seghers.« In: *Text + Kritik* 38 (1973).
7 »Anna Seghers.« In: *Text + Kritik.* 2. Aufl. (Neufassung) 38 (1982).
8 *Anna Seghers. Eine Biographie in Bildern.* Hrsg. v. Frank Wagner u. a. Berlin: Aufbau 1994.
9 *Anna Seghers. Briefe ihrer Freunde.* Berlin/DDR: Aufbau 1960.
10 *Anna Seghers aus Mainz.* Hrsg. v. Walter Heist. Mainz: Krach 1973. (= Kleine Mainzer Bücherei, 5.)
11 *Anna Seghers – Mainzer Weltliteratur. Beiträge aus Anlaß des 80. Geburtstages.* Hrsg. v. Günter Eifler u. Anton Maria Keim. Main: Krach 1981.
12 *Anna Seghers Materialienbuch.* Hrsg. v. Peter Roos u. Friederike J. Hassauer-Roos. Darmstadt: Luchterhand 1977. (= Sammlung Luchterhand, 242.)
13 Barck, Simone: *Johannes R. Bechers Publizistik in der Sowjetunion 1935–1945.* Berlin/DDR: Akademie 1976. (= Literatur und Gesellschaft.)
14 Becher, Johannes R.: »A. S.« In J. R. B.: *Werke.* Bd. 4. Berlin/DDR: Aufbau 1966, S. 21.
15 Bell, Robert F.: »Literarische Darstellungen vom Ende des Faschismus: Ferdinand Bruckners ›Die Befreiten‹ und Anna Seghers' ›Das Ende‹.« In: *Das Exilerlebnis. Verhandlungen des Vierten Symposiums über deutsche u. öster-*

reichische Exilliteratur. Hrsg. v. Donald Daviau und Ludwig Fischer. Columbia: Camden House 1982, S. 212 bis 223.
16 Benjamin, Walter: »Eine Chronik der deutschen Arbeitslosen. Zu Anna Seghers Roman ›Die Rettung‹«. In W. B.: *Gesammelte Schriften.* Bd. 3. Hrsg. v. Hella Tiedemann-Bartels. Frankfurt/M.: Suhrkamp 1972, S. 530–538.
17 Berger, Christel: »Gespräch mit Dr. med. Ruth Radvanyi, Tochter von Anna Seghers.« In: *Argonautenschiff* 1 (1992), S. 150–156.
18 Bilke, Jörg B.: »Auf der Suche nach Netty Reiling.« In: *Blätter der Carl-Zuckmayer-Gesellschaft* 4/1980, S. 186 bis 201.
19 Bock, Sigrid: »Revolutionäre Welterfahrung und Erzählkunst. Der Einfluß des Exils auf das Schaffen der Anna Seghers.« In: *Verteidigung der Menschheit. Antifaschistischer Kampf und Aufbau der sozialistischen Gesellschaft in der multinationalen Sowjetliteratur und in Literaturen europäischer sozialistischer Länder.* Hrsg. v. Edward Kowalski. Berlin/DDR: Akademie 1975, S. 394–419. (= Slawistische Studien und Texte.)
20 Bossinade, Johanna: »Haus und Front. Bilder des Faschismus in der Literatur von Exil- und Gegenwartsautorinnen. Am Beispiel Anna Seghers, Irmgard Keun, Christa Wolf und Gerlind Reinshagen.« In: *Neophilologus* 70 (1986), S. 92–118.
21 Brandes, Ute: *Anna Seghers.* Berlin: Colloquium 1992. (= Köpfe des 20. Jahrhunderts, 117.)
22 Brauer, Wolfgang: »Die Helden in Anna Seghers' Erzählung ›Die Saboteure‹.« In: *Wissenschaftliche Zeitschrift der Universität Rostock. Gesellschafts- und sprachwissenschaftliche Reihe* (Sonderheft ›Die Gestalt des antifaschistischen Widerstandskämpfers in der Literatur‹), Jg. 9 (1959/1960), S. 37–42.
23 Czejarek, Karol: *Anna Seghers.* Poznan: Wydawnicło Poznanskie 1986.
24 Degemann, Christa: *Anna Seghers in der westdeutschen Literaturkritik 1946 bis 1983. Eine literatursoziologische Analyse.* Köln: Pahl-Rugenstein 1985. (= Literatur und Geschichte.)

25 Degemann, Christa: »Auf dem Wege zu Anna Seghers. Varianten westdeutscher Seghers-Rezeption.« In: *Sammlung* 3 (1980), S. 5–18.

26 – – –: »Anna Seghers und das Lesebuch der BRD.« In: *Sammlung* 4 (1981), S. 175–185.

27 – – –: »Sie ließ sich vom Osten nehmen, mit Haut und Haar. Sexualmetaphorik als literaturkritische Kategorie. Anmerkungen zum Umgang mit Anna Seghers in der BRD.« In: *die horen* 132 (1983), S. 62–66.

28 Diersen, Inge: *Seghers-Studien. Interpretationen von Werken aus den Jahren 1926–1935. Ein Beitrag zu Entwicklungsproblemen der modernen deutschen Epik*. Berlin/DDR: Rütten & Loening 1965.

29 Döring, Ulrich: »Anna Seghers.« In: *Kritisches Lexikon zur deutschsprachigen Gegenwartsliteratur*. 22. Nachlieferung. München: edition text + kritik 1986.

30 Dybowski, Andreas: *Endstation, Wartesaal oder Schatzkammer für die Zukunft. Die deutsche Exilliteratur und ihre Wirkung und Bewertung in der westdeutschen Nachkriegsrepublik*. Frankfurt/M.: Lang 1989, S. 203–207. (= Europäische Hochschulschriften, 1138.)

31 Eckhardt, Juliane: »Die Werke von Anna Seghers im Literaturunterricht der BRD« (4.11, S. 109–124).

32 Epp, Peter: *Die Darstellung des Nationalsozialismus in der Literatur. Eine vergleichende Untersuchung am Beispiel von Texten Brechts, Th. Manns, Seghers' und Hochhuths*. Frankfurt/M.: Lang 1985. (= Europäische Hochschulschriften. Reihe I: Deutsche Sprache und Literatur, 826.)

33 *Exil und Rückkehr. Emigration und Heimkehr. Ludwig Berger, Rudolf Frank, Anna Seghers und Carl Zuckmayer*. Hrsg. v. Anton Maria Keim. Mainz: Schmidt 1986. (= Mainz-Edition, 3.)

34 Fehl, Mariella: »Begegnungen mit Anna Seghers.« In: *Staatliches Frauenlobgymnasium 1889–1989. Festschrift zum 100jährigen Bestehen*. Mainz, 1989, S. 111–125.

35 Franz, Marie: *Die Darstellung von Faschismus und Antifaschismus in den Romanen von Anna Seghers 1933–1949*. Frankfurt/M.: Lang 1987. (= Hamburger Beiträge zur Germanistik, 2.)

36 Frey, Peter: »›Und habt ihr denn etwa keine Träume ... ?‹ Die Pariser Jahre der Anna Seghers.« In: *Blätter der Carl-Zuckmayer-Gesellschaft* 1/1985, S. 34–41.
37 Fries, Fritz Rudolf: »Nachdenken über Anna Seghers.« In: *neue deutsche literatur* 1/1991, S. 30–33.
38 »Gespräch über Anna Seghers.« In: *neue deutsche literatur* 9/1984, S. 10–73.
39 Grass, Günter, Brief an Anna Seghers v. 14. 8. 1961. (Antwortbrief v. Ludwig Marcuse o. D.) In: *Die Mauer oder der 13. August*. Hrsg. v. Hans Werner Richter. Reinbek: Rowohlt 1961, S. 62–65 (= rororo, 482.). Nachdruck in G. G.: *Essays, Reden, Briefe, Kommentare*. Hrsg. v. Daniela Hermes. Darmstadt: Luchterhand 1987, S. 33 f. (= Werkausgabe, Bd. 9.).
40 Hassauer, Friederike u. Peter Roos: »Kein Denkmalschutz für Anna Seghers. Aufschwung der Seghers-Rezeption in der Bundesrepublik« (4.7, S. 120–125).
41 Hermlin, Stephan: »Das Werk der Anna Seghers.« In: St. H. u. Hans Mayer: *Ansichten über einige neue Schriftsteller und Bücher*. Wiebaden: Limes 1947, S. 143–147. Erw. u. bearb. Ausg. in *Ansichten über einige Bücher und Schriftsteller*. [Berlin]: Volk und Welt (1947), S. 164–169.
42 Hilchenbach, Maria: *Kino im Exil. Die Emigration deutscher Filmkünstler 1933–1945*. München: Saur 1982. (= Kommunikation und Politik, 14.)
43 Hilt, Douglas: »Die mexikanischen Jahre von Anna Seghers.« In: *Alternative Lateinamerika. Das deutsche Exil in der Zeit des Nationalsozialismus*. Hrsg. v. Karl Kohut u. Patrik von zur Mühlen. Frankfurt/M.: Vervuert 1994, S. 209–218. (= Bibliotheca Ibero-Americana, 51.)
44 Jokostra, Peter: »Offener Brief an einen Verleger.« In: *Welt* v. 1. 8. 1962.
45 Kohl, Eva Maria: »Besuche.« In: *neue deutsche literatur* 10/1983, S. 38–43.
46 Kopelew, Lew: »Erregung von heute und die Märchenfarben.« In L. K.: *Verwandt und verfremdet. Essays zur Literatur der Bundesrepublik und der DDR*. Frankfurt/M.: Fischer 1976, S. 39–60. (Zuerst als Vorwort zur russ. Ausg. v. *Transit*. Moskau, 1961.)
47 Korlén, Gustav: »Anna Seghers in Schweden« (4.88, S. 143–148).

48 Krämer, Wolfgang: *Faschisten im Exilroman 1933–1939. Zur Darstellung der NS-Massenbasis und der Motive faschistischen Engagements.* Pfaffenweiler: Centaurus 1987. (= Sprach- und Literaturwissenschaft, 6.)

49 LaBahn, Kathleen: *Anna Seghers' Exile Literature. The Mexican Years (1941–1947).* New York: Lang 1986. (= American University Studies. Reihe I, Bd. 37.)

50 Linnerz, Heinz: »Darf Anna Seghers bei uns erscheinen? Ein Streitgespräch des WDR zwischen Wolfdietrich Schnurre und Marcel Reich-Ranicki.« In: *Echo der Zeit* v. 28. 10. 1962.

51 Lowitsch, Bruno: »›Fertig zur Abwanderung‹. Der letzte Weg der Hedwig Reiling in Mainz am 20. März 1942.« In: *Mainz. Vierteljahreshefte für Kultur, Politik, Wirtschaft, Geschichte* 1/1990, S. 120–124.

52 m.: »Anna Seghers las vor!« In: *Neues Deutschland* v. 11. 5. 1947, S. 5.

53 Maag, Regula: *Den Faschismus überwinden. Darstellung und Deutung des Faschismus in Anna Seghers Romanen.* Zürich: ADAG Administration & Druck 1984. (= Phil. Diss. Zürich.)

54 Merkelbach, Valentin: »Zur Rezeption systemkritischer Schriftsteller in der BRD. Erzählungen der Anna Seghers als Schullektüre.« In: *Diskussion Deutsch* 10/1972, S. 389 bis 413.

55 ‒ ‒ ‒: »Fehlstart Seghers-Rezeption. Vom Kalten Krieg gegen die Autorin in der Bundesrepublik« (4.12, S. 9–25).

56 Motyljowa, T[amara]: *Anna Segers: Litschnost i twortschestwo (Leben und Werk).* Moskau: Chudoshestwennaja literatura 1984.

57 Mytze, Andreas W.: »Von der negativen Faszination. Das westdeutsche Seghers-Bild« (4.6, S. 20–30).

58 »Nachdenken über Anna Seghers.« In: *Neue deutsche Hefte* 1/1991, S. 28–33.

59 Paul, Wolfgang: »Das Siegel der Verfolgten.« In: *Die Literatur* 2 v. 1. 4. 1952, S. 3.

60 Prinsen-Eggert, Barbara: »Werke von Anna Seghers in Lesebüchern der Bundesrepublik Deutschland in den Jahren 1980–1990.« In: *Argonautenschiff* 2 (1993), S. 260–269.

61 Radvanyi, Pierre: »Einige Erinnerungen.« In: *Argonautenschiff* 3 (1994), S. 185–192.

62 Ranicki, Marceli: »Die Barriere ist beseitigt.« In: *Sonntag* 50 v. 12. 12. 1954, S. 4.
63 – – –: *Epika Anny Seghers*. Warschau: Czytelnik 1957.
64 Reich-Ranicki, Marcel: »Literarischer Schutzwall gegen die DDR. Anna Seghers' Werke sollen in der Bundesrepublik erscheinen.« In: *Zeit* v. 10. 8. 1962.
65 – – –: »Rote Helden und Heilige. Zu Anna Seghers' siebzigstem Geburtstag am 19. November.« In: *Sonntagsblatt* v. 22. 11. 1970.
66 Reichelt, Kristina: *Zur Anna Seghers-Rezeption in der DDR-Literatur an ausgewählten Beispielen*. Phil. Diss. Halle, 1983.
67 Reifferscheid, Eduard: »Anna Seghers – ja oder nein? Antwort eines Verlegers auf Peter Jokostras Angriff.« In: *Welt* v. 13. 8. 1962.
68 Reinerová, Lenka: *Es begann in der Melantrichgasse. Erinnerungen an Weiskopf, Kisch, Uhse und die Seghers*. Berlin/DDR: Aufbau 1985.
69 Rotermund, Erwin: »›Spiegel‹ oder ›Splitter‹? Zur Kritik der Kritik an Anna Seghers' Dichtungen der Jahre 1932 bis 1935.« In: *Blätter der Carl-Zuckmayer-Gesellschaft* 4/1980, S. 207–216.
70 Rützou Petersen, Vibeke: »Zillich's End: The Formation of a Fascist Character in Anna Seghers's ›Das Ende‹.« In: *Seminar* 4/1993, S. 370–381.
71 Sanna, Simonetta: »Anna Seghers.« In: *Deutsche Dichter des 20. Jahrhunderts*. Hrsg. v. Hartmut Steinecke. Berlin: Schmidt 1994, S. 439–451.
72 Sauer, Klaus: *Anna Seghers*. München: Beck 1978. (= Autorenbücher, 9.)
73 Schnurre, Wolfdietrich: »Soll man in Westdeutschland Zonenautoren verlegen?« In: *Tagesspiegel* v. 28. 9. 1962.
74 Schrade, Andreas: *Anna Seghers*. Stuttgart: Metzler 1993. (= Sammlung Metzler, 275.)
75 Schütz, Friedrich: »Die Familie Seghers-Reiling und das jüdische Mainz.« In: *Argonautenschiff* 2 (1993), S. 151–173.
76 »Seghers, Anna.« In: *Current Biography 1942*. New York: Wilson 1942, S. 748 ff.
77 Spira-Ruschin, Steffie: »Eine Freundschaft.« In: *neue deutsche literatur* 10/1983, S. 27–37.

78 Stephan, Alexander: *Anna Seghers im Exil. Essays, Texte, Dokumente*. Bonn: Bouvier, 1993. (= Studien zur Literatur der Moderne, 23.)

79 – – –: *Im Visier des FBI. Deutsche Exilschriftsteller in den Akten amerikanischer Geheimdienste*. Stuttgart: Metzler 1995.

80 – – –: *Im Visier des FBI. Deutsche Autoren im US-Exil*. ARD-Fernsehfilm (mit Johannes Eglau), 1995.

81 – – –: »Anna Seghers. Künstlerische Anschauung und politischer Auftrag.« In: *Zeitkritische Romane des 20. Jahrhunderts. Die Gesellschaft in der Kritik der deutschen Literatur*. Hrsg. v. Hans Wagener. Stuttgart: Reclam 1975, S. 167–191.

82 – – –: »Vom Fortleben der Avantgarde im Exil. Das Beispiel Anna Seghers.« In: *Blätter der Carl-Zuckmayer-Gesellschaft* 1/1985, S. 42–51.

83 – – –: »›Ich habe das Gefühl, ich bin in die Eiszeit geraten …‹ Zur Rückkehr von Anna Seghers aus dem Exil.« In: *Germanic Review* 3/1987, S. 143–152 (Sonderheft: ›Women in Exile‹).

84 – – –: »Die FBI-Akte von Anna Seghers.« In: *Sinn und Form* 3/1990, S. 502–509.

85 Stern, Jeanne: »Die Dame mit dem Turban.« In: *neue deutsche literatur* 6/1981, S. 5–19.

86 Szarota, Elida Maria: »Über den Begriff der Novelle und die Darstellung des Widerstandskampfes in den ›Saboteuren‹ von Anna Seghers.« In: *Wissenschaftliche Zeitschrift der Universität Rostock. Gesellschafts- und sprachwissenschaftliche Reihe* (Sonderheft »Die Gestalt des antifaschistischen Widerstandskämpfers in der Literatur«), Jg. 9 (1959/60), S. 67 f.

87 Tietze, Wilhelm: »Egon Erwin Kisch erzählt.« In: *Aufbau* 9/1946, S. 976 f.

88 *Über Anna Seghers. Ein Almanach zum 75. Geburtstag*. Hrsg. v. Kurt Batt. Berlin/DDR: Aufbau 1975.

89 Wolgina, A. A.: *Anna Segers: Bibliografitscheski ukasatel*. Moskau: Wsesojusnaia biblioteka inostrannoi literatury 1989.

90 W., M.: »Eine ›deutsche Dichterin‹. Der Fall Anna Seghers – ein Schulbeispiel für das Wirken der literarischen ›Fünften Kolonne‹.« In: *Deutsche Wochen-Zeitung* v. 14. 11. 1975.

91 Wagner, Frank: *Anna Seghers*. Leipzig: VEB Bibliographisches Institut 1980.

92 – – –: »Deportation nach Piaski. Letzte Stationen der Passion von Hedwig Reiling.« In: *Argonautenschiff* 3 (1994), S. 117–126.

93 Walter, Hans-Albert: »Anna Seghers.« In: *Es ist ein Weinen in der Welt. Hommage für deutsche Juden unseres Jahrhunderts*. Hrsg. v. Hans Jürgen Schultz. Stuttgart: Quell 1990, S. 407–429.

94 Winckler, Lutz: »›Diese Realität der Krisenzeit‹, Anna Seghers' Deutschlandromane 1933–1949« (4.11, S. 71–97; auch in 4.7, S. 1–26).

95 Wolf, Christa: *Die Dimension des Autors. Essays und Aufsätze. Reden und Gespräche 1959–1985*. Darmstadt: Luchterhand 1967.

96 – – –: »Bei Anna Seghers.« A. a. O., S. 332–338.

97 – – –: »Zeitschichten.« In Anna Seghers: *Ausgewählte Erzählungen*. Hrsg. v. C. W. Darmstadt: Luchterhand 1983, S. 363–372.

98 Wuckel, Dieter: »›Die vierzig Jahre der Margarete Wolf‹ von Anna Seghers. Hinweise für die Behandlung im Literaturunterricht.« In: *Deutschunterricht* (DDR) 3/1959, S. 139–144.

99 Zehl Romero, Christiane: *Anna Seghers mit Selbstzeugnissen und Bilddokumenten*. Reinbek: Rowohlt 1993. (= rororo, 464.)

5. LITERATUR ZUM EXIL UND ZUR ZEITGESCHICHTE

1 Abusch, Alexander: *Literatur im Zeitalter des Sozialismus*. Berlin/DDR: Aufbau 1967. (= Schriften, 2.)

2 – – –: *Der Deckname. Memoiren*. Berlin/DDR: Dietz 1984.

3 – – –: *Mit offenem Visier. Memoiren*. Berlin/DDR: Dietz 1986.

4 Albrecht, Friedrich: »Gespräch mit Pierre Radvanyi.« In: *Sinn und Form* 3/1990, S. 510–525.

5 Albrecht, Richard: »Carl Mierendorff und das Konzept einer demokratischen Volksbewegung« (5.286, S. 838 bis 849).

6 Albrecht, Richard: *Der militante Sozialdemokrat Carlo Mierendorff 1897 bis 1943. Eine Biographie*. Berlin: Dietz Nachf. 1987. (= Internationale Bibliothek, 128.)

7 *Allein mit Lebensmittelkarten ist es nicht auszuhalten ... Autoren- und Verlegerbriefe 1945–1949.* Hrsg. v. Elmar Faber u. Carsten Wurm. Berlin: Aufbau Taschenbuch Verlag 1991 (= AtV 1.)

8 Allert, Dietrich u. Hubert Wetzelt: »Die große Liebe.« Zitiert nach ›*Der geteilte Himmel*‹ *und seine Kritiker*. Hrsg. v. Martin Reso. Halle: Mitteldeutscher Verlag 1965, S. 78–85.

9 *Alltag im Nationalsozialismus 1933–1945. Jahrbuch zum Schülerwettbewerb Deutsche Geschichte um den Preis des Bundespräsidenten*. Hrsg. v. Dieter Galinski u. Ulla Lachauer. Braunschweig: Pedersen 1982.

10 *Alltagsgeschichte. Zur Rekonstruktion historischer Erfahrungen und Lebensweisen*. Hrsg. v. Alf Lüdtke. Frankfurt/M.: Campus 1989.

11 *Alltagsgeschichte der NS-Zeit. Neue Perspektive oder Trivialisierung?* München: Oldenbourg 1984. (= Kolloquien des Instituts für Zeitgeschichte.)

12 *Als die letzten Hoffnungen verbrannten. 9./10. November 1938. Mainzer Juden zwischen Integration und Vernichtung*. Hrsg. v. Anton Maria Keim u. d. Verein für Sozialgeschichte Mainz e. V. Mainz: Schmidt 1988. (= Mainz Edition, 5.)

13 *Als sozialdemokratischer Arbeiter im Konzentrationslager Papenburg*. Moskau: Verlagsgenossenschaft ausländischer Arbeiter in der UdSSR 1935.

14 »Alte Kameraden« (zu Werner Best). In: *Spiegel* 26 v. 28. 6. 1982, S. 63–68.

15 Améry, Jean: *Jenseits von Schuld und Sühne. Bewältigungsversuche eines Überwältigten*. München: Szczesny 1966.

16 *Anatomie des SS-Staates*. 2 Bde. München: Deutscher Taschenbuch Verlag 1967. (= dtv, 462 f.)

17 *Annäherung und Distanz. DDR-Literatur in der polnischen Literaturkritik*. Hrsg. v. Manfred Diersch u. Hubert Orlowski. Halle: Mitteldeutscher Verlag 1983. (= Essay-Reihe.)

18 Antoni, Ernst: *KZ. Von Dachau bis Auschwitz. Faschistische Konzentrationslager 1933–1945*. Frankfurt/M.: Röderberg 1979.

19 Arenz-Morch, Angelika: »Das Konzentrationslager Osthofen im Spiegel neuerer historischer Forschungen.« In: *Argonautenschiff* 2 (1993), S. 174–194. Vgl. auch »›Zur Erziehung ist eine längere Schutzhaft nötig‹. Das Konzentrationslager des Volksstaates Hessen im rheinhessischen Osthofen.« In: *Sachor. Beiträge zur Jüdischen Geschichte und zur Gedenkstättenarbeit in Rheinland-Pfalz* 9 (1995), S. 46–64.

20 – – –: »Osthofener als Fluchthelfer« (5.251, S. 1).

21 Aronson, Shlomo: *Reinhard Heydrich und die Frühgeschichte von Gestapo und SD*. Stuttgart: Deutsche Verlags-Anstalt 1971.

22 *Die Ausbürgerung deutscher Staatsangehöriger nach den im Reichsanzeiger veröffentlichten Listen*. Hrsg. v. Michael Hepp. 3 Bde. München: Saur 1985.

23 Baier, Lothar: »Exil und Tod in Martinique.« In: *Sinn und Form* 3/1991, S. 606–613.

24 *Les barbelés de l'exil. Etudes sur l'émigration allemande et autrichienne (1938–1940)*. Hrsg. v. Gilbert Badia u. a. Grenoble: Presses universitaires de Grenoble 1979.

25 Barck, Simone: *Johannes R. Bechers Publizistik in der Sowjetunion 1935–1945*. Berlin/DDR: Akademie 1976. (= Literatur und Gesellschaft.)

26 *Bayern in der NS-Zeit*. 6 Bde. Hrsg. v. Martin Broszat. München: Oldenbourg 1977–1983.

27 Beckenbach, Heinrich: »Osthofen – Schicksalsweg einer Dorfgemeinde« (5.87, S. 8–16.)

28 – – –: »Die Flurnamen der Gemarkung Osthofen. Ein Beitrag zur Orts- und Heimatgeschichte.« In: *Der Wormsgau* 6/1957, S. 353–377.

29 Beimler, Hans: *Im Mörderlager Dachau. Vier Wochen in den Händen der braunen Banditen*. Moskau: Verlagsgenossenschaft ausländischer Arbeiter in der UdSSR 1933.

30 Berkessel, Hans u. a.: *Ausstellungskonzeption für das NS-Dokumentations-Zentrum Rheinland-Pfalz*. Hrsg. von der Landeszentrale für politische Bildung Rheinland-Pfalz. Mainz, 1995.

31 Bernard, Ursula: *Regards sur le IIIeme Reich. Le point de vue des écrivains allemands émigrés en france 1933 bis 1939*.

Grenoble: Publications de l'université des langues et lettres 1983.
32 Best, Walter: *Kultur oder Bildung. Der Wert des Schöpferischen in der Gemeinschaft.* Würzburg: Triltsch 1939. (= Schriften zum deutschen Sozialismus, 8.)
33 – – –: *Völkische Dramaturgie. Gesammelte Aufsätze.* Würzburg: Triltsch 1940.
34 – – –: *Mit der Leibstandarte im Westen. Berichte eines SS-Kriegsberichters.* 2. Aufl. München: Zentralverlag der NSDAP 1942.
35 Best, Werner: ›... wird erschossen.‹ *Die Wahrheit über das Boxheimer Dokument.* Mainz: Selbstverlag o. J. [1932].
36 – – –: *Die Deutsche Polizei.* Darmstadt: Wittich 1941.
37 – – –: »Der Krieg und das Recht« (5.177, S. 135–161).
38 – – –: »Die Geheime Staatspolizei.« In: *Deutsches Recht* 7/8 (1936), S. 125–128.
39 – – –: »Die Politische Polizei des Dritten Reiches.« In: *Deutsches Verwaltungsrecht.* Hrsg. v. Hans Frank. München: Eher 1937, S. 417–430.
40 *Bibliographie ›Widerstand‹.* Hrsg. v. Ulrich Cartarius. München: Saur 1984.
41 Billinger, Karl (d. i. Paul W. Massing): *Schutzhäftling 880. Aus einem deutschen Konzentrationslager.* Paris: Editions du Carrefour 1935.
42 *Biographisches Handbuch der deutschsprachigen Emigration nach 1933/International Biographical Dictionary of Central European Emigrés 1933–1945.* Hrsg. v. Herbert A. Strauss u. Werner Röder. 3 Bde. München: Saur 1980, 1983.
43 Braak, Menno ter: »Emigranten-Literatur.« In: *Deutsche Literatur im Exil 1933–1945.* Bd. 1. Hrsg. v. Heinz Ludwig Arnold. Frankfurt/M.: Athenäum Fischer 1974, S. 59 bis 62. (= Geschichte der deutschen Literatur aus Methoden, 6).
44 »Brahms' Bolero? Was Abiturienten wissen – und was nicht.« In: *Spiegel* 23 v. 5. 6. 1995, S. 82.
45 Brand, Matthias: »Stacheldrahtleben. Literatur und Konzentrationslager.« In: *Sammlung* 4 (1981), S. 133–142.
46 *Braunbuch über Reichstagsbrand und Hitler-Terror.* Basel: Universum-Bucherei [!] 1933. Faksimile-Nachdruck Frankfurt/M.: Röderberg 1973.

47 Brecht, Bertolt: *Arbeitsjournal 1942 bis 1955*. Hrsg. v. Werner Hecht. Frankfurt/M.: Suhrkamp 1974. (=werkausgabe edition suhrkamp.)
48 ---: *Briefe 1913–1956*. 2 Bde. Hrsg. v. Günter Glaeser. Berlin/DDR: Aufbau 1983.
49 ---: »Volkstümlichkeit und Realismus« (5.83, S. 329–336).
50 Brekle, Wolfgang: *Schriftsteller im antifaschistischen Widerstand 1933–1945 in Deutschland*. Berlin/DDR: Aufbau 1985.
51 Broszat, Martin: »Nationalsozialistische Konzentrationslager 1933–1945« (5.16. Bd. 2, S. 9–133).
52 ---: »Politische Denunziationen in der NS-Zeit.« In: *Archivalische Zeitschrift* 73 (1977), S. 221–238.
53 ---: »Resistenz und Widerstand. Eine Zwischenbilanz des Forschungsprojekts« (5.26, Bd. 4, S. 691–709).
54 Browder, George C.: *Foundations of the Nazi Police State. The Formation of Sipo and SD*. Lexington: University Press of Kentucky 1990.
55 Brown, John Mason: »Wie Amerika während des Kriegs über Deutschland dachte.« In: *Die amerikanische Rundschau* 13/1947, S. 117–126.
56 Brüning, Eberhard: »Anmerkungen zu deutsch-amerikanischen antifaschistischen Literaturbeziehungen.« In: *Weimarer Beiträge* 11/1986, S. 1786–1808.
57 *Buchenwald. Ein Konzentrationslager. Berichte ehemaliger Häftlinge*. 2. Aufl. Berlin/DDR: Dietz 1988.
58 Buchheim, Hans: »Die SS – das Herrschaftsinstrument. Befehl und Gehorsam« (5.16, Bd. 1, S. 13–212).
59 Cazden, Robert E.: *German Exile Literature in America 1933–1950. A History of the Free German Press and Book Trade*. Chicago: American Library Association 1970.
60 Chambers, Whittaker: *Witness*. New York: Random 1952.
61 *Chronik deutscher Zeitgeschichte*. Bd. 2/I. Düsseldorf: Droste 1982.
62 Cimbal, Andrea: »›Wo ist denn hier das ehemalige KZ?‹ Die Mauer des Schweigens in Osthofen ist aufgebrochen.« In: *Deutsche Volkszeitung / die tat* 48 v. 30. 11. 1984, S. 4.
63 *Dänemark in Hitlers Hand. Der Bericht des Reichsbevollmächtigten Werner Best über seine Besatzungspolitik in Dänemark mit Studien über Hitler, Göring, Himmler,*

Heydrich, Ribbentrop, Canaris u. a. Hrsg. v. Siegfried Matlok. Husum: Husum Verlag 1988.
64 Dahlem, Franz: *Am Vorabend des zweiten Weltkrieges.* Band 1. Berlin/DDR: Dietz 1980.
65 Denk, Michael: »Das war Osthofen.« In: ›*Die Stadtfarbe ist rot!*‹ *Berichte aus der Arbeiter- und Sportgeschichte Mörfeldens.* Hrsg. v. Rudi Hechler. Mörfelden, 1976, S. 72 f.
66 Dertinger, Antje u. Jan von Trott: ›*... und lebe immer in Eurer Erinnerung.*‹ *Johanna Kirchner – Eine Frau im Widerstand.* Berlin: Dietz Nachf. 1985.
67. *Die deutsche Exilliteratur 1933–1945.* Hrsg. v. Manfred Durzak. Stuttgart: Reclam 1973.
68 *Deutsche Exilliteratur seit 1933.* Bd. I, T. 1–2. Hrsg. v. John M. Spalek u. Joseph Strelka. Bern: Francke 1976.
69 *Deutsche Literatur im Exil. Briefe europäischer Autoren 1933–1949.* Hrsg. v. Hermann Kesten. Frankfurt/M.: Fischer 1973. (= Fischer Taschenbuch, 1388.)
70 Diamant, Adolf: *Gestapo Frankfurt a. M.* Frankfurt/M.: (Selbstverlag) 1988.
71 Distel, Barbara: »Im Schatten der Helden. Kampf und Überleben von Centa Beimler-Herker und Lina Haag.« In: *Dachauer Hefte* 3/1987, S. 21–57.
72 *Dokumentation. Friedensfahrten vom 12. September 1982, 26. November 1983 und 21. November 1984.* Hrsg. v. den DGB-Landesbezirken Rheinland-Pfalz und Hessen. O. O., o. V. und o. D. (= DGB-Jugend Rheinland-Pfalz und Hessen.)
73 Drobisch, Klaus u. Günther Wieland: *System der NS-Konzentrationslager 1933–1939.* Berlin: Akademie 1993.
74 Elsässer, K.: »Lernen aus der Geschichte.« In: *CFD-Nachrichten* 3/1984, S. 9.
75 *Erfahrung Exil. Antifaschistische Romane 1933–1945. Analysen.* 2. Aufl. Hrsg. v. Sigrid Bock u. Manfred Hahn. Berlin/DDR: Aufbau 1981.
76 *Exil in den Niederlanden und in Spanien.* Hrsg. v. Klaus Hermsdorf. Leipzig: Reclam 1981. (=Kunst und Literatur im antifaschistischen Exil 1933–1945, 6.)
77 *Exil in den USA.* 2., verb. u. erweit. Aufl. Hrsg. v. Eike Middell. Leipzig: Reclam 1983. (= Kunst und Literatur im antifaschistischen Exil 1933–1945, 3.)

78 *Exil in der Tschechoslowakei, in Großbritannien, Skandinavien und Palästina.* 2., erweit. Aufl. Hrsg. v. Ludwig Hoffmann. Leipzig: Reclam 1987. (= Kunst und Literatur im antifaschistischen Exil 1933–1945, 5.)

79 *Exil in der UdSSR.* 2 Bde. 2., völlig neu bearb. u. erweit. Aufl. Hrsg. v. Simone Barck u. Klaus Jarmatz. Leipzig: Reclam 1989. (= Kunst und Literatur im antifaschistischen Exil 1933–1945, 1, I-II.)

80 *Exil in Frankreich.* Hrsg. v. Dieter Schiller u. a. Leipzig: Reclam 1981. (= Kunst und Literatur im antifaschistischen Exil 1933–1945, 7.)

81 »Les Exiles Allemands en France (1933–1945)/Die deutschen Emigranten in Frankreich.« In: *Revue d'Allemagne* 2/1986, S. 167–382.

82 *Exilés en France. Souvenirs d'antifascistes allemands émigrés (1933–1945).* Hrsg. v. Gilbert Badia u. a. Paris: Francois Maspero 1982.

83. *Die Expressionismusdebatte. Materialien zu einer marxistischen Realismuskonzeption.* Hrsg. v. Hans-Jürgen Schmitt. Frankfurt/M.: Suhrkamp 1973. (= edition suhrkamp, 646.)

84 Fabian, Ruth u. Corinna Coulmas: *Die deutsche Emigration in Frankreich nach 1933.* München: Saur 1978.

85 Falck, Ludwig: *Mainz – ehemals, gestern und heute.* Stuttgart: Steinkopf 1984.

86 Favez, Jean-Claude: *Das Internationale Rote Kreuz und das Dritte Reich. War der Holocaust aufzuhalten?* Zürich: Verlag Neue Zürcher Zeitung 1984.

87 *Festschrift zur Einweihung der Goldbergschule in Osthofen.* Osthofen, 1956.

88 Feuchtwanger, Lion: *Der Teufel in Frankreich.* Berlin/DDR: Aufbau 1982.

89 – u. Arnold Zweig: *Briefwechsel 1933–1958.* 2 Bde. Hrsg. v. Harold von Hofe. Berlin/DDR: Aufbau 1984.

90 Folsom, Franklin: *Days of Anger, Days of Hope. A Memoir of the League of American Writers 1937–1942.* Niwot: University Press of Colorado 1994.

91 Friebertshäuser, Hans: *Kleines hessisches Wörterbuch.* München: Beck 1990.

92 Fröhlich, Elke: »Gegenwärtige Forschungen zur Herrschafts- und Verhaltensgeschichte in der NS-Zeit: Das

Projekt ›Widerstand und Verfolgung in Bayern 1933–1945‹ des Instituts für Zeitgeschichte« (5.99, S. 27–34).
93 Fühmann, Franz: *22 Tage oder Die Hälfte des Lebens*. Frankfurt/M.: Suhrkamp 1973.
94 *The Gallup Poll. Public Opinion 1935–1971*. Bd. 1. New York: Random House 1972.
95 Galm, Heinrich: *Ich war halt immer ein Rebell. Politische Erinnerungen*. Offenbach: Saalbau 1981.
96 Gauch, Sigfrid: »Osthofen, 12. September 1983, später Nachmittag.« In: *Argonautenschiff* 3 (1994), S. 27 f.
97 *Gedenkbuch. Opfer der Verfolgung der Juden unter der nationalsozialistischen Gewaltherrschaft in Deutschland 1933–1945*. Koblenz: Bundesarchiv 1986.
98 *Gedenkstätten für die Opfer des Nationalsozialismus in Rheinland-Pfalz*. 2., erw. u. überarb. Aufl. Hrsg. v. Hans Georg Meyer. Mainz: Landeszentrale für politische Bildung Rheinland-Pfalz 1991.
99 *Gegner des Nationalsozialismus. Wissenschaftler und Widerstandskämpfer auf der Suche nach historischer Wirklichkeit*. Hrsg. v. Christoph Kleßmann u. Falk Pingel. Frankfurt/M.: Campus 1980.
100 Geigenmüller, Otto: *Die politische Schutzhaft im nationalsozialistischen Deutschland*. Phil. Diss. Leipzig, 1937.
101 Gellately, Robert: *The Gestapo and German Society. Enforcing Racial Policy 1933–1945*. Oxford: Clarendon 1990.
102 Gerhard-Sonnenberg, Gabriele: *Marxistische Arbeiterbildung in der Weimarer Zeit (MASCH)*. Köln: Pahl-Rugenstein 1976.
103 *Geschichte der deutschen Literatur*. Bd. 10. Berlin/DDR: Volk und Wissen 1973.
104 *Geschichte entdecken. Erfahrungen und Projekte der neuen Geschichtsbewegung*. Hrsg. v. Hannes Heer u. Volker Ullrich. Reinbek: Rowohlt 1985. (= rororo, 7935.)
105 »Gespräch mit Lore Wolf. Wie unsere Zeitung weiter erschien« (5.131, S. 170–179).
106 *Gestapo-Berichte über den antifaschistischen Widerstandskampf der KPD 1933–1945*. Hrsg. v. Margot Pikarski u. Elke Warning. 3 Bde. Berlin/DDR: Dietz 1989 bis 1990.

107 *Gestapo Hannover meldet ... Polizei- und Regierungsberichte für das mittlere und südliche Niedersachsen zwischen 1933 und 1937.* Hrsg. v. Klaus Mlynek. Hildesheim: Lax 1986. (= Veröffentlichungen der Historischen Kommission für Niedersachsen und Bremen, 39.)

108 *Die geteilte Vergangenheit. Zum Umgang mit Nationalsozialismus und Widerstand in beiden deutschen Staaten.* Hrsg. v. Jürgen Danyel. Berlin: Akademie 1995. (= Historische Studien, 4.)

109 Götze, Dieter: »Albert Kuntz.« In: *Sonntag* 26 v. 26. 6. 1983, S. 2.

110 Gotto, Klaus, Hans Günter Hockerts u. Konrad Repgen: »Nationalsozialistische Herausforderung und kirchliche Antwort. Eine Bilanz.« In: *Kirche, Katholiken und Nationalsozialismus.* Hrsg. v. K. G. u. K. R. Mainz: Matthias-Grünewald 1980, S. 101–118. (= Topos-Taschenbücher, 96.)

111 Gregor, Ulrich u. Enno Patalas: *Geschichte des Films.* München: Bertelsmann 1973.

112 Greiner, Ulrich: »Die deutsche Gesinnungsästhetik.« In: *Zeit* v. 2. 11. 1990.

113 *Das große Lexikon des Dritten Reiches.* Hrsg. v. Christian Zentner u. Friedemann Bedürftig. München: Südwest Verlag 1985.

114 Gruchmann, Lothar: »Der Überfall. Wie Adolf Hitler den Zweiten Weltkrieg begann.« In: *Süddeutsche Zeitung* v. 26./27. 8. 1989.

115 Grünewald, Paul: *KZ Osthofen. Material zur Geschichte eines fast vergessenen Konzentrationslagers.* Frankfurt/M.: Röderberg 1979, 2. Aufl. 1983.

116 – – –: »Das KZ Osthofen« (5.130, S. 490–505).

117 – – –: »Das KZ Osthofen bei Worms.« In: *Hessen hinter Stacheldraht. Verdrängt und vergessen: KZs, Lager, Außenkommandos.* Hrsg. v. Die Grünen im Landtag Hessen (Lothar Bembenek u. Frank Schwalba-Hoth). Frankfurt: Eichborn 1984, S. 2–5.

118 – u. Klaus Poweleit: »Die Boxheimer Dokumente und Dr. Werner Best« (5.131, S. 34–39).

119 Hachtmann, Rüdiger: *Industriearbeit im ›Dritten Reich‹. Untersuchungen zu den Lohn- und Arbeitsbedingungen in*

Deutschland 1933–1945. Göttingen: Vandenhoeck & Ruprecht 1989. (= Kritische Studien zur Geschichtswissenschaft, 82.)

120 Hagemann, Klaus: »Gedenkstätte als Chance für die Stadt Osthofen« (5.251, S. 1).

121 *Handbuch der historischen Stätten Deutschlands*. Bd. 5: Rheinland-Pfalz und Saarland. Hrsg. v. Ludwig Petry. Stuttgart: Kröner 1976. (= Kröners Taschenausgabe, 275.)

122 »Hans Jahns Verbindungen nach Hessen« (5.132. S. 83–86).

123 Hartmann, Karl-Heinz: »Die Darstellung der antifaschistischen Opposition in der frühen DDR-Prosa.« In: *DDR-Roman und Literaturgesellschaft*. Hrsg. v. Jos Hoogeveen u. Gerd Labroisse. Amsterdam: Rodopi 1981, S. 33 bis 59. (= Amsterdamer Beiträge zur Neueren Germanistik, 11/12.)

124 Heer, Hannes u. Volker Ullrich: »Die ›neue Geschichtsbewegung‹ in der Bundesrepublik. Antriebskräfte, Selbstverständnis, Perspektiven« (5.104, S. 9–36).

125 Heerdt, Carl: »Jüdische Geschäfte im alten Mainz.« In: *Das neue Mainz* 4/1962, S. 9.

126 »Der Henker von Paris. Zur Auslieferung des Dr. Best.« In: *Neuer Mainzer Anzeiger* v. 29. 3. 1946.

127 Herden, Werner: *Wege zur Volksfront. Schriftsteller im antifaschistischen Bündnis*. Berlin/DDR: Akademie 1978. (= Literatur und Gesellschaft.)

128 Herzfeld, Irene: *Konzentrationslager. Ein Appell an das Gewissen der Welt*. Karlsbad: Graphia 1934. (= Probleme des Sozialismus, 9.)

129 *Hessen*. Zusammengestellt v. Ursula Krause-Schmitt, Marianne Ngo u. Hans Einbrodt. Köln: Pahl-Rugenstein 1984. (= Heimatgeschichtlicher Wegweiser zu Stätten des Widerstands und der Verfolgung 1933–1945, 1.)

130 *Hessen unterm Hakenkreuz. Studien zur Durchsetzung der NSDAP in Hessen*. Hrsg. v. Eike Hennig. Frankfurt/M.: Insel 1983.

131 *Hessen vor 50 Jahren – 1933. Naziterror und antifaschistischer Widerstand zwischen Kassel und Bergstraße 1932/33*. Hrsg. v. Ulrich Schneider. Frankfurt/M.: Röderberg 1983.

132 *Hessische Gewerkschafter im Widerstand 1933–1945*. Hrsg. v. DGB-Bildungswerk Hessen und Studienkreis zur

Erforschung und Vermittlung der Geschichte des Deutschen Widerstandes 1933–1945, bearb. v. Axel Ulrich. Gießen: Anabas 1983.
133 *Hessischer Widerstand gegen das NS-Regime 1933–1945.* Katalog zur Ausstellung der hessischen Staatsarchive zum Hessentag 1972 in Marburg. Bearb. v. Eckhart G. Franz. Darmstadt, Marburg, Wiesbaden: o. V. 1972.
134 Heyen, Franz Josef: *Nationalsozialismus im Alltag. Quellen zur Geschichte des Nationalsozialismus vornehmlich im Raum Mainz – Koblenz – Trier.* Boppard: Boldt 1967. (= Veröffentlichungen der Landesarchivverwaltung Rheinland-Pfalz, 9.)
135 Higham, Charles and Joel Greenberg: *Hollywood in the Forties.* London: Zwemmer 1968.
136 Himmler, Heinrich: »Aufgaben und Aufbau der Polizei des Dritten Reiches.« In: *Dr. Wilhelm Frick und sein Ministerium. Aus Anlaß des 60. Geburtstages des Reichs- und Preußischen Ministers des Inneren Dr. Wilhelm Frick am 12. März 1937.* Hrsg. v. Hans Pfundtner. München: Zentralverlag der NSDAP 1937, S. 125–130.
137 Hinrichs, Klaus (d. i. Karl August Wittfogel): *Staatliches Konzentrationslager VII. Eine ›Erziehungsanstalt‹ im Dritten Reich.* London: Malik 1936.
138 *Hinter Stacheldraht und Gitter. Erlebnisse und Erfahrungen in den Konzentrationslagern und Gefängnissen Hitlerdeutschlands.* Zürich: Mopr-Verlag 1934.
139 Hirsch, Werner: *Sozialdemokratische und kommunistische Arbeiter im Konzentrationslager.* Strassburg: Prometheus 1934. (= Schriftenreihe der proletarischen Einheit, 5.)
140 ›*Historikerstreit.*‹ *Die Dokumentation der Kontroverse um die Einzigartigkeit der nationalsozialistischen Judenvernichtung.* München: Piper 1987. (= Serie Piper, 816.)
141 Höhne, Heinz: *Der Orden unter dem Totenkopf. Die Geschichte der SS.* Gütersloh: Mohn 1967.
142 Hoernle, Edwin: *Deutsche Bauern unterm Hakenkreuz.* Berlin/DDR: Akademie 1983. (= Antifaschistische Literatur in der Bewährung, 6.) Zuerst Paris: Editions Promethee 1939.
143 Höß, Rudolf: *Kommandant in Auschwitz.* Stuttgart: Deutsche Verlags-Anstalt 1958. (= Quellen und Darstellungen zur Zeitgeschichte, 5).

144 Hohoff, Curt: »Erzählende Literatur nach dem zweiten Weltkrieg.« In: *Hochland* 2/1947, S. 170–179.
145 Holst, Niels von: »Stolze Herrschergalerie.« In: *Merian* 1/1962 (»Mainz«), S. 25–33.
146 Horak, Jan-Christopher: *Anti-Nazi-Filme der deutschsprachigen Emigration von Hollywood 1939–1945*. 2. Aufl. Münster: MAkS Publikationen 1985.
147 – – –: *Fluchtpunkt Hollywood. Eine Dokumentation zur Filmemigration nach 1933*. 2., erweit. u. korrig. Aufl. Münster: MAkS Publikationen 1986.
148 Jaeger, Harald u. Hermann Rumschöttel: »Das Forschungsprojekt ›Widerstand und Verfolgung in Bayern 1933–1945‹ «. In: *Archivalische Zeitschrift* 73 (1977), S. 209–220.
149 Janka, Walter: *Schwierigkeiten mit der Wahrheit*. Reinbek: Rowohlt 1989. (= rororo aktuell, 12731.)
150 *Juden in Mainz. Rückblick auf eine stadthistorische Ausstellung*. Bearb. v. Friedrich Schütz. Mainz: Stadtverwaltung 1979.
151 Jünger, Ernst: »Die totale Mobilmachung« (5.177, S. 9–30).
152 *So kämpften wir! Schilderungen aus der Kampfzeit der NSDAP. im Gau Hessen-Nassau*. Hrsg. v. A. Gimbel. Frankfurt/M.: NS.-Verlagsgesellschaft 1941.
153 »So kämpften wir.« Manuskript, Bundesarchiv, Koblenz, NS 26/528.
154 Kantorowicz, Alfred: *Exil in Frankreich. Merkwürdigkeiten und Denkwürdigkeiten*. Bremen: Schünemann 1971.
155 Kautzsch, Rudolf: *Der Mainzer Dom und seine Denkmäler*. Frankfurt/M.: Frankfurter Verlags-Anstalt 1925.
156 Keim, Anton M.: *11mal politischer Karneval. Weltgeschichte aus der Bütt. Geschichte der demokratischen Narrentradition vom Rhein*. Mainz: v. Hase & Koehler 1966.
157 – – –: »Entwurf einer Diktatur. Die Boxheimer Dokumente.« In: *Mainzer Vierteljahreshefte* 4/1981, S. 117 ff.
158 – – –: »KZ – rheinhessische Wirklichkeit 1933.« In: *Lebendiges Rheinland-Pfalz* 1/1983, S. 24 ff.
159 – – –: »›Gleichschaltung‹ – Die letzten Fahnen werden eingeholt ...« A. a. O., S. 14 f.
160 – – –: »Osthofen – das erste nationalsozialistische Konzentrationslager in Hessen.« In: *Alzeyer Geschichtsblätter* 19 (1985), S. 30–41.

161 Keim, Anton M. u. Robert Hess: *Das KZ Osthofen. Erstes Konzentrationslager im damaligen Volksstaat Hessen.* Mainz: Landeszentrale für politische Bildung Rheinland-Pfalz 1984.

162 Keval, Susanna: *Widerstand und Selbstbehauptung in Frankfurt am Main 1933–1945. Spuren und Materialien.* Frankfurt/M.: Campus 1988.

163 Kießling, Wolfgang: *Alemania Libre in Mexiko.* 2 Bände. Berlin/DDR: Akademie 1974. (= Literatur und Gesellschaft.)

164 – – –: *Exil in Lateinamerika.* 2., erweit. Aufl. Leipzig: Reclam 1984. (= Kunst und Literatur im antifaschistischen Exil 1933–1945, 4.)

165 – – –: *Partner im ›Narrenparadies‹. Der Freundeskreis um Noel Field und Paul Merker.* Berlin: Dietz 1994.

166 Kimmel, Günther: »Das Konzentrationslager Dachau. Eine Studie zu den nationalsozialistischen Gewaltverbrechen« (5.26, Bd. 2, S. 349–413).

167 »Klagen über Behinderung der NS-Forschung.« In: *Süddeutsche Zeitung* v. 26. 9. 1989.

168 Klatt, Gudrun: *Vom Umgang mit der Moderne. Ästhetische Konzepte der dreißiger Jahre. Lifschitz, Lukács, Lunatscharski, Bloch, Benjamin.* Berlin/DDR: Akademie 1984. (= Literatur und Gesellschaft.)

169 Klönne, Arno: *Jugend im Dritten Reich. Die Hitler-Jugend und ihre Gegner. Dokumente und Analysen.* Düsseldorf: Diederichs 1982.

170 Knöpp, Friedrich: »Der Volksstaat Hessen 1918–1945.« In: *Das Werden Hessens.* Hrsg. v. Walter Heinemeyer. Marburg: Elwert 1986, S. 697–763. (= Veröffentlichungen der Historischen Kommission für Hessen, 50.)

171 Kolb, Eberhard: »Die Maschinerie des Terrors. Zum Funktionieren des Unterdrückungs- und Verfolgungsapparates im NS-System.« In: *Nationalsozialistische Diktatur 1933–1945. Eine Bilanz.* Hrsg. v. Karl Dietrich Bracher, Manfred Funke u. Hans-Adolf Jacobsen. Bonn: Bundeszentrale für politische Bildung 1983, S. 270–284. (= Schriftenreihe der Bundeszentrale für politische Bildung 192.)

172 Konrad, Georg Walter: »Jahrbuch XX. Jahrhundert.« (5.297, S. 216–415).

173 Kozloff, Sarah: *Invisible Storytellers. Voice-Over Narration in American Fiction Film.* Berkeley: University of California Press 1988.
174 Kracauer, Siegfried: *Geschichte – Von den letzten Dingen.* Frankfurt/M.: Suhrkamp 1971.
175 Krause, Rolf D.: »KZ-Wirklichkeit und KZ-Darstellung zwischen 1935 und 1940. Zu den autobiographischen KZ-Berichten des Exils.« In: *Realismuskonzeptionen der Exilliteratur zwischen 1935 und 1940/41.* Hrsg. v. Edita Koch u. Frithjof Trapp. Maintal: o. V. 1987, S. 176–188. (= Exil. Sonderband, 1.)
176 Krause-Schmidt, Ursula: »Konzentrationslager in Hessen.« In: *Als der Krieg zu Ende war. Hessen 1945: Berichte und Bilder vom demokratischen Neubeginn.* Hrsg. v. Ulrich Schneider u. a. Frankfurt/M.: Röderberg 1980, S. 146 bis 152.
177 *Krieg und Krieger.* Hrsg. v. Ernst Jünger. Berlin: Junker und Dünnhaupt 1930.
178 *Kritik in der Zeit. Antifaschistische deutsche Literaturkritik 1933–1945.* Hrsg. v. Klaus Jarmatz u. Simone Barck. Halle: Mitteldeutscher Verlag 1981.
179. Kühnrich, Heinz: *Der KZ-Staat. Die faschistischen Konzentrationslager 1933 bis 1945.* Berlin/DDR: Dietz 1980. (= Schriftenreihe Geschichte.)
180 *Die Lageberichte der Geheimen Staatspolizei über die Provinz Hessen-Nassau 1933–1936.* 2 Teile. Hrsg. v. Thomas Klein. Köln: Böhlau 1986. (= Veröffentlichungen aus den Archiven Preussischer Kulturbesitz, 22/I,II.)
181 Lagus, Karel u. Josef Polák: *Mesto za mrízemi.* Prag: Naše vojsko. Svaz protifasistickych bojovnikú 1964.
182 Langhoff, Wolfgang: *Die Moorsoldaten.* Zürich: Schweizer Spiegel Verlag 1935 (Nachdruck Berlin/DDR: Aufbau 1975).
183 Lehrke, Gisela: *Gedenkstätten für die Opfer des Nationalsozialismus. Historisch-politische Bildung an Orten des Widerstands und der Verfolgung.* Frankfurt/M.: Campus 1988.
184 Leiwig, Heinz: *Mainz 1933–1948. Von der Machtergreifung bis zur Währungsreform.* Mainz: Krach o. J. (1984).
185 – – –: *Leidenstätten in Mainz 1933 bis 1945.* Mainz: Schmidt 1987.

186 Leonhard, Wolfgang: *Die Revolution entläßt ihre Kinder.* Köln: Kiepenheuer & Witsch 1955.
187 Lessing, Theodor: *Geschichte als Sinngebung des Sinnlosen.* München: Matthes & Seitz 1983. (= Batterien, 17.)
188 Loiperdinger, Martin: »›Das Blutnest vom Boxheimer Hof‹. Die antifaschistische Agitation der SPD in der hessischen Hochverratsaffäre« (5.130, S. 433–468).
189 Lüdtke, Alf: »›Formierung der Massen‹ oder: Mitmachen und Hinnehmen? ›Alltagsgeschichte‹ und Faschismusanalyse« (5.214, S. 15–34).
190 *Die Machtergreifung der Nationalsozialisten 1933 in Mainz. Eine Dokumentation.* Quellenband zur Ausstellung der Stadt Mainz, Januar bis März 1933. Zusammengestellt v. Anton Maria Keim u. Friedrich Schütz. Mainz 1983.
191 »Märtyrer 33/45. Verfolgung und Widerstand der Kirche im Bistum Mainz.« In: *Beiträge zur Geschichte des Gau-Algesheimer Raumes* 10/1984.
192 Mahr, Willi: »Holländische Schiffer unterstützen deutschen Widerstand« (5.132, S. 91 ff.).
193 Mammach, Klaus: *Die deutsche antifaschistische Widerstandsbewegung 1933–1939.* Berlin/DDR: Dietz 1974.
194 – – –: *Widerstand 1933–1939. Geschichte der deutschen antifaschistischen Widerstandsbewegung im Inland und in der Emigration.* Köln: Pahl-Rugenstein 1984. (= Kleine Bibliothek Politik, Wissenschaft, Zukunft, 316.)
195 Mann, Reinhard: »Was wissen wir vom Widerstand? Datenqualität, Dunkelfeld und Forschungsartefakte« (5.99, S. 35–54).
196 Mason, Timothy W.: *Sozialpolitik im Dritten Reich. Arbeiterklasse und Volksgemeinschaft.* 2. Aufl. Opladen: Westdeutscher Verlag 1978.
197 Mausbach-Bromberger, Barbara: *Arbeiterwiderstand in Frankfurt am Main. Gegen den Faschismus 1933–1945.* Frankfurt: Röderberg 1976.
198 *Meldungen aus dem Reich 1938–1945. Die geheimen Lageberichte des Sicherheitsdienstes der SS.* 17 Bde. Hrsg. v. Heinz Boberach. Herrsching: Pawlak 1984.
199 Melzwig, Brigitte: *Deutsche sozialistische Literatur 1918 bis 1945. Bibliographie der Buchveröffentlichungen.* Berlin/DDR: Aufbau 1975.

200 Merson, Allan: *Communist Resistance in Nazi Germany*. London: Lawrence and Wishart 1985.
201 Meyer, Hannes: *Bauen und Gesellschaft. Schriften, Briefe, Projekte*. Dresden: Verlag der Kunst 1980. (= Fundus-Bücher, 64/5.)
202 Meyer, Martin: *Ernst Jünger*. München: Hanser 1990.
203 Mirkes, Adolf u. Karl Schild: *Zeugnisse: Offenbach 1933 bis 1945. Verfolgung und Widerstand in Stadt und Landkreis Offenbach*. Köln: Röderberg/Pahl-Rugenstein 1988.
204 Moeller, Hans-Bernhard: »Exilautoren als Drehbuchautoren« (5.68, Bd. I, T. 1, S. 676–714).
205 Moos, Ludwig: *SA in Hessen. Geschichte der Brigaden 50 und 150*. Groß-Gerau: Fink o. J. [1934].
206 Mühlen, Patrik von zur: *Fluchtziel Lateinamerika. Die deutsche Emigration 1933–1945: politische Aktivitäten und soziokulturelle Integration*. Bonn: Neue Gesellschaft 1988. (= Forschungsinstitut der Friedrich-Ebert-Stiftung. Reihe: Politik- und Gesellschaftsgeschichte, 21.)
207 *Müllers Großes Deutsches Ortsbuch*. Wuppertal: Post- und Ortsbuchverlag 1936.
208 Müssener, Helmut: *Exil in Schweden. Politische und kulturelle Emigration nach 1933*. München: Hanser 1974. (Zuerst Phil. Diss. Stockholm, 1971.)
209 *Nationalsozialismus im Alltag. Quellen zur Geschichte der NS-Herrschaft im Gebiet des Landes Rheinland-Pfalz aus dem Landeshauptarchiv Koblenz und dem Landesarchiv Speyer*. Zusammengestellt v. Anton Doll. Speyer: Landesarchiv 1983. (= Texte zur Landesgeschichte.)
210 *Nazis und Nachbarn. Schüler erforschen den Alltag im Nationalsozialismus*. Hrsg. v. Dieter Galinski, Ulrich Herbert u. Ulla Lachauer. Reinbek: Rowohlt 1982. (= rororo, 7648.)
211 Neumann, Alma: *Always Straight Ahead. A Memoir*. Baton Rouge: Louisiana State University Press 1993.
212 *The New Historicism*. Hrsg. v. H. Aram Veeser. New York: Routledge 1989.
213 »New Historicism«. *Monatshefte* 2/1992 (Themenheft).
214 *Normalität oder Normalisierung? Geschichtswerkstätten und Faschismusanalyse*. Hrsg. v. Heide Gerstenberger u. Dorothea Schmidt. Münster: Westfälisches Dampfboot 1987.

215 *One Hundred and Fifty Years of Publishing 1837–1987*. Boston: Little, Brown 1987.
216 *Osthofen – Erinnern und Vergegenwärtigen*. Hrsg. v. Projekt Osthofen, bearb. v. Angelika Arenz-Morch u. Eike Hennig in Zusammenarbeit mit Herbert Bauch u. Thomas Schlegel-Batton. Frankfurt/M.: (Selbstverlag) 1986.
217 Parade, Heidi: »Ehemaliges KZ zwischen Denkmalschutz und Abriß.« In: *Stuttgarter Zeitung* 232 v. 5. 10. 1984.
218 *Die Partei hört mit. Lageberichte und andere Meldungen des Sicherheitsdienstes der SS aus dem Großraum Koblenz 1937–1941*. Hrsg. v. Peter Brommer. Koblenz: Verlag der Landesarchivverwaltung Rheinland-Pfalz 1988. (= Veröffentlichungen der Landesarchivverwaltung Rheinland-Pfalz, 48.)
219 Peukert, Detlev: *Volksgenossen und Gemeinschaftsfremde. Anpassung, Ausmerze und Aufbegehren unter dem Nationalsozialismus*. Köln: Bund 1982.
220 – – –: »Der deutsche Arbeiterwiderstand 1933–1945.« In: *Der deutsche Widerstand 1933–1945*. Hrsg. v. Klaus-Jürgen Müller. Paderborn: Schöningh 1986, S. 157–181.
221 – – –: »Volksfront und Volksbewegungskonzept im kommunistischen Widerstand – Thesen« (5.286, S. 875–887).
222 Pingel, Falk: *Häftlinge unter SS-Herrschaft. Widerstand, Selbstbehauptung und Vernichtung im Konzentrationslager*. Hamburg: Hoffmann und Campe 1978. (= Historische Perspektiven, 12.)
223 Pingel, Henner: *Darmstadt 1933. NSDAP-Machtergreifung im Volksstaat Hessen*. Darmstadt: Selbstverlag 1977.
224 Pingel-Rollmann, Heinrich: *Widerstand und Verfolgung in Darmstadt und in der Provinz Starkenburg 1933–1945*. Darmstadt: Hessische Historische Kommission 1985. (= Quellen und Forschungen zur hessischen Geschichte, 54.)
225 Plum, Günter: »Die KPD in der Illegalität. Rechenschaftsbericht einer Bezirksleitung aus dem Jahre 1934.« In: *Vierteljahrshefte für Zeitgeschichte* 2/1975, S. 219–235.
226 Pohle, Fritz: *Das mexikanische Exil. Ein Beitrag zur Geschichte der politisch-kulturellen Emigration aus Deutschland (1937–1946)*. Stuttgart: Metzler 1986. (= Germanistische Abhandlungen, 60.)

227 *Der Prozeß gegen die Hauptkriegsverbrecher vor dem Internationalen Gerichtshof.* Nürnberg: o. V. 1947.
228 Prümm, Karl: *Die Literatur des Soldatischen Nationalismus der 20er Jahre (1918–1933).* 2 Bde. Kronberg: Scriptor 1974. (=Theorie – Kritik – Geschichte, 3/1–2.)
229 Pryce-Jones, David: *Paris in the Third Reich. A History of the German Occupation, 1940–1944.* New York: Holt, Rinehart and Winston 1981.
230 *Public Opinion 1935–1946.* Hrsg. v. Hadley Cantril. Princeton: Princeton University Press 1951.
231 Puvogel, Ulrike: *Gedenkstätten für die Opfer des Nationalsozialismus. Eine Dokumentation.* Bonn: Bundeszentrale für politische Bildung 1987. (= Schriftenreihe der Bundeszentrale für politische Bildung, 245.)
232 Radkau, Joachim: *Die deutsche Emigration in den USA. Ihr Einfluß auf die amerikanische Europapolitik 1933 bis 1945.* Düsseldorf: Bertelsmann 1971. (= Studien zur modernen Geschichte, 2.)
233 – – –: »Die Exil-Ideologie vom ›anderen Deutschland‹ und die Vansittartisten. Eine Untersuchung über die Einstellung der deutschen Emigration nach 1933 zu Deutschland.« In: *Aus Politik und Zeitgeschichte* v. 10. 1. 1970, S. 31–48.
234 Ramme, Alwin: *Der Sicherheitsdienst der SS. Zu seiner Funktion im faschistischen Machtapparat und im Besatzungsregime des sogenannten Generalgouvernements Polen.* Berlin/DDR: Deutscher Militärverlag 1970. (= Militärhistorische Studien, N. F. 12.)
235 Richardi, Hans-Günter: *Schule der Gewalt. Die Anfänge des Konzentrationslagers Dachau 1933–1934. Ein dokumentarischer Bericht.* München: Beck 1983.
236 Röder, Werner: »Zum Verhältnis von Exil und innerdeutschem Widerstand.« In: *Exilforschung* 5 (1987), S. 28–39.
237 Roloff, Gerhard: *Exil und Exilliteratur in der deutschen Presse 1945–1949. Ein Beitrag zur Rezeptionsgeschichte.* Worms: Heintz 1976. (= Deutsches Exil 1933–45. Eine Schriftenreihe, 10.)
238 Rovere, Richard H.: »The Kept Witnesses.« In: *Harper's Magazine.* Bd. 210, Nr. 1260 (Mai 1955), S. 25–34.
239 Rüdiger, Vera: *NS-Lager in Hessen.* Wiesbaden: Der Hessische Minister für Wissenschaft und Kunst o. J.

240 Rühle, Gerd: *Das Dritte Reich. Dokumentarische Darstellung des Aufbaus der Nation*. Berlin: Hummel 1938. (= »Das fünfte Jahr, 1937«.)
241 Sauer, Wolfgang: »Die Mobilmachung der Gewalt«. In Karl Dietrich Bracher, Wolfgang Sauer u. Gerhard Schulz: *Die nationalsozialistische Machtergreifung. Studien zur Errichtung des totalitären Herrschaftssystems in Deutschland 1933/34*. Köln: Westdeutscher Verlag 1960, S. 685 bis 966.
242 Schäfer, Hans Dieter: *Das gespaltene Bewußtsein. Über deutsche Kultur und Lebenswirklichkeit 1933–1945*. München: Hanser 1981.
243 Schlösser, Annelore u. Karl: *Keiner blieb verschont. Die Judenverfolgung 1933–45 in Worms*. Worms: Stadtarchiv 1987. (= Beiheft 31 v. *Der Wormsgau*.)
244 Schlösser, Susanne: »Einstmals eine blühende Gemeinde – heute nur noch Erinnerung. Zum Leben und Selbstverständnis der Mainzer Juden« (5.12, S. 9–24).
245 Schmidt, Emil: »Internationale Arbeiterhilfe in Frankfurt« (5.132, S. 196–200).
246 Schmidt, Fritz: »SAP in Höchst für Einheitsfront« (5.132, S. 192–196).
247 Schmidt, Johann: »Freie Deutsche Hochschule in Paris. Eine notwendige Gründung.« In: *Pariser Tageblatt* 706 v. 18. 11. 1935.
248 Schütz, Friedrich: »›Kampfzeit‹. Zur Geschichte der NSDAP am Beispiel Mainz.« In: *Lebendiges Rheinland-Pfalz* 1/1983, S. 26–29.
249 Schuster, Paul: »Die ›rote Abteilung‹ in den Frankfurter Adler-Werken« (5.132, S. 166–169).
250 Schwert, Hans: »Netz illegaler Gewerkschaftszellen im Frankfurter Raum« (5.132, S. 104–109).
251 *60 Jahre danach. Osthofener Nachrichten*. Einmalige Ausgabe zum 60. Jahrestag der Errichtung des Konzentrationslagers. Hrsg. v. Förderverein Projekt Osthofen, 6. 3. 1993.
252 Seger, Gerhart: *Oranienburg. Erster authentischer Bericht eines aus dem Konzentrationslager Geflüchteten*. Karlsbad: Graphia 1934. (= Probleme des Sozialismus, Sozialdemokratische Schriftenreihe, 5.)

253 Simon, Paul: »Meine Erinnerungen an Rabbiner Dr. Levi.« In: *Erinnerungen an Rabbiner Dr. Sali Levi 1883–1941 zu seinem 20. Todestag am 25. April 1961*. O. O.: Margarete Levi o. D., S. 17–20.
254 Sofsky, Wolfgang: *Die Ordnung des Terrors: Das Konzentrationslager*. Frankfurt/DDR: Fischer 1993.
255 *Sozialistische Realismuskonzeptionen. Dokumente zum 1. Allunionskongreß der Sowjetschriftsteller*. Hrsg. v. Hans-Jürgen Schmitt u. Godehard Schramm. Frankfurt/DDR: Suhrkamp 1974. (= edition suhrkamp, 701.)
256 Spira-Ruschin, Steffie: *Trab der Schaukelpferde. Aufzeichnungen im nachhinein*. Berlin/DDR: Aufbau 1984.
257 Steinberg, Hans-Josef: »Die Haltung der Arbeiterschaft zum NS-Regime« (5.286, S. 867–874).
258 *Steine des Erinnerns*. Hrsg. v. Förderverein Projekt Osthofen, Sonderheft d. *westdeutschen schulzeitung*, April 1992.
259 Stephan, Alexander: *Die deutsche Exilliteratur 1933–1945*. München: Beck 1979.
260 – – –: »Die ›subjektive Authentizität‹ des Autors. Zur ästhetischen Position von Christa Wolf.« In: *Text + Kritik* 46 (1975), S. 33–41.
261 – – –: »Von Aufenthalten, Hosenknöpfen und Kindheitsmustern. Das Dritte Reich in der jüngsten Prosa der DDR.« In: *Akten des VI. Internationalen Germanisten-Kongresses. Basel 1980*. Bd. 4. Hrsg. v. Heinz Rupp u. Hans-Gert Roloff. Bern: Lang 1980, S. 552–558. (= Jahrbuch für Internationale Germanistik. Series A, vol. 8,4.)
262 Stromberg, Stephan: »Ich habe nichts vergessen. XX. Das Lager Osthofen.« In: *Neuer Mainzer Anzeiger* (Wormser Ausg.) v. 26. 2. 1946.
263 Swindell, Larry: *Spencer Tracy ... a Biography*. New York: World Publishing 1969.
264 Tenfelde, Klaus: »Soziale Grundlagen von Resistenz und Widerstand« (5.286, S. 799–812).
265 Trepte, Kurt: »Freies Deutsches Theater in Schweden 1938 bis 1945.« In: *Theater der Zeit* 2/1946, S. 22f.
266 Tuchel, Johannes: *Konzentrationslager. Organisationsgeschichte und Funktion der ›Inspektion der Konzentrationslager‹ 1934–1938*. Boppard: Boldt 1991. (= Schriften des Bundesarchivs, 39.)

267 Uhse, Bodo: *Versuche, Berichte, Erinnerungen.* Berlin/DDR: Aufbau 1983.
268 Ulbricht, Walter: »Der Künstler im Zweijahrplan. Diskussionsrede auf der Arbeitstagung der Genossen Schriftsteller und Künstler 2. September 1948.« In: W. U.: *Zur Geschichte der deutschen Arbeiterbewegung. Aus Reden und Aufsätzen.* Bd. 3. Berlin/DDR: Dietz 1963, S. 290 bis 294.
269 – – –: »Zweijahrplan und Kulturarbeit. Aus der Rede auf der Arbeitstagung der Kulturabteilungen der SED vom 7. bis 9. September 1948 in Berlin, 7. September 1948.« A. a. O. Bd. 3 (Zusatzband). Berlin/DDR: Dietz 1971, S. 569 ff.
270 Ullrich, Volker: »Alltagsgeschichte. Über einen neuen Geschichtstrend in der Bundesrepublik.« In: *Neue politische Literatur* 1/1984, S. 50–71.
271 *Verzeichnis der Haftstätten unter dem Reichsführer-SS (1933–1945). Konzentrationslager und deren Außenkommandos sowie andere Haftstätten unter dem Reichsführer-SS in Deutschland und deutsch besetzten Gebieten.* Arolsen: Internationaler Suchdienst 1979.
272 Voges, Michael: »Klassenkampf in der ›Betriebsgemeinschaft‹. Die ›Deutschland-Berichte‹ der Sopade (1934 bis 1940) als Quelle zum Widerstand der Industriearbeiter im Dritten Reich.« In: *Archiv für Sozialgeschichte.* Bd. 21 (1981), S. 329–383.
273 »Von der ›Altmühle‹ zur modernen Möbelfabrik« (5.87, S. 56).
274 Wagner, Johannes Volker: *... nur Mut, sei Kämpfer! Heinrich König. Ein Leben für die Freiheit.* Bochum: Stadtarchiv u. Studienverlag Brockmeyer 1976.
275 Wagner, Kurt u. Gerhard Wilke: »Dorfleben im Dritten Reich: Körle in Hessen.« In: *Die Reihen fast geschlossen. Beiträge zur Geschichte des Alltags unterm Nationalsozialismus.* Hrsg. v. Detlev Peukert u. Jürgen Reulecke. Wuppertal: Hammer 1981, S. 85–106.
276 Walter [d. i. Walter Ulbricht]: ›*Kriegsschauplatz Innerdeutschland*‹. Straßburg: Editions Promethee 1938.
277 Walter, Hans-Albert: *Deutsche Exilliteratur 1933–1950.* Bde. 1, 2 u. 7. Darmstadt: Luchterhand 1972, 1974 (= Sammlung Luchterhand, 76, 77, 136) – Publikation abgebrochen; unter

demselben Titel fortgesetzt Stuttgart: Metzler, Bd. 2 (1984), Bd. 3 (1988) u. Bd. 4 (1978).
278. Weber, Hermann: »Die Ambivalenz der kommunistischen Widerstandsstrategie bis zur ›Brüsseler‹ Parteikonferenz« (5.286, S. 73–85).
279. Wehdeking, Volker Christian: *Der Nullpunkt. Über die Konstituierung der deutschen Nachkriegsliteratur (1945 bis 1948) in den amerikanischen Kriegsgefangenenlagern*. Stuttgart: Metzler 1971. (= Metzler Studienausgabe.)
280. Wehler, Hans-Ulrich: »Neoromantik und Pseudorealismus in der neuen ›Alltagsgeschichte‹.« In H.-U. W.: *Preußen ist wieder chic ... Politik und Polemik*. Frankfurt/M.: Suhrkamp 1983, S. 99–106. (= edition suhrkamp, 1152.)
281. Weinstein, Allen: *Perjury. The Hiss-Chambers Case*. New York: Knopf 1978.
282. Wenke, Bettina: *Interviews mit Überlebenden. Verfolgung und Widerstand in Südwestdeutschland*. Stuttgart: Theiss 1980.
283. *Wer schreibt, handelt. Strategien und Verfahren literarischer Arbeit vor und nach 1933*. Hrsg. v. Silvia Schlenstedt. Berlin/DDR: Aufbau 1983.
284. Wicclair, Walter: *Von Kreuzburg bis Hollywood*. Berlin/DDR: Henschelverlag 1975.
285. »Die wichtigsten Daten zum Widerstand und zur Verfolgung hessischer Gewerkschafter und zur Lage der Arbeiter im Faschismus« (5.132, S. 320–334).
286. *Der Widerstand gegen den Nationalsozialismus. Die deutsche Gesellschaft und der Widerstand gegen Hitler*. Hrsg. v. Jürgen Schmädeke u. Peter Steinbach. München: Piper 1986.(= Serie Piper, 685.)
287. Willmann, Heinz: *Geschichte der Arbeiter-Illustrierten-Zeitung 1921–1938*. Berlin/DDR: Dietz 1974.
288. Wippermann, Wolfgang: *Das Leben in Frankfurt zur NS-Zeit*. Bd. 3: »Der Alltag. Darstellung, Dokumente, didaktische Hinweise«; Bd. 4: »Der Widerstand. Darstellung, Dokumente, didaktische Hinweise.« Frankfurt/M.: Stadt Frankfurt am Main 1986.
289. Wolf, Christa: »Lesen und Schreiben« (4.95, S. 463–503).
290. Wolf, Lore: *Ein Leben ist viel zuwenig*. Frankfurt/M.: Röderberg 1974.

291. Wolf, Lore: »Arbeit mit der ›Roten Hilfe‹ in Frankfurt« (5.132, S. 209 ff.).
292. – – –: »Antifaschistische Arbeit im französischen Exil« (5.132, S. 241–246).
293. *Worms 1933. Zeitzeugnisse und Zeitzeugen. Mit den ›Erinnerungen‹ von Oberbürgermeister Wilhelm Rahn.* Hrsg. v. Fritz Reuter. Worms: Stadtarchiv 1995. (= Der Wormsgau, Beiheft 33.)
294. Zuckmayer, Carl: *Carlo Mierendorff. Porträt eines deutschen Sozialisten.* Berlin: Suhrkamp 1947.
295. *Zur Tradition der deutschen sozialistischen Literatur.* 4 Bde. Berlin/DDR: Aufbau 1979.
296. *1200 Jahre Oppenheim am Rhein.* Hrsg. v. der Stadt Oppenheim. O. O. u. Verlag, 1965.
297. *1200 Jahre Osthofen.* Hrsg. v. der Stadtverwaltung Osthofen. O. O. u. Verlag, 1984.

BILDNACHWEIS

Stiftung Archiv der Akademie der Künste, Berlin (Anna-Seghers-Archiv): 31, 36, 37, 38, 70

Archiv Aufbau-Verlag, Berlin: 39

Archiv Alexander Stephan, Florida: 209, 214, 216, 224, 233, 236 (Die Fotos auf den Seiten 209, 224 wurden dem Autor freundlicherweise von Minna Lieber zur Verfügung gestellt.)

Federal Bureau of Investigation, Washington: 245, 250

Landeszentrale für politische Bildung Rheinland-Pfalz/Förderverein Osthofen e. V.: 119, 153, 154, 155, 165

Mecklenburgisches Staatstheater Schwerin (Foto: Sigrid Meixner): 274

Sammlung Handzeichnungen der DDR in der Kunstgalerie Gera, Jg. 1987, Band 5: 280

AtV

Band 5151

Anna Seghers
Das siebte Kreuz

Ein Roman aus Hitlerdeutschland

Mit einem Nachwort von Sonja Hilzinger

433 Seiten
16,90 DM
ISBN 3-7466-5151-4

Aus sieben gekuppten Platanen wurden im Konzentrationslager Westhofen Folterkreuze für sieben geflohene Häftlinge vorbereitet. Sechs der Männer müssen ihren Fluchtversuch mit dem Leben bezahlen. Das siebte Kreuz aber bleibt frei.

»Das bedeutendste Buch des Exils über das ›Dritte Reich‹«.

Hans Albert Walter

A^tV
========

Band 5153

Anna Seghers
Transit

Roman

Mit einem Nachwort von Sonja Hilzinger

290 Seiten
15,90 DM
ISBN 3-7466-5153-0

Wenn dieser Roman zum schönsten wurde, den Anna Seghers geschrieben hat, liegt es wohl an der schrecklichen Einmaligkeit der zum Vorbild gewählten geschichtlich-politischen Situation: Marseille 1940 – was so lieblich, in unserem Sprachgebrauch fast wie ein Pfadfinderunternehmen, immer noch »Frankreichfeldzug« genannt wird, ... scheuchte aus Paris, aus allen Teilen Frankreichs, aus Lagern, Hotels, Pensionen, Bauernhöfen ein ganzes Volk von Emigranten auf. Sie strebten alle dem einzig möglichen Ziel Marseille zu ...

Heinrich Böll

A^{t}V

Band 5171

Anna Seghers
Der Ausflug der toten Mädchen
und andere Erzählungen

140 Seiten
9,90 DM
ISBN 3-7466-5171-9

Die berühmteste Erzählung von Anna Seghers, »Der Ausflug der toten Mädchen«, entstand wie die beiden anderen dieses Bandes im mexikanischen Exil. Auf eigentümlich schwebende Weise gibt sie eine traumhafte Vision wieder, in der sich die Erzählerin als Kind während eines Schulausfluges erlebt und zugleich als erwachsene Frau in Mexiko. »Post ins Gelobte Land«, eine stille, bewegend erzählte Geschichte, schildert das Schicksal einer jüdischen Familie bis zu ihrem Untergang, der von den Briefen des Sohnes überdauert wird. Die erste Erzählung, mit der sich Anna Seghers wieder deutscher Gegenwart zuwandte, »Das Ende«, führt das Leben einer Figur aus »Das siebte Kreuz« weiter: Zillich, der sadistische Aufseher aus dem KZ Westhofen, wird nach dem Krieg von seiner Schuld gehetzt und in den Tod getrieben.

A^tV

Band 5150

Anna Seghers
Aufstand der Fischer
von St. Barbara

Erzählung

Mit einem Nachwort von Sonja Hilzinger

119 Seiten
9,80 DM
ISBN 3-7466-5150-6

Als Anna Seghers 1933 aus Deutschland fortging, hatte sie zwei Bücher geschrieben. Ihr erster Roman »Aufstand der Fischer von St. Barbara« war ein kleines Buch gewesen, dessen bestechende Dichte und nüchterne Schwermut, mit hoher erzählerischer Zucht verbunden, staunen machte, fesselte und die Verleihung des Kleistpreises an die Verfasserin rechtfertigte.

Stephan Hermlin

A^tV

Band 5152

Anna Seghers
Das wirkliche Blau

Eine Geschichte aus Mexiko

Mit einem Nachwort von Sonja Hilzinger
Mit 8 Szenenfotos aus dem gleichnamigen Film

116 Seiten
9,80 DM
ISBN 3-7466-5152-2

Anna Seghers erzählt von Grund auf. Ihre Figuren sind mit einer Landschaft, einer Familie, einer Arbeit, mit ihrer Klasse verbunden und werden durch echte Bedürfnisse, nicht nur durch psychologische Reize stimuliert. Sie schafft ihnen, mag sie sie auch zu den ungewöhnlichsten Prüfungen ausersehen haben, zunächst eine sichtbare, hörbare, riechbare Umwelt, ein Alltagsleben, von dem aus ungewöhnliche Leistungen erst ungewöhnlich, gewöhnliches Versagen um so verständlicher werden.

Christa Wolf

AtV

Band 5154 Anna Seghers
Karibische Geschichten

256 Seiten
15,80 DM
ISBN 3-7466-5154-9

Während in Paris die Trikolore weht, der Konvent die Leibeigenschaft abschafft, bleibt in den französischen Kolonien alles beim alten. Aus den historischen Vorgängen der Sklavenbefreiung auf den Antilleninseln bezieht Anna Seghers den Stoff für diese Erzählungen.

AtV

Band 5156 Anna Seghers
Sonderbare Begegnungen
Erzählungen

144 Seiten
12,80 DM
ISBN 3-7466-5156-5

Drei Begegnungen: Märchenhaft die erste, entdeckt die Vergangenheit neu mit den Augen der Zukunft (»Sagen von Unirdischen«), irdisch, aber sonderbar die zweite (»Der Treffpunkt«), phantastisch und irdisch zugleich die dritte (»Reisebegegnung«), die auf überraschende Weise ein Treffen zwischen E. T. A. Hoffmann, Gogol und Kafka arrangiert.

AtV

Band 5158

Anna Seghers
Überfahrt
Eine Liebesgeschichte

Mit einem Nachwort von Sonja Hilzinger

146 Seiten
12,90 DM
ISBN 3-7466-5158-1

Die »Norwid« hat in Bahia losgemacht und wird erst wieder in Rostock anlegen. Eine Überfahrt lang erzählt Ernst Triebel, ein junger deutscher Tropenarzt, einem Zufallsbekannten die Geschichte seiner großen Liebe. Eindringlich versucht er, dem anderen die Faszination dieser Frau zu beschreiben, deren Schicksal ihm ein Rätsel bleibt.